哲学入门

将爱智慧进行到底

田海平 著

哲学与文化
BNU Philosophy and Culture

中国社会科学出版社

图书在版编目(CIP)数据

哲学入门：将爱智慧进行到底 / 田海平著 . —北京：中国社会科学出版社，2020.5
ISBN 978-7-5203-6047-0

Ⅰ.①哲… Ⅱ.①田… Ⅲ.①哲学—研究 Ⅳ.①B

中国版本图书馆 CIP 数据核字(2020)第 033853 号

出 版 人	赵剑英
责任编辑	冯春凤
责任校对	张爱华
责任印制	张雪娇

出　　版	中国社会科学出版社
社　　址	北京鼓楼西大街甲 158 号
邮　　编	100720
网　　址	http://www.csspw.cn
发 行 部	010-84083685
门 市 部	010-84029450
经　　销	新华书店及其他书店
印　　刷	北京君升印刷有限公司
装　　订	廊坊市广阳区广增装订厂
版　　次	2020 年 5 月第 1 版
印　　次	2020 年 5 月第 1 次印刷
开　　本	710×1000　1/16
印　　张	28.5
插　　页	2
字　　数	465 千字
定　　价	178.00 元

凡购买中国社会科学出版社图书，如有质量问题请与本社营销中心联系调换
电话：010-84083683
版权所有　侵权必究

编委会

主　　　编：吴向东
编委会成员：（按笔画排序）
　　　　　　田海平　兰久富　刘成纪　刘孝廷
　　　　　　杨　耕　李　红　李建会　李祥俊
　　　　　　李景林　吴玉军　张百春　张曙光
　　　　　　郭佳宏　韩　震

第一版序

"哲学"在历史中,"人"在历史中

《哲学的追问》[①] 这个书名,颇耐人寻味。

人们平常不大在意的许多疑问、困惑、迷茫和担忧,都会在一种哲学性质的"问"中呈现出来。然而,谁要是说他想在哲学的"追问"中获得像各门具体的自然科学那样普遍必然的知识真理,那他就会大失所望。

哲学并不教给人们一些现成的、可以马上去用的知识或真理。哲学好像是各门学科中最没有"用"的一门学科,它除了到处增加烦恼、带来问题而外,别无所长。我经常听到人们说,"搞不了'专业'了,至少还可以搞哲学嘛"。其实,这是对哲学的一大误解,也是对哲学的一大嘲讽。哲学的追问,是关于人的追问。每个人,只要是人,只要他想认识自己、了解自己的生活和世界,他就进入哲学了。因此,哲学看起来是最简便易学的,它一点也不"玄"。不就是了解人吗?我还不了解我自己吗?然而,事情绝非如此简单。事实上,世界上万千事物中,唯有人是最复杂、最难于理解的。表面上看来如此"简便易学"的哲学恰恰是一切学科中最困难的。

哲学是什么?哲学应该是个什么样子?未来的哲学会是什么样子?这是从事哲学工作的学者们首先碰到的并且也不能不去思考的问题,是要人们倾注一生的热情响应它、思考它的问题。这问题同样也是热爱智慧、思考人生、认识自我的青年朋友最爱提出的问题。

我这里引荐的这本《哲学的追问》,选取了一个独特的视角,这从它

[①] 作者注:本书的第一版以《哲学的追问——从"爱智慧"到"弃绝智慧"》的书名由江苏人民出版 2000 年出版发行。

的副标题"从爱智慧到弃绝智慧"就可以看出。我认为,敞开这样一个视角,对于我们今天思考哲学的未来和人的未来非常重要。哲学,尤其是西方哲学,经历的"从爱智慧到弃绝智慧"的转变,确实值得我们认真地加以总结和对待,值得我们深入地思索一番。

一

对于"哲学",每一个时代都有每一个时代的理解和认识。即使同一个时代的不同的思想家给出的理解也可以是极为不同,甚至截然对立的。这毫不奇怪,也符合哲学思考的本性。因为哲学的奥秘就在于创建思想而不是编织知识,哲学的生命就在于"创新"。然而,哲学的"创建"或"创新"并不是无源之水、无本之木,它深深地置根于具体感性的历史,置根于人的生活世界。所以哲学的"问"并没有一个永恒不变、天经地义的"角度",它总是从特定的历史文化氛围和特定的时代精神处境中寻找变换了的角度,总是由处于特定时间和历史中的"人"那里涌现的视域或视界衍生出"问题"。这就是说,"哲学"不可能离开历史,它总在历史中,因为人在历史中,哲学作为人的根本性的"追问"同样也在历史中。

说哲学在历史中,人在历史中,这近乎在说一件人人皆知的"废话"。有人会说,谁不知道哲学在历史中、人在历史中这么一回事?还用得着你在这里饶舌?问题也的确如此,我们谁也不能否认这一点。但是,如果转过来仔细琢磨,就会看到,恰恰在这一看起来如此简单不过的事实中大有文章。因为,"知道了""哲学在历史中、人在历史"中是一回事,"惊异于""哲学在历史中、人在历史中"又是一回事。一种坚守这种"惊异"的哲学,是要从人与哲学一体性的关系中"把握哲学""把握人"。我们唯有意识到,哲学就在"人"之中,"人"就在哲学中,"人与哲学"不是一种外在分立关系而是一种内在相属关系,我们才能保持这种"惊异"。不能说以往的哲学家们(我指的是传统意义上的哲学家)不知道"哲学在历史中、人在历史中"这么一回事。事实上哲学一开始就要把自己变成了"哲学史",亦即意识到哲学是在历史中展开、发展并在历史中把握时代的学问。但是,真正惊异于"哲学在历史中、人在历史中"这回事，则是在哲学的梦想遭遇到破灭的命运之后。

我们回顾一下哲学发展的历史，就会看到一个非常奇怪的现象：那在历史中的哲学总是要追求一个"超历史"的"起源"。从古希腊哲学家对本原、始基、理念、形式等初始本源的追寻，到中世纪基督教哲学对永恒本体、上帝之城和绝对完满之物孜孜不倦的思考，再到近代西方哲学致力于建构以实体、单子或绝对精神为核心的形而上学体系，哲学往往是通过某种超历史的、超时间的、超自然的形式来展开自己。这就是说，那"在历史中"的"哲学"又恰恰是最不愿意安于"在历史中"，它总是试图走出"历史"。缺乏"历史感"，或者说，历史意识淡薄，在西方传统哲学中是一个比较普遍的现象。而且情况还进一步表现为，即使有着"宏大历史感"的哲学体系（例如黑格尔哲学），它恰恰是要越出历史之外，去把握超感性的"绝对"和超历史的"永恒"。人们习惯了跟着黑格尔说"哲学就是哲学史"，这似乎很有"历史感"了，但这个命题在黑格尔那里的真实意思是说："哲学史全部在哲学中了。"换句话说，只要他黑格尔的绝对真理的哲学体系一建立起来，以往的哲学就是可有可无的了，这正是最没有"历史感"的一种想法了。

为什么"在历史中"的哲学总是要去追求一个"超历史"的起源？为什么最没有历史感的体系建构恰恰以最为宏大的"历史感"呈现出来？

要了解这一点，就必然涉及这本《哲学的追问》中所讲到的"哲学的梦想"。

我们先看看"哲学"这个词的含义。"哲学"一词的希腊词原义是"爱智慧"，这是一般对哲学有所了解的人都知道的。但是，"爱智慧"在希腊人那里有两种根本不同甚至截然相反的含义，则是一般人不怎么了解的了。按照作者的研究，"爱智慧"的第一种含义是苏格拉底—柏拉图意义上的"对智慧的追求"或"爱"，它与"哲学"同义；"爱智慧"的另一种含义是一种更本源的与"智慧协调一致"的"生命感性"和"历史感性"。这种区分大体上是比较符合哲学发展的实际的。"爱智慧"一旦变成一种寻求普遍定义的求知活动，变成对最高的智慧或真理追根究底的"爱"，它就必然显现为一种理论生活的理想。亚里士多德正是从这个意义上说，"思辨的生活是人生最大的幸福"。但是，由于把"智慧"看成是可欲求的对象化之物，"智慧"就不再与人的生命协调一致。

这个情况，对于我们理解哲学的产生是很重要的。"爱智慧"当然是人的事情，是人的活动。但是，西方哲学从苏格拉底开始，就老是念念不忘地要去"追根究底"，要去把握世界的初始本原、最终本质、永恒基础、不动的推动者和使一切存在者归属于自身的终极存在。这些确实不是"人"所能获得的"智慧"，最早从事这种追问的哲学家也承认，只有"神"才具备这样的知识。看来，哲学家们是明白这一点的，他们并没有试图将人的事情和神的事情弄混淆。但是，这里也反映出哲学和哲学家的一个梦想，即"爱智慧"的梦想，从中我们大致可以看出问题的关窍来了：哲学本来是属于人的活动，它本应该安于做人的事情，但它偏偏不安分守己，反而总是梦想着要碰一碰唯有"神"才能到达的"知识"。

哲学的这个"梦想"，更形象一点说，实乃是哲学的"憧憬"。当然，我们同样可以反过来说，由于人有了这个梦想或者憧憬，而不倦地"爱智慧"，"哲学"作为"形而上学"便诞生了。因此，说西方哲学从苏格拉底-柏拉图到黑格尔这样一个大的传统里面，遵循了一种"人与存在对立"的"爱智范式"，可以说把握到了西方哲学发展的一个基本特征。相对于中国哲学总是强调"人与存在的合一"而言，西方哲学的这个特点就更明显了。

我们说哲学的这种"爱智慧"是一种"梦想"或者"憧憬"，是说它一再地预设了人不可能达到、不可能真正认识、更不可能居住在那里的一个"世界"，因而只能是一种"梦想"或者一种"憧憬"。但是，"哲学的梦想"又不纯粹是一种随随便便的"梦想"，哲学一开始就是以对理性的问题予以理性回答的方式反对一切形式的"梦想"。应该说，哲学是最"较真"的学问，我们从哲学家不自称"智者"而称自己为"爱智者"就可见一斑。哲学只是"爱智慧"，也就是说它只不过是人的一种追求、一种向往、一种"爱"。在这种"追求""向往"和"爱"中，哲学其实杜绝了人获得最高的智慧和终极的真理的可能。

因此，在哲学的梦想中，既有科学的成分，又有宗教的成分。最初的哲学被称为"知识的总汇"，同时"第一哲学"又被称为"神学"，这一点典型地反映了"爱智慧"的两重性，即它的既超验又经验的特性。"爱智慧"的两重性导致了世界的两分，简单地说，出现了本体界和现象界的分化。这个分化衍生出一个难题，即"抽象永恒本质"如何与"具体感性现象"相统一。解决这个问题是通过逻辑来完成的，逻辑可以从"一般"推演出"特殊"，这个能力使它既可以解决"知识的根据问题"，又可以进一步解决"信仰的根据问题"。因此，在西方哲学的历史发展中，逻辑学一直受到重视，出现了我们比较熟悉的本体论、认识论和逻辑学的统一。逻辑地位的凸显当然有它重要的意义，尤其对西方科学思想方法的形成有着不可忽视的作用。但也应该看到，逻辑化的结果是更加深了以一种分裂的方式看待人和人的生活世界，而且由于逻辑意识一直被强化，历史、生命、时间其实也被逻辑化了。

哲学一旦成为一种概念化、逻辑化的思想，它就和具体的、感性的历史、时间和人的生活有了距离。这里发生的变化，似乎可以概括为：人的活的历史、活的生命、活的世界转变成了一种"死"的逻辑、"死"的概念和"死"的对象。当代一些有影响的思想家（包括马克思在内）在批判从柏拉图到黑格尔的传统哲学的时候，要求哲学从抽象逻辑的、概念的世界向人的现实具体的、生活的世界转变。他们指责传统哲学的一个重要的方面是，那里没有"人"，没有"生命"，没有"历史"，有的只是一些"概念的木乃伊"。当然，这个指责也未免过于绝对。客观地说，传统哲学在一种爱智梦想中，并没有回避人的问题、历史和生命的问题，因为这些问题是哲学无法回避掉的问题，传统哲学只是试图以一种非人的形式表达人的内容，以超生命的"抽象"表达人的生命形态，以超历史永恒和超感性绝对的价值设定映现历史的、感性的人的现实生活世界。

所以，在历史中的哲学总是做着一种"超历史"的"梦"。它要去把握永恒、完满、绝对、无限之物，要去建构一个绝对真理的知识体系，要越过生灭变幻的现象去把握事物不变的终极本质，等等。尽管有这样那样的"梦想"，我们还需进一步看到，哲学并没有真的从历史中"超越"出来，它仍然在历史中。因为，总体上来说，由爱智范式奠基的哲学形而上学，是以分裂人、失落人、扭曲人甚至瓦解人的方式表达了人的特定历史内容。哲学这样来表达"人"，是因为人的"历史"处境或历史事情本身就是如此，即使哲学在通向"神学"的那一维度，也是有其人性的或历史的理据的。明白了这一点，也就进一步明白，哲学形而上学不论是谈理念、大全、单子、实体，还是谈自然、上帝、绝对，都是在谈人的事情，那想超出历史的哲学其实永远只能在历史之中。哲学自身的历史最好地见证了这一点，那自称臻至完美的哲学体系并不"完美"，它只能是历史的一种逻辑映现，是"思想"中的"时代"而已。一个时代总是要成为过去的，所以表达时代精神之精华的哲学也会成为历史的陈迹。这就是说，哲学在一种"爱智慧"的冲动中追求的梦想其实是虚幻不实，原因就在于"人"被分裂、被肢解、被扭曲、被抽象掉了，因而"人"是"虚幻不实"的。"哲学"的梦想和憧憬其实也就是"人"的梦想和憧憬。沿着这条思路深入思考下去，就会把握传统哲学在一种爱智范式下塑造西方形而上学史的奥秘，这里其实隐藏着人自身的奥秘。

二

"哲学"在历史中，因为"人"在历史中。即使表面上看来，最缺乏历史意识或最为"超越历史"的哲学—形而上学体系，也仍然在历史中。理由可以说非常简单，因为"人"在历史中。清楚地意识到这一点，就会使我们带着一种全新的观念来看待由"爱智慧"塑造的西方形而上学史。这里，我们再回到前面提到的那个问题：明明在历史中的哲学为什么总是要去做一种"超越历史"的"梦"？这个问题也就是：明明是"人"的学问为什么总是碰到"神"（"神"在一种比较宽泛的意义上是指"超感性领域"）？

对于这个问题，假如我们换一个角度，考虑一下人的特点，就会有更深刻的认识。我们看到，人是世界上最复杂、最奇妙的存在者。比如说：人原本是自然之一物，但人之为人的特性却正在于他对物的超越；人有两重生命本质，他既有生命本质，又有超生命本质，而且人的生命只有体现为超生命，它才能够是人的生命；人的从分划中去统一世界的生存活动性质，决定了人与其他物种实质性的不同，它表明人的本质不是单一的、自然先定的，而是开放的、自我创生的，因此只有人才"有"世界、"有"历史，并"在世界中""在历史中"；人是未定的、有待展开的存在，因此不能以认识物的方式认识人，不能以对象化的思维把人客体化，等等。以上举出的四点，当然远没有包括人的全部特点。但是，从中我们可以看到，"爱智范式"的哲学通过对世界的两分并在一种"人与存在对立"的框架中建构"超历史"的"永恒科学体系"的梦想，反映的正是人所特有的两重矛盾本性。

"人"的确既有近于"神"的一面，又有近于"动物"的一面。人既是物性的存在，又是非物性或超物性的存在。这是人的基本矛盾本性。哲学是在人已意识到自己为人并尝试用人的观点来理解一切的状况下诞生的。"爱智慧"在苏格拉底那里就是要人"认识自己"。人的两重化的矛盾本性，一开始就构成了哲学思考的潜在原则，哲学在后来的发展也始终是围绕这一基本矛盾展开的。它造成了对人的"物化"的理解和对人的"神化"的理解之互为他者的爱智进程。

对人的"物化"的理解是在一种对象意识下进行的。对象意识试先设定了我们认识的对象都有一个与其他事物区别开来的单一的和确定的本质，认识一个对象就是把握对象的这种预定好的本质。用对象意识的认识方式去把握具有单一属性的"物"是有效的，因此可以说它实质上是一种对事物进行科学认识的科学思想方法。"爱智慧"最初脱离"人与存在合一"的希腊古义，就是发展出了一种"对象意识"的结果，它试图将一切都对象化并运用一种"绝对定义"的尺度来区划出"真实对象"的边界，当然这里最终将人的各种问题也包罗其中了。应该说，从对象意识去认识人也能了解人的各种问题，对人的科学认识因而始终是必要的；但从对象意识决不能把握人之为人的特有本性。把人当作对象去认识，就已把人还原为物的存在方式，按照这种方法即使我们找出了许多与物相区别的特点，它表现的也不是人的本质规定而只能是作为"物"的人与它物的区别特征。另外，对象意识只深入到"存在者"的层次，深入不到"存在"的层次，而且往往把"存在问题""存在者化"。这个特点在"存在之为存在"的视域中把握人存在和他的世界的时候，就必然使得人追溯到一个最终的存在者。于是从对象意识中派生出它的一个变种，我们称之为"超对象意识"，它最终导致在以"物"的方式认识人的时候碰到了"神"。

对象意识之所以不完全适用于人，就是因为人突破了物的存在方式，同时也就超越了物的本质规定。再用物的方式去规定人，就是对人的抽象化。历史上许多哲学家不能历史地看待在历史中的人，而只能抽象化地理解人，原因就在这里。其实，对象意识的局限人们很早就觉察到了，古代哲学家早就意识到人对物具有某种超越本质，但由于找不到把握和理解人的这种本质的方法，只好设计一个让一切存在者到归属于它的终极实在。这是一种超对象意识，它源自神话思维在一种谱系说明中的"根"的隐喻，哲学在一种理性思维中延续了这个隐喻。既然一切对象归属于一个"共同根源"，那么最高智慧就是关于最终极的"根"和"源"的把握。从这种超对象意识的把握方式中，产生了对人的"神化"的理解。

人当然不希望把自己降低到"物"的水平，因此"人"的"神化"便是"爱智范式"的哲学最为隐秘的意图。"神化"的方式是通过将人的本性外投到某一终极存在并用如此设计出来的最终存在来解释一切。人和人的世界就是这样被分裂为两个对立的领域，即感性的、被认为是虚妄的领域和超感性的、被认为是真实的领域。这里的"神"是超感性领域的别名，"神化"便意味着以预设的"超感性领域"为根据来说明一切、解释一切。"神化"的一个重要的机制也是抽象化，即将本来是在历史中的"人"从活生生的历史中抽象出来，截取其中的某一个理想的片断加以无限夸大。"神化的人"是通过将历史中的人以这种抽象化的方式建构出来的"理想之人"或"完满之人"，这样的"人"只能是一种"观念的存在"而不是"历史的存在"。人的神化可以以"神学"为中心进行，"上帝"只不过是"人"的极端理想化了的抽象；也可以以"科学"为中心进行，"主体之人"又成了一个新的"上帝"。西方哲学在古希腊由柏拉图—亚里士多德奠定了爱智范式的哲学—形而上学，在后来经历的宗教形而上学和科学形而上学可以看作是将"人"神化的两种形式。人的神化和神化的人，说到底是"在历史中"的人的超历史的梦想或憧憬。

"人"本来在历史中，但是以物化的方式或神化的方式把握到的人均非"在历史中"的"人"。这里涉及传统爱智范式的哲学对人的抽象理解：物化的人是人的还原式抽象，神化的人是对人的幻化式抽象。正是由于这种抽象，使得爱智范式的哲学远未思及到那真正"在历史中""在世界中""在生活中"的"人"。这一方面与人的认识水平的局限有关，另一方面与人的生产方式和交往方式不够发达有关，说到底是与人的特定发展阶段密切相关的。这一点，直至马克思才明确地意识到。马克思说："个人怎样表现自己的生活，他自己就是怎样。因此，他们是什么样的，这同他们的生产是一致的——既和他们生产什么一致,又和他们怎样生产一致。"① 这表明我们只有从人的历史活动本身着眼,才能真正把握人的特有本质。从"人在历史中"来理解人,从"哲学在历史中"来思考人存在和他的世界,是马克思哲学的一个基本原则。"可以根据意识、宗教或随便别的什么来区别人和动物。一当人开始生产自己的生活资料的时候,这一步是由他们的肉体组织所决定的,人本身就开始把自己和动物区别开来。"② 马克思既反对从一种对象意识来理解人,又反对从一种超对象意识来理解人。他强调从一种实践意识和历史意识的内在一致关系中来把握人。因此,在马克思那里,破除各种形而上学的"怪影"的工作,与通过以人的方式重新理解人并由此思考"在历史中"的"人"是统一的。这样一来,传统哲学形而上学的"爱智范式"便成了需要由"哲学在历史中、人在历史中"进行消解的对象。在历史中的哲学一旦重新回到历史,这就意味着传统"爱智范式"的哲学形而上学的终结。

今天很多人都喜好谈论"哲学的终结",往往带来很多的曲解。但如果认真地思考一下,就会发现,"哲学的终结"的真实意思是说:我们再也不需要那种做着"超历史"梦想的"爱智范式"的哲学(形而上学)。哲学的历史表明,"爱智慧"对超感性绝对和超历史永恒的无尽的追寻,只是在不断地制造各种"人的自我异化的神圣形象"("神化")和各种"非神圣形象的自我异化"。马克思呼唤的"为历史服务"的哲学,必须完成双重的"祛魅":一是祛除种种"神化"之"魅";二是祛除种种"物化"之魅。因此,"哲学的终结"表达的就是"爱智梦想"的破灭。马克思写道:"迄今为止的一切历史观不是完全忽视了历史这一现实基础,就是把它仅仅看成与历史过程没有任何联系的附带因素。因此,历史总是遵照在它之外的某种尺度来编写的;现实的生活生产被看成是某种非历史的东西,而历史的东西则被看成是某种脱离日常生活的东西,某种处于世界之外和超乎世界之上的东西。这样就把人和自然界的关系从历史中排除出去,因而造成了自然界和历史之间的对立。因此,这种历史观只能

---

① 《马克思恩格斯全集》第1卷,人民出版社1995年版,第67—68页。
② 同上书,第67页。

在历史上看到政治历史事件,看到宗教的和一般理论的斗争,而且在每次描述某一历史时代的时候,它都不得不赞同这一时代的幻想。"①

显而易见,在传统爱智范式下的哲学世界观的主宰下,不仅"人"被抽象化、片面化了,"历史""世界"也被抽象化、片面化了。祛除各种形而上学的幻影,祛除"人的神化"之魅,祛除"人的物化"之魅,就是要还"历史"以本来面目,还"人"以本来面目。

三

我们回到这本《哲学的追问》谈论的中心议题。

从这本书的基本内容看,它以爱智慧和弃绝智慧为主轴,通过追溯哲学的起源、演进和终结,从错综复杂的历史谱系中搜检出一条重新理解哲学和哲学史的新思路。全书共分为上下两篇。上篇是从"爱智慧"的视角理解哲学的起源及其历史演进。它立足于从希腊思想经历的一次实质性断裂来理解哲学的产生以及对西方形而上学历史演进的构造,侧重于发掘为一般思想史、哲学史所忽略的历史片断,并由此对"爱智慧"构造哲学的语言、形态、方法、逻辑和历史作出了与通行哲学史不同的理解。因而,找到了一个更清新、更客观地透视传统哲学的视野。该部分对"爱智范式"下的哲学所做的追问,抽绎出形而上学的三大梦想:存在论梦想、知识论梦想和逻辑学梦想。并客观地评析了其贡献和局限,指出其回归现实生活世界的必然趋势。下篇是从"弃绝智慧"的视角剖析现当代西方哲学家对传统形而上学的消解和颠覆。它通过当代哲学对生命流变的肯定、对存在意义的追思和对主体命运的揭示,阐明了当代西方哲学反对智慧、终结哲学的真正动机。该部分透过当代哲学呈现的从爱智慧到弃绝智慧的重大范式转换,深入西方思想家进行哲学系谱清理的核心,叩问未来哲学的方向,具有很强的时代感和现实性。

我们看到,西方哲学经历的从"爱智慧"到"弃绝智慧"的转变,之所以值得我们重视,是因为这里隐蔽着"人的奥秘"和"哲学的奥

---

① 《马克思恩格斯选集》第1卷,人民出版社1995年版,第93页。

秘"，表达了"人的命运"和"哲学的命运"。简单地说，"爱智慧"反映了那种需要抽象永恒本质、需要绝对最高主宰、需要在一种自我异化或对象化中认识人自己的"人的处境"。然而，爱智范式的哲学并非一无是处，它是人类在知识水平和认识水平比较低下的情况下推动文明的发展、知识的进步和理性的累进的伟大的探索活动。尤其值得注意的是，它确立的一种"主客二分"的知识论框架以及在一种对象意识中对知识确定性的不倦的追寻，还有对"根据"和"理由"的究极式的追问，使得它成了滋养和哺育诸科学的母体。然而，当分工越来越细密，社会结构的分化越来越向纵深展开，科学越来越演变成了一种全面的技术统治，滋养和哺育诸科学的爱智范式的形而上学也就在纷纷独立的诸科学那里完成了自身的使命。在这种情况下，思想家们意识到传统哲学追求的爱智梦想的虚妄本性，因此消解或弃绝传统爱智范式的哲学所设计的"最高智慧"就成了哲学家们共同面临的一个主题。这就是说，"弃绝智慧"是有针对性的，它反对的是对人的种种非人的理解、对历史的非历史的抽象，因而本质上是对人的抽象化、片面化理解的否弃。它的更深的意图是，将"人"移离出以往"人"的层面，移离出需要将非现实的超感性的理想假装成现实的东西的层面。因此，"弃绝智慧"是要挣脱传统爱智哲学的束缚、消解传统形而上学的"超历史"的梦想，俾使"思想"真正思及"在历史中""在世界中"的"人"，俾使"哲学"回到人的现实生活世界。

因此，我们今天需要问的问题乃是，"弃绝智慧"的问题是怎么提出来的？应该说，这个问题在中国思想传统中早就为古代思想家所注意到了。例如先秦时期的老庄道家学说就明确主张"绝圣弃智"，在那里就已经有了对文明、理性、知识的反省。西方思想和文化则不同，它一直是由"爱智慧"铸造出来，而且在"爱智慧"中总是面对种种"在场者"。这种思想和文化隐含着分裂人、瓦解人、失落人的"病症"。这一点当代西方思想家大都注意到了。"弃绝智慧"是西方哲学在"现象与本体的分离""主客分离""人与自然的分离"等一系列两极对立的思维中走向极端的结果。西方人面临的那些困境和问题，现在已经成为全球性的困境和问题了。如工业文明带来的人的异化、环境污染、能源危机、生态失衡等。在现代社会中，人不仅丧失了有些哲学家所讲的那种"诗意地栖居"，而且也使得"物"失去了"纯真"，变成了一种功能化的展现。关于这些问题，人们谈的已经很多了，我不再重复。从我们今天面临的种种全球性困境和问题中，确实能够理解当代思想家为什么要提出"反对智慧"或"弃绝智慧"。

应该指出，20世纪西方思想家只是提出问题，而且侧重点是对传统爱智范式的哲学形而上学的清理，但问题远没有解决。大多数西方当代思想家在破除爱智梦想、摧毁形而上学幻想的时候，往往得出了异常悲观的结论，走向了虚无主义、相对主义和怀疑主义。例如像本书作者谈到的哲学家福柯就是一个典型，他确实破除了人们心目中关于现代主体的迷梦，但由此走向极端，认为"主体"不过是社会权力的规训技术的产物，作为"主体"的"人"与囚犯无异。不容否认，这些反传统的哲学家，已经接近从"哲学在历史中、人在历史中"这个视角来看待人和哲学，他们的工作对于我们思考人的未来和哲学的未来都有一定的借鉴意义，但他们的失误也是异常明显的，其教训值得我们认真地记取。意识到"哲学在历史中、人在历史中"，对于理解哲学和人的关系还远远不够。要把握哲学和人的内在一体关系，还必须从这个"在之中"出发思考人的生命本质。只有这样，我们才能以一种未来视野看待人和哲学。所以，我认为未来的哲学的主题应当是人的类生命存在，未来的哲学应当是"类哲学"。

《哲学的追问——从爱智慧到弃绝智慧》一书，是一部给人耳目一新的学术专著，作者提出的许多问题都能给人以一定的启发。这部著作采取了史论结合的形式，以翔实的资料，贯穿一个基本思想：哲学的追问有其不可忽略的生命前提，"爱智范式"的哲学由于把智慧看作是人欲求的对象，而丧失了哲学追问的生命根基，因而陷入困境；"弃绝智慧"针对爱智范式的这一缺失，以终结哲学的形式展开了对哲学的系谱追问，从爱智慧到弃绝智慧，预示着哲学主题和范式的转换。这些观点对于我们思考人的未来和哲学的未来，是很有意义的。我相信读者从这本书中可以获得有益的启示。

本书作者田海平是我所带出的哲学博士，他一直对"追问哲学"有兴趣，这在今天这个讲求实效的时代殊为难得。现在他完成了这部名为《哲学的追问》的书，要我作序，引发我的一些想法。的确，"哲学的追问"最需要耐得住寂寞，需要下一番苦功夫。这部《哲学的追问》已经开了一个很好的头，愿作者在今后的"追问"中取得更多更好的成绩。

是为序。

高清海

2000 年 8 月 21 日

第二版序

进入哲学之"门"

一

《哲学入门：将爱智慧进行到底》这个书名以及这部文稿，无论从何种意义上看，对我而言，都是一种以时间沉淀的形式，逐渐呈现出来的一个持续不断的过程。

从该书的初版于2000年面世，到现在我决定对它进行修订再版，掐指算来，20年的时间过去了。现在，于此时此际，我切己地领会到，为何古人用"白驹过隙"这个"动感美词"来形容时间之飞速行进了。其中，确有"惆怅"多于"追忆"之感叹。当然，在飞逝的时间之流中，我们仍然可以期待，即期待着一些美好事物的"沉淀"，就像浮士德博士期待那个"美好瞬间的停留"一样。尤其是，当我们所说的"沉淀之物"，是某种形式的哲学之激情或哲学之感动时，不论它是强是弱，是远是近，它就是一种人们一经拥有便不可停歇、不容忽略的"值得之物"了。

现在，我唯愿这种激情或感动，能够浸凝在这本修订的小书之中，助益于无论何种形式的对"哲学之门"的叩问。

近些年，随着南来北往客居在世界之中的行走里程的日积月累，随着年复一年越来越多地遭遇渴望入"哲学门"一探深浅的年轻的青春面孔的问询，我的这种感觉变得日益强烈，也日益浓厚了——难道不是吗？几乎在所有的时代，从而，尤其是在我们生活的这个时代，人们依然感受到、体察到一种根本性的稀缺，人们依然怀抱着、憧憬着一种美好的期待，此乃是"一种自由而独立的思想"，"一种自由而宽容的空气"，它曾经令住在木桶中的第欧根尼开口，对站在他面前承诺满足其一个请求的亚历山大大帝开口，说，"我只有一个请求，请您走开，不要挡住我面前的阳光"。

这是哲学的权利，也是思想的权利。

一个人，从而一个民族，他的全部尊严，即来自于这种哲学性质的"能思"。中华民族不能没有仰望星空的"目光"，不能没有思考世界的"头脑"，更不能没有属于我们自己的哲学"思维"。因此，"将爱智慧进行到底"，既是历史上那些伟大的哲学家们追求终极意义的理智决断，是我们的先辈和先贤一直致力并切实引领的价值关怀，也是我们今天应对日益严峻的人类发展困境应有的哲学慧思和使命担当。我们比以往任何时候可能都更为严峻地遭遇到自然环境的不可逆的破坏，而当今世界秩序的动荡与解体、种族主义的复辟以及民粹主义的兴起正在严重地侵蚀"人与自然"之间、人类社群之间以及个体身心之间那种守望互助、和谐共生的根基。在此背景下，本书希望通过重述哲学之"爱智慧"这个古老的"常识"，通过强调"将爱智慧进行到底"的固持、坚韧和坚强不屈，来为进入"哲学入门"之思想事务和自由事业，做一个初步的（尽管可能是不合格的）"向导"。

二

说到这本书的第一版，许多朋友对该书原来的书名（《哲学的追问：从"爱智慧"到"弃绝智慧"》）中使用的"弃绝智慧"一语表达了一些"不解"。哲学不就是"爱智慧"吗，怎么就说起了"弃绝智慧"呢？

的确，经常有人会向我提出这类的疑问。

难道说，哲学在其"问之所问"的某个阶段或某种时代，果真放弃了"爱智慧"，而采取了"弃绝智慧"的形式吗？一旦主张"弃绝智慧"，难道还有"哲学"存在的必要吗？我们还需要哲学吗？哲学的位置在哪里呢？还是说，在问之所问中，隐含有更深一层的意思或意蕴——"弃绝智慧"，原本只是一种策略性表述，或者只是一个修辞性表达，通过这种策略或修辞，其真实的意图似乎是说，要对某种自认为有"智慧"而实质上"愚蠢"的哲学学说进行审视、批判乃至于清算，以试图开始一项正本清源的工作？

无论如何，对于今天的哲学思维来说，我们不能不正视或者不能不思考整个 20 世纪哲学对西方形而上学所持有的那种排拒、颠覆和消解的基本立场和态度。当然更为重要的是，我们仍然需要不断地回到古代中国、古代希腊、古代印度的哲学思想之原初突破的时代，去领会那种"古之又古""老之又老"的思想之本原性的兴发。"终结哲学"或"哲学的终结"，不是个别哲学家的哗众取宠、吸人眼球的学术表演的"台词"。在一种"古今对看"中，我们不难发现：那种把哲学以一种僵化的知识体系甚至体制化形式强加于人的做法，在自认为占有了大全智慧或者占据了绝对真理及道德"制高点"而"君临天下"的形而上学体系中是如何背离了"爱智慧"之本源的。

我们真正感到困惑的是：近百年来，哲学领域或思想领域究竟发生了什么样的"大事情"？如果说，哲学是我们走向星辰时发出的"天问"，那么"我们需要哲学吗""我们为什么需要哲学"——此类问题，可以看作是由"弃绝智慧"或者由"终结哲学"所开启的某种关于"天问"的天问了。

应该看到，这里的"困惑"是很多很多的，也是很大很大的，自然也是不可避免的。如同我们面对一片历史（无论是思想史还是哲学史）的迷宫要寻找一条出路一样，进入哲学之门实际上就是进入了"问题的王国"，或者说，进入了由盘根错节的问题所组成的思想的迷宫。而其中最大的问题或谜团，就是关于"哲学之有无必要"以及"为何哲学有存在之必要"的问题之谜团。

我们生活在一个务实的时代，确实面临着一些"不需要哲学"甚或是"终结哲学"的思想观点或者流行看法的挑战。不仅现时代如此，翻开哲学史和思想史，人们总是会遇到以否定形式或质疑精神对哲学之"爱智慧"的原有范式发起攻击的理论观点。但是，这并不妨碍哲学一直以来的那种坚持："将爱智慧进行到底！"即使在它采取了"弃绝智慧"的某种批判形式那里，它依然坚定地贯彻了这一种坚持。

本书所用的这句"将爱智慧进行到底"，绝不是一句用来"喊一喊"或者"表一表决心"的"口号"，更不是用来装点门面的"口头禅"。而是某种形式的深植在生命感悟和历史感性中的精神展开过程，是在"爱智慧"变得愈来愈稀薄的时代对一种"原思想"的召唤或者"本原精神"的领会,是一种以自由立"门户"的精神超越和境界跃升。"将爱智慧进行到底",已经从"追问"之中涌现出来了,且要以"进行到底"的坚韧与执着,决然与勇力,固持于我们心中,并坚守在一切个体偶性之生命与历史的血脉之中。

当然,人们会随即想到维特根斯坦的那个著名的关于"瓶中蝇"的比喻:哲学发出的"天问",有没有可能是"为困于瓶中的苍蝇寻找到一条出路呢?"我们的生活不就如同"困于瓶中的苍蝇"吗?可是问题在于:为"瓶中的苍蝇"寻找出路有意义吗?哲学是否是做着为"瓶中蝇"寻找出路之类的"无意义"的事情呢?

如此,就产生了我们的困惑:"将爱智慧进行到底"是否是一种为"瓶中蝇"指路的"高明"?这样的坚守与坚持,意义何在?

当然,一种可能的回应是:"瓶中蝇"所隐喻的人类处境的确是过于灰暗、过于令人绝望了。不可否认,人们有时,或者是在特定的情景下,可能会置身于与"瓶中蝇"类似的绝望处境之中。但是,即便如此,人之配享尊严与高贵不在于被动地接受某个"高明向导"的指路,而在于靠他自己(且只能靠着他自己的觉悟)就能够从"困境"中寻找到突破出来的出路。否则,人类处境只能是一种"与蝇共舞"的"瓶中蝇"的处境了。

"将爱智慧进行到底"不是为"瓶中蝇"指路,而是让我们避免堕入"瓶中蝇"困境而进行的一种坚守与坚持,它使人成为"邻神居栖"的存在。

三

然而,倘若"哲学之门"是一种"可以有"的设置,我们又如何得其"门"而"入",以"窥其堂奥"呢?

这是本书的"问题",也是其"题解"之所在:如何进入哲学之门?

这问题的真实意味,细细揣摩,似乎只能限于一种个人主观性的范畴。因为,不同的个体总是以不同的方式和不同的言说对之进行回应。人们因觉其玄妙高深,而往往以蹊径独辟之"法门"沉思之、审问之、辨析之，以至于带给常人一个通常之印象，似乎哲学问题或哲学之门离我们很远。

然而，透过这个"题解"和"问题"，我想说的是，我们真正需要"进行到底"的，无非是对"哲学"这一扇有些类似于一"不可见者"的"任意门"的一番"触碰"。它就在我们当下的生活之中——当然，以如此借喻论说"进入哲学之门"，"玄义"又更甚了。

看过《哈里·波特》小说或是电影的朋友，对其中描写的"任意门"的段落或电影情节，或许并不会陌生。那是一扇"看不见的'门'"，却在魔法作用下能够将不同时空中的两个点（彼与此）连通起来，使时间或空间的分隔变得无效，因而使"此"与"彼"之间的那个"之间性"得以连通或是贯通。此"门"的存在，当然是一种"设置"。我们想象一下宇宙中的"虫洞"，就是广袤宇观世界中自然造化的设置，其实质就是这种"之间性"的连通或贯通。回到前面提到的维特根斯坦的"瓶中蝇"隐喻："瓶中世界"和"瓶外世界"的连通，在于向高处飞翔时，触碰那扇"看不见的门"，此即为"自由之境"或"通境"。

然而，如果某个地方确乎存在着这种哲学的"任意门"，那么，它的机括在哪里？它将我们带向何处？

进入哲学之门的重点即在这一个"通"字。连通"彼此之间"的设置，如果是一扇不可见的"任意门"，那就只能诉诸于我们自己从事哲学的某种碰触活动。这个"之间性"的相连相通，引发不同世代、不同境域的人们，置身于由"虫洞"穿越的"彼"与"此"之间，无论东与西，无论时间与空间，无论科学与人文，无论自然与道德，无论主体与客体，无论生与死、荣与辱、有与无，都可以还原为"彼此之间"的相通。

进入哲学之门，不是为"瓶中蝇"指路，而是在"将爱智慧进行到底"的进行时中，尝试去碰触一下那扇通往自由澄明之境的"任意门"。

作者自序
2019 年 9 月 9 日

目　录

第一版序："哲学"在历史中，"人"在历史中 …………………（ 1 ）
第二版序：进入哲学之"门" ……………………………………（ 1 ）

导论　什么是哲学

一　哲学是永远的追问 ……………………………………（ 3 ）
二　哲学是"无用"之学 …………………………………（ 6 ）
三　哲学是非常性的思 ……………………………………（ 8 ）
四　哲学是文明的"活"的灵魂 …………………………（ 10 ）
五　哲学是爱智慧的视野和眼光 …………………………（ 14 ）
六　哲学是思想道路的突破 ………………………………（ 16 ）
七　哲学是对"爱智慧之困难"的响应 …………………（ 20 ）
八　哲学是在危机四伏的时代"将爱智慧进行到底" ……（ 31 ）

上篇　哲学的三源与叙事隐喻

第一章　哲学三源：印度、希腊与中国 ……………………（ 39 ）
一　通天塔与巴别塔 ………………………………………（ 39 ）
二　印度河畔的证悟 ………………………………………（ 44 ）
三　希腊城邦中的理性对话 ………………………………（ 49 ）
四　中国哲学：实践的智慧学 ……………………………（ 55 ）
五　回到本源，回到哲学的故乡 …………………………（ 59 ）

第二章　哲学的光源隐喻与"光明"叙事（上） …………（ 62 ）

一　哲学与"光"的叙事模式 …………………………（62）
二　"真正的世界"成了寓言 …………………………（67）
三　叔本华的邀请：接受远古印度智慧的洗礼 ………（70）
四　尼采的自白：做希腊酒神的弟子 …………………（73）
五　海德格尔与中国道家思想的相遇 …………………（79）

第三章　哲学的光源隐喻与"光明"叙事（下） …………（87）
一　希望之"光"与哲学家的"炼狱" …………………（87）
二　光照说与基督教的上帝观念 ………………………（94）
三　通向康德之路：追求光明的思想道路 ……………（102）
四　散播光明与启蒙哲学的光明叙事 …………………（111）

第四章　哲学的镜子隐喻及其叙事模式 …………………（117）
一　镜中哲学与哲学中的"镜子" ……………………（117）
二　哲学的镜喻与哲学反思科学的叙事 ………………（120）
三　心镜与心的观念：抽象的镜子模型 ………………（125）
四　模型的坍塌：穿破"镜子"的思想 ………………（134）
五　知识之问：庄子的知与维特根斯坦的不可说 ……（142）

中篇　哲学的爱智范式

第五章　哲学的爱智梦想 …………………………………（151）
一　为爱智慧而致力于哲学的事业 ……………………（151）
二　爱智慧的含义 ………………………………………（153）
三　哲学之路：智识型的方向 …………………………（154）
四　爱智的梦想：存在、知识与逻辑 …………………（156）

第六章　苏格拉底之死与智慧问诘 ………………………（162）
一　为爱智慧而受难的哲学家 …………………………（162）
二　苏格拉底对话录中的智慧问诘 ……………………（165）
三　再谈柏拉图的哲学视景 ……………………………（168）
四　老斯东别具一格的"申辩" ………………………（173）
五　"活"的生命与"活"的智慧 ……………………（177）

第七章　世界两分的哲学王者 ……………………………（184）

一　哲学之为物与哲学权力 …………………………………（184）
　　二　柏拉图为何要驱逐诗人 …………………………………（189）
　　三　别有洞天：洞穴中的世界及穿越其间的目光 …………（195）
　　四　哲学的"王者归来" ………………………………………（202）
　　五　柏拉图是如何开始了哲学 ………………………………（206）
第八章　爱智慧与学术的谱系 ……………………………………（211）
　　一　爱智慧如何成为系统化的学术探索 ……………………（211）
　　二　逻辑的力量与思想的力量 ………………………………（218）
　　三　第一哲学：形而上学 ……………………………………（224）
第九章　爱智范式的演进 …………………………………………（234）
　　一　"爱智范式"与形而上学的历史 ………………………（234）
　　二　爱智慧与哲学形而上学的顶峰 …………………………（241）
　　三　哲学：回向何处，出路何在？ …………………………（245）

下篇　将爱智慧进行到底

第十章　危机时代的哲学之思 ……………………………………（253）
　　一　"爱智范式"的哲学之终结 ……………………………（253）
　　二　世纪的忧虑：与虚无主义相遭遇 ………………………（257）
　　三　在一个危机四伏的时代，哲学何为 ……………………（260）
第十一章　在生命之爱中的肯定 …………………………………（264）
　　一　生命的叩问与绝对肯定 …………………………………（264）
　　二　上帝死了：形而上学走进了虚无 ………………………（265）
　　三　权力意志的自我游戏 ……………………………………（271）
　　四　生命之意义：让快乐热望永恒 …………………………（276）
　　五　谱系学家：生命肯定中热情的灵魂史 …………………（280）
第十二章　存在之追思 ……………………………………………（285）
　　一　海德格尔的哲学之问 ……………………………………（285）
　　二　存在之澄明：对人生在世的分析 ………………………（287）
　　三　听命于存在之邀请 ………………………………………（293）
　　四　现代技术之本质的追问 …………………………………（304）

五　克服形而上学 …………………………………………（312）
第十三章　主体之悼亡 ……………………………………（319）
　　一　从"上帝死了"到"人之死" ……………………………（319）
　　二　知识轴线：知识考古学 ………………………………（324）
　　三　权力轴线：权力系谱学 ………………………………（332）
　　四　一位新型档案员的启示 ………………………………（338）

结语　哲学的展望

　　一　将爱智慧进行到底：从"爱智慧"到"思" ……………（347）
　　二　哲学的范式：从科学范式到人文学范式 ……………（350）
　　三　哲学主题：人的类生命与类哲学 ……………………（353）

附录　游离的片断

附录一：光源隐喻与哲学的叙事模式 ………………………（359）
附录二：镜子隐喻与哲学转向三题 …………………………（371）
附录三：哲学为何在古希腊诞生 ……………………………（382）
附录四：澄明的阶梯：从真"人"到真"物" …………………（394）

参考文献 ……………………………………………………（409）
第一版后记 …………………………………………………（418）
第二版后记 …………………………………………………（419）

CONTENTS

PREFACES
Preface by Prof. Qin-HaiGao: PHILOSOPHY IN HISTORY,
AND MAN IN HISTORY .... (1)
Preface by the Author: INVISIBLE DOOR .... (1)

INTRODUCTION

ANSWER THE QUESTION: WHAT IS PHILOSOPHY
1. **Philosophy is an Eternal Inquiry** .... (3)
2. **Philosophy is " Useless"** .... (6)
3. **Philosophy is the non – Constancy of Thought** .... (8)
4. **Philosophy is the " Living" Soul of Civilization** .... (10)
5. **Philosophy is the Vision of Love Wisdom** .... (14)
6. **Philosophy is a Breakthrough in the Way of Thinking** .... (16)
7. **Philosophy is a Response to the Difficulty of Loving Wisdom** .... (20)
8. **Philosophy is " Love Wisdom to the End" in Times of Crisis** .... (31)

PART ONE
THE THREE SOURCES OF PHILOSOPHY AND NARRATIVE METAPHORS

CHAPTER ONE

THREE ORIGINS OF PHILOSOPHICAL THINKING: INDIA, GREECE AND CHINA ……（39）

1. Tower to the Sky, Tower of Babel ……（39）
2. Enlightenment on the Indian River ……（44）
3. Rational Dialogue in Greek City-States ……（49）
4. Chinese Philosophy: Wisdom of Practice ……（55）
5. Back to the Primitive, Back to the Home of Philosophy ……（59）

CHAPTER TWO
METAPHOR OF LIGHT SOURCE IN PHILOSOPHY AND NARRATIVE OF LIGHT (PART ONE) ……（62）

1. Philosophy and the Narrative Mode of Light ……（62）
2. The Real World Became a Fable ……（67）
3. The Invitation of Schopenhauer: Accept the Baptism of Ancient Indian Wisdom ……（70）
4. Confession of Nietzsche: to Be a Disciple of the Greek Dionysus ……（73）
5. The Meeting Between Heidegger and Chinese Taoism ……（79）

CHAPTER THREE
METAPHOR OF LIGHT SOURCE IN PHILOSOPHY AND NARRATIVE OF LIGHT (PART TWO) ……（87）

1. Light of Hope and Purgatory of Philosophers ……（87）
2. Illumination and the Christian Concept of God ……（94）
3. The Way to Kant: the Intellectual Path to the Light ……（102）
4. Spreading Light and the Light Narrative of Enlightenment Philosophy ……（111）

CHAPTER FOUR
THE MIRROR METAPHOR OF PHILOSOPHY AND ITS NARRATIVE MODE ……（117）

1. Philosophy in the Mirror and Mirror in Philosophy ……（117）
2. The Mirror Metaphor of Philosophy and the Narrative of Philosophical Reflection on Science ……（120）

3. Mind Mirror and Mind Concept: an Abstract Mirror Model .... (125)

4. Model Collapse: the Idea of Breaking Through the Mirror. .... (134)

5. The Question of Knowledge: Knowledge of Zhuang – Tzu and Wittgenstein's cannot be Said .... (142)

PART TWO
THE INTELLECTUAL PARADIGM OF PHILOSOPHY

CHAPTER FIVE
THE INTELLECTUAL DREAM OF PHILOSOPHY .... (151)

1. Devote to Philosophy For the Love of Wisdom .... (151)
2. The Meaning of Loving Wisdom .... (153)
3. The Way of Philosophy: the Direction of Intellectual Form .... (154)
4. The Dream of the Love of Wisdom: Being, Knowledge and Logic ... (156)

CHAPTER SIX
THE DEATH OF SOCRATES AND THE QUESTION OF WISDOM .... (162)

1. Philosopher Who Suffer For the Love of Wisdom .... (162)
2. Socrates Asks Questions of Wisdom in His Dialogues .... (165)
3. Plato's Philosophical Vision .... (168)
4. Argument From Isidor Feinstein Stone .... (173)
5. Living life and Living Wisdom .... (177)

CHAPTER SEVEN
THE KING OF PHILOSOPHY IN THE DICHOTOMY OF THE WORLD .... (183)

1. The Substance and Power of Philosophy .... (183)
2. Why does Plato Banish the Poets .... (188)
3. Caves: the World in Caves and a Look Through Them .... (194)
4. Philosophy's Return of the King .... (201)
5. How did Plato Begin the Philosophy .... (205)

CHAPTER EIGHT

LOVE OF WISDOM AND THE GENEALOGY OF ACADEMIC EXPLORATION (210)

1. How does loving wisdom become a systematic academic exploration (210)
2. The power of logic and the power of thought (217)
3. First philosophy: metaphysics (223)

CHAPTER NINE
EVOLUTION OF PARADIGM OF THE LOVING WISDOM (233)

1. The 'paradigm of loving wisdom' and the history of metaphysics (233)
2. Love of wisdom and the peak of metaphysics (240)
3. Philosophy: where for returning, where for back (244)

PART THREE
LET US LOVE WISDOM TO THE END

CHAPTER TEN
PHILOSOPHICAL THOUGHTS IN A TIME OF CRISIS (251)

1. The end of the philosophy of the 'paradigm of loving wisdom' (251)
2. The 21th century's care (255)
3. what is philosophy for in a time of crisis (258)

CHAPTER ELEVEN
AFFIRMATION OF THE LOVE OF LIFE (262)

1. Inquiry and absolute affirmation of life (262)
2. God is dead: metaphysics goes into nothingness (263)
3. Selfgame of will to power (269)
4. The meaning of life: let happiness desire eternal (274)
5. Genealogist: the history of the passionate soul in the affirmation of life (278)

CHAPTER TWELVE

THE REMEMBRANCE OF BEING ...... (283)
  1. Philosophical Questions from Heidegger ...... (283)
  2. Clarity of Being: an Analysis of Being – in – the – World ...... (285)
  3. At the Invitation of Being ...... (291)
  4. Questions about the Nature of Modern Technology ...... (302)
  5. Overcome the Metaphysics ...... (310)

CHAPTER THIRTEENL
THE MOURNING OF THE SUBJECT ...... (317)
  1. From God is Dead to Man is Dead ...... (317)
  2. Axis of Knowledge: Archaeology of Knowledge ...... (322)
  3. Axis of Power: Genealogy of Power ...... (330)
  4. Inspiration for a New Type of Archivist ...... (336)

CONCLUSION
FUTURE PROSPECT OF PHILOSOPHY
  1. From Loving Wisdom to Thinking ...... (345)
  2. Paradigm of Philosophy: From Scientific Paradigm to Humanities Paradigm ...... (348)
  3. Philosophical Theme: Human Life and Philosophy ...... (351)

APPENDIX
FOUR FRAGMENTS OF PAPERS
Appendix 1 Metaphor of Light Source and Narrative Mode of Philosophy ...... (357)
Appendix 2 Mirror Metaphor and Philosophical Turn ...... (369)
Appendix 3 Why was Philosophy Born in Ancient Greece ...... (380)
Appendix 4 The Ladder of Clarity: From True People to True Things ...... (392)

BIBLIOGRAPHY ...... (408)
AFTERWOODS ...... (417)

导论　什么是哲学

道路和掂量，
阶梯和道说
达于独有之行。
无碍无顾
你的孤独之路
去担当追问和缺席。

（摘自海德格尔《从思的经验而来》）

一　哲学是永远的追问

哲学是什么？以及它究竟有什么作用？这个问题确实难以回答。

一般人初识哲学，或者在自己的生活中面临一些难解的困惑时，往往会提出这样的问题。但是，他们在随口问出这个问题时，往往是漫不经心的，并不拿它当真。然而，哲学家们却是真正地面对这个问题，从古至今，皆是如此。但是，考诸各种求解这一问题的各种思想道路，可以肯定地说，哲学家们并不能给我们提供一个一致公认的答案。

因此，当我们问"什么是哲学"的时候，我们实际面对的是一个不可能获得最终解决的问题。某种程度上，哲学问题的这一特性，反而成了它与一切具体科学相区别的标志。

长久以来，哲学曾激起人们的向往，有些人指望从中获得某种奇异非凡的启示。另一方面，它也引起人们对它的厌倦，认为它过于远离了人们的现实生活，总是给人一些虚妄的幻想。人们对哲学始终存在着两种根本对立的态度：那些将哲学看作某种崇高事业的人们，认为哲学应该是对人类苦难的一种深切的同情和对人类未来的一种沉重的担忧，那些藐视哲学的人们，则认为那是一群不切实际的学者们的故弄玄虚；有些人可能认为哲学应该成为每一个人的事业，因此它在本性上应该是通俗的、大众化的，另一些人则认为哲学只能是少数杰出人物富有意义的精神劳作，因此它必然是玄奥的、阳春白雪的。事实上，哲学作为爱智的活动，原本就包含着这两个方面。

即使对于"什么是哲学"一无所知，在日常生活中人们多多少少都要介入哲学的思考，这构成了哲学的一个明显的特点。它不像数学、物理学、机械学等知识部门，虽然你不必介入这些部门的活动，但你依然能够给出它们的明确定义，当有人问你"什么是数学"的时候，你可以照搬字典上的定义回答："关于数的科学。"这是无须争议的，即使提问的人对于所问的东西一无所知，这样的回答也是非常清楚的。哲学领域则不然，虽然我们每个人自觉或不自觉都会介入哲学思考，但最博学的哲学家和最普通的劳动者一样，不可能给哲学下一个清楚的定义。任何对哲学的定义都是有争议的，这恰恰是哲学的态度。也就是说，我们不能指望通过一个简单的定义去了解哲学,哲学不是一种能够产生普遍有效真理的知识体系,弄清楚"什么是哲学"的唯一途径是自觉地从事哲学。这意味着,不能以知识的态度对待哲学,不能以自然科学的方式要求哲学,虽然系统的哲学与自然科学有着密切的联系,但哲学实质上另有根源。

哲学是从什么地方开始的呢?两千多年前古希腊阿布德拉城的哲学家德谟克利特说,"人每天都怀着新的思想"。在我们的周围世界中,许多事物都是我们熟知的,许多闲聊都是老生常谈,仿佛一切都是已经明白的、令人生厌的陈旧。然而,人天生地是能思的物种,在时间中生活,对人说来,始终意味着向未知领域的展开。我们总是带着新的希望和梦想、忧伤和畏惧、等待和筹划进入新的一天。"人每天都怀着新的思想",这是人存在和他的世界的一个基本事实,不仅每一个人的日常生活都以这个为前提,一切人类的智力生活也是如此。应该看到,今天的科学不论教给我们多少确定不移的知识,但它们不能代替人们去思想。从古代希腊人、中国人、印度人的经验看,哲学的根实际上深植于人类存在的这个基本事实中。只要人们对他们生活的这前提进行追问,他就有可能遭遇到哲学问题。哲学总是吁请人们面向思的事情,因此它不是科学,不是常识,而是在科学和常识认为毋庸置疑的地方开始的。

哲学在这一点上,表现出与一切人类知识极为不同的方面。在人类的各种知识状况中,无不邻接着一个环绕的未知领域,"人们一旦跨进并深入这个领域的时候,就从科学走进了玄想的境界"。"玄想",可能看上去是不科学的,也可能是违背常识的,但它有可能触及到具体科学和常识未思或未究之物。这恰恰是一种可贵的探索,从这个意义上说,它在性质上是哲学的。虽然社会舆论从来对玄想抱有偏见,也影响了人们正确地看待哲学,但科学的每个领域都开始于这种探索。应该说,早期的哲学家大都是一些拥有天才想象力的"玄想家",在科学尚没分化出来的时候,他们充当着科学家的角色;但是,当各门科学在自己的领域中已经获得普遍有效的知识成就时,哲学两千多年的探索对于这一类知识依然一无所成。曾经有一个时期哲学对此表现出沉重的焦虑,很多优秀的思想家力图证明哲学也能获得像数学、物理学等自然科学那样确定性的知识,但事与愿违。哲学与各门具体科学的区别正在于,哲学永远不可能给人们提供现成的、确定性的答案。

这并不意味着哲学放弃了对确定性事物的探寻，哲学的探索尽管充满歧见，并在不可能获得一致公认结果的无休止争论中进行，但哲学的最大理想从其诞生之日起就注定了是要完成对确定性的追寻。一方面，哲学似乎不屑于认同类似常识和科学的那种普遍公认的见解，不致力于得到公众意见一致的客观性与科学性；另一方面，无论哪种类型的哲学都确信自己抓住了最根本的东西，洞见到真正的确定性。这是一种推动哲学家无怨无悔地担当追问的内在力量。哲学与别的玄想不同，它不像宗教那样虚构某种神圣的存在并通过一些外在的仪式，使人们获得确信；探讨哲学首先意味着放弃那些未加批判就去坚持的信念，因此它要求人们以其全部的存在参与这一事业，以理智的方式将自己统一起来，看看他坚持的基本信念在哪里。这表明，哲学要获得的确信乃是一种内在的确定性，它与人的活泼泼的生命存在紧密相关，一旦它向我们显现出来，它比任何东西都深刻地使我们感到震动。

哲学"不能烤出面包"，也不能走进实验室去求得普遍有效的结论。然而，它却吸引了一代又一代才智卓越的人们，为之献身，为之神迷。

哲学是人类一切事业中最崇高的，如果没有哲学探索昭示出来的智慧之光的照耀，任何人都是无法前进的。但是，哲学又是最平凡的，它不是"云端中"的思想，而是"大地上"的智慧，它存在于人们的劳动中，存在于日常言谈中，存在于生活的最细微处。

哲学破除了一切"世俗的""宗教的""科学的"乃至一切人类知识的确定性，它审查、怀疑并批判一切个人的确信。而另一方面，哲学又把确定性的寻获奉为准绳，虽然今天不少哲学家似乎改变了态度，但这本身只表明哲学的追寻出现了一种转折。

哲学是非专业的，它甚至没有自己的专门领域，几乎所有人都相信自己对各种哲学问题具有判断能力，这并不需要某种专门训练；他们从自己的人生经验、个人的命运、希望和悲伤以及全部的人性关怀中，就能找到自己哲学观点的基础。但是，哲学又是最专门的思想，只有那些有高深造诣的人们才能成为哲学家，只有那些通晓人类历史和现状的思想家才能在真实的基础上进行哲学思考。

哲学的这些相互对立的特性，使人们对"什么是哲学"这个问题不可能得到一个最终的"解答"：它既无用又有大用，既崇高又平凡，既确定又不确定，既专门又不专门，等等。尽管这样，人们对这个问题问了又问，且将永久地追问下去。问题本身并不要求最终的答案，找出理解哲学的合适的方式才是关键。

二 哲学是"无用"之学

通常，哲学不会给我们提供任何日常实用的东西，它本身也不致力于给人们提供某种具有直接实际效用的知识和智慧。在一般人眼中，哲学是一种玄而又玄的无用之物。它关心的那些问题，是任何一个讲求生活实效的人不大可能去探寻的问题。人们往往把哲学看作是一种玄奥高深而实际无用的知识。这个印象大致是不错的。哲学这门学科，在人类所有的知识门类中，的确是一门最没有实际用途因而可说是毫无实用价值的学科。哲学的这一特性决定了，它在一个务实的时代，尤其是在我们这个务实的时代，遭遇到冷落并因而出现所谓的哲学的危机，是必然的。

哲学从一开始就是作为人类探索那种远大根本而又亘古未思之物的智慧之爱出现的。早在哲学发源地的古希腊，哲学家就因为从事这种实际无用的学问而招致人们的讥笑。柏拉图在《泰阿泰德》中，讲述了泰勒斯因坠井而被色雷斯女仆嘲笑的故事，那女仆说哲学家只知仰首苍天急欲获得关于天上事物的知识，而看不见地上足旁之物。柏拉图认为，这个女仆一语道破了哲学家对实际事物的无知，因而"此等嘲笑可加于所有哲学家"。因为，哲学家研究世界的本质，却不懂世上的实际事务，在法庭或任何公众场所便显得笨拙，常常成为人们的笑柄；哲学家研究人性，却几乎不知邻居是人还是兽，受人诟骂也不能举对方的私事反唇相讥。柏拉图对他的时代的哲学家的这种描绘，其基本意图是要说明，哲学家并不是那种有意标新立异来追名逐利的人，他们在常人眼中之所以显得可笑，是因为他们并不知道自己对实际事物这般无知。

历来为哲学的辩护，总是一再地企盼哲学能实际地产生效果。泰勒斯为了向人们证明哲学是有用的，曾把他的天文知识运用到经济领域。他从天象观测中预测第二年橄榄将获得大丰收，于是大量低价租赁轧橄榄油的器械并在第二年橄榄丰收的季节再将这些器械高价租出。由此，哲学家运用他的智慧在实际事务中获得了成功。这件事似乎自哲学一开始产生出来，就给后来的哲学家们以一种朦胧的自信：好像哲学并不是无用的，使哲学显得无用是因为哲学家们不大愿意将哲学变做实际事务的筹划和算计的工具，只要哲学家们愿意这样做，他们就比一般人更能获得成功。

然而，以这种方式为哲学进行的辩护，往往标志着某些具体的知识门类从哲学领域中的分化，否则便是一种乌托邦的空想。柏拉图在他的《理想国》中展开了这种乌托邦的设想。他想将他的哲学在实际政治或城邦生活中实现出来。与中国周游列国的孔子一样，柏拉图最终证明了自己面对实际政治事务的无能。他一度向叙拉古的暴君灌输他的哲学，试图培养出一个理想的"哲学王"，但暴君的一句话给哲学定了性，称之为"无聊老人对无知青年的谈话"。

许多哲学家都与柏拉图一样，试图追求哲学的大用。中国儒家思想家自孔子始，一直将"内圣外王"当作哲学之"用"。但是，哲学与政治的联姻能否实现"王道"，能否建立"理想的正义国家"，能否开出"万世之太平"来，这绝不是哲学和哲学家一厢情愿的事情。那种试图按哲学施展抱负而致力于哲学之大用的做法，与那种按哲学而求取肉身的不死一样，正是基于人们对实际事物的无知。对哲学家来说，哲学无实际的用途应该是对一种哲学的工作方式的"大限"，任何逾越这一限制的做法必将导致哲学生命的终结。

哲学一开始并不是要完成一种"功效"或者一种"用"，因而它在日常活动或政治活动中的无用是不言而喻的。哲学在古代的中国和希腊，作为一种"爱智"的生活方式，具有一种动人的力量。对于最早的哲学家来说，哲学不是谋生的手段，不是一种职业，甚至不是学术；而是一种活法，一种生活方式，一种对待生活的基本态度。因此，哲学家们更愿意从思想本身和思辨生活本身的乐趣中，而不是从其实用性的目的中，来理解哲学。用尼采的话说，包括赫拉克利特、阿那克萨哥拉、恩培多克勒在内的前苏格拉底哲学家是一些"帝王气派的精神隐士"。这些哲学家不愿与热闹的人群为伍，厌倦政治与世俗生活，他们过着一种远离尘世的隐居生活，不收学生，也不过问城邦中的大小事情。虽然苏格拉底被后来的西方人看作是希腊城邦时代的第一个最伟大的教育家，但教育在苏格拉底那里不是一种职业，他自己也不认为是在向人们传播知识，他只是在广场、市场和各种场合与人们进行对话。即使他向希腊人传授了智慧，这种传授方式也只不过是以一种街谈巷议的方式进行的。这里没有学校的组织形式，人们在一起进行哲学对话本身就是一种生活方式。后来的柏拉图和亚里士多德虽然建立了学园，但并不收费，而且学园的生活实际上是一种典型的哲学的生活，亦即以热爱智慧为最高目的的生活。

哲学的无用，在某种程度上保全了哲学的爱智精神，也使得那些抱着实用的目的而致力于哲学的人不可能真正地进入哲学的圣殿。那些把哲学当作工具来达到某种目的的人，不可能真正地理解哲学。可以肯定地说，不是任何人都能够过一种哲学的生活，也不是人人都能够把哲学当作自己的生活方式。但是，哲学却因为它那非实用的思，那种非常性的思，那种沉思的生活所具有的自足，而始终感动着一代又一代热爱智慧的人们。

三 哲学是非常性的思

哲学，是一种始终感动我们的非常性的思：

一个漫不经心的人，在一个风和日丽的早晨一觉醒来，发现自己死了；

一个邮差，必须将一个不可能传达的邮件送到收件人那里；

一个名叫庄周的人，做了一个梦，梦见自己变成了蝴蝶，梦醒之后问了一个非常奇怪的问题，"是庄周梦见了蝴蝶呢，还是蝴蝶梦见了庄周"；

还有一个叫芝诺的古希腊人，他甚至认为，"即使飞行的箭也是不动的"；

另外有不少人认为世间有一种不可言说的智慧，而他们却反反复复地对之说了又说。

诸如此类的事，我们可以在哲学思想史上收集很多很多。应该说，哲学绝不是传奇小说，它感动人的也不是各种离奇的故事情节。哲学的动人之处在于，它以一种思想的"冒险"激起人们长久的兴趣。在那些有悖常理的哲学思维中，蕴含着很多令人深思的事情。我们很多人在日常生活的习惯中，在人云亦云的时尚中，在日复一日的事务中，形成了一定的思维定势，很难理解哲学这种非常性的思。事实上，自哲学诞生之日起，哲学家就不易为大众所理解。

泰勒斯被女仆嘲笑即是开端。这位孤独的哲学家的形象千百年来预示着哲学在大众那里遭遇到的命运。德谟克利特的嘲笑，比起柏拉图所描绘的泰勒斯来，更能展现哲学不易为一般人所理解的有趣情景。那些阿布德拉人求助于僭主希波克拉底，因为德谟克利特是疯子，他的发疯让全城的人们都感到不舒服。希波克拉底来和德谟克利特交谈，离去时坚信这个所谓的疯子其实是一位很有理智的人，他之所以嘲笑一切，是因为人们，甚至那些认为他是疯子的人们，都过着无节制的生活。他之所以离群索居，是因为他正在写一篇关于发疯的论文。这段轶事很有意思，因为大众有权对他们所不理解的东西进行嘲笑，而哲学家则必须避免任何形式的随波逐流。这两种态度造成了哲学家和大众之间难以逾越的鸿沟，而且进一步造成了理性和疯狂这两个概念的颠倒。

古代的哲学智慧和大众舆论之间的紧张关系，在今天并没有被完全消除。哲学家虽然很少再如德谟克利特那样嘲笑一般的大众，而普通的民众对那些高深的哲学理论也敬而远之，但问题依然存在。那么，是哲学本身出了问题，还是大众的理解力出了问题？我们实质上是要在两个方面面对这个古老的问题：一方面，我们要问，哲学作为一种平凡的活动，为什么不易为公众所理解？另一方面，我们要问，是什么原因妨碍了大众获得哲学的洞见？实际上，我们说哲学是一种非常性的思，正好包含了这问题的两面。

那作为非常性之思的哲学，不是少数哲学家的专利。在公众的日常生活中，它是通过各种形式自发地出现的。

例如，它存在于儿童提出的各种异常天真的问题中。儿童的思维不像成年人那样为各种先在的知识、习惯、经验所左右，世界在他们面前是全新的，我们可以从孩子们提出的各类问题中，意外地发现人类在哲学方面所具有的内在禀赋。哲学作为一种非常性的思，只能源自人的自由创造，这里无任何既定的轨迹可循，每个人必须自己单独来完成。那些受常规约束或受正常知识限制的人们，要进行这种自由创造需要经过艰苦的斗争。而孩子们的言谈，用一个中国成语来说，叫做"童言无忌"，它常常能触及到哲学的奥秘。现代德国哲学家卡尔·雅斯贝尔斯在20世纪50年代接受巴塞尔广播电台的委托所作的"智慧之路"的演讲中，曾列举了很多这样的例子。

人作为一种能思的动物，哲学构成了人的天命，康德说，这是"人的形而上的天命"。在某种意义上，任何一种属人的创造，都体现了人类特有的自由精神，都具备某种哲学的特性。说"人类无法避免哲学"，这一点没错，事实上，人在一生的某个时刻，总能进入到哲学性质的那种非常之思中去：或者在回首往事的时候，或是在绝望中，或是在等待中，或是在疯狂中，甚至在使用语言的游戏中，在政治经济和文化生活中。"既然人类无法避免哲学，那么，哲学就总出现在他的面前"，雅斯贝尔斯这样讲道。确实，我们从各种口头流传的格言中，从通俗的哲理警句中，从那些具有统治力量的信条中，从各种政治观点中，尤其从无数与人类历史一起开始的神话中，都可找到哲学这种令我们感动的非常之思。[1] 这就是说，哲学实际上是出自人的天性的智慧探究，它点起人类智性的那盏"神灯"，是人类无可拒绝的思之"大道"。

我们走在这条"道"上，不管自觉还是不自觉，承认还是不承认，人的旅程不能没有"道"。既然这条"大道"如此隐秘地与每一个人的生命存在连结在一起，既然哲学是人类无法避免的，那么对哲学家和大众来说，哲学为大众所了解是没有问题的，问题的关键在于：人们所理解的哲学是零碎的还是系统的，是自觉的还是不自觉的，是清晰的还是杂乱的，是好的还是坏的。我们说哲学是一种令人感动的非常之思，那是因为它如此普遍地关涉人们对世界的理解，又如此奇特地令人梦魂萦绕、百思不解；那么，这个既令人感到"亲近"又令人感到"突兀"，既如此平凡又如此特别的哲学，究竟是什么呢？

四 哲学是文明的"活"的灵魂

如果只限于喋喋不休地谈论哲学，我们对什么是哲学不可能获得更清楚的说明。但是，有一些东西是那些有志于哲学的人所必须知道的。

哲学是一种无止境的探索活动，它不可能满足于已经获得的成就，它总是以一种超乎寻常的方式向新的视野开放，因此哲学的一切问题必定都是不合时宜。

---

[1] 参见［德］雅斯贝尔斯《智慧之路——哲学导论》，中国国际广播出版社1988年版，第4—5页。

我们知道,哲学一词的希腊原文"Philosophiphy"的原义是"热爱智慧",这个词的真正意义与 sophos(智慧)正好相对。它的意思表明,哲学不是对智慧的占有,而是对智慧的追寻,因此,哲学家作为热爱智慧的人,与那些拥有知识而自称是有智慧的人根本不同。从这一意义上看,哲学一开始并不是作为一个名词出现的,它是一种活动,是一种在通向智慧之路上行进的活动。因此,哲学作为希腊人的独特经验,它的真正意义应该是"上路",这是一种"热爱智慧"必须具有的态度。它表明哲学作为一种无止境的探索活动,问题比答案更重要,它从本性上反对任何宣称获得了某种永久性答案的东西,因而将答案又变作了新的问题。这种彻底的追寻,构成了人类文明的灵魂,它始终推动人们向新的可能性迈进。

哲学家正是从这些异乎寻常的问题中获得了极大的满足。哲学家的问题可能是不合时宜的,甚至是突兀或荒谬的,但却是自由而富有启发的。真正的哲学家可能会放弃万贯家财,但不会放弃自己的问题。他们以自己的全部存在去追问、去探寻。对智慧的热爱决定着他们的生存,因而,真正的满足和欢乐并不依存于任何可公式化的知识和信条,而是源自对问题的倾听和响应,而这在哲学家那里就是他们的生命快乐之源。梭罗曾在一个地方对此写道:"要成为一个哲学家,不仅要有敏锐的思维,甚至也不仅是创立学派,而是要热爱智慧,并愿意按照它的吩咐去过一种简朴、独立、宽宏和有信念的生活。要不但从理论上,而且从实践上解决人生中的各种问题。"[①] 没有问题对常人来说可能是幸运的,但对哲学家来说则是非常不幸的,它意味着哲学生命的停止。

哲学是一种无穷的追寻;没有任何东西高于哲学,也没有任何东西可凌驾于哲学之上或置身于哲学之外;哲学本质上是批判性的、反思性的,它属于那种极少的一类事物,这类事物注定了不可能也不可去在当下具有实际用途。

虽然每一代人都有自己的哲学,每一个民族都有自己的哲学,甚至每一个人也都有属于自己的哲学,但每一种哲学只能通过它的实现而规定自身。因此,尽管哲学是一种令人感动的非常之思,当它以那些简单而激动

---

① 参见[美]威尔·杜兰特《探索的思想》上卷,文化艺术出版社1991年版,第3页。

人心的观念表述时，它甚至能感动孩子们，但是对系统化的哲学思想来说，没有任何一种既成的理论表述是完备的，这决定了哲学永远需要重新开始。哲学的追问是永久性的，问题可能是同样的，但提问的方式和回答问题的方式却有着根本性的不同。从这一意义上说，哲学作为一种无穷的追寻，不可能有终结的时候，宣称哲学终结，这本身就是在坚持一种哲学主张。

哲学的根本精神是批判性的。它的力量不是来自某个学术机构、某个学术权威或是某个权力机关，也不是来自任何流行的社会意识或任何可见的现实结果，它的力量根植于人类热爱智慧的本性；热爱智慧，作为人的天命，是一种无所畏惧的彻底的追寻，它的真谛乃是对一切蒙蔽的破除。哲学是那种少有的思，它没有任何形式的算计，也不须服从任何现有的谋划。哲学不可能成为一种时尚，那些重视工艺性或技术性知识的人，的确可以说哲学是无用的。然而，这种无用之物，却恰恰拥有真正的威力。这种不产生直接反响的东西，却总是从人的存在和他的世界的根本关系出发，审视一切、批判一切、反思一切。

哲学作为一种高度反省的活动，它反省的根本就是隐蔽在人的生存方式之中的人对自己生活的现实世界的理解。系统化的哲学是对人的这一世界观的一种详尽表述的尝试。人存在的独特性和他的世界对这种独特性的现实展开，是哲学的真正起点。因此，我们无法想当然地设想一个一般性的哲学的任务是什么以及该从哲学要求什么。"哲学发展的每一个阶段，每一个开端都有自身的法则"，海德格尔1935年在弗赖堡大学的一次讲课中说道，"只有哲学不是什么，哲学不能做什么"。①

哲学总是通过强调人类在其中获得的目标和意义，而思及那"亘古未思之物"。这即是说，哲学作为一种代表人类爱智本性的运思，始终是人的历史性存在的独特见证。从这一意义上，哲学是时代精神的精华。

虽然每一个时代的每一个哲学家都以自己的方式来规定哲学的本质，但任何形式的对哲学的界定都不可能穷尽哲学的含义，任何体系化的理论建构对哲学而言都不是唯一的。今天，当我们谈到哲学的时候，马克思早在1842年提出的下列诸点仍然具有启发意义，马克思在《第179号"科

---

① ［德］海德格尔：《形而上学导论》，商务印书馆1996年版，第10页。

伦日报"社论》中写道：

> 哲学家的成长并不像雨后春笋，他们是自己的时代、自己的人民的产物，人民最精致、最珍贵和看不见的精髓都集中在哲学思想里。那种曾用工人的双手建筑起铁路的精神，现在在哲学家的头脑中树立哲学体系。哲学不是世界之外的遐想……哲学首先是通过人脑和世界相联系，然后才用双脚站在地上……
>
> 各种外部表现证明哲学已获得了这样的意义：它是文明的活的灵魂，哲学已成为世界的哲学，而世界也成为哲学的世界……哲学已……浸进同时代人的灵魂，也就是浸进使它们激动的爱与憎的感情里。①

在上述引文中，我们读到理解哲学的下述经典论断：

哲学不是世界之外的遐想；

哲学首先是通过人脑和世界相联系，然后才用双脚站在地上；

哲学家必须具备那种曾经用工人的双手建造铁路的精神来树立哲学的体系；

哲学家的成长并不像雨后的春笋，他们是自己的时代、自己的人民的产物，人民最精致、最珍贵和看不见的精髓都集中在哲学思想里；

哲学是文明的活的灵魂；

哲学浸进同时代人的灵魂，也就是浸进使他们激动的爱与憎的感情里……

人类最初的那些伟大的哲学体系已经存在两千五百多年。然而，哲学在今天，同任何时代一样，不能照搬它的传统，它必须重新开始。罗马时代的诗人哲学家琉善真正体验到了这一点：

"到哪里去寻找哲学呢？我自己并不知道她住在何处。我曾花了很长时间四处寻找她的家，希望跟她结识。有几次我碰到一些身披破斗篷的长胡子老者，他们自称刚刚从她那里来。我信以为真，就向他们问路，但是他们远不如我知道的多。他们不是拒绝回答，以掩饰他们的无知，就是东

---

① 《马克思恩格斯全集》第 1 卷，人民出版社，第 120—121 页。

一个门西一个门地乱指一气。直到今天,我还没有找到真正的门。"①

五 哲学是爱智慧的视野和眼光

哲学是人类爱智慧的活动,就人类热爱智慧的天性来说,哲学是每一个人的事业。哲学植根于人的独特实在之中,人都有从事哲学的能力。而且,在我们的日常生活中,我们多多少少都会介入到哲学的思考。然而,仅有这些是不够的。我们还必须思考,哲学是如何产生的,它是如何影响人的,它为什么是每一个人的事业,以及哲学的事业到底是什么。这些问题促使我们对我们不可回避的主题,也就是哲学的事业,作进一步的思考。人们从事哲学,却不一定能说清楚哲学的事业何在,或者哲学到底是什么。这样的事经常发生。甚至对于哲学的定义,人们也无法给出一个比较一致的看法。试图定义"哲学"一词,最终可能把人引向历史、文化和语言学等许多途径上去。因此,最令人奇怪的事情是,对于从事哲学的人来说,最难以回答的问题恰恰是"什么是哲学"。为了对哲学及其事业有所了解,让我们从"爱智慧"这个由古希腊哲学家提示出来的朴素的经验说起。

据说是古希腊的哲学家毕达哥拉斯创造了哲学(philosophia)这个词,这个词的古希腊词义就是"爱智慧"。今天,当我们用"智慧之爱"来了解哲学及其事业的时候,在古希腊语境中显然陷入了同语反复。有人可能会指责说,这根本无助于我们理解哲学及其事业。然而,我要说,在今天的时代,重述这个对于古希腊人来说可能是同语反复的思想异常重要。尽管现代哲学有着各种迷人的外表,但是深入到哲学爱智的核心,它就会令人顿感失望。许多哲学理论家和哲学家急于解决的问题似乎往往与我们自己关心的东西不太相干。有鉴于此,我这里试图表明那种包含在古希腊人"爱智慧"这个词组中的素朴的哲学经验,以及它蕴涵着的普遍性与真理性。古希腊人从"爱智慧"来理解哲学及其事业,他们很单纯地认为哲学应该在某种方式上帮助人们生活得更好。这个美丽的理想随着

---

① 琉善(Lou Kianos,约公元120—180),古罗马时代的唯物主义哲学家、散文家。恩格斯把他比作是古希腊罗马时代的"伏尔泰"。引文出自他的作品《渔夫》,广为后人引用。

"philosophia"被翻译为各种外来词而被人们遗忘了。现代人惊奇地发现，他们在哲学中根本找不到使人生活得更好的那种"智慧之爱"。很多人热衷于躲在哲学这个崇高的字眼后面故弄玄虚，不愿意将"爱智慧"的态度和精神还给哲学，"哲学"愈来愈远离了真正意义上的智慧之爱。哲学如果一再地陈述着太多的"智慧""真理""理论"和"知识"，而唯独缺少对智慧的爱，这种哲学必然走向终结。今天人们已经意识到了现代哲学的这种危机。尽管我们习惯于把"新的"与"优越的"联系在一起，但古代哲学家总能让我们自愧弗如。相对于当今的思想家来说，最早时期的哲学家们对哲学及其事业可能有更好的认识。因此，我们应该不厌其烦地重复这一点：唯有从"爱智慧"，才能理解哲学及其事业。

我们如何从"爱智慧"理解哲学及其事业呢？爱智慧难道不是人的自然倾向吗？人有爱智慧的天性，就是说凡是健全的人都爱智慧。那么，从这一平凡的事实中我们将如何找到哲学的奥秘呢？爱智慧，对于人来说，是最容易的，然而进一步看，它又是最困难的。我想从这个事实谈起。尽管我要说的并不是什么新的或者揭露奥秘的东西，但可能仍然值得一说。因为哲学家，特别当他们专门从事哲学研究的时候，往往忽略了他们从事的事业所触及的那些有趣的可能关联着我们人性丰富性的方面。如果哲学真的有什么奥秘的话，这个奥秘就是作为人固有的自然倾向的智慧之爱。我只想表明这个为种种哲学理论或者哲学活动所共有的品质，它可以说明哲学是何以及哲学为何，并能够为我们真正理解哲学及其事业指明道路。例如，如果我们从价值角度看，"智慧"是伴随着人对于生活中真善美的理解出现的理想，它在人的生活样式中表现为对于世界的基本的认识以及对于自身存在的基本的决断。这本身并没有什么问题。然而，如果人没有对智慧的爱，也就不会有对真善美的追求，实际上"智慧"也就不会存在。无论人生活在何时何地，也不论人和人类的处境如何，智慧之爱始终是支撑一切人类价值的基石，同时也是使真善美等人类价值得到实现的动力。如果没有对智慧的爱，我们很难想象一种属于人的生活会是一个什么样子。此外，即便不涉及专门的哲学问题，爱智慧在我们的日常生活中难道不是很重要吗？

爱智慧是人皆具有的自然倾向，人与动物的最大区别就在于人的爱智慧。这没有什么疑问。像康德这样的思想家曾经明白无误地指出："形而上学是人的本性。"伊壁鸠鲁劝告人们："不要让任何一个人因为年轻而推迟对哲学的学习，或者因为年老而厌倦对哲学的研究。因为，要获得灵魂的健康，任何时候都不算太早或太晚。自称还没有准备好学习哲学或是说学习哲学的年华已经过去了的人，就好像在说自己因为太年轻或者太年老而无法获得快乐一样。"[①] 在人们的生活中，会经历各种各样的事情，有些生活经历并不是所有的人都能够获得的，也有一些生活经历则是人皆具有的。从事哲学，只是少数人才有的一种生活经历，而爱智慧则是人皆具有的生活经历。正是因为爱智慧是人皆具有的，哲学作为爱智慧才是一件最困难的事情。哲学作为人类的自然倾向，它存在于人爱智慧的现实生活中，从这一意义上看，哲学是一种有着深厚的生活底蕴的爱智。而作为条理化、系统化的哲学，其实质应是人爱智慧的伟大觉醒，从事哲学的人所要达到的就是这种爱智慧的觉醒。一种自然态度下的智慧之爱是容易的，在日常生活中随处可以看到这种智慧之爱。然而，哲学家要面对的是爱智慧的觉醒，因此一种哲学态度下的爱智慧往往是最困难的事情。

我们究竟应该如何由"爱智慧"理解哲学及其事业呢？我认为最好从爱智慧的困难出发，寻找解答这问题的线索。通过这种分析获得的一些"蛛丝马迹"，将表明"爱"与"智慧"在我们的时代遭遇到了怎样的危机，以及现代意义的"爱智慧"遇到了何种困难。

六　哲学是思想道路的突破

哲学第一次出现于什么时间？这在今天已经不重要。然而，哲学的第一次出现始终是令人深思的事情。哲学一开始是与人的求知活动联系在一起的。这就是说，哲学开始于人类自觉的追求知识的活动。当人的爱智从一种单纯地接受和认同古老的神话传说转向对知识无法遏制的"爱"，这时最初的哲学思维就出现了。从现代社会学的观点看，哲学思维的最初涌现是人类文明发展史上的最关键性的一次飞跃，马克斯·韦伯和帕森斯称之为"哲学的突破"（"philosophic breakthrough"）。帕森斯的说法与雅斯

[①] ［古希腊］伊壁鸠鲁：《致美诺益库的信》，引自苗力田主编《古希腊哲学》，中国人民大学出版社 1989 年版，第 637 页。

贝尔斯关于"轴心时代"的说法大致相同。

这一过程大致发生在公元前800年至公元前200年之间。各种非凡的事件都集中在了这一时期。这一时期是中国哲学家孔子、老子以及诸子百家活跃的时期，也是古希腊哲学家赫拉克利特、苏格拉底、柏拉图和亚里士多德等一大批优秀人物从事哲学对话或著述的时期，这是印度文化的缔造者优婆沙德和佛陀的时代，也是犹太先知以利亚、以赛亚和耶利米的时代。在不到五个世纪的时间里，中国、印度、希腊、以色列四大古代文明，都先后各不相谋而方式各异地经历了一个"哲学的突破"的阶段。"哲学的突破"是对构成人类处境之宇宙的本质发生了一种理性的认识，这种认识的层次之高是前所未有的。与这种认识相随的是对人类处境的本身有了新的解释。以希腊而言，此一突破表现为对自然的秩序及其规范的和经验的意义产生了明确的哲学概念。从此希腊的世界不复为传统神话中的诸神和英雄任意宰制，而是处于自然规律的支配之下。苏格拉底、柏拉图和亚里士多德的出现是希腊的"哲学的突破"的最高峰。整个西方文明中理性认知的文化基础由此奠基，哲学、科学以致神学都跳不出它的笼罩。

帕森斯认为，"哲学的突破"在中国表现最为温和，因为中国传统寄托在几部经书之中。此一传统经过系统化之后，在宇宙秩序、人类社会和物质世界，几个方面都发展出一套完整而别具一格的看法。我国历史学家余英时先生进一步指出，中国的"哲学的突破"是针对古代诗、书、礼、乐所谓"王官之学"而来的。最先兴起的儒、墨两家就是从这里突破出来的。孔子"述而不作"，传承诗、书、礼、乐的传统，同时又赋予它们以新的精神与意义。仅就这一点而言，孔子的"克己复礼"正是突破了王官之学的旧传统。帕森斯所谓中国古代的"哲学的突破"最为温和主要是针对儒家而言的。儒家守先以待后，寓开来于继往，所以斧凿之痕最浅。墨子最初也是习诗书礼乐的，但后来成为诗书礼乐的批判者。庄子用"道术为天下裂"来形容战国时期诸子百家凿王官之学之窍而各有突破的实情。他在一个寓言中说，南海之帝"儵"与北海之帝"忽"谋报中央之帝"浑沌"之德，为"浑沌"凿七窍，"日凿一窍，七日而浑沌死"。这个比喻最能说明"哲学的突破"在中国的表现。后来的刘歆说："今异家者各推所长，穷知究虑，以明其指，虽有蔽短，合其要归，亦六经之支与流裔。"① 后世的中国哲学正是由王官之学散为百家的"哲学的突破"奠定基础的。它形成了中国哲学家或者中国知识分子那种以道自任的精神。中国哲学的道统在孔孟老庄那里形成，它影响了中国的政治伦理的基调和中国艺术精神的基本范型。

以色列"哲学的突破"的具体表现是所谓的"先知运动"。这个运动突出了上帝为造物主的普遍观念。上帝不但创造了整个宇宙，还按照他自己的形象创造了人，以便于实现他的计划。世界的两重性，人类的两重性，以及上帝的唯一主宰，这些观念与基督教中的希腊因素相结合，构成了西方智慧的主要文化基础。而印度的突破则是一种产生于知识阶层间的宗教哲学，它把我们生活于其中的世界以及实际人生看成是"空幻"的。与这种思想相关联的是印度教和佛教中种种关于人生之解脱的极端学说。

当我们今天回过头来对古老的"哲学的突破"进行思考的时候，有一个现象值得我们注意，这就是知的决断如何在极为不同的视角上影响了"哲学的突破"，并造成种种"哲学的第一次出现"。对"哲学的第一次出现"这一特别事件进行分析，我们就会涉及古代哲学的一个基本信念：即爱智慧首要的是一种知的决断。如果站在古代哲人的立场看问题，我们不难发现，古代人的知识状况正是推动他们爱智慧的动力。古代人最初是借助神话、迷信、占卜或异兆等种种方式来获得关于世界的知识的，在人们的认识能力相对低下的情况下，无智慧的状况其实就是一种"无知识"的状况。一个人意识到自己的无知或者他人的无知而去寻求知识，他就处在一种知的决断状态之中了。"哲学的突破"或者"哲学的第一次出现"正是与之相关联的。在古代有权从事这种活动并因而进入"知的决断"的人通常被看作是部落或民族的智者。这种知的决断使人不再相信神话或者各种迷信教给人们的"知识"，人们开始了理智地提出问题并着力寻求对各种理性的问题予以理性地问答，正是这种"知的决断"导致了"哲学的第一次出现"，亦即导致当代社会学家和哲学史家所说的"哲学的突破"。因此，哲学作为人类爱智慧的最纯净、最持久的形式，从它的最初根源看，是对人类知识处境的一种超越追求。不论从科学的意义上，还是从信仰的意义上，以及从生活经验的意义上，真正的智慧之爱始终是一种

---

① （清）王先谦：《汉书补注》卷三十。

基于对人与人类的"无知"的某种觉悟而发生的源自人的生命底蕴的超越追求。因此，知的困难以及人们在知识问题上的决断，在其表现形式上就是爱智慧的觉醒，人们突然发现以往被当作是知识和智慧的东西变得可疑起来，而要求对问题重新予以审视。

  在古希腊人那里，一直把知识和智慧理解为科学，理解为理智的一种完满，认为智慧就是理智的最高思辨能力；而在专门科学的意义上，它们也从未获得过近代意义上那个狭义的知识概念，也从未梦想过，科学能够宣称胜于智慧并且与智慧相冲突。古代中国人则相信，智慧是一种基于对人间事理的知识而具备的人生态度，儒家所说的"仁"，道家所说的"朴"，即是这种智慧。而古印度人是通过获得关于"空"的知识，来领悟那种关涉存在之超验根基的最高智慧的。知的决断以及对知识的甄别总是在各个不同的维度展开，而且以决定性的优势将人们的眼光从虚妄不实的生灭变化之物转向那永恒的、绝对的真际。在承认人的认识通常会受到感官的、欲望的、现象事物和个人偏见的诱惑而错过了有关事物的真理的知识这一点上，智慧之爱将不同道路上的人们引向同一个目标，即对人类自然处境下的知识状况的实际超越。由于哲学的诞生，神话世界的自明"真理"被建立于理性与实际经验基础上的人类知性所取代，它那富有活力的构成性因素以一种新的话语形式出现在人类的智慧探寻中。无论是希腊的哲学家，以色列的先知，印度的苦行者，还是中国的圣人与隐士，尽管他们内心的信念、对世界的基本观念和探寻最高真理的视角以及热爱智慧的方式都大相径庭，但在力图越过人类自然态度下的知识蒙蔽或知识诱惑以及各种知之歧途而去争取不朽，则是共同的。人们相信一种知识的最高境界同时也是生活的最高境界，通向真理的道路与通向至善的道路是同一条道路，智慧之爱既是生命的极乐，也是知识的辉煌。

  我们今天已经很难理解古人在知识问题上的决断方式。在一个一切都依照一种技术化的"座架"构造的时代，现代人的机巧与实利主义，以及知识和智慧落入功利主义之算计的无可逃避的命运，使得任何对于终极意义的追求都仿佛是堂吉诃德的与风车的搏斗。今天，知识正以一种经济价值的形态出现，它愈来愈被商业化或商品化了，这标志着知识与智慧相联结的那条古老的通道的断裂，与这种断裂相伴随的还有一种一直为哲学家所追求的生活方式的迷失。然而，"哲学的突破"绝不仅仅是人类历史上哲学的第一次出现所遭遇的"知的决断",从一种宽泛的意义上说,"哲学的突破"是每个人的智慧之爱都有可能进入的一种超越境界,在该境界中人的爱智慧要求人面向知的困难,并对之作出决断。从这个意义上讲,今人与古人其实站在同一个起点上:古人面对的是知识的缺乏,今人面对的是知识的过度膨胀,然而人类知识的积累并不能使我们在爱智慧的问题上比古人占有任何优势。知的困难,作为哲学态度下的爱智慧遭遇到的困难,既是"哲学的突破"的历史的起点,也是"哲学的突破"的逻辑的起点。任何时候,爱智慧的人们只能通过他自己并完全依靠他自己的力量作出决断,这恰恰是一个先于一切人类知识体系的决断:"我能够知道什么?"哲学态度下的爱智慧必须面对这个先于一切人类知识和智慧的难题。

另一方面,在"哲学的突破"中,我们还发现,"知"的决断总是与"在"的觉醒相伴而生。"知的困难"不单纯地是一个知识论或者认识论层面上的难题,更不仅仅是一个常识的、科学的或者任何具体知识领域的难题,它作为人爱智慧的困难还指向对人和人类处境中存在自身的觉悟。这种"在的觉醒"因"知的决断"展开的不同维度而不同,并形成了中国、希腊、印度和以色列在爱智慧问题上不同的存在论视域或形而上的终极视域。

七 哲学是对"爱智慧之困难"的响应

然而,哲学一旦从现有的文化基础上"突破"出来,就会使人的爱智慧在一种知的困难与决断中转变成为各种"问题"。真正构成人们爱智困难的问题不是那些日常性的具体问题,也不是某个专门领域的科学问题。对于这些问题人们同样会给予关注,但由于人的努力能够解决这类问题,因此它不构成人爱智慧的困难。只有那些总体性的、根本性的问题,才是人的爱智慧在知的困难与决断中转变出来的"哲学问题"。

哲学根源于人类爱智慧的困难。人进行哲学思考的根本动力也正是源自这种最为宽泛意义上的"知的困难",它将人的爱智慧变成人对人存在和他的世界的根本问题的反思,从而使我们对于人和人类处境有更深切地理解。

从一种优先于一切人类知识体系的意义上,爱智慧的困难就是一种最为宽泛意义上的"知"的困难与决断,当然这种"知"的困难与决断又以一种独特的方式关联着"在"的遗忘与觉醒。它作为哲学探问与把握世界的原动力,表现为人爱智慧的五种样态:葆有惊异,善于怀疑,感受在世,语言说出,谛听存在。

(1) 第一种类型的困难是:"葆有惊异"

葆有惊异是重要的,但也是非常困难的。

它的重要在于,唯有惊异才能使我们进入爱智慧。它的困难在于,倏忽即逝的惊异会转化为浅薄的好奇,只有长久的惊异才能将人的爱智慧转化成为问题和洞见,并将人从实际在场事物那里引开,转向那亘古未思之物。而这需要卓绝的勇气和智慧。

惊异作为人爱智慧不可缺少的前提,与我们日常生活中的好奇不一样。

好奇是为事物的表象所吸引,而惊异则为事物存在的神秘所激起。惊异是一种天真纯朴的心灵状态,它穿透一切为人熟视无睹的事物的外表,将人从一种自然态度或者日常性的漠然与迟钝状态中唤醒,去关注那远大未思之物。

哲学家的爱智慧如果缺少惊异,根本是不可想象的。惊异是未泯的童心,是思的开启,是诗意的根源,是爱智慧成为"问题"的契机。我们经常会从孩童身上,从他们提出的天真的问题中,经历到这种惊异。

例如,一个小孩会惊讶地提问:"为什么我是我自己,而不是别的什么人。"这对爱智慧的儿童来说,必然导向一种自知的困难,很多人在童年会经历这样的困惑:"我一直试图把自己想象成为一个别的什么人,可是我仍然是我自己。"这困难已经触及到了确定性的普遍本质。孩子们被那个"我"的不可置换的神秘弄糊涂了。"我"的不可置换的神秘唯有关注自我才能被领悟,于是他面对这个在我们成年人看来是天经地义的"我"的唯一性和不可置换性,陷入了一种"知的困难"。

然而,葆有惊异是困难的。面对人的辛劳,日复一日的琐碎事务,愈来愈专业化的社会分工,各种精密的知识体系和传统权威,越来越多的"真理"和"智慧",无数的智力陷阱与诱惑,谁的惊异能持续得这么长久呢？

　　我们很多时候习惯了让某个处境中的惊异像彗星一样地倏忽而过，而更多的时候一种实际生活的明智会将惊异开启的思看作是不切实际的异想天开。时代的务实风习，功利的考虑，博学和聪明，以及匆忙的算计和理智的谋划，这些通常被人们看作爱智慧的活动实在是偏离了真正的智慧之爱，使得开启思之门径的"惊异"倏忽而逝。这是爱智慧的最大障碍，也是人的爱智慧面临的根本性的困难。

　　不论对一个民族的历史性存在来说，还是对个人的历史性存在来说，"哲学的突破"都是由人葆有惊异开启的。柏拉图曾经说过，哲学根源于惊异。他说，我们的眼睛使我们看到星辰、太阳和天空的景象，这就驱使我们去考察宇宙，由此产生了哲学，"这是诸神赐予人类的最大的福祉"。亚里士多德也说："由于惊异，人们不仅现在，而且一开始的时候，就去进行哲学推究：他们最初对于那些明显的难事感到惊异，然后一步一步地说明那些较大的难事——诸如有关日月星辰的现象，以及宇宙的创造。"[①] 惊异驱策人们进入知的困难，并在将人的爱智慧变成一个又一个难题的过程中，迫使人面对自己的无知，因而以一种"孤往"之大勇去追求真知。人正是在惊异中才意识到自己知的匮乏，而知的困难由惊异开启才是仅仅因"知的匮乏"而不是为"满足通常的需要"所产生的。当我们在思中葆有惊异，惊异就会将我们从实际需要形成的束缚中唤醒，进而不抱任何隐秘的目的思考宇宙、天空、世界和人的存在。正是由于惊异，人们才摆脱了日常性和自然性的爱智取向，不是为了某种外在的筹划，仅仅是希望获得内在的满足，而不倦地献身于思的事业；正是出于惊异，人们才不抱任何实利目的，以一颗孩童般的心灵爱智慧，并在其历史性的生存中进入远大高迈之境。

（2）第二种类型的困难是："善于怀疑"

　　与惊异相关联，我们还面临爱智慧的第二种类型的困难，它与这样的一些问题纠结在一起：当惊异引导求知，并使我们在关于事物的知识方面

[①] 引自［德］雅斯贝尔斯《智慧之路——哲学导论》，中国国际广播出版社1988年版，第1页。

获得满足的时候,我们如何还能葆有惊异呢?如果我对于使自己获得满足的知识不予置疑,我如何使别人相信我由此作出的断言?进一步,我怎样才能相信别人由他的惊异产生的问题和见识具有真理性?这问题表明,对于哲学的爱智慧而言,随着惊异导向知识,怀疑也就随之产生。"善于怀疑"对于爱智慧来说,与惊异同等重要,如果对累积来的见识不经过批判地考察,是不可能获得真正意义上的内在的满足的,因而也就不具备不可动摇的确定性。一个说谎者以使别人相信他的谎言为目的,然而我们怎样才能确信文化的、历史的甚至语言的传达不是一种谎言呢?没有怀疑就不会有爱智慧的确实性,而人的爱智慧最终就是通向这种确实性的。应该说,怀疑并不困难,一个怀疑一切的人完全可以像古代的皮浪主义者那样走向极端。怀疑主义哲学虽然很难反驳,却不是一种好哲学。对于爱智慧来说,重要而且困难的是,要善于怀疑。

善于怀疑,作为对"独断真理"的合法性难题的追问,是人在各种各样的爱智慧中进行"知的决断"的动力。健全的怀疑尺度,有助于我们澄清我们的概念和观念的含混,解决各种不同主张的对立以及无望的矛盾纷争。我们的爱智慧鼓励我们牢牢地把握住这种怀疑,并将它运用于每一事物。哲学的爱智慧作为对常识、科学和各种理论思维的爱智前提进行的批判性思考,就是基于这种健全的怀疑尺度,它构成了哲学批判的灵魂。善于怀疑是要在放弃怀疑的独断论与极端怀疑的怀疑主义之间寻找中道,这对于人类理智来说是异常困难的,哲学史在这个问题上的教训并没有过时。放弃怀疑的诱惑与极端怀疑的诱惑一样,构成了我们在怀疑的否定中获得愉悦的障碍。

古希腊哲学家塞克斯都·恩披里可断言,"怀疑将我们带向哲学的宁静"。他说:"怀疑主义是一种能力或精神态度,它在无论何种方式下都把现象和判断对立起来,并由于这种对立起来的对象和理性间的平衡的结果,我们首先就被带到一种精神上的悬疑状态,然后被带到一种'无烦恼'的或宁静的状态。"[①]

这种极端的怀疑主义并不能有助于人的爱智慧。然而它把这样的一个

---

① [古希腊]塞克斯都·恩披里可:《毕洛主义概略》,参见苗力田主编《古希腊哲学》,中国人民大学出版社1989年版,第647页。

问题留给了后人：人如何运用一种健全的怀疑尺度，达到对确定性的寻获？西方近代理性主义哲学之父笛卡尔的回答令人深思。他的著名命题"我思故我在"，就是由普遍怀疑达到他的坚实的确定性的。尽管人们对其中的联结有不同的意见，但不可否认，笛卡尔正是由怀疑达到了一种理智实在的坚定性基础。健全的怀疑尺度产生了"知的困难"，它要求以一种条理化的方式对被人们视为毋庸置疑的一切知识进行批判考察。因此，就哲学的批判本性而言，没有彻底的怀疑也就没有真正的哲学思想。然而，问题依然是，当惊异在怀疑中扩展而怀疑在惊异中绽现的时候，我们如何以及怎样为确定性奠基？

（3）第三种类型的困难："感受在世"

雅斯贝尔斯在巴塞尔电台的一次广播讲座中说："当我专心致志于有关宇宙的知识时，当我进行怀疑，并把它作为达到确定性的途径时，我必然沉浸于万物之中；我完全抛开我自身，我的目的，我的幸福和我的生存。在这种'忘我'的境界中，我将以获得这种知识为满足。""然而，"雅斯贝尔斯继续说："当我从这种情形中醒悟过来时，上述情形就会改变。"雅斯贝尔斯这里所说的"醒悟"，是指"知"的困难与决断在一种先于一切人类知识体系的视角上，将人的"爱智慧"转化为一种"在"的觉醒。唯有这样，健全的怀疑尺度和精神才能洞见到人的内在性和确定性的根基。爱智慧的困难，于是由"知"的决断进入到"在世"的感受，哲学不可避免地面对人自知的难题。于此，出现了爱智慧的第三种类型的困难，这就是"感受在世"的困难。

"感受在世"是以对人和人类处境之真实的清醒意识和知识为前提的。"感受在世"与"混迹于世"有着根本的不同，感受在世的困难也正在于它作为一种爱智慧的存在样式拒绝种种在世的"混迹""沉沦""放浪"，而要求在"在世"的"知"与"觉"中找到存在的意义。哲学由此始终给人一种如梦初醒的意味。当我从科学的、宗教的、艺术的、历史的、社会生活或日常生活的惊异或怀疑中，陷入知之困难，并进入到对我的生活在其中得以展开的世界样式进行考察时，一种给我的爱智慧带来严重困难的"感受在世"就绽露出来了。它造成了人存在和他的世界关系的"价值的困惑"和"意义的困惑"。一种以爱智慧为己任的哲学必须承担这种"感受",通过面对人和人类处境的终极境域,对人"在世"的"被抛"予以领会,它由之思及的应是一种切身关己的生活态度。哲学家在遭遇这种爱智慧的困难时使自己成为一个人生的觉者。

斯多葛学派哲学家埃皮克提特说:"哲学的开始,是一种对于我们在必要的事情上柔弱和无能的认识,至少对于步入哲学之正途和由正门而入的人是如此。"[1] 他相信,只有当我们意识到在世的柔弱、无能、孤独的时候,就产生了哲学。那么,面对自身的柔弱我们将如何自助?埃皮克提特的回答是:通过对我力所能及的事情和我力所不及的事情作出明确的区分,并通过将我力所不及之事看作是与我无关的,来回避人类的苦难、辛劳、罪恶和无能,最终达到心灵的平静。就像医生关心身体,农夫关心田地一样,一个爱智慧的人关心他自己的灵魂的平静。"灵魂就像是一个装满了水的瓶子,事物的虚像像光线一样地落在它面上。如果水是在动着,则光线看起来也像在动,虽然它实在并不在动。所以,当任何人在他头中感到一阵眩晕,迷乱者并不是艺术和德性,而是艺术和德性所居之心;当此心回复其平静之时,那么艺术和德性也就回复它们的平静了。"[2]

斯多葛式的觉者,产生了一种忧郁而高贵的在世感受。然而,这种退回到心灵平静而自由的境界仍是虚幻不实的,它最多只能算是一种隐晦的自欺。感受在世的最大困难,就是人的这种不自知的自欺。在人和人的处境中,我们清楚这个处境的矛盾性质。马利坦说,它"实质上是一种与肉体相结合而又陷入在物质宇宙中的精神处境"。[3]

然而,哲学家并不希望使人生的缺欠、虚无、痛苦、无意义和诸如死亡、罪、机遇以及一切不确定性的东西"实在化",他拒绝相信这一切就是人在世的本来面貌。因此,一种"忘我"的自欺使人的爱智慧把与之相反的东西看成了终极。人如何从这种自欺中觉醒呢?感受在世,不是对人和人类处境中那些纯身体本能的、非理性荒诞的、偶然和无知的方面拒不接受,如果人存在和他的世界原本就充满了这一切,如果存在的深层为这一切所包围,那么

---

[1] 引自周辅成主编《西方伦理学名著选辑》,上卷,商务印书馆1987年版,第239页。
[2] 同上书,第244页。
[3] [法] 马利坦:《道德哲学》,中译文引自《哲学译丛》1963年第10期。

我们将如何理解我们人性固有的崇高？我们又如何表征世界的明亮与美丽呢？人的爱智慧作为"知"的决断和"在"的觉醒，总是指向对人自身存在的领会，因此感受在世的困难实际上是人的自我认识的困难。

（4）第四种类型的困难："语言说出"

一个人生的觉者怎样才能见证将他从睡梦中唤醒的智慧之爱？人的爱智慧怎样才能将我们引向"知的决断"和"在的觉醒"？如果我意识到，我对智慧的爱绝不仅仅是我一个人绝对孤立的智力游戏；如果我意识到，每一个有使命感的人都必须抛弃封闭自我的门户，踏入现实的大地，在面对人和人类处境的现实关系的呼求中作出回应；如果我意识到，在我化为尘土之后，在我终有一死的命运降临之后，我的一切在世的"感受"也将消失；那么，我将如何表征和见证在我身上发生的那种在知识、确定性和自我等问题上获得的"突破"呢？

这些问题涉及人的爱智慧最本源的动力，涉及人的爱智慧所依赖的一个与他人共享的社会前提，这就是人的语言。爱智慧是语言的说出。然而，在哲学的突破中，人的爱智慧所经历的知的决断和在的觉醒，如何在语言中"说出"呢？我们以何种方式"说出"智慧才不是一种"胡说"？在关涉存在的神秘和整个宇宙无限的静默以及事物内部深刻的一致性方面，人类的语言如何才能够将它"说出"呢？

"人说话。我们在清醒时说，我们在梦中说。我们总是在说话。哪怕我们根本不吐一字，而只是倾听或者阅读，这时，我们也总在说。甚至，我们既没有专心倾听也没有阅读，而只是做某项活计，或者悠然闲息，这当儿，我们也总在说。"海德格尔在一次演讲中如是说：语言是最切近于人的本质的，触处可见语言；然而，令人深思的是语言说出，当我们以某种方式通向语言之说，"说出"便发生为那种允诺终有一死的人的本质以居留之所的东西；"语言说。语言之说令区分到来。区分使世界和物归隐于它们的亲密性之纯一性中"[①]。

[①] ［德］海德格尔：《海德格尔选集》下卷，孙周兴选编，上海三联书店1996年版，第891—1003页，下引同。

海德格尔以一种同古老的东方道家思想相互印证的方式指出:"语言是存在的家园。"

问题是,当人作为"说话动物"说话的时候,语言总是被工具化,进而被外在化。我们在通常意义上的人的说话中,在一种工具性的语言方式中,并不能有一种居留在"存在之家"的"在世"感受。情况反而是,我总在工具性语言中失落了我的"在"。日常生活中的闲谈,人类各种知识建构形式的符号和概念,甚至一个单纯的通知,一种传递信息的声音,以及大众传媒和政治意识形态的话语结构,都是自然态度的人爱智慧的基本样式。

语言如同一张大网,它既是人交谈的基础,是社会交往的基础,又构成人类文化各种象征体系,如艺术、宗教、科学、意识形态等等。语言好像只是人存在的一种工具性展现,一个聪明的人,即通常意义的爱智慧的人,只是更有效地、更巧妙地运用这个工具,或者使这个工具变得更完美一些。因此,从来不存在"语言说出"的问题,只有人如何说出语言的问题。然而,一个哲学意义的爱智慧的人,他的惊异、怀疑和被抛在世的本真感受,并不能由通常意义上的人云亦云说出,这时"语言说出"就变成了人爱智慧的困难。

人面对"语言说出"的困难,见证"知"的决断;同样,人面对"语言说出"的困难,表征"在"的觉醒。"语言说出",是哲学意义上爱智慧的关键。一旦人不把语言作为工具使用,而是回复语言之为"存在家园"的原始性,我们就会发现:"语言说出"的困难,实乃是本源性的爱智慧的困难,人只有面对这困难,才在极大的静寂中进入这世界,而人的心灵才能具备那种高贵开放的态度:他随时等待着同宇宙中一切伟大健全的事物相往来。但是,关键性的问题是:当我们说出智慧,或者睿智地言说的时候,我们如何面对"语言说出"的困难呢?

(5) 第五种类型的困难:谛听存在的消息

人言的可畏在于,它以实际生活的明智与机巧束缚了人的爱智慧。听从人言,不能帮助我们面对"语言说出"的困难,尽管它看起来有解决这困难的"外表",但实际上它只是用这炫目的外表将困难遮蔽。如果说

"听"是一种更高层次上的"说",那么面对"语言说出"的困难,一种哲学爱智慧的态度应该是"听",不是听"人言",而是"谛听存在的消息"。

那么,我们怎样进入到这种"谛听"之中去呢?这涉及哲学爱智慧的第五种类型的困难。

苏格拉底说:"我倾听心中的灵异,照她的吩咐做事。"但是,不是每个人都愿意经历到这种谛听的。人从"说"转为"谛听",这是对"语言说出"的应和。在谛听中,人并不像在人言中那样天真地想象自己是宇宙的中心。他进入到一个比这更为奇妙的境界:人的谛听使他成为物理宇宙大综合的上升之箭,他将自己与万物并列、包容在一起,生命在谛听中越过反省的门槛领会到存在自身的神秘;这是思想的交流,是存在间的一种秘密的默契,是人对人类处境的永恒性的关怀。于是,哲学家告诫世人:"对于不可说的东西,我们最好还是保持沉默吧!"

可是,人太专注于"说"的机敏和威严了!人发明了各种"说"的方式,却忘记了:"谛听存在的消息"其实是最好的"语言"。"谛听"要以一颗领会的心灵感悟万物的说话,在一种存在消息的到来和意义的瞬间生成中进入与万物纯一的亲近中。就像歌德在《浮士德》中唱道:"我要在内在的自我中深深领会,领会全人类所赋有的一切。最崇高的、最深远的,我都要了解。我要把全人类的苦乐,堆积在我的胸心,我的小我,便扩大为全人类的大我。我愿和全人类一样,最后归于消灭。"这种领会是一种诗意的倾听,这种倾听是思想和生命合而为一的伟大结合。人的知的决断和在的觉醒,在此谛听中,上升到最高的智慧境界。

现在,我们来看看构成了人的爱智慧之困难的现实处境。人于各种极度分裂的两极对立中面对人和人类的处境。人的纯身体和人的纯精神从来都以一种矛盾纠结的状态构成了人爱智慧的两个极端,我注定了要在忍受这个令人苦恼不堪的中间处境中成为"存在"的谛听者。

人类曾经有过的那些伟大的哲学、宗教或形而上学,那些伟大的诗人、哲学家和有着高贵开放心灵的人,总是用一种深沉的智慧和爱来领会或者倾听人和人类的处境。虽然人在智慧问题上的浅薄的愉快足以帮助我们解除实际生活中的一般苦恼,然而当一个人认为自己已经牢固地掌握了人生和世界并对他的实际生活的"明智"心满意足,以及当人把那些实际利益上获得成功的因素看成是智慧的,也就是说,当人还以一种自然的、物质的、通常的方式追求智慧的时候,他并没有进入到人爱智慧的困难处境,因而也就没有达到哲学的根源处。我们只有以一种真正的勇气面对人存在和他的世界的现实处境,只有在经历了对于一般人类知识状况和存在状况的深刻反省,或者只有当我们意识到我们总已经置身于爱智慧的困难处境之中,我们才会看到一种令人无法容忍的"无智慧状况"其实早就在我们通常认为最明智的地方、最有智慧的地方显露出来了。我们怎样面对这种智力的冲突呢?如果意识到我们经历的这种极度的两极分裂正是那种普遍意义上人的存在和他的世界问题上最深刻的精神紧张,我们的智慧之爱就不再是一个"纯粹自我"的精神顾盼。从这个意义上说,哲学的爱智慧就是对人类的爱。

于是,"谛听"的最为内在的本质显现为一种"关心",一种博大的"爱"。

良好的哲学意识必须具有这种情怀。苏格拉底说,他"沉思"就是在"谛听"。苏格拉底的爱智慧正在于,他在"谛听"或者"沉思"中,关系到了人的更大的灾难、不公正、痛苦、死亡、丑陋、无知以及国家民族陷入多余的灾祸这种无智慧的愚昧状况。他的"爱"则表现为一种将人们从爱智慧的倦怠中唤醒的"牛虻"精神。

我们看到,人存在和他的世界总处在永恒的变化之中。处境在改变,有些明显的残暴和无知似乎已经成为历史,新的机遇和好运总在出现。如果我们相信人类的"进步",我们也许会说,人类从来没有像今天这样有"智慧",而且会变得更有"智慧"。然而,无智慧的处境是根深蒂固的,有些虽然暂时地改变了,但实际却转化为一种更深层次的、更具危险性和毁灭性的方式隐匿在我们通常所说的那种"智慧"中。如果哲学不是将人们从这种无智慧的处境中唤醒,指引人们以一颗纯真的心灵去爱智慧;如果"哲学家们"总是孜孜不倦地要说出智慧,而实际上是用一种僵化的人造语言制造出"崇高的胡说";那么,对于一个用"真诚"来"谛听存在的消息"的爱智者来说,他宁可不要智慧,不要这种装扮出来的智力诱惑。对于在人生的遭际中不可避免地遇到"死亡""痛苦""绝望""焦虑""偶然""罪""无知"的人们来说,生命值得一过的理由使得他们永远地渴望着并热烈慷慨地爱着"智慧的解答",除非在直面人生的这种极端严酷的"无智慧"处境时，才自愿地放弃自己的生命。通常人并不面对这些问题，甚至在各种专门的理论思维中，人也不会触及这类问题。例如，我们日常总遗忘了"死"。可是，"死"是人的一种极端的无智慧处境。一个人死了之后怎么还会再有智慧呢？然而，哲学家知道，相对"死"和"偶然性"，还有诸如"痛苦""绝望""罪""无知""不公正"等无智慧状况的斗争是人存在和他的世界的一种本真地展现。或许，人们绝望地看到他的抗争毫无意义，但不能因此否认它是人类前进的根本动力。这种斗争，使人的爱智慧总是不断地推陈出新，不断地重新开始，并因此使得哲学历史地成为思想中的时代，成为时代精神的精华。

面对这个并不轻松的话题，我们听听法国当代新托马斯主义哲学家马利坦的一段言说。他在《道德哲学》一书的结尾写道："……在这种斗争中，理性的劳动和福音书的酵素作用、科学的进步和社会正义的发扬、人对自身的认识的发展（不管这种认识还是多么幼稚），这一切在不断地使我们在向前发展。哲学家并不倾向于崇拜最高的存在，而把赞美加于人，加于无数知名的和不知名的劳动者，他们在一个庞大的历史的整个过程中，尽其创造性的天才和自我牺牲精神，辛勤就事，而且将永远这样下去以便于使大地变得更适宜于居住。但是哲学家也知道，随着人们在反对痛苦的斗争中所赢得的进步，新的痛苦原因又开始滋长，以致不管人所取得的一切进步，人将永远脱离不了痛苦。"[①]

对于人来说，重要的是他的这种斗争如何为他赢得人的尊严。虽然像痛苦和死亡这类处境是人爱智慧的永久的威胁，但人的爱智慧作为人对人类根本的无智慧状况的超越，使得人的在世本身具有了一种崇高的使命感和深切的忧患意识。人的理智的崇高与人性所固有的深度；人面对自己终有一死的命运，渴望不朽；人在极度痛苦的绝望中，怀抱希望；人为了使大地更适合人类居住，在平凡或者在卓绝中，坚持不懈地作出努力；以及，人为了一个共同的使命，在分裂和争执中寻求公正的秩序与合作；所有这一切，难道不与人的"爱智慧的困难"（以一种异常令人醒豁的样式）出现在我们面前有关吗？我们只有在通常自认为有智慧、有知识的

---

① 刘小枫主编：《20世纪西方宗教哲学文选》上卷，杨德友、董友等译，上海三联书店1994年版，第48页。参见[法]马利坦《道德哲学》，巴黎1960年版，最后一节。

状况和识度中，认识到那深藏着的无智和无知，我们才不会被事物迷人的外表所惑，进入到令我们警醒的困难境地。哲学就是这种警醒，它驱使我们无怨无悔且不倦地追求真理，永无止境地爱智慧。哲学家知道，面对无智慧的状况和各种非存在的深渊，哲学的爱智慧并不像历史上那些伟大的救赎宗教一样提供救世福音。哲学不是一条通向上帝的路。一种爱智慧的哲学精神，不是为人们提供某种让我们遗忘苦难、死亡和不公正境遇的精神幻觉。哲学应该本着着眼于人民的精神来产生问题，它的终点应该是"把希望带给人民，带给劳动"（黑格尔语）。从这个意义上，那使人的爱智慧成为问题的意识，只有作为一种实践意识，才是良好的哲学意识。我们在后文将会看到，这种哲学意识是如何为哲学研究打开一个新的自由天地的。

八 哲学是在危机四伏的时代"将爱智慧进行到底"

哲学开始于人爱智慧的困难。不论是哲学的第一次出现，还是哲学在人存在的历史性处境中的每一次重新开始，都是从人爱智慧的困难境地"突破"出来的。

爱智慧的五种困难境地以这样的方式交织在一起：其中之一成为某个时代精神的主旋律，而五种困难都要进入这种人和人类反抗无智慧状况的"命运交响曲"之中。因此，哲学家是以各自的方式在与人存在和他的世界的"无智慧状况"抗争着。他们知道，应当从"葆有惊异""善于怀疑""感受在世""语言说出"和"谛听存在"将人带入到诸多困境中，唤醒人的智慧之爱。这五种困难以及它们之间的潜在联结都力图将我们引向一种智性境界："葆有惊异"将我们引向对知识的无止境的追求；"善于怀疑"驱促我们在一个不确定的世界处境中寻找最终的确定性；"感受在世"令我们以一种前所未有的丰富性和具体性认识自我；"语言说出"使我们"在言说中"让一个充满意义的世界到来；"谛听存在"则将我们指引到一个具有高贵开放之心灵的人所能够达到的高处。于是，在哲学家平静的外表下面，往往经历着烈火般燃烧的爱。

我们今天从"爱智慧"理解哲学及其事业，就是要透过各种历史性的概念和语言的外表触摸到那种为一般哲学和哲学家所必须具备的品质。

我们看到，在我们所阐述的这些经验中，每一种都具有真理性，而且会随时代或历史的不同而变换出新的形式。然而，在我们的时代，这五种爱智慧的困难没有一种能成为时代的"主旋律"，没有一种是我们时代所必须的最根本的绝对的"清醒剂"。例如：惊异是灵感的根源，但是它也诱惑我们脱离这个世界而服从不可思议的形而上学；确定性是受科学知识限制的，由这种科学知识我们确定我们在世界中的位置；斯多葛派"泰然自若"的感受，只能作为我们在苦难中的一种逃避；[1]"言说"能"说出"意义，唤起我们自身的文化觉醒，但是它设置了唯我论的陷阱；"谛听存在"虽然将我们带向一种自由之境，却也导致神秘主义。

在我们的时代，还有没有一个将多样性的智慧冲突放入一个统一性框架内进行评判的智力标准？还有没有一个为惊异所动，为怀疑所驱策，为在世之感所激发，为语言所道说，为存在的神秘而梦魂神牵的主题或者主导原则？如果没有，或者我们不相信有这种时代主旋律之类的东西存在，我们怎么能够从某种主要的爱智慧的困难境地出发来说明我们现在的哲学之思呢？种种迹象表明，我们时代正在经历一种可以称之为"智力中心大转移"的深刻变化。这使得我们的文化和思想领域笼罩在一种末世的不安和恐慌之中。不管人们用什么样的话语来描绘我们这个动荡不安的时代，我们显然比以往任何时代都感受到了一种无智慧状况伴随着社会历史的转折前所未有地出现了。我们今天经历的绝不是一种一般性的爱智慧的困难，而是根本性地在与历史传统的一贯性延续中断的情况下，那种实质性的爱智慧的困难。这恰恰是前所未有地激发人们深思的东西：在一个新旧智力中心转移的交替状态中，我们永久性地丧失了那个令我们的智慧之爱获得安宁的因素。这样一来，前面五种类型的困难在将我们引向哲学意义上的爱智慧方面虽然有力量，但必须走出主观精神的自恋或自欺，走出对各种彼岸幻影或者非彼岸幻影的执迷或崇拜，真实地回到人的现实世界，回到人的历史性实践。

我们时代问题的症结在于：由于同一性的丧失，整体性的消融，传统的分崩离析，以及现代性的叙事危机，爱和智慧在我们时代所经历的各种

---

[1] 参见［德］雅斯贝尔斯《智慧之路——哲学导论》，柯锦华、范进译，中国国际广播出版社1998年版，第14页。下引同。

智力困境的挤压下,已经被平面化,从而陷入深刻的危机中。我们时代的哲学、艺术和知识状况是这种危机的表证。在人们使用频率颇高的"后现代主义"名称下面,其实诉说的就是这种在我们时代普遍弥漫开来的爱和智慧的危机。那么,我们的时代究竟是一个什么样的时代呢?这个时代一切问题的症结为什么说是爱和智慧的危机呢?毫无疑问,我们时代是货真价实的现代,只不过这时代处在一个可以回过头来向"后"看一下这个"现代"的特殊历史阶段上。正是从这种向"后"看的视阈中,人们感受到了空前的危机已经到来。

我们看一下让-弗朗索瓦·利奥塔在《后现代状况》中的一段精彩的论述:"19世纪和20世纪已给了我们无以复加的恐惧。我们为缅怀整体与同一,为观念和感觉的符合,为明晰可见与可沟通的经验的一致,已经付出了高昂的代价。在争取宽松和普遍的倦慵感的状况下,我们居然听到了一种祈望回到恐惧感的咕哝,渴望让幻想成为真实而去把握现实的幻想。我对此的回答是:让我们向统一的整体开战,让我们成为不可言说之物的见证者,让我们不妥协地开发各种歧见差异,让我们为秉持不同之名的荣誉而努力。"[①] 不论我们时代的时髦思想家们怎样重述或者回应让-弗朗索瓦·利奥塔这个著名的后现代宣言,也不论后现代主义者如何不断地制造出种种古怪而新奇的思想策略,有一点是非常清晰的,即现时代思想文化领域的痛苦是由一种极端的分裂构成的:一方面,我们的社会为歧见的充分展示、为多样性的交织以及为孤离的个人存在提供了空前的机遇;而另一方面,我们的社会结构又始终以一种技术演进的方式和技术框架的结构强求一切、削平一切,从而使得我们的社会进入一种可以称之为功能至上的追迫之中。于是,这时代的爱和智慧进入了一种无着落的状态:由于现代人形而上学的丧失魔力或内在性根基的丧失,旧的爱和智慧已成了令人缅怀的遗物(让-弗朗索瓦·利奥塔正确地指出了这种缅怀的危险性),我们"毕竟怜惜上帝"(陀思妥耶夫斯基语);精神的无家可归令人绝望,可是现代人慷慨豪迈的伟大事业却总是一再地走向了"爱"和"智慧"的反面,新的"爱"和"智慧"又立即被证明为"一堆无用

[①] [法]让-弗朗索瓦·利奥塔:《后现代状况——关于知识的报告》,岛子译,湖南美术出版社1997年版,第210页。引文有改动。下引同。

的热情"（萨特语）、一种思想的无聊和"胡说"（维特根斯坦语）。

　　在这种爱和智慧无着落的状态中，人的爱智慧堕落为种种功利算计和实际生活的理智筹划。哲学意义上的爱智慧的维度被取消了。现时代的哲学家（如维特根斯坦）突然发现，"哲学终结了"，"它的所有问题都被取消了"。生活的明智和知识的实用拒绝那种大而无当的哲学崇高。这是一种智力生活的根本危机，是一种使人的生活世界能够亮堂起来的"爱"的危机。我们不能真正拒绝智慧，在拒绝智慧的思想文化中我们有的只是"知"的"荒漠"。同样，我们也不能真正拒绝"爱"，在拒绝爱的生活世界中我们感受到的只有"在"的"枯萎"。我们时代爱和智慧的危机，实际上是人们现时代在爱和智慧的无着落状态中从根基处又感受到"爱"和"智慧"之无可拒绝的深度危机。我们来倾听一位中国青年哲学家冷静的判断。赵汀阳在他最近出版的新著《一个或所有问题》中断言："智慧已经衰退了。"那么，智慧是怎么衰退的呢？他分析说："我们长时间地容忍了思想的无聊和无用。从不再智慧的思想中搜寻各种角度和说法，又有什么意义？用已经不再智慧的思想去打捞过去的智慧，又有什么收获？只有当拥有了新的智慧，才能理解旧的智慧——一种智慧只有在别一种智慧中被理解——当我们越来越没有智慧，也就越来越不理解过去的智慧。在缺乏新智慧的情况下，旧智慧也会变质。"① 他认为，在这个无智慧的状况急速弥漫的时代，"复兴智慧"是我们这个时代"最需要的文化行动之一"。② 话虽然可以这么说，但这种伟大复兴的宏图大志恰恰是我们时代最没有可能实现出来的梦想。或者，我们正处在这种伟大复兴的前夜，真诚地直面人爱智慧的困难或无智慧的状况，并将它们转化为实践意识下人的类本质的觉醒，才是我们时代面对爱与智慧的危机所能采取的最现实的态度？

　　我们必须正面地看待在我们的生活实践中出现的爱智慧的难题。只有自由地进入创造性的交往实践的人，只有把通常情况下使人的爱智慧成为问题的意识转变成为着眼于人民和劳动的实践意识（而不是着眼于孤立个人的精神分裂），也就是说只有让我们的爱和智慧回到真实的实践、回

---

① 赵汀阳：《一个或所有问题》，江西教育出版社1989年版，第4页。下引同。
② 同上书，第6页。

到活生生的具体生活世界并进入到向这世界开放的本真的联系中来，我们才不致于在一种焦虑和绝望中反抗自己。因此，在一个爱和智慧危机的时代，我们真正面临的问题是：面对各种怀疑主义、虚无主义、相对主义和悲观主义造成的思想文化和智力生活的混乱中，如何守护哲学爱智慧所必须具备的思想深度。我们关心的是：在我们的时代，还有没有真正为支撑正在遭受瓦解之苦的哲学进行斗争的那种"爱"与"智慧"？还有没有这种伟大的爱和伟大的智慧能引导我们重新建立起人的信念（这种信念看来已经由当代虚无主义和怀疑主义的讨论所颠覆）？

今天，爱智慧的困难要求人们以前所未有的紧迫性叩问人的历史性的存在。虽然传统的脐带正在被剪除，而任何一种返回传统的主张在今日都将是不合宜的，也不是我们所主张的。但是，我们的叩问必须植根于传统，植根于我们时代爱和智慧经历的危机，植根于那使我们的自我理解和人的类本质的理解成为可能的人类实践，植根于人在一种实践观点下的良好的哲学意识中爱智慧的不懈努力。因此，那使人的爱智慧成为困难的五种类型，同样是我们要植根其中的。唯有如此，爱智慧才是哲学的事业。我们又回到了古希腊哲学家那个不凡的启示："做一个爱智慧的人。"也只有如此，我们才能懂得——怎样：

　　为惊异所动！
　　为怀疑所驱策！
　　为在世之感所激起！
　　为语言所道说！
　　为存在的神秘而颤栗！

因此，当我们在现代工业文明的"文化快餐店"中走出来的时候，看头上繁星闪烁，听大地蛙声一片，就会惊讶地发现：做一个爱智慧的人，多好！

上篇　哲学的三源与叙事隐喻

"在夜之寂静中,山间小溪湍流直下,
诉说于嶙峋岩砾之上……
古之又古
于吾人之运思中追随吾人
而得以遭遇吾人。"

（摘自海德格尔《源自思之经验而来》）

第一章 哲学三源：印度、希腊与中国

一 通天塔与巴别塔

哲学在思想中。而人由此怀着特有的虔敬，试图成为一切伟大事物的见证者。

在追求一个和平、友爱、和谐、正义与美满的生活理想和社会理想方面，诗人、哲学家和思想文化的诠释者和捍卫者，从来都没有放弃过对爱的执着和对智慧的渴望。人类的这种追求虽然一次又一次地把人推向绝望的边缘，但是一种哲学的深度思想，又始终在种种无智慧状况或爱智慧的困难处境中指引人面向伟大事物。这里涉及人的智慧之爱的那个无法避开的两难：在其中，伟大的知总是与伟大的无知纠结在一起。人的爱智慧出现在这个矛盾处境中。这个矛盾是一切真正哲学思想的基本矛盾：我们总是从我们所不知却被我们看成是无可怀疑的某个前提出发，追求真理和智慧。我们赖以出发的这前提，不论是语言的，历史的，文化的，还是其他别的什么东西，一旦被我们发现是成问题的，我们就会在以往以虔敬之心探究的伟大之知中洞见到伟大的无知。这里，我论及到了一个哲学的历史演进的奥秘，尽管对它的阐述是困难的，却是理解哲学所必须的。它本身涉及了哲学爱智慧的真正基础，而这必须以一种简单明了的方式表述，才易于被理解。

让我们从一个古老的圣经故事说起。从这个人所周知的古老寓言的深处，我们将领会到人类爱智慧的一些非常奇特而令人深思的事物。

一个聪明灵巧的民族，来到一片他们寻找到的乐土。这是一个善于安排、能言善辩、技艺精湛的民族。他们筹划在自己的土地上建造一座美丽的城和一座通天的塔。他们分工协作，配合默契，用同一种语言传递信息，齐心协力将通天塔向云端深处伸展。通天塔就要通向天了，建塔的人群在欢呼。可是快到结束的时候，建造计划却失败了，它之所以失败，据说是因为语言产生了混乱。人们不能相互理解，于是他们在一种无法交流的处境中散落于大地之上。后来，这荒无人烟的地方只剩下许多石头，一大片废墟。由于风吹雨打，严寒冰冻，石头也渐渐地风化了，废墟上只有黄连木和山羊了。后世的老人们谈到这座塔，就说它是"巴别塔"，因为"巴别"的希伯来词意是"争吵"的意思。人们相信，通天塔没有建成是由于"语言的混乱"引起了争吵。造塔的人原来能互相交流理解，而由于语言不通便彼此分离散开了。现在，那些石头到处散落，荆棘丛生。

　　这个寓言故事之所以令我们感兴趣，是因为它揭示了人类爱智慧面临的知与无知的历史性两难。法国当代哲学家米歇尔·塞尔在《喧嚣与躁动》一书中，以一种充满激情的笔触对此写道："我们希望了解这个本文，我们希望了解这座塔，我们希望了解其中的我们，标志着这项工程和这座塔的民族。"[1] 应该说，这个寓言故事所具有的历史性隐喻意义绝不只限于希伯来民族或西方民族，它在追求智慧问题上具有一种普遍的人类性或世界性意义。建造通天塔需要的智慧是一种伟大的知，我们相信这种智慧或知的伟大，在那里人们彼此理解，但由于语言的混乱，到最后拆掉塔顶的时候，他们才真正彼此理解了：这是一座"巴别塔"（争吵之塔）。巴别塔没有建成，它最终倒掉了。"我们建立一个体系，甚至设想一种关于各个系统的一般理论，作为能达到终极触到天的一般普遍理论。"我们试图用这理论来重新理解巴别塔，可是，"这种体系如今已经衰败了"[2]。人类建造哲学形而上学理论体系的活动，与这里所说的建造巴别塔的活动，具有类似的历史命运。或者说，它本身代表了对人类试图重建通天塔的各种思想文化运动所隐蔽的前提的揭露。

　　从这个寓言故事中，我们看到三个因素在发挥作用：一种最高形态的知识；它所具有的诱惑；以及它所隐蔽的无知。人们用概念、用思想、用想象等来建造，开启出伟大之知的"通天塔"的建构工程。这种到达伟

---

[1] ［法］米歇尔·塞尔：《万物本源》，蒲北溟译，生活·读书·新知三联书店1996年版，第185页。该书原名为"喧嚣与躁动"。下引同。

[2] 同上书，第185—186页。

大的知的努力，使人在知的决断中进入爱智慧的建造活动之中。然而，这种诱惑最终却使原始的和谐倾塌，于是我们面对曾经被灿烂的外表蒙蔽住的伟大而令人震惊的"无知"。"我们就是带有嘈杂声的各种语言的百衲衣。一座塔加上噪声，一种体系加上喧嚣与躁动，一些建筑精美的墙垣，加上一些哭墙，那里的呻吟、呜咽和悲泣声可以使已经断开的石头碎裂。这时我们明白了。历史开始了。"①

米歇尔·塞尔的诗意表述是值得一听的。"历史开始了"，它开始于一种黄金时代原始和谐的结束处。"历史开始了"，它开始于人和人类的有限性在喧嚣中的降临。然而，回到这种建造"通天塔"的黄金时代却是历史周期的每一个起点上人类爱智慧的不倦的梦想，一种在颠倒混乱的"喧嚣声"中对秩序井然的默契与理解的向往。历史从这里开始？建造通天塔的人们并没有意识到他们创造伟大事业的智慧赖以存在的前提是有问题的，没有意识到他们自认为无可怀疑的知识或信念是建立在一个他们并不知道的基础上面的。在伟大的知的自信中，伟大的无知出现了。

通天塔是同一性爱智慧的象征；而它一旦变成了"巴别塔"，则是同一性的爱智慧最终解体的象征。哲学家并不建塔，吸引哲学家的是那种建塔的智慧，和那种拆除巴别塔的智慧，是那种伟大的知和伟大的无知。我们由此进入历史吧！我们可以在哲学家爱智慧的历史旅程中看看通天塔是怎样一次又一次地变成了"巴别塔"（争吵之塔）。

在时间中，而不是在时钟的嘀嗒声中；在人的智力生活的有限性中，而不是在通向"神界"的无限性建造中：历史开始了。人是不可被置换的，人的爱智慧使他接近于"神"，但人的历史性存在的前提决定了他不是神。人又重新回到了充满劳绩的大地，大地无怨无悔地接纳了他。巴别塔没有建成，人们从神圣的建造中回到坚实的大地，每一个个人在散落于尘土的无穷争执或争斗中发现自己突然领会到了"巴别塔"的意义，于是我们进入时间和历史。我们所要依赖的不是一个将我们引向白云深处的智力的安宁，而是在广泛地散落到大地上之后的那种历史性的孤独。唯有在此孤独中，我们才意识到无智慧的状况如何深切地构成了我们的时空限

---

① ［法］米歇尔·塞尔：《万物本源》，蒲北溟译，生活·读书·新知三联书店1996年版，第186页。

定，才理解到"爱"和"智慧"如何唤起我们对人类起源的回忆，并且支配着我们的整个历史。

我们爱智慧，做一个爱智慧的人，首要的是用爱智慧的态度看待我生活在其中的文化传统和我们充满劳绩的大地和人民。哲学，以其经久不息，成为时代精神的聚集点。然而，我无意在这里描绘历史的画卷，只想透过这个希伯来寓言的隐喻内涵，对人类历史中哲学爱智慧对于"知"的基本态度的变化进行揭示。不理解历史上人类智力中心的转换，我们又怎能理解我们时代一切变化的根源呢？

巴别塔彻底倒掉了，通天的路消失在荆棘丛生的废墟中，人和人类又一次面临决断：一切伟大的知的背后，必定隐匿着伟大的无知；"通天塔"，换一个角度看，就是"巴别塔"；然而，谁将承担起这样的使命，将沉浸在慷慨豪迈的不朽伟业中的人唤醒呢？当隐蔽的虚无出现在我们的面前，喧嚣声漫过了我们的眼睑，我们还能看到什么呢？我们从建塔人的伟大希望开始，我们就置身其中，我们的父辈散落在大地上的开始就是我们的开始。然而，"通天塔"仍然是人类智力生活的希望之塔，它以科学的、宗教的、艺术的、语言的和文化生活的"格式塔"（结构）出现在我们爱智慧的心灵深处。问题的关键是：哲学意义上的爱智慧将如何为人类的这种希望辩护呢？

人面对纷乱喧嚣的世界，寻找人"失落"到大地上之前的那个本原的和谐，这就产生了通过一种知识或者洞见而不是通过神话来解释人存在和他的世界的纷乱喧嚣之根源的强烈渴望，哲学就是这样产生出来的。古代哲学家为人类精神的这种努力奠基。他们在一种卓绝的孤独中，呼唤人们在世界的动变不宁和纷杂无序中，看到一种永恒的和谐。由此，从另一种意义上，理解"巴别塔"就成了哲学家的"节日"。

历史上哲学成为一种系统的思想大致出现在公元前 600—公元前 300 年，那时面向伟大事物的知识洞见和人类语言突破了原始意象的物性的或神话的牢笼，变得清晰、成熟和有力。知识通常有三种含义，由此形成了三种理解知识与智慧之关系的层次。第一，知识被看成是由严格的方法获得的确定性认识。它不一定完美，但能推动人们不断地前进把握最高的真理。从这个意义上，智慧被看成是知识的最高领域，我们可以把它看成是伟大的知。如我们说到"圣人的知识"时也就是说"圣人的智慧"。第二，知识是指与智慧相矛盾的科学。智慧由最高原因而来，而知识则是通过对于具体事物的细节的认识而来。我们并不把植物学或语言学知识称为"智慧"，而是把它们称作科学。第三，是一种非古典意义上的知识，它指的是一种包括日常性在内的达到事物细节的认识，不再指理解的严格。这种意义的知识更是与智慧相对立的。

我们是在一种古典的意义上使用"知识"一词。这种古典意义的知识意指某种类型的认识和理智的某种圆满，在这种认识和圆满中，我们与关于事物原因的知识相关联。这种意义上的知识具有某种尊严。也就是说，这是一种伟大的知，一种与古老的哲学、宗教和一切形而上学的态度相关联的知识。

古代世界在前苏格拉底、佛陀和先秦诸子那里就是通过极为不同的方式由此种知而探问宇宙人生的意义和终极实在，开启了极为不同的哲学视域。这些哲学系统虽然有很大的差异，但基本上都是通过将爱与智慧以一种知识形式关联起来，力图领悟一种本原性的和谐。这时，哲学家们在一种前所未有的孤独中进行创造和对话，只是为了追求智慧而生活，哲学和学术都不成其专业，人们期望在爱智慧中摆脱喧嚣、变易、苦难和不幸。智慧，或者知识，使人们相信他与一种本原、神或者神性存在的同一。各种文化尽管存在差异，但总能从它的古代世界的爱智慧的经验中获得启示：不是后来愈来愈僵死的、偏狭的"知识"，而是古代世界活生生的智慧竞争，向我们指引着"爱"与"智慧"的古老联结。这个联结，使我们洞见到一种"领悟和谐"的"伟大的知"。

建造"通天塔"的寓言故事表达了不同传统中人爱智的热望以及它不可规避的命运：（一）人在一个动变的、差异的世界中追求一种不变的、同一的秩序，我们相信有这种涵存于天地之间的原始和谐；（二）一旦我们的民族或者整个人类能够进入这种和谐，我们也就找到了一条"通"向"天"际的路，人就会拥有像"神"那样的智慧。这是一种伟大的知，它能使我们从无知的暗昧中走出，步入"天光灿灿"的澄明之境；（三）然而，人不可摆脱纷扰的、喧嚣的、嘈杂的多样性，这是人生的命运。我们必须面对自己的无知，面对自己散落于大地和尘土的宿命。

从人的形而上学天性来看，每个人心中都有建造"通天塔"的冲动和智性。它的隐喻意义内含了一种"先知般"的告诫。当近代以来的西方自然科学使人们相信,在科学范式中"同一种语言"(科学语言)、"同一种人民"(科学家)能够建成一座"通天塔"的时候,倾听古希伯来人的告诫是重要而有益的。西方现代性在建构一种"通天塔"的现代性工程的时候并没有意识到它是一座"巴别塔"。对于哲学意义上的爱智而言,重要的是理解"巴别塔"的意义,这是古典意义上的那种伟大的知和伟大的无知。现代科学意义上的知识已经缺少一种根本性的智慧,即没有了"爱智慧"的那种"智慧"。我们从古人那里看到,这原本是古代人的一种活生生的经验。我们有必要回到哲学的源头,从那里寻找启示。

典型的哲学之源有三:它们是印度、希腊和中国。

还是让我们从人类最古老的历史性存在中翻捡哲学家们面对这些问题时的爱智决断吧!让我们从他们的惊异、怀疑、在世感受、言说和倾听中,踏上爱智慧的道路吧!

二 印度河畔的证悟

罗宾德拉纳特·泰戈尔在《人生的亲证》中说:"源于伟大心灵的体验的有生命的语言永远不会被某一逻辑阐释体系详尽无遗地阐述清楚,只能通过个别生活的经历不断地予以说明并在各自新的发现中增加它们的神秘。"[①] 这对于古代印度智慧而言是必须的。

由《奥义书》和佛陀的教导所提示的爱与智慧,是由一种超验的直觉对于原始和谐的证悟。即使人们今天面对古印度的历史文本,也唯有如此才能有所领悟。

印度文明由森林孕育。森林环境使人收起建立围墙扩展统治的欲望。"他的目的不再是获得而是去亲证,去扩展他的意识,与他周围的事物契合。他认为真理是包容一切的,没有绝对孤立的存在,并且认为亲证真理的唯一途径是使我们的意识融汇于一切对象之中。"[②] 这样生活在林中的古代印度哲学家和圣人,他们的全部努力就是为了证悟人类精神与宇宙精

---

① [印度]罗宾德拉纳特·泰戈尔:《人生的亲证》,宫静译,商务印书馆1996年版,第1页。下引同。

② 同上书,第4页。

神之间的那种伟大的和谐。

在吠陀哲理诗中已经有这种智慧。《梨俱吠陀》有一首著名的《有无歌》。这是一首纯哲学的诗，它的第一颂唱道："无既非有，有亦非无；无空气界，无运天界。何物隐藏，藏于何处？谁保护之，深广大水。"① 第二颂唱道："那时既没有死，也没有不死。也没有日夜的区分，彼一（tad ekam）靠其自身无息地呼吸着。除此之外，再无任何东西。"② 张祥龙在谈到这首歌的时候，说它是"人类纯思想的最初歌唱"。这种"混朦初开"的思想是一种超越了任何概念逻辑所能穷究的"最纯真的""思想的最初酵母"。这首思想之歌最大的一个特点是不满足于任何一种思想中的在场者和现成者：有与无，死与不死，创造者与非创造者。但思想者又深切地感受到了那个非有非无、非死非不死的构成着的本原的和谐：那个"混冥"，那个"彼一"。这个"一"，这个本原的和谐，充斥一切，人类语言的任何一种构架都不能够缚住它。③

正宗的印度哲学的源头是由《吠陀》哲理颂诗和《奥义书》构成的，后者可以看作是《吠陀》哲理颂诗的延续。如果我们从西方人的习惯使用哲学这个词，用它指推理的论述和对经验的一种理性化的表述，那么《奥义书》严格来说就不是哲学。但是，《奥义书》显然基于一种伟大的知，一种理性化的洞见，从这一意义上说它又恰恰是哲学的。例如，对无梦睡眠的具体经验和对于不可言说之物的经验，虽然难以言述，但它不再是一种恍惚中与神的交流，而是关于人存在之最几微的本原的启示。这一本原意义之深远绝非对普通自然态度下的人存在而言，人只有越过自然态度或者普遍生物人的界限时，才能触到《奥义书》称之为自我的纯粹人格：它存在于所有的个别人之中，与宇宙的最高实在是统一的；它是纯粹的精神、纯粹的经验，因而是绝对实在的真理；它既存在于我们所有的经验和一切由它赋予意义的客体之中，同时又超乎其上；它是无穷无尽的实

---

① 见《梨俱吠陀》X. 129。参见巫白慧《印度哲学中的场有思想》，载《场与有——中外哲学的比较与融通》，第二辑，中国社会科学出版社1995年版，第32页。另一种译文可参阅金克木《比较文化论集》，生活・读书・新知三联书店1984年版，第15页。下引同。

② 同上书。参见金克木《比较文化论集》，第15页。

③ 参见张祥龙《海德格尔思想与中国天道——终极视域的开启与交融》，生活・读书・新知三联书店1996年版，第202—203页。下引同。

在，没有止境，无边无际。《奥义书》由此奠定了后世一切印度哲学的基础①，后世的印度哲学家都是以某种修改了的形式接受了《奥义书》对一种本原性的和谐的基本证悟。

在《奥义书》中，我们可以看到，宇宙的根本统一与伟大的和谐，不是一种单纯的知性思辨，而是要用感情和行动去证悟的生活目标：用冥想，礼拜，对生活的调整，来培养这种意识。一切都具有生命的意蕴，而这个世界上所有的存在物对于我们来说都具有生死攸关的意义。泰戈尔在读《奥义书》的时候写道："人类能够破坏、掠夺、赚钱、积聚、发明和发现，但是人类之所以伟大是因为他的灵魂能容纳一切。"② 当他将自己的灵魂封闭在僵化的习惯、无生命的硬壳中时，当他被卷入盲目的工作旋涡，好像暴风卷起灰尘遮住了他的眼界时，他就会遭受到可怕的破坏，这实际上是扼杀了他的生命的真精神，也就是能容纳一切的精神。在古代印度人看来，人在本质上既不是他自己，也不是世界的奴隶，而是一个伟大的爱者，人类的自由和人性的完成都在于"爱"，奥义书思想家所说的"爱"就是"包容一切"的意思。由于这种容纳力，这种生命的渗透力，人类灵魂的气息与弥漫于万物之中的精神才能结合起来。这是一种广蕴的灵性智慧。在古代印度人看来，这种拥有最高智慧的人是"哲人"："修士臻至彼，慰足于正智，自我得圆成，静然无欲累。彼等诚哲人，遍处依遍是，终于入'大全'，自我与合契。"③ "哲人"所具备的那种包容一切的"爱"，使他们能够达到最高的智慧：他们是以充满智慧的洞见获得最高的灵魂的人，他们是在统一的灵魂中发现最高灵魂与内在我具有完美和谐的人，他们是在内心中摆脱了全部私欲而证悟了最高灵魂的人，他们是在今世的全部活动中感受到永恒并已经获得宁静的人。因此，哲人是找到了那原始和谐并进入到永久的宁静的人，他与万物结合而进入宇宙生命之中。

这种智慧就是奥义书思想家或哲学家探究的中心智慧，即一种"梵

---

① 参见 A. L. 巴沙姆主编《印度文化史》，闵光沛、陶笑虹等译，商务印书馆1997年版，164—166页。

② ［印度］泰戈尔：《人生的亲证》，第10页。

③ 徐梵澄译：《蒙查羯奥义书》，III, 2, 5。见徐梵澄译《五十奥义书》，商务印书馆1995年版，第705页。下引同。

我为一"的最高智慧。"梵"（Brahma）体现的是原人的神性，"我"体现的是原人的人性。梵作为奥义书思想家表达一切存在的终极（彼一）的一个词，是无法用西方的概念式的理性逻辑进行把握的。然而，它存在于"我"中，梵与我构成了一而二、二而一的关系：即梵即我，即我即梵，相涉无碍，圆融同一。在印度智慧中，进入梵我一体的方法是"瑜珈术"，它是一种使人摆脱区别相的意识，从而达到纯粹、原本的意识的修行术：人们用冥想、礼拜、对身体的调整进入三昧入定状态，体验到一种超脱了感官和名相意识控制的无所执持的智慧。"有人知大梵，乃是最上居，宇宙安立处，光明从之舒。智者无欲求，唯敬奉神我，犹在斯世间，度出死生种。"[①] 要达到这种伟大的"知"，就必须从内省的瑜珈做起："有知吠檀多，于义善决定，遁世瑜珈修，心清遂精进。"[②] 古代印度奥义书思想家所倡导的那种包容一切的"爱"和"梵我同一"的智慧，就是通过瑜珈向内反观、不断破除业力造就之我而"度出死生种"，最终证悟到一种本原性的和谐。

在古代印度思想文化的谱系中，遵循吠陀经典传统的通常被称作正统派，而不承认吠陀经典权威的则是异端。这样，在思想文化的流衍中出现了各种正统与非正统的思想学说。最突出的异端是顺世论、耆那教与佛教。对后世宗教和哲学影响最大者，尤其是对于中国思想文化产生了重大影响者，则是由佛陀开创的佛教。佛陀发展了奥义书教诲的实践方面，但是他拒不承认吠陀经典的权威地位。佛陀为什么不承认吠陀经典的权威地位呢？这是因为佛面对奥义书思想智慧碰到的第一个难题是表达方式上的难题。奥义书思想家虽然主张用瑜珈的内省通达梵我同一的境界，但只要说"梵"道"我"就与奥义书中对于梵我的遮诠法表述（即通过否定陈述"非……非……非……"来显示其本原性）不合。这就是奥义书表达上的矛盾。直接断言梵我的终极性，对于开启无执智慧有害无益，因为语言的断言会造成一种"实体性"的（虽然是非概念的）有执。正是基于这种困难，释迦牟尼创立的佛教宣扬"三法印"："诸行无常，诸法无我，涅槃寂静。"由此，佛家开启了一种摆脱一切有执的"解脱"的大智慧。

---

① 徐梵澄译：《蒙查羯奥义书》III, 2, 1, 见《五十奥义书》，第703页。
② 同上书，第705页。

佛陀宣扬的解脱，是摆脱无明的束缚。无明即是无知。它使我们的意识愚昧，并试图把它局限于我们自身的束缚中。佛陀认为人生的种种苦难都源自我们对于五蕴和合之假身的执着，如果能够洞察到我们的身体以及我们的全部的意欲，都是一种因缘而起的假相，而放弃对自我的执着，那么一切的苦难也就不复存在了。这是一种典型的旨在解脱得自由的大智慧。原始佛教认为，正是我的无知使我相信我的自我作为自我是真实的，一旦我们持这种错误的自我观的时候，我们就会把"我"作为生命的最终目标，力图以这种方式生活最终必将收获绝望。把智慧视为人生苦难和生死轮回的解脱，显然是与对虚幻的世俗生活的任何肯定相对立的。它把无明归结为源自"五蕴"（色受想行识）的蒙蔽，只有意识到"五蕴皆空"才能摆脱这种虚妄知识的影响。那么如何从这种纷扰的空幻的世界中获得解脱呢？原始佛教提出了"苦、集、灭、道"的修行"四谛"。所谓"苦"是对"人生皆苦""一切皆苦"的觉悟，人活在世上除了经受"生老病死业无明"等各种痛苦之外，还要经受"求不得苦""爱别离苦""怨憎会苦""五取蕴苦"① 等大大小小的苦难。我们认识人生本来就是一个"苦海"只是获得解脱的第一步。为了从"无边苦海"中获救，还必须弄清楚造成苦难的原因，这就是所谓的"集"，亦即"招致"。而所谓的"灭"，就是佛教的"涅槃"。"道"则是指依佛法修行之道。后来佛法演变号称八万四千法门，但其理论要旨和思想核心不外乎此"四谛"，它的根本是探讨何以人生皆苦以及如何才能超出苦海进入涅槃彼岸。②

在佛教徒看来，佛陀是尊贵与和蔼、智慧与仁慈的完美结合，他的微笑历经无数岁月，不曾磨灭。佛的智慧根本是以一种否定的形式试图达到对于本原性和谐的证悟。这种智慧在印度博大浩瀚的思想文化的氛围中产生，它面对奥义书思想表达的难题，用否定式来言说和证悟那最终的和谐。真正的大智慧，不是要获得那种超名绝相的伟大的"知"，而是换一个角度，充分意识到我们的无知，并最终摆脱无知的束缚，于是大智慧就

---

① "求不得苦"，是指欲望得不到满足之痛苦；"爱别离苦"，是指生离死别之苦；"怨憎会苦"，是指由于种种原因不得不与自己意气不相投者相处之苦；"五取蕴苦"，是指把五蕴聚合的假身执着为真实的存在所造成的种种痛苦。

② 参见赖永海《佛学与儒学》，浙江人民出版社1992年版，第1—3页。

是大解脱。然而，佛教从其诞生起，就面临这样的一个难题：一种否定性的"说"是不是有所肯定？或者说，真正的大智慧能否言说？而且，认识到"我"之非实在而只是五蕴的聚合就能导致涅槃的解脱吗？究竟有没有一个"一切皆无而不有"的涅槃境界？如果有，这不是另一种梵我境界吗？[①] 佛教哲学的产生以及后来的演变及其在中国以禅宗形式出现，都与这些困难有关。事实上，佛在追求一种大彻大悟的精神解放之际，反对的恰恰是语言文字的执着，这种执着也是一种无明或者无知。因为通向最高智慧的道路依靠的是一种直觉的证悟，而不是语言文字的使用。因此佛教历史上有两个引人注目的现象：其一，是对语言文字的极端不信任；其二，是对语言文字（尤其是佛典）的浓厚兴趣。这个难题引起了后世佛教哲学的种种流变。

三　希腊城邦中的理性对话

希腊智慧诞生在城墙内，是由城邦文化孕育的。如果说广蕴而富有灵性的森林生活造就了印度哲人唯有通过亲自证悟才能感受其非名非相无可由概念逻辑把捉的伟大而隐蔽的和谐的话，那么明镜一般的城邦生活则构成了希腊哲学家对于自然、城邦和人的灵魂之和谐的理性洞见。

城邦和城邦制度的出现是在古代迈锡尼文明灭亡后400余年的时间（前1100—前800）通过民族大迁移和不断的海外殖民建立起来的。它使得希腊社会最终告别了古老的神王统治。这是希腊文明不同于古代其他文明的地方。高度自治的城邦生活，要求城邦间及城邦内部各种力量间善于在冲突和团结这两个极端中寻找平衡。于是一种哲学思考便随着城邦制度的建立诞生了。城邦既赞美战斗、竞争、敌对等价值，又维护一个共同体的存在。它要求在平等的公民之间建立一种新秩序。因此，城邦精神可以看作是：力图运用理性、条理和秩序来统率激情、纷争和战斗的精神。希腊理性智慧就是在这个基础上形成的。

---

① 关于这些问题的思考，张祥龙在《海德格尔与中国天道》一书中作了比较精辟的论述。我们由于论题和篇幅所限，不便在此展开。可参阅张祥龙著《海德格尔与中国天道》，第215—218页。

城邦生活崇尚话语的力量，由于城邦的事务由演说和辩论来决定，话语成了重要的政治工具。逻各斯作为一种理性地说、合乎规范和逻辑地说的智慧，首先通过政治功能认识自己。这是希腊理性智慧的真正的生长点。另一方面，社会生活的公开性锻造了城邦的公正秩序，一切行为、思想、知识和价值都被带到公共广场去接受公众的批判和争议。组成城邦的公民，不论出身、地位和职务，他们一律是地位平等的自由公民，这构成了城邦内人与人之间的关系处在一个以平衡为法则、以平等为规范的体制中，不再是一种统治和服从的等级关系，而是一种相互可逆的平等关系。希腊人对于本原性的"和谐"的领悟，是以这种城邦生活为参照的：在城邦上升时期，哲学家在宇宙自然的本原处看到了这种和谐；在城邦危机时期，哲学家则试图从人的自我认识中来理解这种和谐；而在城邦生活终结后，哲学家只能号召人们回到灵魂的宁静中来领会这种和谐。我们在希腊哲学的伟大创造中，看到了一个民族的伟大的"惊异"和对知识的无可遏止的渴望。哲学家们把哲学理解为一种可以身体力行的生活，他们是作为伟大的认识者来到希腊人中间的，他们仅仅为了认识而生活。希腊哲学家同古代印度的哲人和中国的诸子不同，他们出现在希腊殖民地的繁荣、贪婪、奢华和纵欲之中，为巨大的世俗化的危险所包围，① 在一种卓绝的孤独中，面对大海一样喧嚣嘈杂的城邦生活。哲学家们凝视的前方是一种和谐完满的本原生命存在，他们不理睬世俗的放肆喧嚣，延续着伟大的精神对话。②

希腊人通过理性认知，而不是通过直觉证悟，来获得对于伟大事物的知识，并通过基于数学与音乐抽象的概念化和形式化的思辨推究进入到一种本原性的终极，一种超越了现象的动变不宁和世俗的纷乱嘈杂的原始和谐的深处。希腊智慧不渴望对人类处境的那种佛教式的解脱。相反，从荷马开始，希腊人一直将智慧看作是人的最高美德，是使人成为"优秀"和"卓越"的东西。希腊人相信，一个城邦只有听从智慧之人的安排才

---

① 参见［德］尼采《希腊悲剧时代的哲学》，周国平译，商务印书馆1996年版，第11—12页。

② 参见［德］尼采《希腊悲剧时代的哲学》，第10页。尼采引证叔本华关于"天才共和国"（指由希腊哲学家共同构成的整体）的说法，写道："一个巨人越过岁月的鸿沟向另一个巨人发出呼唤，不理睬在他们脚下爬行的侏儒的放肆喧嚣，延续着崇高的精神对话。"

是一个正义的城邦,一个人只有听从自己的理智的统率才是一个正义之人。因此,一个热爱智慧的人才是城邦中最幸福的人。与那些具有灵性的印度智者一样,希腊哲学家对于人生的苦难也有敏锐的感受。希腊悲剧作家为哲学家的这种健全本能提供了证言。但是,希腊哲学家并没有因此走向对人类处境的逃避和拒绝,他们毫不含糊地接受了人生活于其中的各种人类处境,他们相信自己的理性,相信自己的美德,相信由自己的理性探索获得的知识。虽然古代世界的理性并不怎么纯粹,它还掺杂着神话的、宗教的成分,是在为诸多的恐怖所环绕的氛围中形成的。其中有洞察人生悲剧因素的深刻情感,有对命运之反复无常沉重压抑的永恒抗争,有对遍及自然界的神圣相似物的崇拜,有对不死的众神的嫉妒,等等。但是,尽管希腊理性似乎总是在一种自我争辩中一再地接近某种神性存在,希腊智慧并没有像印度智慧那样在一种内在精神能量的集聚中达到一种宇宙意识的巅峰进而越出了这个世界的范围,而是从对理性问题的理性回答中诞生出来。

希腊哲学开始于对自然宇宙的惊异。当希腊哲学之父泰勒斯说"万物的本原和始基是水"的时候,希腊智慧完成了两个重大的突破:它开始用一种概念思维揭示自然现象背后的和谐;它开启了一种形而上的知识冲动,推动哲学家作出"一切是一"的知识陈述。

于是,在泰勒斯之后,我们看到一个自然哲学家群体的涌现。阿那克西曼德、赫拉克利特、巴门尼德、毕达哥拉斯、阿那克萨戈拉、恩培多克那、德谟克利特等,这是一个"惊人的理想化的哲学群体"[①]。阿那克西曼德将自然界的"和谐"描绘成一种"宇宙的公正游戏",在他仅留存于世的一个残篇中,他写道:"万物由它产生,也必复归于它,都是按照必然性;因为按照时间的程序,它们必受到惩罚并且为其不正义受到审判。"[②] 在这个残篇中,阿那克西曼德把宇宙的秩序描绘为"公正",认为它是本原(阿认为本原是无限定)的根本要求。海德格尔在谈到这个箴言时认为,这个箴言的异乎寻常在于它着眼于自然的和谐,恰恰是这个和

---

① 参见[德]尼采著,周国平译《希腊悲剧时代的哲学》,第9页。
② 这个阿那克西曼德之箴言有各种不同的译法。它的希腊原文参见海德格尔以《阿那克西曼德之箴言》为题的一篇演说。该处的译文是由尼采翻译的,见尼采《全集》第十卷,第26页。这里引自孙周兴选编《海德格尔选集》上卷,第531页,中译者为孙周兴。下引同。

谐在我们今天令人深思。他说："……只有当我们通过思考当前的世界命运的纷乱状况的原因而抛弃了我们自己对惯常之表象的要求，这时，此箴言才能有所反响。"① 这个古代哲学家留存于世的只言片语，在今天确实应该引起这样的反响："人类正在贪婪地征服整个地球及其大气层……这样的蠢蠢欲动的人无能于径直去道说：什么是（was ist）；无能于去道说：这是什么——某物存在（was dies ist, dassein Ding ist）。"② 然而，古希腊自然哲学家在面对当时的世界历史的纷乱状况时（自然现象的纷杂无序和城邦社会形成时期的弱肉强食和普遍的不公正），则在守护其本源性的存在敢于如此"道说"。这是希腊悲剧时代的自然哲学家受到尼采之推崇的缘由："我们或许忖测，当是时他们是作为警告者来临的。"③

赫拉克利特在早期希腊哲学家中是一位有着"帝王气度"的精神隐士。他本可以继承王位，但为着爱智慧而放弃。他躲在以弗所的一个神殿中，写作那些令人费解的哲学格言。人们称他是以弗所的晦涩哲学家。他认为"火"是万物本原，整个宇宙无非是火的自我游戏："这一普适于一切的（宇宙）秩序，既非神也非人创造的，过去一直是，现在是，将来也永远是：一团永恒的活火，在一定的分寸上燃烧，在一定的分寸上熄灭。"科克说："这是一篇庄严的、精心推敲的、令人肃然起敬的哲学宣言。"④ 在赫拉克利特的众多残篇中，他以一种"象征的、神谕般的"语言表达了宇宙无尽和谐的根本之道。有中国研究者称他是庄子般深奥而孤标傲世的哲学家。"女巫西比亚用她宣布神谕之口，说出了单调朴实的话。然而，由于代神而言，她的声音响彻千古。"赫拉克利特用他的诗一般的语言描绘了一个永恒流变、无物常居的和谐的宇宙自然，他以同样"代神而言"的大智慧说道："不要听从我，而要听从逻各斯；智慧在于同意一切是一。"

赫拉克利特的每句话都宣示了真理的骄傲与尊严。从他开始，西方世界进入了一个将真理与言说统一在一起的"逻各斯"的世界。然而，这

---

① 孙周兴选编：《海德格尔选集》上卷，第586页。
② 同上书。
③ 尼采：《希腊悲剧时代的哲学》，第12页。
④ 科克（G. S. Kirk）：《赫拉克利特宇宙论残篇》，剑桥，1954年版，第311页。中译文引自杨适《哲学的童年》，中国社会科学出版社1987年版，第180页。下引同。

位终身都在谈论火的哲学家，拥有的是激情、想象和谜一般博大的智慧，而缺少冷静的逻辑和数学的严密。而巴门尼德刚好相反，他用一种"像冰一样闪射着寒光的"逻辑智慧来揭示宇宙深处的原始和谐。他说，万物本原是"存在"，存在是"不动的一"，而他的学生芝诺则为他的观点提出了卓越的逻辑论证。这种论证后来通过柏拉图对于西方思想产生了重大影响。哲学家第一次意识到他必须用某种工具来为他的思想观点论证。西方哲学后来走上反对诗性的隐喻而求概念化、形式化的理论思辨和形式推理的道路，还与一位数学家及其宗派团体即毕达哥拉斯及其学派的影响有关。但是，数学和逻辑在希腊自然哲学家这里是作为宇宙和谐之本原物出现的，这就与后来的哲学有了很大的区别。毕达哥拉斯是南意大利哲学家，他认为世界的本原是数。毕达哥拉斯学派的格言是："什么是美？和谐；什么是智慧？数。"他用数的结构来描绘宇宙的和谐，把统一、同一、均衡等概念，把共同感觉、整体性的原因，把由于它一切物都是其自身的东西，都叫做一。从数来理解整个宇宙的和谐，在毕达哥拉斯看来，是一种最高的智慧。

希腊自然哲学为希腊智慧的理性形态确定了基调。希腊精神特有的广度和深度在于，在这些自然哲学家那里，几乎每一个思想家都代表了一种新的思想类型：哲学家们从自然物理、逻辑、数等各个方面对自然的和谐进行了深刻的揭示。尤其值得我们深思的是，这种宇宙意识不是由一种神秘的直觉所证悟的，而是通过理性的探索所获得的，而这本身就被哲学家们看作是一种生活理想。

公元前5世纪，希腊城邦在经受了内忧外患的严峻考验后进入成熟期，日益高涨的智力生活汇成了一股强大的理智启蒙的洪流。喧嚣的城邦，在雅典民主政治对辩论和演说的实际依赖中，愈来愈为各种蛊惑人心的诡辩机智所控制，城邦需要解答激荡着自己的种种问题。雅典的繁荣也使自身面临深深的疑虑，需要哲学给予忠告和援助。哲学必须从天上回到人间。人们在城邦的公开辩论中，在广场的自由对话中，在神殿下的讨论中，已经改变了话题而且发出了这样的召唤。

苏格拉底带着在混乱的城邦重建秩序与和谐的使命来到雅典人中间。苏格拉底试图从根本上探问那些据说是有智慧的"言说"究竟是什么。在一个嘈杂喧嚷自以为是的时代，在一个人们在诡辩派的蛊惑下只相信自己"说出"的是真理与智慧（如"人是万物的尺度"）的时代，苏格拉底强调了反省和怀疑的价值。问题不是我们说出什么，问题是"逻各斯"说出了什么。当我们还不真正清楚自己所说的究竟是什么的时候，我们最好不要相信我们说出的就是智慧和真理。因此，哲学必须在引导我们每个人在"认识你自己"这一点上有所警醒。对于真理、正义、美德等问题的思考最终还是落实到"人是什么"这个问题的思考上来了。卡西尔在《人论》一书中对此进行了比较系统地论述。他曾经谈到柏拉图描绘的苏格拉底与斐德诺的谈话。他们两个人一块散步，不一会儿来到了雅典城门外的一个地方。苏格拉底突然赞赏起这个地方的美丽来。他对他所高度赞美的这片风景简直喜不自禁。但斐德诺打断了他。斐德诺惊讶的是，苏格拉底的举止就像一个由导游者带来观光的异乡人一样。他问苏格拉底道："你从未出过门吗？"苏格拉底的回答是颇有象征意义的。他说："确实如此，我亲爱的朋友。我希望你知道了其中的缘故后会谅解我。因为我是一个好学的人，而田园草木不能让我学得什么，能让我学得一些东西的是居住在这个城市里的人民。"[①]

苏格拉底是一个典型意义上的古代哲学家，与中国的孔子一样，他宁愿让思想成为一种活生生的讨论，而不是文字。这种讨论并无结果。苏格拉底只是不断地向人们提问，通过这些问题将人们引向对各种美德的不厌其烦的分析。他试图规定这些美德并给它们下定义：如善、正义、节制、勇敢等等。这种讨论总是一再地暴露了人们在自认为有智慧或者有知识的时候是怎样不知其所知。凡是介入到与苏格拉底对话的人，最后不得不承认对于通常认为是已经熟知的事情结果一无所知，甚至多年的朋友不知道友谊为何物。苏格拉底探讨的不再是自然的本性，而是人的本性。说到底，是一个生活在城邦中的人如何自我认识的问题。这问题之所以重要，是因为它关系到一个和谐的城邦应该建立在何种基础上。苏格拉底认为，必须从我们的美德状况着手分析城邦混乱状况的根源，他把这看成是神交给他的使命。他说："只要我还活着，还有力量，那我是不会停止我的哲学活动的——询问我所遇到的任何人：你，我的朋友，一个伟大、强有

[①] 柏拉图：《斐德诺篇》，230A。参见卡西尔《人论》，甘阳译，上海译文出版社1985年版，第7页。

力、智慧的城邦雅典的公民,你不可耻吗——大积其钱,追求名声,却不关心智慧、真理和灵魂的改善?"① 然而,喧嚣的城邦并不理会哲学家的盘查和诘问。一个和谐的正义城邦,只能作为哲学家的梦想出现:苏格拉底的学生柏拉图在《理想国》中让苏格拉底用话语构造了这样一个正义的、和谐的理想城邦。

希腊哲学家是严格意义上的自由思想家。自由思考是城邦公民的特权,他们在发挥自己的理性同时也就是在行使自己的公民权。希腊哲学家有正义宇宙的广阔视野,有正义城邦的不朽梦想,尽管战争、动荡、世俗化和苦难造成的嘈杂喧嚣的人类处境使得古希腊悲剧作家喊出"生不如死,晚死不如早死,早死不如不生"的悲鸣,但哲学家并没有为自己设置一个超凡入圣的解脱之路,也不宣称要引导我们达到神的那种完满。希腊智慧根本上是人的智慧,它引导我们去获得关于宇宙的理性知识,去思考个人的美德和城邦的秩序,它所获得的最大的成就,就是人的自我认识的观念。希腊智慧由此指出了哲学的最高目标:"认识你自己。"对人的观念的剖析以及对人的本原和谐有一个令人赞美的合理观念,是希腊哲学留给人类的永恒遗产。

四 中国哲学:实践的智慧学

与古代恒河流域的印度人和古代爱琴海沿岸的希腊人相比,古代中国人的智慧更侧重于实践,是一种实践智慧。这就是孔子、老庄和其他先秦诸子的智慧。

中国实践智慧是在天人维度展开的,在中国先秦诸子中儒家学派创始人孔子和道家学说的创始人老子分别从"人"的角度或"天"的角度确立了一种面向实际人生的天人智慧,"天人合一"是其最高境界。孔孟重人伦,老庄尚自然,这是思想史上早有定论的观点。如果我们以古代希腊人的理性智慧、古代印度人的佛性智慧作为参照进行分析就会承认,中国人这种"究天人之际"的智慧实际上是一种面向生活实践的知识决断,它在一个极为不同的方面开启了人类智识融情于理的道路。

---

① 柏拉图:《申辩》,29。

中国当代思想家钱穆先生评论说:"通天人合内外六字,是中国思想的大总纲,是归本还原的大问题。"在我看来,中国人在知识和智慧问题上的决断,完全可以用钱穆所说的这六个字来概括,中国文化的各个方面都是在这样一个基础上建立起来的。这种智慧是人的智慧,它只关心我们这些并不完美的人在终有一死的人类处境中生活得更好,生活得更有意义。虽然佛教东传也使得中国文化对佛性智慧予以接受,但中国实践智慧的主流范式并没有动摇:即一种以儒学为根本,以儒道互补为主线,融合佛教智慧并以儒释道合流的形式出现的传统。这个传统始终追求的是一种立足于天人境界的生命智慧,它从对人们日常生活的智性决断或知识反求中探寻,因而是以对人类处境的接受为前提的。由此构成了中国智慧的独特魅力,它的经久不息的精神品格在于,它要求人们面对人生的苦难或任何人类的幸福和不幸以及诸如此类的人类处境的时候,以少有的"大勇"和"胸次"致"广大",以少有的"宁静"与"醒豁"求和谐。

即使为中国人所接受的佛教智慧,在其真正中国化的表现形式"禅宗"那里,实际上也是以"天人合一"为最高追求的一种实践智慧,它具有将"天"与"人"结合起来的特征。禅宗的创始人六祖慧能确立的是一种"无念为宗"的修炼宗旨,要求人们从本性中寻找安身立命的境界,不要越出人的自然本性,而是顺应自然而无所执着,这就是无念,是最高的智慧,它是以对人性的深刻觉悟为根据的。此种觉悟在禅宗看来应是一种"顿悟",即人们不用长期修炼而忽然醒豁,看到我们的人性也就是佛性。这里有儒家重人伦、道家重自然的精神底蕴,脱离了这种底蕴,佛教哲学不可能真正中国化。从这一意义上看,中国智慧的核心是由儒道两家的分殊和互补构成的。儒家智识的根本是从现实的、社会的人伦秩序出发所作的知识决断;道家则与之相反,它是从人性自然的本然真际出发所作的知识决断。他们各自看到了人性的一面,并试图解答如何按人的要求来做人这样一个根本大问题。

我们看到,儒家智慧的中心是"仁",儒家学说可以归结为"仁学"。在孔子与他的学生探讨问题的那些著名的对话中,"仁"是其中一以贯之的根本之道。樊迟问仁。子曰:"爱人"(《论语·颜渊》)"夫仁者,己欲立而立人,己欲达而达人,能近取譬,可谓仁之方也已。"(《论语·雍也》)"为仁由己而由人乎哉!"(《论语·颜渊》)"仁远乎哉?我欲仁,

斯仁至矣。"(《论语·述而》)

"仁"是一种处理人际关系的智慧，它既是做人的道理，又是知人的方法。人以一种推己及人的忠恕之道来行事，才能达到"爱人"的目的，这一点并不困难，我们每个人在最切近的人生日用中都可做到这一点。在孔子看来，自觉地用"仁"一以贯之地指导自己的行为，才是最困难的，这需要很高的智慧或生活境界。以仁心对物待人，应是在人对自身本性有了充分的觉悟之后，才不是一种偶然的盲目行动。后来儒家学说的主要阐释者亚圣孟子把"仁"看作人性四端（即仁义礼智）之首，并由此将以"仁"为核心的人道解释成天道。他说："尽其心者，知其性也；知其性，则知天矣。"(《孟子·尽心》)我们看到，儒家思想虽然是从人出发，但并没有脱离"天"来谈"人"，而是认为人道原自天道。因此，儒家智慧从人的政治伦理实践的角度看到了"知天"也就是"知人"，天人是相合相通的。

这与希腊人的知识决断迥然不同。希腊智慧的最高目的同样是要达到人类的自我认识，但在知识旨趣上希腊人不论是从宇宙自然方面寻获人的自知，还是从城邦社会方面寻获人的自知，都是一头扎进了一个与实际人生彼此分隔的"理"的世界或"理念世界"，这样希腊智慧更多地是一种追求理论逻辑一贯性的"逻各斯"智慧。这种智慧要求一种将人与自然、人与生活拉开一定的距离进行理性把握的知性。中国智慧在儒家学说中表现出来的知识决断，显然不是一种旨在探讨存在事物的原理和原因的理论之知，它对天道的把握不是如希腊人那样要去对与人有别的自然事物及其规律作一番研究，而在对人的把握上也不是像希腊人那样去探寻人如何能获得关于各种事物之本身的观念并进而获得人本身的知识。中国人的知识决断之根本不是事物之知，甚至也不是本体或本质之知，不论是知天、知命，还是知人、知性，中国儒家智慧要求一种指向"行"的知性，要求一种"内圣外王"的良知，一种与行合一的知。因此，中国历代的大儒崇尚的那种"极高明"的智慧实是一种人生境界，一种修齐治平刚健有为的生活智慧。

如果说儒家在一种礼乐教化的社会使命中追求智慧，那么道家则是在一种原生命的自明自证中爱智，道家所谓的崇尚自然就是在这个意义上讲的。道家智慧的核心是"朴"，也就是"返朴归真"的"朴"。道家认为天之根本在于"道",儒家的"义理"之"天"容易滋生人事的纷争而背离"道"。老子说:"大道废,有仁义;智慧出,有大伪;六亲不和有孝慈,国家昏乱有忠臣。"(《老子》第十八章)又说:"夫礼者,忠信之薄而乱之者。"(《老子》第三十八章)儒家说讲仁义礼智是为了维护人伦,但在老子看来它恰恰是造成六亲不和、天下大乱的罪魁祸首,因为它破坏了天道。因为,"天之道,其犹张弓与?高者抑之,下者举之,有余者损之,不足者补之。天之道,损有余而补不足,人之道,则不然,损不足而奉有余。"(《老子》第七十七章)道家智慧将为道与做人结合起来,达到了一种审美主义的人生智慧。因为,"为道"已经不再是一种道德原则,甚至与"为学"是直接对立的,它强调"柔弱""无为""简朴"的智慧。因此,道家的"朴"与"真"是同一个东西,它是不尚文饰、超越智识和欲望的高超境界,是原生命的醒悟。我们看到,道家的知识决断,似乎走向了对知识的否弃,要求人们"返回到婴儿"那种无知无识的状态之中,但实际上它是一种超越了知识的艺术境界。这种智慧同样是一种生活智慧,哲学家知道他的爱智是在一种"与天地精神相往来"中进入到生命真义的保全,一种艺术化了的原生命的诗意安居。

冯友兰先生曾将人生境界分为四种:自然境界,功利境界,道德境界,天地境界。在他看来,中国哲学作为一种实践智慧,它的任务是帮助人们达到道德境界和天地境界,摆脱人生的自然境界和功利境界。这一个过程,就是中国哲人的智慧之爱。其中的最高境界是天地境界,天地境界又可叫做哲学境界,因为只有通过哲学,获得对宇宙的某些了解,才能达到天地境界。我们看到,中国儒道释三家学说的爱智经验,正是在这种实际的生活境界的探寻中,进行知识决断的。它不是对存在者之为存在者的原理或原因的知(希腊哲人在此一维度进行知识决断),也不是对某个超世间者何以能超世间的因缘之知、(印度哲人在此一维度进行知识决断),而是对广大和谐之道的实践之知,它指向一种天地境界的人生觉悟,在此觉悟中做人才是真人、至人或者圣人。这构成了中国智慧的根本,它不是一种解脱的或者拯救的智慧,它不寻求对某种最终实在的知,它关注的是平常的人、平常的生活、平常的事情,在这种平常中我们以一种"通天人合内外"的觉悟去度过我们平凡的一生。

五　回到本源，回到哲学的故乡

哲学不只是说一种语言。虽然古代希腊人发明了 Philosophia（哲学）这个词，但与希腊人同时甚至比他们还要更早一些的印度人和中国人，以一种在我们今天看来更本源的方式进入了哲学性质的那种纯思之中。

古希腊人的本源性哲学经验，在希腊化和罗马时代，尤其是到中世纪基督教时代，由于文化生命母体不复存在而被埋葬。近代之初，回到希腊的运动其实是一种更大范围和程度地偏离了原本的希腊。希腊成了想象中的精神家园。近五百年来，西方世界由文艺复兴、宗教改革、理智启蒙、革命、科学技术和工业的发展，确立了一种英雄主义的科学范式。在现代工业文明的喧嚣声中，现代人与自然的疏离、人际的隔膜和终极意义的丧失，使人类对那些最古老的存在经验充满了重新探掘的热望。现代西方哲学家，例如像尼采、海德格尔等人，在重新解释希腊人的始源性的存在经验以及现代人对存在自身之遗忘的时候，胸怀中结满了一种邻近本源安居的思想情结，一种回到哲学故乡的深情顾盼。

然而，哲学的还乡并不意味着回到哲学的古希腊本源。从我们对哲学的三个源头的分析来看，印度、希腊和中国代表了人类最初的、最本源的通达哲学境域的思想类型。它们构成了我所说的"哲学三源"。印度思想开出的是一种超验直觉证悟，中国思想重实践智慧，希腊人则发展出一种概念逻辑的思维系统。应该说，古印度哲学和古中国哲学的根本思想旨趣都超出了以古希腊哲学为"本源"的西方意义上的哲学范围。因此，当我们说，哲学就是爱智慧的时候，很多人从西方意义上来理解，好像在古代印度和古代中国的那种纯思想的爱智不能称之为哲学。这是一种错误的而且有害的观点。这种西方中心主义的观点，不仅造成了对本源性的希腊思想的遮蔽，而且造成了对哲学的其他两个源头的遮蔽。

黑格尔曾经贬黜中国思想是"博学的智慧"，认为中国文化中没有严格意义上的哲学，例如中国语言少有"正反二义同寓一字"的现象，不宜于思辨。

我国学者钱钟书举了汉语中大量的"相反两意融会于一字"的语言现象反驳之，如《周易》中的"易"就兼有"简（易）""变（易）"和

"不变（不易）"三义。钱先生说，黑格尔不知汉语，不必责之，"无知而掉以轻心，发为高论，又老师巨子之常态惯技，无足怪也；然而遂使东西海之名理同者如南北海之马牛风，则不得不为承学之士惜之。"①

黑格尔是西方概念式哲学发展的顶峰，他从西方逻各斯中心主义传统和概念理性以及形而上学的探究方式出发，将哲学置放在关于人类精神自己发展自己的相应环节上，并进而得出古代印度和古代中国思想中并不存在高度发达的哲学思维的结论。这的确是一种"无知"。与黑格尔同时代的德国哲学家叔本华就是从古代印度《奥义书》中受到启发而创立了影响深远的唯意志主义哲学的。应该说，西方世界只是到了重新思考它发展出来的工业文明的负面效应的时候，才开始了对东方印度智慧和中国智慧的重视。这在20世纪西方思想文化的自我反省中表现得尤为明显。

1919年初，马克斯·韦伯在慕尼黑作了一次演说。讲话虽然涉及的是科学问题，但核心是回答："在现代理性化文明的钢筋混凝土的房子里，如何使有意义的生活得到发展。"他的答案是："科学通过它在技术上的影响，从根本上改变了日常生活，并且在战争中证明，它的内部蕴藏着多么巨大的摧毁力。这种科学已成为我们的命运。然而它向我们提出敏感的问题：作为职业的科学它的意义是什么？科学是'通向真正的存在之路''通向真正的艺术之路''通向真正的自然之路''通向真正的幸福之路'等的早期幻想都销声匿迹了吗？托尔斯泰给出了一个简单的回答：'科学是无意义的，因为，它不能回答对我们来说最有意义的问题：我们应该做什么？我们应该怎么生活？我们不能回答这些问题，是无可辩驳的事实。问题是，在什么意义上，科学不能'给以'回答，或者也许科学根本无力正确地提出这些问题。"②

马克斯·韦伯将"世界丧失魅力"和"目的理性"主宰一切看成是我们时代的特征。"世界丧失魅力"，导致一种终极眷顾的失落，人们在一个日益世俗化的世界中找不到存在的意义。回返本源，重新审视我们生活的基础，就必须从那个先于概念、先于逻辑、先于科学的生活世界本身

---

① 钱钟书：《管锥编》第一册，中华书局1979年版，第2页。
② [德]马克斯·韦伯：《社会学——世界历史分析——政治》，第322页。转引自吕迪格尔·萨弗兰斯基《海德格尔传》，商务印书馆1999年版，第126页。

出发。但是，从文化的角度，与韦伯同时代的大多数西方哲学家看到，那构造了西方人生活世界之意义根据的宗教和形而上学与传统结构的维系太紧，在启蒙开放并崇尚实际的世界里难以推广。于是，为生活意义寻找终极关怀的努力便很快延伸到世界上其他本源性纯思想的存在经验。以致有人指出（如 Harvey Cox）：上帝已死，东方将会取而代之，并对西方精神产生魅力。

回到哲学的本源，回到哲学的故乡，在我们这个众声喧哗的时代之所以能激发人哲学爱智的原思感，就在于不论是古代希腊人、印度人还是古代中国人他们在对物对人的关系中都深刻地体察着、倾听着、实践着、亲证着已经为今天的人们所遗忘的那种"伟大的知"。我们现在已经无法对古代思想家的原意进行猜测，但从传流下来的老庄文本、奥义书典籍和古希腊哲学家的残篇中，我们多少领会到一种面对"巴别塔"的残垣时的感觉。也许，只有诗人的声音，能够传达到那些心中怀抱着"通天"的渴望并在彼此一致的谐和中造"塔"而最终散落于大地上的古代哲人那里。

第二章 哲学的光源隐喻与"光明"叙事(上)

一 哲学与"光"的叙事模式

我们将涉及自古以来最困难的哲学观念。这个观念以故事的形式出现在各种神话谱系中。哲学与神话分离后,它变成了哲学话语中最根本的隐喻。两千多年来哲学家们始终没有摆脱这个隐喻。

我们要说的故事,是"光的故事"。我们要阐明的隐喻,是"光源隐喻"。而我们称之为最困难的哲学观念是与"光喻"联结在一起的"是什么"的观念,它牵涉到"存在问题"或者"本体论问题"。下面从"光的故事"说起,姑且从神话或传说中摘出几则:

1. "渊面黑暗。上帝的灵运行在水面上。上帝说:要有光。于是就有了光。"(《创世纪》)

2. "太初有言。语言与上帝同在。语言就是上帝。……万物都藉着语言被创造。生命在语言之中,此生命乃人的光。"(《约翰福音》)

3. "普罗米修斯:啊,晴朗的天空,快翅膀的风,江河的流水,万倾海波的欢笑,养育万物的大地和普照的太阳的光轮,我向你们呼吁:请看我这个神怎样受了众神迫害。请看我忍受什么痛苦,要经过万年的挣扎……我把火种偷来,藏在茴香秆里,使它成为人们各种技艺的教师,绝大的资力。因为这点过错,我受罚受辱,在这露天之下戴上脚镣手铐。"[①]

4. "彼遂创造此诸世界:洪洋也,光明也,死亡也,诸水也。

洪洋在天之彼面,天为其基。两间,诸光明也。地,死亡也。"(《爱

[①] 埃斯库罗斯:《普罗米修斯》,第一场。见《古希腊悲剧经典》,罗念生译,作家出版社1998年版,第12页。

多列奥义书》章一，节二）

"唯然，人以语言而言，则此大梵光明；默然不语，此亦没焉。唯其光焰入乎眼，其生气入乎生气。唯然，人以眼而视，则此大梵光明；而不视，此亦没焉。唯其火焰入乎耳，其生气入乎生气。唯然，人以耳而闻，则此大梵光明；而不闻也，此亦没焉。唯其火焰入乎意，其生气入乎生气。唯然，人以意而思，则此大梵光明；而不思也，此亦没焉。唯其火焰入乎生气，生气入乎生气……"（《考史多奥义书》章二，节十三）[①]

在古代中国、印度和希腊或其他古代民族那里，类似给予"光"和"光明"同"创世神祇"并列之地位的神话和传说，可说不胜枚举。在人类最初的存在经验中，"光"是同语言，同"知识"，同人类的"在"本身（亦即是之为是），密不可分的。《奥义书》言，人乃万有之精英，而"人之精英为语言。"又有诗云："火化为语言，而入乎口。"联想到尼采将希腊文化归结为"日神精神"和"酒神精神"之二元性的观点，我们似乎不难洞察到，"光"事实上成了人热爱智慧、追求智慧的象征，在我们今天的语言中以"光"为核心的话语意象仍然随处可见，它成了"意义""价值""真理""正义""崇高""美好"的具象化表征，成了人之形上关怀的纽带。以至于当代后结构主义哲学家德里达（Jacques Derrida）称，整个哲学史（他从西方的意义上讲）无非是"光的形而上学"的历史。

系统化的哲学理论并不向我们讲述"光的故事"。它不断地使用一些令人费解的概念或术语，对人存在和他的世界进行一种理性化的思考和反省。然而，哲学的这种策略，并没有使它摆脱"光之喻"的纠缠。"光喻"既是"古之又古"的爱智起点，又是贯通人之终极关怀的隐线。对我们而言，哲学思考既然不能摆脱这个隐喻，那么它的困难之处就在于：我们以何种方式"言说"这个隐喻。这是对一切哲学思考来说最困难的。

想象一下，我们张开眼睛，只有先有"光"存在，才有物对我们"显现"。然后，我们才问它"是什么"。这是一个最简单的事实。然而，我们"看"，在一个无"光"的永恒黑暗中，我们将"看"不到任何可

[①] 以上所引奥义书均见徐梵澄译《五十奥义书》，中国社会科学出版社1995年版，第15—30页。

见之物,因此也不会有"是什么"的问题。光的照明与"存在"或者"本体"的观念之密切相关,就出现在这个最简单的事实中。哲学,在这里进入到一个我们大家再熟悉不过的事实领域,这就是:"有物存在",或者,"我们置身在世界之中"。哲学从这里撞击我们,使我们在熟识的生活和事实中开启悠长的"惊异",问向宇宙人生、广漠世界,问向人之命运、物之成毁,问向那有情众生之大同大异、大喜大悲等等。这是一个引发我们对哲学意义上的智慧之爱产生无边遐想的事情。

应该看到,这个哲学上最困难的观念,在表述上恰恰又是最简单的。哲学一开始就面临着最普通不过的问题:世界是什么?它为什么既是"多"又是"一"?"一"怎么能够是"多"?或者"多"怎么能够是"一"?我们今天能够理解,当印度哲人将"梵"说成是"彼一",中国老子、孔子将"道"说成是"一",古希腊自然哲学家将世界的始基和本源说成是"一"的时候,哲学开始了。哲学在它的三个本源处,都开始于"是什么"的问题,这绝非偶然或巧合。人类爱智的突破,总已经在对"一"的追寻中,将人类的智慧之爱导向"真正的存在"。这个"真正的存在"就像一轮普照万物的"太阳"一样,它是"照亮"一切而自身不被照亮者,是"实在""意义""价值"的本原,是"存在之为存在"的原理和原因。

其实,不论是古人还是今人都非常清楚,我们生活的这个世界是一个多样性的世界,世界万物都是各自不同的存在物,不光形态各异,而且变化万千。有人说"世界上找不到两片相同的树叶"。然而,"一切是一"则是一种照亮了人们探究宇宙人生之奥妙的根本慧识。希腊智慧由万物本质求"一",印度智慧由宇宙超验精神求"彼""一",中国哲学家则是从人生"道""理"求"一"。这种探求虽然造就了本源性哲学三种不同的致思方向,但却提示了一个对于我们来说理解哲学的根本问题:何为真正的存在?这个真正的存在是不是那包容一切且每一事物都由之产生的存在?是不是上帝的"道""说"或"光"?

从这个问题中,我们发现哲学家的那些光怪陆离的问题和答案背后,都存在一个始终未被澄清的隐喻。哲学家们未能意识到,他们的大多数争执都是由这个隐喻决定的。历史上主要的哲学家,如柏拉图、亚里士多德、笛卡尔、康德、黑格尔、孔子、老子等,他们使用的那些基本的哲学概念都具有基本的隐喻性。今天我们把哲学的这个最困难的问题称为"本体论问题",其实这个问题可以用最简单的表达方式来加以理解。哲学中的这个最奇怪的"多"中之"一"的观念,或者说关于"真正存在"的观念,在其文本背后遵循了"光源隐喻",它要我们特别注意那终年盛开的"向日葵"。不论我们如何设想或者思考"真正的存在",我们都在使用"光源隐喻"。哲学家们在这个隐喻的预制下,都倾向于以某种方式将爱智慧的人变成"向日葵"。

管窥黑格尔的观点,大致可见一斑。黑格尔认为,可以用外在和内在的"太阳"来对比东方和西方:前者是比较弱势的静观之光,后者则是比较强势的自由精神之光。从地球的东方或者亚洲"升起了外部的物质的太阳,它沉落于西方,相应地却在这里升起了自我意识的太阳,它散发出更加高贵的光芒"①。黑格尔哲学中隐含着的"光源喻"典型地代表了西方哲学—形而上学传统,它是人类中心的,运用到世界历史观中该"隐喻"则构造了欧洲中心和种族中心的基础。揭示位于哲学话语中心的隐喻,对于理解哲学意义上的智慧之爱有深刻意义。德里达说:"隐喻很少出现在哲学文本(以及与之同等的修辞学文本)之中,而哲学文本却经常置身于隐喻之中。"② 应该说,任何一种本体论都不可能将自己与其"光源隐喻"分离开来。当人们指责说,哲学使用隐喻而使自己成为"诗"的近邻,这堵塞了使哲学成为科学的进路,因此必须将哲学从隐喻中解放出来。这种指责点明了哲学运思的一个基本特征,但是离开了"隐喻"哲学只能"无言",要求哲学成为严格科学并以此强调消除隐喻的做法,只能导致"哲学的死亡"。

我们来看看,"光"是怎样或为什么成为"最困难"同时又是"最根本"的哲学观念的隐喻形象的。毫无疑问,"光"使万物"显现",无"光"则一切趋于"归闭"。因此,"光"意味着"明","光"意味着"照亮"。"光明"与"黑暗"相对立。当然,我们也可以说,是"暗"孕育了"光","暗"先于"光"。但是,两者实际上是不可分的。

---

① Hegel, The Philosophy of History, p.103 译文参见张隆溪《道与逻各斯》,四川人民出版社1998年版,第94页。

② 参见[法]德里达《哲学的边界》,第268页。译文同上。

关于"光明"和"黑暗"斗争的传说，在世界上许多古老民族那里流传。中国儒家重视"光明"（尚明），道家重视"幽玄"（浑沌），儒家尚"有"，道家贵"无"，虽然取向不同，但从根上讲都遵循着古老的"光源隐喻"。古印度哲学家所说的"梵"实际上是"生命气息"、是"宇宙之光"，佛陀要求我们去掉"无明"，也是一种引导世人走向"大光明"、走向"大自在"的智慧。这些人类最初的本源性的存在之思都涵蕴着某种形式的"光之喻"。

从另一方面看，"黑暗"的世界是一个不宜于人生活的世界。它是寂静的、无声的、沉默的、无言的，这样的世界是可怖的，尽管它是"永恒"的。帕斯卡尔写道："当我思索我一生短促的光阴浸没在以前的和以后的永恒之中，我所填塞的——并且甚至于是我所能看得见的——狭小空间沉没在既为我所不认识而且也不认识我的无限广阔的空间之中；我就极为恐惧而又惊异地看到，我自己竟然是在此处而不是在彼处……""这些无限空间的永恒沉默使我恐惧。"① 人类要反抗这种恐惧，他的全部的抗争就是要挣出这无边的"寂静"，他的"斗争"也是要走出"黑暗"寻找"光明"。"人发明了'（取）火'，'世界'也'提供'了'火'。'水'是'暗'的，'火'是'明'的。古代希腊的哲人们，面对着无涯的大海，以'水'为始基，'万物'（包括'人'）出自'水'，又得归于'水'。'水'是无涯、无度的；而'火'则给人以'尺度'（Logos），给人以光明。"②

从"光"令物"绽现""显明"而言，"言说"也是"光"。新旧约圣经在创世故事中阐明这个发人深思的洞见。中国人讲"道"（说），希腊人讲"逻各斯"（对话，说），正遵循了"光之喻"。后来的哲学概念，诸如：真理、正义、美德、理性、理念、知识、上帝、启蒙等等，无不与这个最基本的隐喻相关。基督教强调"语言"是人的"光"，中世纪的基督教哲学家，提出了"光照说"，使它成了信仰的一个基本隐喻。近代以来的启蒙思想家赋予自己的使命，是要"让理性之光照亮一切"。

---

① ［法］帕斯卡尔：《思想录——论宗教和其他主题的思想》，何兆武译，商务印书馆1985年版，101页。

② 参见叶秀山《无边的学与思》，云南大学出版社1995年版，第8页。

二 "真正的世界"成了寓言

哲学家们以各种方式改写了"光的故事"。他们讲述的,不是《圣经》中的创世故事(希伯来人),不是《奥义书》中"大梵光明"的故事(印度人),不是普罗米修斯盗火的故事(希腊人),也不是"羲和"日神的故事(中国人)。哲学家的爱智突破了这些神话想象的世界,他要问及那经得起人类理智辩驳的"真"理、正义和美德的世界,要问及世界的真正存在。哲学家创造了自己的"神话",以另一种形式讲述"光的故事"。不论是内在之光,还是外在之光,是超验精神之光,还是自然物体之光;不论是信仰之光,还是理智之光,是确定性之光,还是怀疑论之光,是给人希望和信心的光,还是令人绝望和焦虑的"光";不论是水还是火,是阳还是阴,是有还是无;……哲学话语中隐蔽着的"光之喻"如此之深地缠绕在人的爱智心灵中,以致"光喻"成了我们人类精神生活的一个基本叙事模式。

普罗米修斯(盗火)故事象征着人从物质出发迸发出来的精神的光辉,它冲破了火的禁忌,把火看成是热情的理性召唤,并且冒险追求火的光明。而古希腊哲学家恩培多克勒也有类似的观点。他把火想象成从眼中的孔道经过的火,火与外面的火交流,流射到眼睛,产生面对外界的视觉。当代法国哲学家加斯东·巴什拉(Gaston Bachelard,1884—1963)从理性精神分析的角度指出,这种对火光的敬重与热爱,是人类的一种独特的精神情节。人在时"光"中,从宇宙生命绵延的意义上,只是"一瞬间"。当我们使用"光阴"这个词来指称"时间"的时候,我们多少感受到一种只属于人之有限性的"绽现"。一种"斗争",一种从"黑暗"中奋争出来如同"日出"一样喷薄的"斗争"。"火"是光之源,"炉火""烛火""燃烧的太阳"等都属于光源,从"火"的燃烧和光芒中,我们看到了人世的"斗争"。他们是"世上的光"。巴什拉说:"哲学家完全可能在烛火面前设想他就是燃烧中的世界的见证人。"[1]

---

[1] [法]巴什拉:《烛之火》,见《火的精神分析》,杜小真译,生活·读书·新知三联书店1992年,第160页。

这种经验更深指向是：在这个以技术为底座的时代，智慧和思如何才是可能的？长期以来，我们通过获得有关事物本质的知识而更敏于学会操纵"物"，那"古之又古"的沉浸于"存在之光"的诗意观照中与万物亲近的素朴经验差不多为人所遗忘。在上文中，我们简述了哲学三源（古代印度、古代中国、古代希腊）。这里，我们从思考哲学使用的"光源隐喻"出发，着重探讨西方思想是如何最终要求回到人类古老的纯思想中获取灵感的。

前面讲到，"光源隐喻"出现在哲学家们对"一"的迷恋、对"真正的存在"的思考中。这也是哲学"本体论"思考的主题。本体论思维方式的特点是"还原"。它通过找到本质前定的、先天的、本原性的、具有最高权威和最普遍的存在物来解释"多中之一"。这种致思取向形成了它的基本特征，构成了哲学本体论的一个共同之处：它们把"真正的存在"设想成一个与"我"相对的"光源"，它是始基、本原、本体、实体；由于它的"到场"，包括"我"在内的"万物"才得以显现出来。哲学本体论就是要追求这个"照亮"一切的"永恒的存在者"。这就意味着，我们思考和谈论的，永远是不同于我们自身的在场之物。这造成了在"光"和"被照亮之物"之间的二分，此岸世界和彼岸世界的两分，"上帝之城"与"世俗之城"的两分，思想的"我"作为"主体"与被思想的在者作为"客体"的两分。用中国哲学的术语，这个"二分法"就是"天人相分"。我们不得不总是面对各种"在场"的事物，也就是各种"存在者"，它们或者是"心灵深处"的（如观念、理性等），或者是外部世界的（包括超验世界）。结果反而是，追求光明的人，总是被自己设想的"永恒存在者"遮蔽了存在本身的"光亮"。

尼采在《偶像的黄昏》中，有一篇短文，标题为"真正的世界如何成了寓言"，矛头直接针对西方哲学本体论的构造史（同时也是衰亡史）。尼采称之为"一个错误的历史"。该文的主要内容如下：

一、"真正的世界"是少数智者、虔信者、有德者可以达到的。换一种说法："我，柏拉图，就是真理。"（理念论对西方思想误导的开始：柏拉图主义的迷途）

二、"真正的世界"是一个诺言，它许诺给"悔过的罪人"。（基

督教的观点）

三、"真正的世界"是不可达到、不可证明、不可许诺，但被看作一个安慰、一个义务、一个命令。（一种康德主义的观点，讲述的"仍是旧的太阳，但被雾和怀疑论笼罩着"）

四、"真正的世界"——不可达到吗？反正未达到。未达到也就是未知道。所以也就不能安慰、拯救、赋予意义：未知的东西怎能让我们承担义务呢？（一声实证主义的鸡鸣）

五、"真正的世界"是一个不再有任何用处的世界，是一个已经被驳倒的理念，让我们废除它！（柏拉图羞愧脸红，一切自由灵魂起哄）

六、"我们业已废除了真正的世界：剩下的是什么世界？也许是假想的世界？但不！随同真正的世界一起，我们也废除了假想的世界！"[①]

尼采称"真正的世界"的废除是"最久远的错误的终结"。这多少令那些沾沾自喜地追逐着"真正的世界"或者"真正的存在"的地平线奔跑不歇的哲学家们感到震惊。但是，它确实揭示了西方本体论—形而上学传统隐蔽的病症，不能不令人警醒。

哲学本体论追寻"真正的存在"。它要进入"真正的世界"，要面对那"永恒的在者"，这实质上是把"存在问题"存在者化了，把承诺的、想象的、基设的东西当作最真实的东西来对待。因此，哲学本体论隐藏着它所尊奉的最高价值"失落"的危机。尼采认为，这是欧洲文化中一直"隐蔽着的虚无主义"。"真正的世界"一旦成了"寓言"，受到这种价值范导的人们就应"重新评估一切价值"。从这一意义上，尼采指责西方柏拉图主义思想史是"一段错误史"，乃基于对全部欧洲文化和哲学的历史的反省和检讨。这种反省在叔本华（在尼采前）那里已经存在，而在海德格尔（在尼采后）那里又激起了巨大的反响。叔本华、尼采和海德格尔分别代表了19世纪初、19至20世纪之交和20世纪三个不同时代的西方杰出思想家对其传统形而上学（哲学本体论）的清算和检讨。有趣的

[①] 以上内容参见尼采《偶像的黄昏》，周国平译，湖南人民出版社1987年版，第29—30页。

是，他们都以某种形式分别回到哲学的三个"故乡"寻找那非常性的"思"，寻找那邻近"古之又古"的存在经验。

三　叔本华的邀请：接受远古印度智慧的洗礼

叔本华（Arthur Schopenhauer，1788—1860）是一位与黑格尔同时代的哲学家。当思辨哲学大师黑格尔营建他那包罗万象的哲学体系的时候，叔本华就举戈而上，揭开了清算欧洲理性主义传统的序幕。从1820年开始，叔本华在柏林大学选择黑格尔授课的同一时间开了哲学讲座，意欲与黑格尔哲学一较高下。具有讽刺意味的是，叔本华的时代并没有来临，这时的欧洲大陆洋溢着以巨大的历史感为特征的巍伟壮观的黑格尔学说。这场较量最终以叔本华的失败而告终。

但是，这场较量标志着西方对构造了其世界历史的理性"太阳"的"消解"的开始，叔本华试图冲破由柏拉图主义的"光源隐喻"奠基的哲学本体论，它的顶峰就是黑格尔思辨唯心主义体系。哲学本体论在黑格尔的世界里，演化了一种世界运动的壮阔戏剧场面，世界从一种先于存在的原始和谐开始，经过自然与历史、思想与经验、人同精神的二元分裂，最后在哲学的"实现"中走向"绝对"的重新统一。理性、科学以及立于其上的真理，果真能给人类带来光明吗？一种黑格尔所谓的"自我无限扩张精神"能给动荡不宁的人的心灵带来幸福吗？叔本华的思考就是要解开这样的一些疑团。

叔本华在他的主要哲学著作《作为意志和表象的世界》的序言中有一段写给读者的话。他说："……如果读者甚至还分享了《吠陀》给人们带来的恩惠，而由于《奥义书》Upanishad 给我们敞开了获致这种恩惠的入口，我认为这是当前这个年轻的世纪对以前所以占优势的最重要的一点，因为我揣测梵文典籍影响的深远将不亚于15世纪希腊文艺的复兴；所以我说读者如已接受了远古印度智慧的洗礼，并已消化了这种智慧；那么，他就有了最好的准备来倾听我对他讲述的东西了。"[①] 这段话对于理

[①] 引文见叔本华：《作为意志和表象的世界》序，石冲白译，商务印书馆1982年版，第6页。中译本将"奥义书"译成"邬波尼煞昙"，这里为统一与方便改为"奥义书"。

解叔本华基本思想有着非常大的意义，它一语道出了叔本华意志哲学的奥秘。叔本华的意图是通过置换西方传统理性主义的本体论基础（甚至可以说是置换其"光源隐喻"）得出与东方印度宗教哲学启示相同的观点。他说："组成《奥义书》的每一个别的，摘出的词句，都可以作为从我所要传达的思想中所引申出来的结论看。"[①] 叔本华实际上是用西方的语言重述了古印度森林智者所证悟的那种"爱智"，这与西方柏拉图以来的"光源"本体论[②]是根本不同的两种世界经验。

我们可以从叔本华的传记作者的记述中看到古代印度思想是如何影响了这个19世纪初的德国哲学家的。当时西方人对理性之光的推崇已到极点，"理性"成了最时髦字眼。叔本华以他特殊的忧郁气质和与时代格格不入的孤独，一头扎进古印度智者的世界。他说，"对奥义书的研究是我生活的慰藉。"[③] 他详细研究了吠檀多典籍、婆罗门典籍和佛教的一些经典。"晚上，这位哲学家休息时吹吹长笛，临睡前阅读一会儿古希腊罗马诗人的作品。然后最使他舒心的是阅读《杜普涅克哈特》——优婆尼沙昙（奥义书）中的50个片断。一年又一年，十年又十年，单调、凄凉的生活岁月就这样流逝了。"

叔本华就是这样"接受远古印度智慧的洗礼"的，他同时也向他的同时代人发出了这样的消息。这是叔本华带向西方现代世界的另一种声音，他的哲学的基本构架就是由此确立的。《作为意志与表象的世界》的结构是：在开始论证"世界是我的表象"时，他引用吠檀多哲学（认为物质无独立于心之知觉之外的本质）；在论述悲观主义人生观时，又一再引用"摩耶之幕"[④] 来说明人生的虚幻痛苦；他的解脱痛苦的观点和关于

---

① 引文见叔本华：《作为意志和表象的世界》序，商务印书馆1982年版，第6页。中译本将"奥义书"译成"邬波尼煞昙"，这里为统一与方便改为"奥义书"。

② "光源本体论"也就是"光的形而上学"，在后面谈到柏拉图的观点时，我们还要加以分析。西方哲学本体论在运用"光源隐喻"时，只注意到了光"明"的一面，而没有注意"光"同时还牵连着一个非常广大的"暗"的一面。西方思想思考"光源"不是将它与"隐"的、"暗"的、"无意识"的、"非理性"的那些总是未在场的东西看成是一体，而是看成是与之相分离的一种"纯粹"的"光"，这样就使得哲学变成了一堆形而上学的"空话"，变成了一种脱离现实生活世界的云端中的思辨。

③ 引自《叔本华》，工人出版社，

④ "摩耶"的梵文原意是"欺骗"，"摩耶之幕"为遮盖真实世界的帷幕。

世界是无的结论，借用了印度"涅槃""虚无"思想。

　　这是一次东西方思想的真正交流。叔本华一改以前哲学本体论将世界理性化的柏拉图主义传统，他指出：世界的本体是盲目冲动的意志，一切表象、客体、人和人的意识等都是现象，唯有"意志"才是自在之物。意志是一切表象、一切客体和现象之所以出者，显现于每一盲目的自然力中，也显现于人类经过考虑的行动中。世界万物都是意志的客体化在一定级别上的表出。"犹如一盏神灯映现出多种多样的图片，然而使所有这些图片获得可见性的却只是［灯里］那一个火焰；那么，在一切繁复的现象中……，一切变化中只有那一个意志是显现者，永无变动；而一切一切则是它的可见性、客体性。"① 意志自身是无目的、无止境的，它是一种无尽的欲求。在意志客体化的较低层次上（如顽石），意志并不为认识所照亮，只有进入时间空间（叔本华称时空为个体化原理），也就是进入人的生命领域，意志才从一种无知无觉的状态中醒来。通常我们认识不到这一点而为生命意志所支配，陷入无穷意欲的齐天烦恼中。

　　探究者的根子深置于这个世界，智慧愈高的人愈能揭开那"摩耶之幕"，洞见到人的一切追求背后的真实谜底（意志是谜底），他的痛苦也就愈大。看看叔本华向我们描述的人生：

　　一切快乐都是虚假的，一切成就都是过眼烟云，已经存在的东西不再存在，我们所有用全部生命去追求的东西最后都是一场空。生命意志的肯定是一切罪恶和痛苦的渊薮，我们为欲望所苦，我们生育后代，我们终日辛劳，我们为一个希望奔波，都是那唯一的意志要在我们身上实现个体化。当我们受障于摩耶之幕，就是从一个希望到另一个希望、从一个欲求到另一个欲求的幻灭和痛苦中度过。最后自然的判决是以死亡结束。这是最后的证据：人生是一条"虚假的小路"，是"偶然和错误的王国"，任何一部生活史都是一部痛苦史。结论必定是：一切皆空幻，一切皆虚无，人生得不偿失。

　　我们的理智、理念和信仰都是受意志驱遣的工具，不论是理智之光还是信仰之光都是生命意志欺骗人、诱惑人去肯定它自身的把戏。人生的悲苦就是由于人没有看透意志的骗局（即"看透个体化原理"）而产生的。

---

　　① 叔本华：《作为意志与表象的世界》，第221页。

一般说来，人的认识是为着意志而生的，其目的是服服帖帖地为意志服务。人是意志客体化的最高级别，在人这里意志通过人的认识能够识别自己的欲求，但它也在某些个别人那里产生看透意志骗局的慧识。这时人不再有任何意欲地"看"世界，它成为世界的一面镜子。人的这种"看"，产生了人的审美境界，使个体融入全体而挣脱了意志的劳役进入到一种幸福安宁的境地。但由审美愉悦带来的意志隐退和痛苦中断只是一瞬间，一旦这一瞬间消逝，意志又会捕捉住人的生命，痛苦、绝望由于有了那个"瞬间"而变得更炽。对于寻找人生之答卷的人来说，摆脱意志的纠缠，看透意志的把戏，就必须从根本上否定意志。参悟人生的人，要全身心投入到毁灭意志的苦行禁欲，才得以圣化。这意味着，一方面，意志的自我寂灭只有在人这里才能实现；另一方面，意志的自我扬弃又是"把意志引向光明"这一大自然的奥秘的最后消息。从这种通向"纯无"的悲观主义人生观中，我们又听到了那"古之又古"的印度智慧的"唱赞"与"佛谒"。这对人生愁苦有敏锐慧感的现代工业文明中的人来说，能不值得深思吗？

四　尼采的自白：做希腊酒神的弟子

尼采（Friedrich Wilhelm Nietzsche，1844—1900）有一句名言："我的时代尚未到来，有些人要死后才出生。"尼采和叔本华生前不为世人所理解是共同的。他们都谈到了天才人物的痛苦、审美慰藉的沉醉、纯粹认识的冷峻等。他们都与时代风行的那种乐观主义文化和哲学格格不入。叔本华宁愿回到古印度智慧那里寻找思想的启迪，尼采则倾向回到悲剧时代的希腊，追寻酒神狄俄倪索斯的"消息"。

叔本华将"世界之光""存在之光"看作是那个盲目的、漆黑一团的"意志"，尼采则从这种重新置换的"光之喻"中看到了自柏拉图以来整个欧洲文化传统的大崩溃。他以极尖锐的方式将这总崩溃概括为"上帝死了"。这是一个反基督教的宣言，更是一个"重估一切价值"的宣言。尼采反基督教的主旨就是要反对它的颓废，反对它对生命本能的敌视、憎恨和欺骗本性以及它的禁欲主义道德。尼采认为西方历史从苏格拉底、柏拉图开始就已经充斥了这些"不洁净"的东西了。而叔本华的"意志"

虽然是一条通向人自身的道路，但是它的悲观主义的"静观""冥悟"、否定生命意志而归于"无"或"无欲"的解脱之路与基督教敌视生命本能的学说则是一路的。因此，尼采在接过了叔本华的意志学说后马上离开了叔本华。叔本华说，生命意志的肯定必然将人生演幻成一场空、一个梦、一个得不偿失的玩笑；因此我们必须将我们的认识与意志分离使之成为纯粹认识，在"纯粹认识"中我们进入"直观"和"冥悟"，最终进入一种"无意志、无时间、无痛苦"的极境；这就是生命意志的自我否定，通过这种否定达到"纯无"的解脱。尼采接受了世界的本质不是理性而是"意志"的观点，但是他指出，我们并不缺乏太人性的人，而是这种人太多了，以同情、慈悲、受难、禁欲、苦行、殉难为特征的拯救之途太多了。人生是一个悲剧，是一个肥皂泡，问题并不在于我们能不能认识到这一点，对于一个有着健全生命本能的人来说，问题的关键在于我们知道人生不值得一过之后仍然健康快乐地过下去。人生不过是一场悲剧吗，那么让我们轰轰烈烈地演下去；人生不就是一个肥皂泡吗，那就让它痛痛快快地爆烈吧；只有在这种生命痛苦的悲壮开放中我们才能领会到人生的意义，领略到一种动人心魄的美。这就是尼采所谓的悲剧人生的意蕴所在。所以，尼采从这种对生命意义的思考中得出了一个使悲苦的世界变"明亮"的观点：世界的本质是意志，但不是求"生命"的意志（叔本华），而是求"强力"的意志。尼采认为，人是自然的、生理的存在，是原始欲望的复合体，人应该像早期希腊人那样健康快乐。这并不是说这些有着健全本能的人对人生的苦难没有敏锐的感触、对人生悲惨的命运没有体会，而是他们能够以一种高迈的、超强的意志面对人生的种种不幸和苦难，这恰恰是那些自然的、健全的早期希腊人值得我们关注的原因。正是在这一意义上，早期希腊世界成了尼采一生追寻的"哲学故乡"。

　　1869年，尼采24岁但已经出任巴塞尔大学古典语言学教授。他作的就职演讲就是关于古代希腊的研究，题为《荷马与古典语言学》。次年，尼采撰写了《悲剧的诞生》，提出了他对希腊传统和整个西方哲学传统十分独特的看法。早期希腊文化的研究形成了尼采后来一系列惊世骇俗的思想观点的出发地。尼采认为，希腊人之所以能够克服悲观主义而表现出旺盛的生命力和创造力，乃是由于希腊悲剧精神的作用。尼采将悲剧精神看作是由"阿波罗和狄俄倪索斯的二元性"构成的。"阿波罗"是"光"之神,是"太阳神"。阿波罗世界是光明和幻想的世界,整个奥林匹斯神界,荷马史诗,宏大的造型艺术,都属于这个世界。早期希腊人依靠一种和谐、条理、秩序和美妙的艺术来点缀人生而使人生值得一过的做法隐含着一种精神,尼采称之为"阿波罗精神"或"日神精神":它是对美的内心关照,对规范、节制、和谐的沉思,对梦幻世界的冥想。与之相对的"狄俄倪索斯",是"暗"之神,是"酒神"。狄俄倪索斯世界是一个醉狂的世界,它是向"存在母体的回归",是一种"与宇宙之本质的完全合一",是本能生命的自由解放。在早期希腊人举行的酒神祭典中,我们可以感受到希腊悲剧精神的最主要的方面:即酒神精神。[①] 尼采认为,希腊文化的最高成就是阿波罗艺术(史诗、造型)和狄俄倪索斯艺术(音乐、舞蹈)的结合。这两种精神的冲击产生了希腊悲剧,这是希腊文化最高的智慧。

在后来未完成的遗作《强力意志》中,尼采写道:"日神状态和酒神状态,艺术本身作为一种自然的强力借这两种状态表现在人身上,支配着他,不管他愿意还是不愿意:或作为驱向幻觉的迫力,或作为放纵的迫力。这两种状态在日常生活中也有所表现,只是比较弱些:在梦中,在醉中。"[②] 尼采尤其强调"酒神精神",认为希腊悲剧文化或悲剧精神的衰落始于狄俄倪索斯精神的终结。在后期希腊中,人们只见到一个以"阿波罗世界"(光明、梦想)形态展现出来的文化类型,甚至"认识你自己"这句阿波罗神谕也被苏格拉底"误解"了。这是希腊文化衰亡的标志,尼采认定苏格拉底是罪魁祸首。

毫无疑问,苏格拉底标志着希腊哲学和文化的某种深刻转折,他是西方理论人类型的"光辉"典范,由于他那种魔鬼一样的追问,希腊人走向了理性地、科学地探究世界的道路。由于这种理性的生活方式取代了悲剧时代希腊人那种艺术的生活方式,而且主要是由于苏格拉底的影响,悲剧中的狄俄倪索斯因素遂被完全排除掉了。"试观苏格拉底格言的结果:'德性就是知识;所有罪恶都起于无知;唯有德者才快乐'——这三句乐

---

① 参见尼采《悲剧的诞生》第一节,作家出版社1986年版。
② 尼采:《权力意志——重估一切价值的尝试》,第798节。译文参考周国平《尼采——在世纪的转折点上》,上海人民出版社1986年版,第231页。

观主义的话，招致了悲剧的死亡。"① 在一则笔记中，尼采写道："对于希腊人来说，情况往往是这样：更早的形式同时也是更高级的形式，例如酒神颂歌和悲剧。早期希腊文化通过其哲学家一代一代传承显示了它的力量。苏格拉底结束了这种显示，他想要自立为王和抛开一切传统。"② 总之，尼采从早期希腊人那种悲剧经验中看到了一种活生生的、有血有肉的生活，看到了"生活、哲学和艺术之间有一种更深刻的意气相投的关系"，而苏格拉底开始的那种概念式的、逻辑的、范畴的生活将人生变成了一种冷冰冰的知识对象，哲学与生活、艺术之间那种古老的意气相投的亲密关系不见了。而后哲学开始为了一个虚妄的理想而煞费苦心，总是要追求一个不变的实体、本体、本质，乃至上帝，总之追求一个所谓的"真理的世界"和"真正的世界"。尼采不是简单地将西方科学、知识、真理、进步等一概地予以全盘否定；他只不过是强调，有比知识、真理更高的东西存在，这就是艺术。因此，从人生意义角度看，尼采区分了三个不同的层次：苏格拉底的求知欲；高于它的是艺术；而最高的则是由酒神和日神二元性构成的悲剧文化。尼采这样呼吁："我的朋友们，请你们和我一样，相信这种狄俄倪索斯精神和悲剧的再生吧！苏格拉底式的人听其自然发展，在你们头上戴上常春藤，抓住狄俄倪索斯的神杖，如果虎豹躺在你们足下并抚吻你们双脚时，也不要惊慌！大胆地过着悲剧人的生活，你就会得救。"③

这个自称是"哲学家狄俄倪索斯的弟子"的哲学家，主张用"铁锤"进行思考，"敲打""探听"偶像的底细，"重估一切价值"，这是一种清醒的智慧；他强调"远观"和"独处"，将复杂的、虚假的、矛盾的现实世界简化为外观，在独处中观照一切，这是一种孤独的、审美的智慧；他倡导一种悲剧的人生，在醉的境界中与生命整体结合，在梦的境界中达到个体间的和谐，这两种存在样态便是酒神精神和日神精神，它们的结合构成了一个悲剧的人生。清醒、孤独、梦和醉构成了尼采回到希腊思想源头的四重体验。清醒意味着怀疑和批判；孤独意味着审美与超越；梦幻意味

---

① 尼采：《悲剧的诞生》，第 79 页。
② 尼采：《哲学与真理》，田立年译，上海社会科学出版社 1993 年版，第 164 页。
③ 尼采：《悲剧的诞生》，第 111 页。

着在审美中对外观世界的体验,沉醉意味着在艺术化中对世界本体的投入。尼采将酒神沉醉看做是最高的人生境界,是原始希腊人的本然的存在经验,是一种神圣的肯定,一种回归存在整体的艺术化的体验。在酒神精神的引导下,一个人应该有"坚硬的骨头"和"轻捷的足",合歌者、武士和自由精神于一体。纵然生活是苦的,也应该以一种高蹈轻扬的舞步迈向生命的泥泞路上。

尼采从希腊悲剧时代的哲学家和悲剧诗人那里看到一种超强的精神力量,一种丰沛旺盛的生命本能,一种面对苦难人生而能自由高迈地生活的智慧。那些悲剧英雄面对可怕的、狰狞的命运,以一种酒神式的舞蹈和欢笑披荆斩棘、历尽艰辛、开拓前进,它以一种形象的方式(阿波罗方式)表达了酒神精神的实质:对生命的神圣肯定。悲剧人物的命运往往以毁灭告终,这是酒神精神的体现:它不惜在个体的毁灭中达到一种与宇宙生命整体的结合,进而肯定生命的全体。酒神把个人变成了沉醉的艺术品,变成了狂欢的艺术品。这是一种生命肯定的极致。酒神和日神这两个主司艺术的神祇将一切都艺术化了,从而使得人生成为一出"创造之戏"。因此,某种程度上日神是表象的化身,酒神是意志的化身。尼采的查拉斯图拉这样讲道:"是的。为着创造之戏,兄弟们,一个神圣的肯定是必要的;精神现在有了他自己的意志;世界之逐客又取得他自己的世界。"[①]

尼采的强力意志观点,事实上渊源于古老的狄俄倪索斯因素,渊源于酒神精神在一种艺术化洪流中对生命的神圣肯定。他的超人学说、永恒轮回学说都是以狄俄倪索斯精神为基础的。尼采从这种酒神式的人中找到了生命意义的根据。查拉斯图拉说:"我爱那些人,他们像沉重的雨点,一颗颗地从高悬在天上的黑云下降:它们预告着闪电的到来,而如预告者似地死灭。看罢,我是一个闪电的预告者,一颗白云中降下的重雨点:但是这闪电便是超人"[②] 这种预言超人的人是一种酒神式的人,是"自由"的人。尼采几乎在每一本书中都提到这种类型的人。他们是"远人"、是"来者"、是"极北净土的居民"、是"酩酊者"、是"奔向太阳的箭",等等。这类酒神式的人作为"预言"超人的人,表明了一个非同寻常的

[①] 尼采著,尹溟译:《查拉斯图拉如是说》,文化艺术出版社1987年版,第23页。
[②] 尼采:《查拉斯图拉如是说》,第10页。

时刻的到来：上帝死了，人类给自己决定目标的时候到了，人类栽种最高希望之芽的时候到了。狄俄倪索斯的再生，将引导病弱的、太人性的、堕落的人类走向自我超越。"人是应该被超越的一种东西"，查拉斯图拉说，"人是一条不洁的河。我们要是大海，才能接受一条不洁的河而不致自污。现在，我教你们什么是超越人：他便是这大海；你们的大轻蔑可以沉没在它的怀里。"①

对于尼采来说，"做酒神狄俄倪索斯的弟子"是走出现代人面临的虚无主义深谷的唯一选择。虚无主义的问题是从发现"上帝死了"产生的，"上帝"在这里指的是基督教的上帝。但是，在更广泛的哲学意义上，也指超验的实在论（哲学本体论）领域，例如柏拉图的理念等，亦即一种永恒的存在者领域。既然这个更高的永恒领域没有了，这就意味着那个在整个欧洲思想史上照亮一切的"光源"没有了，最高价值丧失了自身的价值，我们面临笼罩一切的无边黑暗。尼采问道，假若人丧失了他以前赖以系泊的锚链他不会漂移到一个无尽的虚无中去么？对于当代人来说，我们已经面临着最高价值的自我贬值，唯一的出路就是燃烧自己照亮我们自己。尼采说，为此我们必得建立的唯一价值就是：强力。"你应当愿意自焚于你自己的火焰：你如果不先被烧成灰，你何能更新你自己呢！"②

然而，做希腊酒神的弟子是危险的。狄俄倪索斯一旦占有了自己的崇拜者，就把他们驱进毁灭的狂乱中。尼采最终落入到这个古老传说所揭示的命运的魔爪。他像他所崇敬的那些早期希腊哲学家一样是作为人类的示警者出现的，作为现代文化的警告者到这个世界上来的。对于我们时代来说，"哲学家必须回溯到根源上重新思考尼采的问题"。③ 尼采在理性主义和精密算计组成的现代文化中示范了一种更邻近希腊本源的"思想"，它不是我们在现代文化中熟悉的那种科学的、逻辑的、理性的、概念的思想。它是一种非理性的"思"，是一种"诗意"的思。尼采指出了这种"思"在早期希腊人那里是最自然不过的事，而被后来西方人遗忘掉了，以至于我们今天把"思"置于与"理性"对立的地位往往会被看作"天

---

① 尼采：《查拉斯图拉如是说》，序篇第 3 节。
② 同上书，第 73 页。
③ 威廉·巴雷特：《非理性的人——存在主义哲学研究》，杨照明等译，商务印书馆 1995 年版，第 202 页。

方夜谭"。尼采奉狄俄倪索斯为"哲学家",他使自苏格拉底以来哲学家们遵循的"光之喻"土崩瓦解,我们如何从尼采的废墟中开辟出一条由"黑暗"走向"澄明"的路呢?

五 海德格尔与中国道家思想的相遇

海德格尔(Martin Heidergger,1889—1976)意识到尼采对古代希腊世界之流连忘返的巨大意义。他唯恐人们将思看成是一种简便易行的"理性"筹划、算计和科学活动,所以补充说:只有在我们认识到,几世纪以来一直受到颂扬的理性是思最为顽固的敌人的地方,思才会开始。

海德格尔认为,西方传统的哲学形而上学(本体论)束缚住了人们的"思",因此,"在我们这个激发思的时代的最激发思的东西显明于:我们尚不会思。尽管世界的状况已变得愈来愈激发思,我们仍然不会思"[1]。在这样一个颇令人费解的句子里,海德格尔显然是要求一种与西方传统的理性概念思维根本不同的"思",这多少意味着只有在"西方"意义上的"哲学"亦即"形而上学"终结之后,我们才能进入"思"。

从突入到早期希腊人运思的经验为西方思想正本清源这一尼采式的努力来看,海德格尔说尼采是这个传统的终结者无疑是正确的。西方传统哲学即形而上学,它是从柏拉图将存在设想为"理念"到尼采将存在设想为"强力意志"的历史。"形而上学是这样的一个历史空间,在其中注定要发生的事情是:超感性世界,即观念,上帝,道德法则,理性权威,进步,最大多数人的最大幸福,文化,文明等,必然丧失其构造力量并且成为虚无的。"[2] 哲学家们总是让自己的视线落在那些永恒的在场事物上面,哲学本体论以一种逻辑的、理性的、概念的方式思考那个照亮一切的"终极实在"。海德格尔对西方思想的诊断将尼采也置入其中了,他说:整个哲学史都是柏拉图思想的变化史,形而上学就是柏拉图主义,尼采学说不过是一种颠倒了的柏拉图主义。

---

[1] 海德格尔:《什么召唤思?》,李小兵、刘小枫译,见孙周兴选编《海德格尔选集》下卷,上海三联书店1996年版,第1206—1207页。

[2] 海德格尔:《尼采的话"上帝死了"》,孙周兴译,引同上书,第775页。

形而上学思考存在问题,但它是"着眼于存在中的存在者共属一体"来思考存在者整体,思考世界、人类和上帝。也就是说,它把存在者之为存在者的"根据"当作是一个"另类"的"存在者"。于是,哲学家苦思冥想的、苦苦追寻的乃是一个将宇宙人生照亮的"发光"的永恒在者。"为存在者提供根据的形而上学思想的特性乃在于,形而上学从在场者出发去表象在其在场状态中的在场者,并因此从其根据而来把它展示为有根据的在场者。"① 这种形而上学以追求永恒在场之物为其基本特征,是一种"在场的形而上学",它为人们运用概念思想方式把握"在场之物"奠定了基础。这是一种走向存在者的思,也就是说,它不是从人与存在合一、协调出发来思存在问题,而是把存在当作人所渴望的外在之物加以追求。

这种"在场"的形而上学将人与存在分裂而成为两极对立的存在者,进而使得西方思想在探讨存在问题的时候始终未能走向存在之思,它将存在遗忘了,存在意义始终没有得到深究。海德格尔《存在与时间》(1929年)就是从这个最基本的存在论差异(即存在者和存在的差异)出发的。该书以一种戏剧性的布局突出了他针对整个西方思想传统的整体性颠覆。书以"卷首语"开篇,摘引了柏拉图《智者篇》中的一段话:"因为,显然当你们使用'存在'这个词的时候,你们早已对你们本意指的内容了如指掌。但是我们则认为,我们尽管已经对它有所领悟,可是现在却陷入尴尬的困境。"这个卷首语所说的存在问题上的"尴尬困境"实际所指的是对存在的双重遗忘:我们忘记了存在是什么,同时也忘记了我们的忘记。因此现在应该重新对存在的意义进行发问。但是由于我们忘记了我们的忘记,所以,首先应该重新唤醒对这个问题的意义的领悟。海德格尔的传记作者吕迪格尔·萨弗兰斯基对此写道:"存在的意义是——时间。要点已经点明,但为了使人理解这一点,海德格尔不仅需要这整整一本书,而是还搭上了他整个余生。"②

走向存在的思,是海德格尔致力的思途。这种思联接最远古的希腊思想的宗续。虽然,后来海德格尔谈到《存在与时间》时指出它仍然没有

---

① 海德格尔:《面向思的事情》,参见《海德格尔选集》,第1243页。
② 吕迪格尔·萨弗兰斯基:《海德格尔传》,商务印书馆1999年版,第202页。

彻底克服形而上学，《存在与时间》发表五年后海德格尔思想经历了一次重要的转向，此后他基本上不再使用这本书中所启用的那些哲学术语（如此在、烦、向死而在、畏等），但由《存在与时间》开启的通向存在的思在海德格尔一生的思想中则是前后一贯的。海德格尔不满意《存在与时间》的地方是这本书中仍然打下了很深的由"在场者"追问存在的印记。它探问存在意义是通过对"人"这种独特的在场者的追问进入的，"人"在那里被写成"Dasein"，译成中文就是"此在"。使用"Dasein"是为了摆脱旧形而上学的二元论，海德格尔用这个词指人的一种主客、物我、天人不分的原始状态。我国对海德格尔思想有很独到研究的著名哲学家叶秀山说：在理解海德格尔思想方面，与其重视"Sein"（存在），不如重视"Da-"（此）；正是这"此-"意味着"活的东西"，意味着活的思想，活的历史、文化，活的思、史、诗。① "Da-"使"Sein""明"起来，"Dasein"就是能够领会自身存在的存在者，他作为万物之一，既与存在合一又在意识中、语言中、身体中领会着自身的存在。这里有现象学"面向事情自身"的"思路"在，当我们面对这个不能被现代自然科学瓜分的"现象学的剩余"的时候，"Da-"本身摆出了一个非常艰难的"思的任务"：从一种科学语言的抽象概念中挣脱出来，像Dasein那样现身在意识和语言中来揭示人生此在。这是一个非常简单的事实，然而有无穷意趣："哲学的最极端的可能性是人生此在对自身的清醒认识"，这就是此在已经"在世界之中了"。这个"在……之中"是说当我们形成一种以科学方式认识人之前人就有了一种"Da-"的意识：即"发现"他"在那儿"，"在世界之中"，这和"笔在那儿"实际是一回事，这里，尚无物我之分，"人"已"在那儿"。这是一种原始的感觉，是一种朦胧的觉悟，使人进入到此世的"操心"，进入到时间。

这种思想超出了欧洲一般哲学传统的范围。从西方思想的视域中，他力图把柏拉图以来的传统哲学统统当作形而上学予以否定，直追远古希腊"古之又古"的思之本意；从世界范围的思之类型来看，他更倾心于东方那种"非概念性的语言和思维"，尤其重视与中国道家思想的相遇。因此，海德格尔是在东西方文化思想的源头上寻找一种交汇，以期在我们时

---

① 参阅叶秀山《无尽的学与思》，云南大学出版社1995年版，第5—9页。

代哲学（形而上学）的终结处让思想进入其本源性的"道说"。

"因此，思想也许终有一天将无畏于这样一个问题：澄明即自由的敞开之境究竟是不是那种东西，在这种东西中，纯粹的空间和绽出的时间以及一切在时空中的在场者和不在场者才具有了聚集一切和庇护一切的位置。"①

海德格尔的思想通过向后回溯到希腊思想的源头，并推进与古代东方本源性思想的对话，试图作一个决定性的突变；同时，他又向前开辟出一片新的领域，在这一领域中，就像他评论自己时所说的那样：走在思想的林中路上。我们不准备对海德格尔的思想多废笔墨，这里只限于指出他从纯西方文化传统脱颖而出又在"本源性思维"的高度邻近"古之又古"的东方思想这一事实。

在对作为基本存在论的此在进行分析的《存在与时间》中，海德格尔的思想已经接近中国古代道家对人对事的立场了。我国哲学家张世英对此进行了专门的比较研究。他从总的思路上作了三点类比：

（1）海德格尔把人的非本真的生存整体称为"操心"，是此在"沉沦"在世的样态，它是"人生在世"最基本最实际的状态；中国古代道家及其先驱杨朱将这种状态叫做"以物累形"。

（2）对海德格尔来说，人唯有"复归于本真"才能从"沉沦"状态中走出来；对道家来说唯有"复归于婴儿"才能摆脱"以物累形"。我们如何才能"复归于本真"呢？海德格尔认为只有通过对"无"的领会。人（Dasein）的"Da"本身就是"无"，我们"沉沦在世"的人们恰恰遗忘了"无"而孜孜于"有"，这是失去了人的本真；我们怕无、怕死，因而逃避到各种在场者那里"操心""操劳"，只有在一种先行到死的"畏"中，无这种本真状态才显明出来。海德格尔所说的"无"与老子所说的"无"有类似之处。道家所说的"复归于婴儿"也类似于海德格尔所说的"复归于本真"。

（3）但是，道家所谓的"道"与海德格尔的"本真状态"有重大的区别：老庄的道是指天地万物之所以生的根本原则，是"常道"，这基本上是海德格尔所要反对的旧形而上学的本体范畴；而海德格尔所说的

---

① 海德格尔：《哲学的终结和思的任务》，见《海德格尔选集》，第1253页。

"本真状态"则是通过对死的领悟或诗的思等非概念逻辑的途径所要进入的人生澄明境界。①

张世英在标明了海德格尔与道家思想的相似和相异后指出："中国许多把海德格尔与老庄拿来作比较的学者，都只看到海德格尔的'本真状态'与老庄的'与道为一'都是超出名利、超出知识、超然物外的境界，从而认为二者是一回事。他们抹杀了两者的时代差异和民族差异：老庄哲学重超验的本体，类似自柏拉图到黑格尔所注重的旧形而上学的本体论，属于旧时代的思想意识，而海德格尔则标志着现代哲学重视时间中历史中具体存在和具体人的思想形态的开端；在西方，旧形而上学的本体论一直占统治地位，海德格尔（包括比他稍前的尼采）开始打破这种传统，起到了抒发具体人的活生生的激情的作用，而老庄的形而上的'道'，正是与海德格尔反对旧形而上学的思想对立的。"②

我们引证这段论述是为了表明，海德格尔与中国道家思想的相遇，是一个对西方哲学传统进行全面颠覆的哲学家对一种不同于西方的智慧之路所作的某种探进。产生吸引力的因素可能源自一种诠释学经验，但最根本的应当是海德格尔所说的"让光明和黑暗游戏动作"的那种诗意栖居。H.比采特（Petzet）在《不来梅的朋友》一文中，回忆了海德格尔1930年在不来梅的一次家庭讨论会上当场向主人索要《庄子》一书的事情。它表明中国古人的智慧，以及中国道家那种非概念的运思，对海德格尔的巨大影响。1946年夏天，海德格尔提议与中国学者萧师毅合作将老子的道德经翻译成德文。这场合作虽然以萧师毅的退出半途而废，但翻译《道德经》的经验无疑使海德格尔对于老子的诗意之思有了更深刻的领悟。

在1958年所作的《思想的基本原则》中，海德格尔对老子有关光明与黑暗的思想作了进一步的阐发。他说："此〔与黑暗相缘生的〕光明不再是发散于一片赤裸裸的光亮中的光明或澄明：'比一千个太阳还亮'。困难的倒是去保持此黑暗的清澈：也就是说，去防止那不合宜的光亮的混入，并且去找到那只与此黑暗相匹配的光明。《老子》讲：'那理解光明

---

① 参阅张世英《天人之际——中西哲学的困惑与选择》一书中有关"海德格尔与道家"一章（该书第二十五章），人民出版社1995年版，第387—405页。

② 同上书，第404—405页。

者将自己藏在他的黑暗之中［知其白，守其黑］。'这句话向我们揭示了一个人人都晓得、但鲜能真正理解的真理：有死之人的思想必须让自身没入深深泉源的黑暗中，以便在白天能看见星星。"[1] 中国道家思想在海德格尔那里激起了持久的回响。这段引文表明，海德格尔在当代人和人类处境中看到了西方在场的形而上学那种"光之喻"的虚无主义实质："比一千个太阳还亮"。海德格尔的技术追问对这一点专门进行了分析。在他看来，现代技术是一种"座架化"的单向度的展开活动，只知去蔽，只知开发知识与有用的光明，而不知守护这种揭蔽和开发的前提，即趋于隐蔽的"大地"和"黑暗"。这种技术型的"揭蔽开光"将一种人与外物外在对待的关系置放到"人与万物一体"的关系之上，从而遗忘了那个产生"有"的"无"，遗忘了那将人带向"澄明"的"归闭"，这就是西方形而上学对存在的遗忘。为此，就需要探寻"那只与黑暗相匹配的光明"，这就是一种道家所说的"天地与我并生，万物与我齐一"的天人相通的存在境界。

对这种境界的体验是如此之深地渗入到了后期海德格尔的诗思之中，以至于海德格尔在《哲学的终结和思的任务》演讲中说出了一个浸泡在西方传统中的现代人的深深忧虑：[2] 也许有一种思想比理性化过程之势不可挡的狂乱和控制论的摄人心魄的魔力要清醒些；也许有一种思想超出了理性与非理性的分别之外，它比科学技术更清醒些；难道我们所有的人在思方面不也仍需要接受教育，倾听那辽远的"暗示"？莫非这就是被思为"澄明"的那种圆满丰沛的无蔽本身吗？然而，澄明从何而来？如何有澄明？在这个"有"中什么在说话？

毫无疑问，海德格尔的著作和思想是我们这里无力进行攀登的一座"高山"。我们只能从他邻近古代中国道家纯思那条小路行走一段。比梅尔说海德格尔思想有双重主题：追问存在和追问真。[3] 我们看到，这两个主题的追问，都在针对柏拉图以来的西方哲学形而上学思想传统时走向了西方思想亘古未至之途，通向"人迹罕至"的"林中空地"，更切近于东

---

[1] 转引自张祥龙《海德格尔思想与中国天道》，生活·读书·新知三联书店1996年版，第434页。
[2] 参见海德格尔《哲学的终结与思的任务》，《海德格尔选集》，第1260—1261页。
[3] 参见比梅尔：《海德格尔》，刘鑫等译，商务印书馆1996年版。

方尤其是中国道家那种诗性智慧的思。这种邻近"古之又古"的思的经验，召唤"贫乏时代"的欧洲思想另辟蹊径。我们听到海德格尔这样告诫他的听众："那么，思想的任务就应该是：放弃对以往关于思的事情的规定的思。"①

据说，海德格尔在自己的书房中挂了一对条幅，上面是由萧师毅为他书写的《老子》十五章中的两句话："孰能浊以止，静之徐清？孰能安以久，动之徐生？"萧写的横批是"天道"。海德格尔对这一条幅给出了自己的理解："谁能宁静下来并通过和出自这宁静将某些东西移动给道，以使它放出光明？谁能通过成就宁静而使某些东西进入存在？天道。"在一个喧嚣躁动的现代工业文明中，我们如何才能坚守自身原生命的那种宁静呢？也许，海德格尔在对古代希腊和古代中国道家思想的诠释方面并不能得到古典研究学者的认同。但是，对于我们来说，重要的是海德格尔在对话中对思亘古未思的诗思："一旦我们熟识了思的本源，我们可能冒险将脚步从哲学退出；迈进存在之思。"②

返回哲学的最初本源，不只是现代西方思想对自身文化隐而未显的根源的重新发掘，也不纯粹是对古老的东方神秘思想的探险猎奇。在我们看来，这种向哲学故乡的三个纯思想源地的邻近，指出更多的值得我们深思的信息：它意味着，在一个物化的、技术化的世界里，在一种控制论的世界图景下，对人的原生命存在和人的原思想直感的追问。

在这种追问中，人们通常认作是"智慧"的东西，通常总是拿来当作"澄照"一切黑暗的"普照光"，以及总是看作能够给人带来成功、幸福的"光明"之"物"与"希望"之"物"，只能被摆在第二位的、从属的位置上。对于人生意义来说，人还有更高一层的追求。换句话说，这种邻近古之又古的思，深深地置根于现实人生沉重的生存流浪感或生存空虚感。用海德格尔唯一的中国学生熊伟的话说：这种追思凝结了哲学家在一个技术展现的世界里，"望物对人的重压而起的沉重忧虑"。

叔本华、尼采和海德格尔对古代印度、希腊和中国思想的邻近，始终贯穿着一种在审度、检讨和清算西方文化过程中所漫溢的那种深深的危机

---

① 海德格尔：《哲学的终结与思的任务》，《海德格尔选集》，第1261页。
② 海德格尔：《诗·语言·思》，彭富春译，文化艺术出版社1991年版，第18页。

感和幻灭感。这已成为现当代西方思想的普遍心态。值得注意的是，这三个德国哲学家都强调"无"的重要性，从而将西方传统本体论形而上学以"有"为核心的演变史看做是一个"终结"了的历史。这种看待西方思想史和西方哲学史的态度，在现当代西方哲学家那里产生了很大的影响。传统哲学形而上学对于"永恒在场"之物的探寻被看成是一种误入歧途的提问方式或追问方式，它将"终极在场者"设想成为一个"使万物被照亮"的"最明亮者"，一个超越时间和空间的永不熄灭的"光源"。这种追问是一种"深度"追问，一种"打破砂锅纹（问）到底"的本体追问，它的指向不是活生生的人和世界，而是要追问到现象界背后，追问到那构成了万物存在之根据的终极实在。我们称这种追问是一种"光源式"（隐喻）的终极之问，哲学家对世界统一性、意义统一性和价值统一性的思考实际上是在寻找一种形而上学的最终的"普照光"，不论对于终极解释（意义统一性）、终极价值（价值统一性）、终极存在（世界统一性）的追寻，还是对于作为这三者统一的终极在场者的追问，都是这种形而上学的典型形式。柏拉图在"国家篇"中谈到，我们只有通过让灵魂的眼睛转离生灭动变的现象界才能接触到这种最高存在者（理念）照射出来的"光芒"。这个思想决定了西方哲学史的主导方向。今天的哲学家们往往是在这一意义上断言西方形而上学的历史就是柏拉图主义的演变史的。

当代西方哲学家对其思想文化传统的审理和清算涉及对哲学本身究竟是什么这个问题的激烈争论，具体地说，涉及现代性与后现代性的尖锐论争，这个问题我们将留待后文予以分析。这里我们只限于指出，当西方传统形而上学的集大成者黑格尔尚在建构他无所不包的绝对唯心主义体系的时候，具有现代意义的西方哲学家就开始了一种新的追问。

据海德格尔的引证，知晓古老智慧的荷尔德林在他的诗"怀念"第三节中唱道：

> 然而，它递给我
> 一只散发着芬芳的酒杯，
> 里面盛满了黑暗的光明。[①]

[①] 引自张祥龙《海德格尔与中国天道——终极视域的开启与交融》，第444页。

第三章 哲学的光源隐喻与"光明"叙事（下）

一 希望之"光"与哲学家的"炼狱"

诗人但丁在《神曲》中描述了三种世界"处境"：地狱、炼狱和天堂。这种对世界的看法虽然基于中世纪盛行的基督教信仰，但是透过这种对人和人类处境的"常识性"知识（从基督教的观点看）的背后，我们却能看到其中隐含着人的世界由绝对的"不在""绝望""灰暗"向"实在""希望""光明"转化的无可遏止的驱动力。正如但丁描写的那样，当人从"失去了一切希望"的悲惨处境中挣脱出来，就会重新看到那使世界变得明亮起来的"希望"之光：

> 那东方蓝宝石的柔和色彩，
> 正在清彻的天空上积聚起来，
> 甚至第一环还是那么明净，
> 使我的眼睛重新感到了喜悦，
> 那时我刚走出使我眼睛和心胸
> 都充满悲痛的阴森可怕的氛围。[①]

在摆脱了"阴森可怕的氛围"之后，人开始看到世界光明的、充满希望的一面。在《炼狱篇》的结尾，但丁写道：我从那无比圣洁的河水那里，走了回来，仿佛再生了一般，正如新的树用新的枝叶更新，一身洁

[①] 但丁：《神曲·炼狱篇》，朱维基译，第1歌，第13—18行，上海译文出版社1984年版，第3—4页。

净,准备就绪,就飞往"星辰"。① 这是一个获得了存在确实性的人的内心喜悦,它将意义之光转变成坚不可摧的"信心"。最后,诗人确信一个得救的灵魂,必然沐浴在神恩的永恒光明中。在《天堂篇》中,上帝就显现为这种"永恒的光源":哦,只存在于你自身中的永恒的光啊,你只是把爱和微笑转向自身,你为自己所领悟,你领悟自己。② 对于但丁时代的人来说,世界的意义取决于信仰确定性的获得。世俗世界永远是一个迷宫,但是,在迷途和混乱之后却有一条通向秩序井然、和谐安宁的幸福世界的出路。这属于那种极少一类的经历了强烈的希望之后走向信心的存在体验。它在那些并不接受"地狱和天堂"之类宗教信念的人那里广泛地存在着,例如探究自然的科学家和从理性的思考中触及那"存在本身"的形而上学者,都确信找到这条出路。

我们看到,但丁这个中世纪后期的著名诗人,对于基督教神统论秩序下泾渭分明的存在体验显然有着深切的感受,他把地狱、炼狱、天堂看作人类存在的基本统一,人类存在的终极追求就是承认、爱戴和信仰上帝,并通过上帝获得存在的信心。也就是不断地将灵魂转向上帝这个"永恒光源"以使灰暗的人生获得意义。应该说,诗人以一种诗思表达的恰恰是西方形而上学所欲探究的终极追求。在诗人的思中,存在的神秘以一种震撼人心的"经验"被凸出出来。我们在巴赫、贝多芬的音乐中,在荷尔德林、里尔克的诗歌中,都可感受到这种由人的形而上的"光源隐喻"构架出来的终极视域。陀思妥耶夫斯基在他的小说《卡拉马佐夫兄弟》《白痴》和《群魔》等优秀著作中创造了一个将地狱、炼狱、天堂融为一体的带有强烈主观色彩的"王国":这里,他既描绘了"混乱的虚无主义者""恶魔般的无神论者",又以真实的笔调抒写了那些朴素信仰者或者神秘信仰者身上闪耀着的那种"透明的蔚蓝色之光"。

毫无疑问,神学提供的终极意义在今天已被证明是毫无意义的,它要求人们遵从的最高价值被看成是"虚无",它所信奉的终极实在或超宇宙绝对也被看成是虚幻不实的。20 世纪最富于智慧和洞见力的历史学家阿

---

① 但丁:《神曲·炼狱篇》,朱维基译,第 1 歌,第 268 页。这段引文原文是以诗的格式排列,这里为行文方便加以改变。下引同。

② 参见但丁《神曲·天堂篇》,第 33 歌,第 124—126 行。引文格式同上。

尔诺德·汤因比在回忆录中说出了一段自相矛盾然而发人深省的话,他说:"我相信,在每一个从事人类历史研究的人身上都内含有神学的因素,不管他是否承认这一点;并且我认为,他只有把神学从他的意识中排斥掉,他才能真正地依附于他自己的神学。"① 我理解在这句令人费解的话中,汤因比所说的神学与教会的信条主义有着根本的不同,它更多地是指我们与真实性本身之间的关系。在一个既不需要"地狱"也不需要"天堂"的时代,在一个"只有把神学从他的意识中排斥掉才能真正依附于他自己的神学的时代",我们面对着的是一种深深的存在的破碎和绝望。这种"绝望"和但丁及他的同时代人在"地狱"的想象中所经历的"绝望"根本不同。在今天,正如当代学者弗里德利希·黑尔所说,我们已经不得不告别了"地狱和天堂"。丹尼尔·贝尔引证尼采的话表达了对形而上学的欧洲发出的强烈警告:眼下我们整个的欧洲文化正在走向灾难,带着几个世纪积压下来的磨难和紧张,骚动着,剧烈地向前,像一条直奔干涸尽头的河流,不再回顾身后的一切,也害怕回顾。②

西方传统形而上学创造了自己的"上帝",也创造了一种"浮士德型的欧洲文明"(斯宾格勒语)。当文艺复兴和启蒙运动时代的无神论者告别但丁的"地狱和天堂"的时候,它消解了"人在超历史的神圣形象中的自我异化";20 世纪西方哲学反形而上学试图消解的则是"人在超历史的非神圣形象中的自我异化"。③ 当我们说,旧形而上学的"普照光"已经熄灭,今日之人不再追求这种作为神圣光源的"永恒在场者"发射出来的"耀眼光芒"的时候,我们确实走到了尼采那个在大白天打着灯笼寻找上帝的"疯子"面前。海德格尔说:"此人何以是疯子?他发疯了。

---

① 汤因比:《体验与经验》,第 106 页。引自古茨塔夫·勒内·豪克:《绝望与信心——论 20 世纪末的文学与艺术》,中国社会科学出版社 1992 年版,第 121 页。
② 尼采:《权力意志》,纽约 1963 年版,第 3 页。引自 [美] 丹尼尔·贝尔《资本主义文化矛盾》,第 49 页。
③ 参见孙正聿《崇高的位置——世纪之交的哲学理性》,吉林人民出版社 1997 年版,第 142 页。这里有一段对于哲学史的基本理解,孙正聿写道:"……作为'后神学时代'的近代以来的哲学其根本的时代内涵是消解人在超历史的神圣形象中的自我异化,把异化给神的人的本质归还给人本身。这就是所谓的'人的发现'。但是,这种'发现'的结果,是用对非神圣形象(哲学、科学、理性等)的崇拜去代替对神圣形象的崇拜。因而仍然是企图以某种'超'历史的存在来理解人的存在……"(引同上)

因为他被移离出以往的人的层面,在这个层面上,那些非现实的超感性世界的理想被假装为现实的东西,而它们的反面则变成非现实的了。这个发疯的人被移到以往的人之外。"① 这个在无神的时代(虚无主义的时代)"寻找上帝"的疯子要比那些理性的无神论者要更清醒地邻近于思的本源。"在这里莫非实际上是一位思想者在作歇斯底里的叫喊吗?而我们的思想的耳朵呢?我们的思想的耳朵总还没有倾听这叫喊吗?只消它还没有开始思想,它就还听不到这种叫喊。而思想何时开始思想呢?唯有当我们已经体会到,千百年来被人们颂扬的理性乃是思想的最顽冥的敌人,这时候,思想才能启程。"②

形而上学的上帝之死,意味着哲学家必须开始进入"告别天堂和地狱"的"精神炼狱",它使我们从以往旧形而上学那种异化了的存在整体性和崇高感中失坠下来,使我们最切身关己的确定性追寻由追逐彼岸幻影的希望之梦中醒来。我们必须正面地凝视人和世界存在的"真实"。由这种立场着眼,弗里德利希·黑尔试图将天堂和地狱的斗争"此世化",他说:"天堂是可以攀登的,那就是在瞬间的体验中。在这个瞬间,一切存在的与不存在的东西都在我内心深处融化为一体。弗里德利希·尼采和特蕾泽·封·莉西克斯召唤出这种永恒的体验。莉西克斯在她弥留之际唱出了伟大的颂歌:只有在'今天'我才有了生的欲望。"③ 这种物我不分、万物一体的存在体验,恰恰是一种"天堂"一般的存在体验。这是一种生存论的体验,在佛教禅宗顿悟中我们可以见证类似的这种体验。它意味着一种精神"家园"的可能性。这种精神家园的可能性不在彼岸天国,它就存在于此世人的终极追求中。18世纪德国浪漫主义诗人诺瓦利斯正是在这个意义上给哲学下了一个在今天仍然拨动人的心弦的定义:"哲学原就是怀着一种乡愁的冲动到处去寻找精神家园。"精神还乡的强烈冲动,源自漂泊者无家可归的精神倦怠,而通向人类天堂的路无论如何都要穿过我们自己的地狱。

"告别天堂和地狱",是要回到我们人"自己"这里来。即是说,要

---

① 海德格尔:《尼采的话"上帝死了"》,《海德格尔选集》,下卷,第818—819页。
② 同上书,第819页。
③ 黑尔:《告别地狱和天堂》,第267—268页。引自豪克《绝望与信心》,第121页。

求我们人从追求各种神圣的或者非神圣的"幻影"的探究活动中，回到真实的人自身，回到真实的人的生活和人的世界。人带着期待、渴慕、希望生活，这是人唯一可能的一种生活，我们不能想象一个对这个世界无所留恋的人还能生活在这个世界上（如果有那只不过是一具行尸走肉）。加缪在他的《西西弗的神话》中写道："真正严肃的哲学问题只有一个：自杀。判断生活是否值得经历，这本身就是回答哲学的根本问题。其他的问题——诸如世界有三个领域，精神有九种或十二种范畴——都是次要的，不过是些游戏而已；首先应该做的是回答问题。"[①] 今天哲学家们必须在告别宗教蒙昧主义的和传统形而上学的"地狱和天堂"的时候，面对并回答这样的问题。人始终渴望的是人本身，人的崇高和有意义的生活，人的幸福和情感的自由开放，人对一个正义和谐的社会的向往和对生存安全感的渴望，决定了人不可能真正放弃给人带来希望和确定性，并使我们的生活世界变得有意义有价值的终极关怀。这始终是哲学把握世界的"终极视域"。它构成了哲学家爱智慧的精神"炼狱"。从这个意义上，哲学本体论隐蔽着的"光源隐喻"，实际上深埋着历史上各个时期的哲学或者哲学家通往智慧之思的秘密。我们从这里进入哲学家的"炼狱"。

为了更好地理解西方哲学本体论隐蔽着的"光源隐喻"，让我们这里提及后文论述的柏拉图（Plato，前427—前347）所说的那个著名的关于光源的寓言。这个寓言通常被称做"洞穴喻"。请注意柏拉图的这个故事实际上标画出了西方形而上学或本体论哲学的基本位置。

柏拉图的"洞穴喻"是对光明的一种理解，是理性自主独立的凯歌。理性作为人身上神圣的一面，与人身上的感性欲望的方面分离开来，它实际上成为人的另一本性，人被看成是一种有两种本性的存在（自然本性与超自然本性）：而且一个反对另一个。这种对人的分裂的理解造成了一系列的二元冲突：灵魂与肉体，灵魂中的理性部分与欲望部分，可见的现象世界与可知的理念世界，等等。我们看到，这个寓言的核心是对"永恒在者"的"光源化"，也就是说，它确定的终极视域是以"永恒在者"

---

① 阿尔贝·加缪：《西西弗的神话》，杜小真译，生活·读书·新知三联书店1987年版，第3页。

为照亮一切世界和人类的最终光源。

　　哲学由此推崇以理性思维来把握"在者"的本质（即出场的东西的"本身"），而隐而"不在者"则被忽略掉了。海德格尔对柏拉图以来的在场形而上学的突破就是在这个要害处。"一片森林，如果没有一点空隙，阳光怎么能照得进来呢？这空隙才是阳光得以照进的先决条件，它是真正的澄明之境。"① 这是从"光"的照亮有赖于"某种敞开的、自由的东西"为前提来透视柏拉图的光源隐喻的，对这种"敞开的、自由的东西"的思考已经超出了柏拉图的终极视域。如果仅仅将柏拉图讲的这个关于光的故事看作是一个有关"光明与黑暗"斗争的神话故事，那么它与古代印度、中国甚至基督教文化中大量的这类故事并无实质性的区别。但是，柏拉图利用这个"洞穴喻"是要阐述一套系统的理性主义的哲学思想，这就使得它在西方形而上学传统的构成性奠基中占据了十分重要的位置。

　　这里我们要强调指出，这种将光明与黑暗完全分开让它们从属两个世界的观点，与中国古代思想中最基本的关于光明与黑暗的象征是根本不同的。应该看到，将中国文化中最重要的哲学著作《周易》拿来与古代希腊柏拉图和亚里士多德在最基本的哲学隐喻层次的观点进行比较是饶有兴味的。新儒学哲学家牟宗三在晚年就曾将《易经》的基本思想与亚里士多德的"四因说"进行了独创性的比照。张世英从中国古代阴阳学说出发深入谈到西方在场形而上学的实质以及当代西方哲学家消解在场形而上学的思路与中国古代天人合一境界的类通。② 这类探索对于我们今天理解哲学及其究极性的思想探问是很有助益的。中国思想中阴阳图式的"光喻"，是将"光明"（阳）和"黑暗"（阴）看成互济互渗、相互依存、相互转化的关系。它的最形象的象征就是"阴阳鱼"的图案。在这个图案中，光明和黑暗在同一个圆中比肩而卧，你中有我，我中有你，它象征着存在的完整性。这是一种诗性智慧的杰出代表，它作为一种哲学思想的隐喻图式（"光喻"）不是致力于追求某种超感性绝对的理念和本质，而

---

　　① 张世英：《进入澄明之境——哲学的新方向》，第131页。
　　② 参阅张世英《天人之际——中西哲学的困惑与选择》（1995年）和《进入澄明之境——哲学的新方向》（1999年）两书中的有关章节。

是从"事物之呈现于当前"(阳或者"阳面")和"事物之能如此呈现的背景"(阴或者"阴面")这两个方面来看待世界和人生。所以,《易·系辞上》说"一阴一阳之谓道",《老子》四十二章也讲:"万物负阴而抱阳,冲气以为和"。在一种文化原型的意义上,中国阴阳学说虽然也属于一种以"光"照的喻象为范型来通达领悟宇宙人生之奥秘的终极境域,但是它并不是要进入一个纯粹理想的概念世界或者理念世界,它的"最高任务就是要寻求那隐藏在显现出来的东西背后的、然而同样现实的、具体的东西,从而把二者结合为一个整体。"① 这种思想,强调宇宙生命变化无疆、生生不息,强调人与万物相类相通。《易·系辞上》说:"易无思无为也,寂然不动,感而遂通天下之故。非天下之至神,其孰能与于此?"联想到老子所说的"静观""玄览",庄子所说的"坐忘""心斋"等,则可初步看出中国以阴阳图式为中心的"光喻"虽然也是一种超越之思,但它更是一种诗思和史思,而不是柏拉图意义上的理性思维和抽象概念之思。这种诗性智慧和史思气象对于长期处于两极分裂中的西方思想来说无疑有着无穷的魅力。

这从另一面也反证出柏拉图的理性"神话"绝对排斥非理性所导致的一系列两极对立对西方思想所造成的重累,一直到二元论在现代文化中以最强烈的形式使人感受到它对存在的分裂,并在本体论和形而上学领域激发当代思想家寻找人类最原始的存在经验。毫无疑问,理性主义是人类爱智的伟大成就,西方现代文明对世界的征服以及它关于"自由""解放""进步""理性""独立"的观念都可回溯到柏拉图的这个最基本的哲学寓言(洞穴喻)。哲学家怀特海说:"两千五百年的西方哲学不过是对柏拉图的一系列脚注。"② 柏拉图的哲学为后世处于爱智困境之精神炼狱中的人们指出了一条出路,那就是让灵魂中的理性部分转向理念世界,然而这是一条充满陷阱的路。柏拉图的"鸽子"飞入纯粹光明之中,飞入到"真空"中。这种精神的飞升,在解放"被缚在洞穴中的囚徒"之后,又将人置放到一个由概念和语言组成的抽象世界的"洞穴"中。事实上,柏拉图的哲学家仍然生活在"炼狱"中。

---

① 张世英:《进入澄明之境——哲学的新方向》,第123页。
② 引自巴雷特《非理性的人》,杨照明等译,第79页。

二　光照说与基督教的上帝观念

亚里士多德（Aristoteles，约前384—前322）时代，希腊文化走出本土，开始了与东方思想的融合。亚里士多德是希腊哲学的集大成的完成者。在他那里，哲学不再是一种个人性的和充满激情的精神探索（如苏格拉底和柏拉图），他使哲学成为一种纯理论的和客观的学科，哲学的各个分支科目甚至各种概念形式在亚里士多德这里都已经定型了。在做完这些事情之后，我们看到西方人所知道的科学的基础已经打下，理性已从神话的、宗教的和诗创作的冲动中分离出来。哲学作为一种理论思维和一种理性逻辑的抽象活动出现在希腊城邦文化的"最后晚餐"中。在某种程度上，亚里士多德侧重经验的理论思维冲淡了柏拉图"洞穴隐喻"的超验想象，但是对终极因（或者"第一原理""第一原因"）的探究则继续了柏拉图"灵魂转向"向一个"永恒在场"的"光源"的开放，这是一条通向"上帝"的路。亚里士多德说，获得宇宙"为什么以这种方式而不是以另一种方式存在"的终极原因的知识，并不是凡人所能达到的智慧，而是神的智慧，人只有在思辨的生活中才能进入类似"神"的这种智慧德性，但也仅仅是"类似"而已。如果说哲学的最高使命是通向终极视域的"思"，那么我们在柏拉图和亚里士多德那如炬的目光中，当可见证到纯粹理论理性的极境必然向"上帝观念"敞开。在下面的讨论中，我将简要地表明柏拉图的光源隐喻（包括它在亚里士多德那里的"变种"）是如何塑造了西方世界关于"永恒在场"者的上帝观念的。

西方关于"上帝的观念"通常认为有两个历史性的根源，这就是《圣经》和希腊哲学。两者的相遇和融合是在希腊化时期和罗马时期完成的。这个时期的怀疑主义、相对主义、斯多葛主义、伊壁鸠鲁主义、新柏拉图主义等各种哲学反映了在一个动荡不安的时代人们对一个救赎宗教的渴望。最后基督教通过与希腊哲学的融合战胜了众多的竞争对手成为西方世界统一的宗教。西方世界上帝观念因此始终存在着两种彼此对立的致思之源：一种源自《圣经》的上帝观念。这是一种超哲学—形而上学的上帝观念。这种观念的智慧核心是："[它]是呈现其自身的智慧，它从存在的创造者那里倾泻而下。它所宣示的真正秘密就是：有人干渴，即给他以水饮。"① 耶利米的呼号,约伯和以赛亚的痛苦,见证着这种智慧。上帝在这里并不是一种超感性绝对的永恒在场者,上帝的唯一意愿就是显现自身同时也隐藏自身。上帝甚至为着显现而"道成肉身"进入人性和人的血肉之中,来到世间以拯救众生。这种智慧将承受人类的悲痛。当耶利米目睹家国被毁,一切转瞬间化为乌有,他的信徒绝望地说:"我在叹息中困乏,不得安息。"耶利米回答说:"看哪,我所建立的我必拆毁,我所种植的我必拔起,甚至这整个大地。你为自己寻找伟大的智慧吗?不要寻找。"一旦我们领悟到上帝是通过退隐来显现自身,耶利米这些话的意思就出来了:有上帝就足够了,不要再问其他,因为一切都由上帝从虚无中创造出来并掌握在他手中。② 此外,构造西方人上帝观念的另一个源头则是源自希腊哲学——形而上学的上帝观念。色诺芬尼、苏格拉底、柏拉图和亚里士多德早已认识到:奥林匹斯山上众神仅是习俗所传,本质上只有一个不可见的"神",他被设想成宇宙理性、命运或者天道,或者造物主。这是一种源自思想的神,不是耶利米的那个活的神,这两者的汇融是一种智慧的冲突,没有这种冲突就不会有西方人上帝观念的诞生。"西方的哲学和神学曾经从这两个源头,以形形色色的论点说明神在,并反省神是什么。"③

从思想史的角度看,哲学对于神学题域的思考经过了三个时代:前神学时代,神学时代和后神学时代。前神学时代是基督教由一个相当原始的素朴宗教向一个建立自身权威权力的理性宗教过渡的时代;神学时代是指基督教借助理性论证信仰的时代;后神学时代是指理性从信仰的束缚中独立出来并反对宗教神学的时代。在每一个时代,哲学与宗教的关系都是哲学家们无法避开的根本问题。我们的时代,旧形而上学的终结使人们更多地面临信仰缺失的意义危机。在这样的时代,期待一个并不到场的上帝显然是时代的自明理性无力做出的决断(是或否,或此或彼),如果还能谈论一种"上帝的观念"的话,那只能在对"诗"的纯思中。无论从何种意义上说,成为一个什么样的人(例如成为一个基督教徒)更多地是一

---

① 引自雅克·马利坦《科学与智慧》,尹今黎等译,上海社会科学院出版社1995年版,第19页。
② 参见雅斯贝尔斯《智慧之路——哲学导论》,第25页。
③ 同上书,第26页。

个生活意义问题,而不是一个理论思维问题,因此在形而上学的上帝死了之后,人还是有获救的希望,今天仍然有很多哲学家走在期待"上帝"的思途中。对于我们来说,应当把哲学介入神学题域的这种思看作是哲学在其终极视域内与神学的相遇,不论这种相遇的结果怎样,哲学家得以区别于神学家的力量正在于他的那种具备"爱智之忱"的"思"。哲学不是宗教,哲学家不需要教堂、忏悔室、圣经、教义、十字军和宗教裁判所,他也拒绝从一种未经反思的信仰出发借上帝之名获得再生的力量。哲学究极本源或本体的终极追问一旦触及到人类理智界限,就会陷入有与无、知与无知、说与不可说、意义与无意义、希望与绝望、名与无名等终极性的悖立处境,"上帝"的神圣和神秘于是就成了哲学形而上学用来照明一切人类和世界的最终"光源"(除非哲学放弃这种本体追问)。我们看到,希腊化时期、罗马时代以及延绵一千余年的基督教的中世纪,西方哲学形而上学在终极视域与上帝观念的相遇是通过将基督教神学的上帝"光源"化来完成的,它最终使得那个"或隐蔽或显现"反复无常者的上帝(旧约圣经中的上帝)成为光源化了的永恒在场者的上帝(经院哲学的上帝)。

新柏拉图主义者普罗提诺(Plotinos,中译亦作"柏罗丁",约204—270)将柏拉图的光源喻进一步加以发挥,提出了"神流溢一切"的观点,为这两种终极智慧的过渡提供"桥梁"。他把"神"说成是"太一",也就是"至善",是绝对完满的"一",这种绝对完满性的流溢是必然的,就像太阳放射光芒一样。因此,它是流溢的源泉,发光的太阳。"太一"依次流溢出理性、灵魂、物质。英国学者富勒说:"谁若想写一本书论述比喻的哲学意义和作用,那他肯定首先要考虑普罗提诺的这个比喻,因为它既恰当又在思想中占主导地位并起控制作用。"[①] 普罗提诺的这个精炼化了的哲学隐喻直接影响了当时主要的教父哲学家。查斯丁(Justinus)认为,上帝是"一",是永恒,他在创世之前就有了一种理性的权能,就像黑暗中发出的光,光就是"逻各斯"。受这种观念的影响,希腊哲学中那个作为"光明"神话的"逻各斯"进入到了基督教的上帝观念之中:圣父产生圣子,犹如太阳产生光明。

---

① 引自艾布拉姆斯《镜与灯》,北京大学出版社1989年版,第84页。

第三章 哲学的光源隐喻与"光明"叙事(下)

奥古斯丁(A. Augustinus,354—430)循着柏拉图和新柏拉图主义的光源隐喻,把上帝比作"至善"之光、人的灵魂比作眼睛、理性比作视觉。人生的终极追求就是转向上帝。如此,柏拉图理念论的理性主义二元论被改造成为一种基督教哲学以"上帝之城"和"世俗之城"的两分为基础的二元论,实际上构成了后来中世纪经院哲学家融合基督教神学和希腊哲学的经典模式,它形成了一条奥古斯丁—柏拉图主义的路线。在《忏悔录》中,奥古斯丁写道:"……我用我灵魂的眼睛瞻望在我灵魂的眼睛之上的、在我思想之上的永定之光。这光,不是肉眼可见的、普通的光,也不是同一类型而比较强烈的、发射更清晰的光芒普照四方的光。不,这光并不是如此的,完全是另一种光明……这光在我之上,因为它创造了我,我在其下,因为我是它创造的。谁认识真理,即认识这光;谁认识这光,也就认识永恒。唯有爱能认识它。"① 奥古斯丁把上帝比作永恒之光,正如人的眼睛只有在太阳光照下才能"看见",人的心灵也只有在神圣之光的照亮下才能认识。理性依其本性自然地趋向"光照"(illumination),正像视觉自然地趋向光线一样。太阳的光照,使可见的世界明亮;神圣的光照使人心把握超越心灵的永恒真理。"真理就是我们的上帝",就是那"永定之光","善的生活"是一种源自真理的生活,是灵魂本身的纯洁生活(受到光照)。在《独语录》中,奥古斯丁道:"公义之美如此伟大,永恒之光——不变真理和智慧的喜乐如此伟大,即使我们只能居于其中一日,为这短暂时间,也要正当公正地轻看今生富有快乐和暂时之善的无穷年岁。"②

光照说和善的生活理论将上帝理解为一个价值本源和意义本源,这一本源作为"内在之人"③的"太阳"是"至善"的永不停息的普照。光照说为基督教哲学的一系列理论提供了一个哲学运思的框架:如神恩说、肉身复活、三位一体、原罪说等都可从这个光源隐喻中找到哲学论证的根据。另一方面,善的生活作为一种转向上帝、爱戴上帝的生活,是以灵魂

---

① 奥古斯丁:《忏悔录》,周士良译,商务印书馆1963年版,第126页。
② 奥古斯丁:《独语录》,宦成泯译,上海社会科学院出版社1997年版,第212页。
③ 这里所说的"内在之人",是不与肉体相混合的灵魂,它是上帝之光的受体;而与之相对的"外在之人"是人的躯体,是被灵魂统辖的人体。奥古斯丁认为,人在尘世的生活好像一个过路的旅客,肉体的享乐使我们离上帝更远,唯有灵魂的纯洁才是接受上帝光照的最佳状态。

统辖肉体的意志能力为基础的,这个思想又导向了有关自由意志、恶、在之欠、罪、爱等问题的深入思考。在奥古斯丁主义的基督教哲学那种趋向终极视域的智慧之思中,智慧的冲突在终极层面得到调整:最高的智慧源自上帝的光照,没有上帝人既无法取得知识又无法将自己从罪和深渊中解放出来;但他并没有呼吁人们停止理性思维,而是将理性看作理解上帝意志的工具。奥古斯丁的这一思想在将希腊理性模式转变为基督教信仰的工具这一点上为西方思想带来了实质性的改变。

伪狄奥尼修斯(Pseudo‒Dionysius)在奥古斯丁之后从一种否定神学的立场对上帝进行了一种"光源化"的诠释。他认为,被造世界中事物、人的智慧、精神诸等级,按照它们摹仿上帝的程度趋近永恒的终极发光者(上帝),至高无上的"光源"(Lux)。但上帝既不可接近也不可言说,我们唯有在象征中达到与之合一的神秘体验。这种思想与奥古斯丁的光照说同出于柏拉图主义传统,柏拉图的"造物神"、"理智"(奴斯)、"世界灵魂"对应于基督教的三位一体(圣父、圣子和圣灵),其相互关系的解释框架则吸收了新柏拉图主义"流溢说"的等级模式。这个传统直到卡罗林王朝的厄里根纳(J. S. Erigena,810—877)才出现了新的转折。厄里根纳将上帝看成是"不可言说的神圣之善,无法把握,不能接近的光明"[①],在这个意义上,上帝可说是"无";但是,上帝又必须"自我显示",把不可说的、不可理解的东西表达出来,"一切能显明的,就是光",这是上帝创世的秘密,在这一意义上,上帝可说是"有"。厄里根纳主张用理性论证神学,他被称为"中世纪哲学的第一人"。中世纪哲学虽然有唯名论、唯实论之争,但在承认理性可以论证信仰这个大的原则问题上则一直是正统派经院哲学的基本立场。最著名的对上帝存在的本体论证明是由坎特伯雷大主教安瑟伦(St. Anselmus,1033—1109)最先提出的。在随后的两个多世纪,为上帝存在寻找一个本体论上的或者宇宙学上的证明整整可以编成一部令人难忘的词典。但正是这些在神学前提下进行的种种理性证明及其细节上的争论最终使经院哲学流于空疏和烦琐。

牛津大学首任校长格罗斯泰斯特(R. Grosseteste,约1168—1253)在

[①] [古希腊]厄里根纳:《论自然的区分》,3卷19节,引自赵敦华著《基督教哲学1500年》,人民出版社1994年版,第133页。

《论光》一书中受当时由阿拉伯世界传入的亚里士多德思想的影响，提出独特的"形而上学光学"，他说："神圣之光并不直接照射人的理智，而是通过被造的心灵之光照射的。"这在中世纪哲学中开始改变柏拉图－奥古斯丁路线只谈超验信仰之光的传统，涉及超自然的信仰之光和自然理性之光的关系问题。他虽然也讲"光照"，但强调哲学理性依靠的是自然之光，只有信仰才依靠超自然之光。这种主张在他的学生托马斯·阿奎那综合中世纪各种相互对立的主张形成经院哲学的新的路线中得到了贯彻。

托马斯·阿奎那（Thomas Aquinas, 1224/25—1274）确立了遵循亚里士多德主义传统来论证和诠释基督教信仰的路线。托马斯将人看成是一个在自然秩序和神学秩序之间被分割的存在物：在自然秩序方面，人的中心是理性，他遵循着理性之光；在神学秩序方面，人的中心是信仰，他遵循的是上帝的智慧之光。理性并不是"灵魂"借以看见上帝"光照"的"视力"（柏拉图主义—奥古斯丁主义），理性在实质上也同样是一种"光照"。上帝的光照构成了基督教神学之源，自然理性的光照构成了哲学之源。"哲学的真理不能与信仰的真理相对立，它们确实有缺陷，但也能与信仰的真理相类比，而且有些还能预示信仰真理，因为自然是恩典的先导。"[①] 这种双重真理论在中世纪后期成了一种颇为流行的观点。为了解决二者的一致问题，托马斯指出，上帝是自然界和超自然界的共同根源，他自己不会反对自己，自然理性与超自然的信仰并不矛盾，"神恩并不危及自然，它只是成全自然"[②]。这个思想形成了托马斯关于三个等级的智慧和谐一致的理论。按照托马斯这个理论，存在三种智慧的等级：第一种智慧是神赐的智慧，它的特殊光照是与超自然的东西的合一。它是一种在上帝的实际启示和光照下，根据神性的完满下降到我们之中的智慧，这种智慧了解自己之所知，是灵魂的最高本质与活力，是最高的智慧。第二种智慧是神学的智慧，它的特殊光照就是知识的交流，人借助启示获得它，借助推理认识上帝。这是一种信仰和理性的智慧。第三种智慧是形而上学的智慧，它的特殊光照在于它拥有对纯粹状态的存在的理解，这种理解达到了抽象直觉的程度，它了解上帝仅只是存在的原因。这是一种理性的智

[①] T. Gilby 编：《圣托马斯·阿奎那哲学文集》，牛津 1960 年版，第 30 页。
[②] 托马斯·阿奎那：《神学大全》，1集1题8条，见上书，第 320 页。

慧，而且在本质上是一种自然的智慧。第一种智慧（灵魂的本质与活力）是灵魂借助其活力向上帝飞升，第二种智慧（神学）为沉思所激励，第三种智慧（形而上学）为神学所激励。现代新托马斯主义哲学家马利坦指出，托马斯表达了中世纪基督教一体化世界的理想，即"各种等级的智慧的和谐"：基督教世界中理性的活动，希腊和阿拉伯的科学传统，经院哲学的训导，以及倾向于同被造自然握手言欢的基督教精神的深刻的实在论，所有这一切最终聚和为一种强大的"科学冲动"。马利坦说："我们今天仍然受益于这种冲动。"①

中世纪的上帝观念是一个实体化的"永定之光"的观念，一个被"光源化"了的永恒在场者。这是一个基于光源喻对信仰的理解，即设想一个作为无限的太阳的上帝已经照射透了的宇宙，人们到处都可找到与信仰的教义相似的东西。如果不能证明三位一体之类的教义，至少在自然界和人类身上处处展示此种光照之象征。历史学家常常把中世纪描绘成黑暗时代，但中世纪的基督教徒的存在体验则远不是历史学家所说的那种"黑暗"感，他们相信"光自上而下"，"道"已成为"肉身"，圣灵随此运动而降临在世间，宇宙成为光耀明亮的等级秩序。它启开了光明宇宙（思想中的）从一个层面（例如理性）流向另一个层面（信仰）的潮流。光明宇宙（思想中的）获得智慧的等级并且在一瞬间洞见到不同智慧的平静的结合与和谐。中世纪哲学祈望用理性论证来加强基督教教义，这在托马斯·阿奎那的伟大综合体系中达到了极限。有的思想家（如怀特海）从托马斯身上看到，整个中世纪哲学同现代思想比，是一种"无边无际的理性主义"。② 在托马斯·阿奎那哲学中朝"第一因"（上帝）敞开的自然世界是人类理性所能理解的，他将人类理性"当作一种酸性溶剂"无限地运用于人间天上的所有事物，③ 而后来的康德哲学则明确要求划定人类理性的界限。我们看到，上帝"光源化"和"永恒在场化"，是使中世纪正统的经院哲学将各种神秘主义学说视为"异端"的关键因素，也是构造中世纪"无边无际的理性主义"的终极基础。

---

① 雅克·马利坦：《科学与智慧》，第27页。
② 参见巴雷特《非理性的人》，第26页。
③ 同上。

上帝观念的核心是"超越的神秘性",中世纪哲学要求理性冒险进入此神秘并由理性确证上帝存在,这隐喻地表达了我们的在世感对存在固有的神秘性的意识。上帝"从无中"创造了世界,那么这世界原本就是"无"。如果我们由此面对莱布尼茨的追问:为什么是"有"存在,而"无"倒不存在?我们将发现,"存在"(有)的被照亮形成了"上帝之光"的神学—形而上学设计的基本构架,当理性的因素从神学中逐渐被剥离出来并最终与神学分立的时候,在中世纪哲学中被"上帝之光"照亮的"存在"重又隐入黑暗之中。异端神秘主义者约翰·埃克哈特(1260—1327)将上帝看作是内在于万物中的不可思议的神圣存在,人的灵魂直接可与上帝沟通,这种思想实际上强调了上帝的"隐蔽性"。库萨的尼古拉(Nicolaus Cusanus,1401—1464)则明确宣称上帝是"彻底的隐秘",人唯有弃绝一切外在的东西,进入无知之境,才能等待上帝以特殊的恩典启示自身。在中世纪向近代世界转换的过程中,作为永恒呈现的"光"的上帝观念让位于关于作为隐蔽或隐秘的上帝观念。文艺复兴、宗教改革和启蒙运动则沿着这一方向将上帝观念分解为两种:一种是上帝的人类精神化,这已经不再是神学的上帝,而是形而上学的"终极原理";另一种则是上帝的隐秘化,从宗教改革运动中出现的新教代表了这一趋势。马克思在《〈黑格尔法哲学批判〉导言》中对新教的本质有一段精辟的论述,他说:"的确,路德战胜了虔信的奴役制,是因为他用信念造成的奴役制代替了它……他把人从外在的宗教笃诚解放出来,是因为他把宗教笃诚变成了人的内在世界。"[①]

中世纪之后,"光源化"的上帝观念被"光源化"的理性观念所取代,科学对宗教的胜利使得哲学对宗教的批判成为时代精神的主流。上帝观念被看作是"人的自我异化的神圣形象"(费尔巴哈),由于批判(例如在启蒙哲学那里)仍建立在哲学的光源隐喻基础上,它又造成了对人的"非神圣形象的自我异化"。另一方面,新教全力强调作为信仰上帝之论据的非理性事实,"它从中世纪基督教中剔除了那大量的偶像和象征物,揭去面纱,显示大自然是一个与精神相对、要由清教徒的热忱和勤奋

[①] 马克思:《〈黑格尔法哲学批判〉导言》,见《马克思恩格斯选集》第1卷,人民出版社1995年版,第10页。

将其征服的客体领域"①。新教精神在这一点上与科学一样，推动现代人去实现他的宏图大业：使大自然非神灵化，从大自然中清除所有人类心灵投射其中的象征性偶像。这种精神的历史推动作用与现代科学技术和资本主义并行不悖，其结局便是宗教的衰亡，新教的人"是西方命中注定与虚无遭遇的开端"②。克尔凯郭尔（S. A. Kierkegaard, 1813—1855）的著作真实地记载了新教的人灵魂在巨大的空虚边缘所经历的那些体验。

"上帝观念"一直是价值和意义的源泉，对它的文化的、哲学的、诗学的诠释实际上是对超自然的、不可理解的生命体验的"深度追问"，是与宇宙、超验性的本体的同一。从这里我们看到了一种柏拉图主义光源隐喻隐蔽的虚无主义实质，这里"无神的""无上帝"的"绝对虚无"一直隐蔽在对一个永恒光明的绝对实在的上帝观念的虚幻设计的背后。诗人里尔克（Rainer Maria Rilke, 1875—1926）洞见到现代人既"渎神"又"虔诚"的矛盾冲突：面对上帝的极度超验，面对上帝深渊般的黑暗，谁不会感受到在世的虚无而易逝呢？诗人在一种感人的音韵中唱道：

你如此伟大，使我不复存在，
每当我靠近你的身边。
你如此黑暗；我小小的亮光
毫无意义，在你的边缘……③

三 通向康德之路：追求光明的思想道路

18世纪启蒙思想家达朗贝尔在他的《哲学原理》一书中，对中世纪结束到18世纪的精神生活作了一个概括的描述。他指出，18世纪是一个非常重要的转折。这个说法大抵是不错的。文艺复兴运动始于15世纪中叶；宗教改革运动在16世纪中叶达到高潮；而在17世纪中叶，由于笛卡尔哲学的胜利，使人们对整个世界的看法发生了根本转变。前几个世纪人

---

① 巴雷特：《非理性的人》，第27页。
② 同上书，第29页。
③ 里尔克等：《〈杜伊诺哀歌〉与当代基督教思想》，林克译，上海三联书店1997年版，第143页。

文学、自然科学、哲学获得了"突破性"的进展，人类知识状况从各个方面开始冲破中世纪基督教神学和经院哲学那种僵死的、封闭的、压抑人和人的一切世俗成就的宗教蒙昧主义的束缚。这些进展使 18 世纪获得了一个精神力量的中心：理性成了这个世纪的中心，理智启蒙是这个世纪的标志。①

康德（Immanuel Kant，1724—1804）在 1784 年写的一篇标题为《回答这个问题：什么叫启蒙？》一文中开篇就给"启蒙"下了一个定义："启蒙运动就是人类脱离自己所加之于自己的不成熟状态。不成熟状态就是不经别人的引导，就对运用自己的理智无能为力。当其原因不在于缺乏理智，而在于不经别人的引导就缺乏勇气与决心去加以运用时，那么这种不成熟状态就是自己加之于自己的了。Sapereaude!② 要有勇气运用你自己的理智！这就是启蒙运动的口号。"③ 康德的这个定义，不论是对于 18 世纪的启蒙（法国、苏格兰、德国），还是对于 19 世纪和我们今天的启蒙，都具有经典性的意义。康德指出"启蒙"在两个方面面临艰巨任务：就启蒙之人对自己而言，意味着如何摆脱智力上的依赖、懒惰和胆怯的状况④；就启蒙之人对他人而言，意味着如何摆脱人身的受监护、不成熟和不自由的状况。这就是说，启蒙需要的是自由，唯有在一切事物中公开运用个人理性，而且唯有当理性的公开运用永远是自由时，才能实现人的启蒙。康德作为历史上处于承上启下位置上的伟大思想家，对"何谓启蒙"的思考是建立在批判哲学冷静而深刻的观照之下的。这种思考既是对以往近三个世纪理性从信仰的束缚或压制下获得自由和独立的哲学精神的概括总结，同时又隐含着对理性的无条件运用可能导致的后果的某种警示。

深刻影响了康德思想的哲学家，据专门的研究者形成的共识，当以牛顿、伏尔泰、卢梭、休谟和莱布尼茨为典型代表。这使康德的思想处在一个为近代理智启蒙的哲学做总结的位置上。实际上，有五条通向康德

---

① 参见卡西勒《启蒙哲学》，顾伟铭等译，山东人民出版社 1988 年版，第一章。
② 罗马诗人贺拉斯语，意思是"要敢于认识"。
③ 康德：《历史理性批判文集》，何兆武译，商务印书馆 1990 年版，第 22 页。
④ 例如学者的书代替我有智力，牧师的布道代替我有良心，医生的防治代替我取舍食物等等。

的路。

(一) 牛顿与康德

牛顿（Newton，1643—1727）是近代科学的"太阳"。由牛顿到康德是一条由自然科学到哲学的道路。近代自然科学的伟大成就，是由布鲁诺、哥白尼等开其端，由开普勒、伽利略创立方法论原则（即实验原则：一手拿着原理，一手拿着实验），由牛顿集大成（牛顿完成了由开普勒和伽利略确立的事业）并最终确立其真理形态的过程。18世纪关于理性的统一性和不变性的信仰，实际上源自以牛顿为代表的科学对宗教的胜利。然而，启蒙思想家认为，相对于科学成就（万有引力定律）来说，牛顿运用的哲学方法（机械论）更伟大。出自当时某教皇之口的几行诗句表达了18世纪欧洲思想界对牛顿的尊崇："自然和自然规律隐没在暗夜中，上帝说'要有牛顿'，于是一切变为光明。"[①] 18世纪启蒙思想家的机械论的宇宙观大都源自牛顿力学在方法论上的影响。康德在他的前批判期（1770年之前）遇到的首先是牛顿，他通过引入斥力概念打破了机械论的宇宙观，从而创立了著名的"星云假说"。某种意义上，牛顿是那个时代"科学"的象征，通过牛顿和超越牛顿，是促使康德走向理性批判之路的动因之一。从牛顿到康德这条路，我们可以看到，科学在近代实际上成了"理性"的代表，它创立了一种知识典范，从而也揭开了一个哲学对科学的关系问题。康德在批判时期的著作中认为，近代哲学的两翼（唯理论和经验论）对科学基础的反思都各执一端而不得要领，所以需要对理性进行批判，指出其源流并划定其范围。

(二) 伏尔泰、百科全书派与康德

从伏尔泰（Voltaire，1694—1778）到康德是一条从没有宗教信仰的理论理性到没有理论理性的宗教信仰的道路。伏尔泰是法国启蒙运动的泰斗，他意味着由泛神论到无神论对宗教蒙昧主义的尖锐的嘲讽和揭露，以他为代表的启蒙哲士勇敢地抨击代表封建势力的理论支柱——基督教神学。以狄德罗为代表的百科全书派是法国启蒙运动的顶峰。他在百科全书

[①] 引自卡西勒《启蒙哲学》，第42页。

中表达了启蒙学者对理性原则的理解,他说:启蒙运动的信徒是兴趣观点不拘一格、抱怀疑态度、要追究答案的人,他"把偏见、传统、古典、权威,一致赞同。总之,一切令群众敬畏之物,都踩在脚下。他敢于自己思考,跃升到最明白的通则之上,检验它,讨论它,若没有他自己的理智和经验为证,什么都不予承认。"①

另一位启蒙思想大师孔多塞(Marguis de Condorcet,1743—1794)在狱中完成的《人类精神进步史表纲要》中描绘了一幅科学战胜蒙昧、自由战胜奴役、光明战胜黑暗、理性战胜迷信的人类精神的进步史表,他说:正是在观照这幅史表之中,哲学家接受了他为理性的进步、为保卫自由所做的努力应得的奖赏,哲学家在观照这个史表时找到了一个"隐蔽所","在那里他在思想上和恢复了自己天赋的权利和尊严的人们生活在一起","在这里他才真正地和他类似的人们共同生活在一个天堂里"。②科学、理性、自由、独立、博爱和人权等观念要求取代一千多年来占据西方人精神生活之首位的宗教信仰的位置,启蒙理性确立了自己的基本信念:独立自主的个人成为一个文化理想典型。启蒙获得了特定的政治含义,它与革命联结在了一起,启蒙思想家总是挟政治革命与工业革命之助力,"发明了一种英雄主义的科学范型"。③启蒙思想家在科学的世界里找到反抗传统的教会和现存国家制度的最有力的武器,他们愤慨地揭露宗教、政治权威、迷信和偏见导致科学遭受审判的冤屈,要求建立理性的法庭,用理性审判一切。在启蒙无神论的祭坛上,在法国大革命山呼海啸的广场上,"理性女神"粉墨登场。"理性"成了一尊新的神,成了继基督教上帝之后的又一个新的"上帝"。甚至以深思精神著名的德国人中也出现了像沃尔夫、莱辛这样的启蒙学者。

康德的思想深受当时启蒙运动的影响是毫无疑问的,甚至有学者将他与当时比较活跃的柏林启蒙运动联系在一起。按照康德的观点,个人心智能从偏见迷信的禁锢下解放出来乃是可喜可贺的,他提出的启蒙运动的箴

---

① 见狄德罗主编《百科全书》(1751)中关于僧侣主义的条目。此处引自 [美] 乔伊斯·阿普尔比(Joyce Appleby):《历史的真相》,第 25 页。

② 参见孔多塞《人类精神进步史表纲要》,何兆武等译,生活·读书·新知三联书店 1998 年版,第 204—205 页。

③ 见乔伊斯·阿普尔比《历史的真相》,第 5 页。

言"敢于认识"可说是在为"启蒙"画像。从要求宗教宽容、建立纯粹理性的法庭、强调自由、独立和科学等方面来看,康德确实可以说是一个启蒙思想家。但是,与启蒙运动不加审视地、无条件地尊崇自由、民主、科学、理性和个人独立不同,康德批判哲学直接指向了启蒙运动不问理性能力范围就去运用理性的那种狂妄自大和狭隘短视,他探究的目光已经深入到了启蒙运动的理论前提:对理性运用的条件进行解剖。他指出,不论是自己运用,还是受他人引导,理性的运用首先必须建立在理性的自知基础上。也就是说,理性的运用必须具备合法性,不能越出其权利范围运用到它不可运用的对象上去,这意味着科学与形而上学的严格区分。

(三) 卢梭与康德

作为现代民主制精神之父的卢梭(Jean Jacques Rousseau,1712—1778),是唯一一个在理性时代为感情辩护的启蒙哲学家。卢梭开创了启蒙的另外一个方向,他是他那一代启蒙思想家中毫不隐讳地重审了启蒙前提的第一人。当同时代的启蒙思想家热衷于用理性取代宗教的时候,他看到了启蒙哲士和基督教教士一致之处。这使他将启蒙信念改写成资产阶级的救世福音。人们从卢梭的著作中读到了神、说教和忏悔。这种坦率又招致了 18 世纪主流启蒙思想家的反感。我国学者朱学勤通过对卢梭的契约伦理与基督教赎罪道德进行比照,指出了卢梭思想中浓烈的救世倾向。问题似乎是对"人觉醒之后如何"的现代性诘问的一种更真诚的回答,但在他思想的深处其实盘踞着"另一种意义"上的启蒙意识。卢梭在《爱弥儿》的写作中,把这种意识表达为"对仁爱和人性的感怀"。他写道:"对他人的爱来源于对自我的爱,这是人类公正的原则。"良心之所以能激励人,使人像神一样,"是因为存在着一种根据对自己和对同类的双重关系而形成的一系列的道德"[1]。意大利哲学家德拉·沃尔佩说,卢梭的这种道德意识以一种宗教的自我主义越出了启蒙道德的边界,"这种自我主义只是在卢梭的一个非常著名的论题所表达的意义上才有道德的色彩"[2]。卢梭是这样表达该论题的:"当豁达的心怀使我把自己看成我的同

---

[1] 卢梭:《爱弥儿》,李平沤译,商务印书馆 1996 年版,第 326 页脚注。
[2] [意大利] 德拉·沃尔佩:《卢梭与马克思》,重庆出版社 1993 年版,第 9 页。

类是形同一体的时候,而且,当我可以说是把自己看作为他们时候,我希望他不受痛苦,也正是为了使我自己不受痛苦;我爱他,也正是为了爱我。"①

卢梭的这种自我主义,是一种与当时作为主流的启蒙思想不合拍的东西。但它仍然是一种启蒙意识。卢梭思想中始终存在一种强烈的道德情感动机,表面上它仿佛与启蒙理性相悖,似乎在一个理性时代为感情辩护,但仔细分析就会看到,恰恰是卢梭勇于承认并大加阐扬的这种道德情感,构成了18世纪启蒙精神的隐蔽的前提。尽管伏尔泰、狄德罗等人从卢梭的声音中听出了不和谐的调子,但罗伯斯庇尔却将卢梭变成了法国革命的创制人。一种隐蔽的道德人类型与一个"完美"的超历史的同一性形象联结在一起了。个人的价值之维通过这种联结,能够在现世形态的"天堂"中展现。于是卢梭直言不讳地写道:"我能够想出的上帝的最完美的观念是,一切物质的存在都应当尽可能地根据与总体的关系来确立秩序,而一切有才智的、富有情感的存在都应尽可能地根据与其自身的关联来确立秩序。"② 在这段话的背后,卢梭的道德主义在个人与总体、个人自由以及这种自由对整体秩序的服从之间陷入了无可解脱的悖论和矛盾。问题的关键是,个人和社会的双重完美如何获得一种道德合理性的说明,这是作为主流的启蒙理性依靠逻辑的武器难于自圆其说的。卢梭的论述起于具有道德自由的"自然人"而终于具有道德强制的"公共意志",其情感的而非理智的一贯性使他在粗野的理性主义和近乎疯狂的百科全书派的享乐主义的包围中孤立无援。

卢梭的《新爱洛绮丝》是一篇诋毁理智、颂扬情感的杰作,这部书中洋溢着一种独特的多愁善感。这种多愁善感,后来甚至成为上层社会的一种时尚。在一个尊崇理性的时代,卢梭宣扬他的"情感福音",这是他为当时主流的启蒙学者所不容的重要缘由。然而,正如杜兰特所说,由于卢梭的影响,"整整一个世纪,法国先是浸泡在文学的泪水中,后来,文学的泪水被真正的泪水所代替;18世纪伟大的欧洲理性运动终于在

---

① 卢梭:《爱弥儿》,第326页脚注。
② 同上书,第434页。

1789—1848年间的浪漫文学面前让路"①。至于卢梭对康德的影响，后世学者们最乐于作为谈资的一件事是，康德为了一口气读完卢梭的《爱弥儿——论教育》一书，他甚至中断了他每天必有的菩提树下的散步，这在康德一生中是绝无仅有的事。对于康德来说，这个后来成为法国革命旗帜的卢梭是他极景仰的人物，卢梭的画像是康德客厅的唯一的装饰品。发现卢梭在冲破无神论的黑暗并将一种情感福音凌驾于理性之上，是康德生活中的一件大事。1764年，康德写道："卢梭是另一个牛顿。牛顿完成了外界自然界的科学，卢梭完成了人的内在宇宙的科学。正如牛顿揭示了外在世界的秩序与规律一样，卢梭则发现了人的内在本性。必须恢复人性的真实观念。哲学不是别的，只是关于人的实践知识。"②又说："我渴望知识，不断地要前进，有所发明才快乐。曾经有一个时期，我相信这就是使人的生命有其尊严。我轻视无知的大众。卢梭纠正了我。我意想的优越消失了，我学会了尊重人，认为自己远不如寻常劳动者有用，除非我相信我的哲学能替一切人恢复其为人的共有的权利。"③如果说，牛顿使康德看到在知识领域运用超经验论证是一迷途，卢梭则使康德看到对人本身尊严和权利的信念便可以构成新的形而上学的根基。由于卢梭和牛顿，康德找到了一条从理性中拯救宗教，同时又从怀疑中拯救科学的道路。

（四）休谟与康德

大卫·休谟（David Hume，1711—1776）是弗兰西斯·培根以来英国经验论哲学发展的顶峰，它的彻底怀疑论和不可知论对欧洲大陆唯理主义构成了异常尖锐的挑战。休谟认为，任何关于"实体"的观念都是可疑的，"一个实体是和一个知觉完全差异的。因此，我们并没有一个实体观念"④。人类的知识只能限制在知觉的范围内，我们只能在知觉之间建立因果联系，而不能跨过知觉的限制，在知觉和知觉之外的物质之间建立这种联系。同样，也不能设想一个没有知觉的"自我"和"心灵"。至于

---

① 威尔·杜兰特：《探索的思想》，文化艺术出版社1991年版，第271页。
② 参见《康德全集》，第20卷。引自李泽厚著《批判哲学的批判——康德述评》，人民出版社1979年版，第40页。
③ 同上。
④ 休谟：《人性论》，商务印书馆1980年版，第262页。

谈到知觉是如何产生的，那只能说是由"我们所不知的原因开始产生于心中"的。[①] 休谟的这些思想直接影响了批判时期的康德关于自在之物不可知以及关于"是"与"应该"之区分的观点。康德在1783年写道："我坦率地承认，就是休谟的提示在多年以前首先打破了我教条主义的迷梦，并且在思辨哲学的研究上给我指出了一个完全不同的方向。"[②] 康德这里所说的"休谟的提示"是指休谟对因果联结的质疑。

不过，我更赞同这样一种观点：对于康德的方法论来说，对因果律的质疑还不是休谟对康德思想的根本性影响。休谟的影响在于他对数学、经验科学与道德三者区分的思考。经验的自然科学属于理性的功能范围，其命题类型可用"是"来表示；伦理学和道德科学则属于情感的领域，因为善恶产生于我们为对象所引起的感官冲动，它本质上是一种情绪。因此，在道德领域，起作用的不是事实命题，而是价值命题，不是"是"的问题，而是"应该"的问题。康德接受了"是"与"应该""事实"与"价值"之区分的观点，他在知识领域（事实）遵循建构原理，在道德领域（价值）遵循范导原理。他同时还吸收了休谟关于"不可能从'是'中推论出'应该'"的观点，并把它发展成为论证道德法则的先天性的一个重要的论据。与休谟不同的是，休谟断言不可能有形而上学这样的东西，由于对因果关系的质疑，他甚至否定科学，最终走向怀疑论。康德给自己提出的任务正是从怀疑论中拯救科学，从独断论中拯救形而上学。

（五）笛卡尔、莱布尼茨与康德

莱布尼茨（Gottfried Wilhelm Leibniz，1646—1716）的单子论哲学可说是自笛卡尔以来西方近代理性主义发展的一个非常重要的里程碑。康德最初是一个莱布尼茨—沃尔夫主义的唯理论者，进入批判时期后（1770年）才接受休谟、卢梭等人的影响，建立了一个综合英国经验论和大陆唯理论的批判哲学体系。所以，就康德先验思维方式而言，就他反对唯理

---

① 休谟：《人性论》，商务印书馆1980年版，第262页。
② 康德：《任何一种能够作为科学出现的未来形而上学导论》，庞景仁译，商务印书馆1978年版，第9页。

论教条主义的形而上学并致力于探索形而上学的新的基础而言,从笛卡尔到莱布尼茨的理性主义哲学对康德的影响是最根本的,也是随处可见的。康德试图清算这种影响的独断方面或者教条主义所作的巨大的努力可以说明这一点。笛卡尔的影响力主要在两个方面:一是在"自我"中确认科学的基础,使一种精神实体的主体性概念成为知识的最终根据;二是以"清楚明白"作为真知识的标准。笛卡尔确认主体作为知识之最终基础的关键,是论证主体具有某些天赋观念,它们构成了知识必不可少的先天概念。莱布尼茨继承了这个思想原则,认定具有普遍必然的知识只能建立在心灵本身的原则上。我们在康德的著作中看到,康德反复要去论证的那些作为普遍必然有效知识之根据的"先天原理"的思想就是源自笛卡尔、莱布尼茨为代表的理性主义传统的。从根本上说,康德并没有完全走出这个传统。

综上所述,康德的思想渊源使得他更清楚地看到启蒙运动的实质与核心。启蒙运动期间,西方近代数学自然科学提供了一种新型的知识模式,它先是构造了自然界的形象,然后造就了工业事实,这是西方科学的威力的直接表露。哲学最初对它的反思形成了大陆理性主义(侧重其先天原理方面)和英国经验主义(侧重于经验方面),两种相互对峙的观点和学说在启蒙思想家那里被一种新的宗教热情所利用,这种宗教热情就是对理性和科学的尊崇。科学被启蒙学者制定成真理的新的基础,牛顿学说为追求秩序、安定、和谐、自由、公正的启蒙方案提供了知识理念的原型,卢梭的思想则为此类感受性创造了一种情感福音。立宪、共和、民主的政体借科学之名在启蒙学者的著作中呼之欲出;科学的发源,理性的独立,资产者商业上的扩张,普遍的理智启蒙,以及资产阶级革命,构成了启蒙时代相辅相成的巨幅画卷;最终,"科学""理性""民主""自由"被戴上了绝对正确的光环。

康德是在牛顿、莱布尼茨、休谟、伏尔泰、卢梭之后站在一个更广阔的背景下来回答"什么是启蒙"这个问题的。可以说,他对启蒙的那个经典定义,只有重新审视启蒙的人才能给出、才能理解。我认为,虽然此短文与他的三大批判无法相提并论,但它最能代表康德对启蒙时代哲学实质的观点和看法。我们从康德对哲学的比较通俗的论述中能够见证这一点。在《逻辑学讲义》中他把哲学归结为四个问题:"我能知道什么?我应该做什么？我可以期待什么？人是什么？"这四个问题依次涉及形而上学、伦理学、宗教和人类学四个领域。面对这四个问题，"哲学家必须能够确定"：(1) 人类知识的泉源；(2) 一切知识之可能的和有用的使用范围；(3) 最后，理性的界限。康德强调哲学家尤其应当明确理性的界限，这是针对启蒙运动无限抬高理性和科学的地位而言的。他说："确定理性的界限是必需的，也是最困难的，但爱正义者对此却漠然置之。"[1] 又说："真正的哲学家必须成为自由自主的自己思维者，而不能奴隶般地模仿地使用他的理性。但是也不能辩证地使用，也就是不能这样地使用，即旨在给诸知识以真理和智慧的假象。这是纯粹诡辩者的事业，与作为智慧专家和教师的哲学家尊严绝不相容。"[2] 这段有明确批判指向的话，与上文所引关于"启蒙"是"脱离自己加之于自己的不成熟状态"的话，讲的是一个意思。"启蒙"在这里是要人们自己成为"主人"，这是全部近代哲学想要表达的一种根本哲学观念。然而，启蒙运动尊崇理性与科学以至于达到迷狂的地步，启蒙学者更多地是被自己设计的一套观念所鼓舞，他们并没有意识到理性和科学成为一尊"新神"可能带来的后果。

四 散播光明与启蒙哲学的光明叙事

"启蒙"（enlightenment）一词的本意是，把光明（light）散播到人类心智的黑暗角落。近代启蒙主要是通过破除上帝观念的蒙蔽来完成这一使命的。但是，从康德要求对理性进行批判的那种审度中，预示了理性本身也在制造蒙蔽的命运：即启蒙对神学的批判只不过是用一种所谓的真实的本体来代替虚假的本体，具体说，是用永恒在场的理性之光来代替永恒在场的上帝之光，而康德所说的成为"成熟的人"也许是"理性"神话的一个美丽的"肥皂泡"。启蒙信念的背后是用理性的在场者代替神学的在场者，它总是要树立一个"在场"之物作为一种神圣的、崇高的、可普遍化的价值标准和同一性基础。尤为可虑的是我们今天仍然未能摆脱这种理智启蒙的"向日式"的光源想象。

---

[1] 康德：《逻辑学讲义》，许景行译，商务印书馆1991年版，第15页。
[2] 同上书，第16页。

杜维明先生在1998年新加坡发表的一次演说中陈言："我们都是启蒙心态的孩子。""西方的强势文明已经在我们的心灵结构中，不仅根深蒂固，而且发挥了很多积极和消极的作用，我们完全不可能和它脱钩。"[①]这些话应当说是由衷之言。启蒙运动作为一种国际性的改革运动，它通过政治革命和工业革命的助力发明了英雄主义的科学范式；同时又通过转换传统的本体论普遍价值标准而允诺一个世俗的同一性价值理念。杜维明对启蒙心态的具体内涵进行了罗列。他指出，启蒙心态在观念领域，突出科学主义、实用主义、功能主义乃至物质主义；在利益领域，发展出民主政治、科学技术、大学教育、官僚制度、公民社会等现代制度；另外，在利益领域后面还有极深刻的、我们认为可以普世化的价值，如自由、平等、人权、民主、科学和法制。应该看到，杜维明先生对启蒙心态的分析是清楚的，也指出了启蒙确立的价值标准伴随着西方文明的强势对同一性的某种谋划："这个西方强势的启蒙心态，当它来到中华大地，来到东亚的时候，又是伴随着西方的霸权政治，伴随着浮士德的掠夺精神而来的，因此它又具有帝国主义和殖民主义的狰狞面貌。"[②]启蒙心态的普遍性由于其本体论前提和英雄主义的科学范式，而在一种一元论强求的占有性主体性以及控制论架构的整体性功能性中筹划了在今天仍然发挥着全球影响的西方现代性模式。

当18世纪的启蒙运动用科学价值标准置换以往本体论的神圣承诺及其价值普遍性标准的时候，科学标准又往往被嫁接在一种认识论反思的本体论基础上，填充了上帝留下的"空缺"。启蒙将理性实体化为一种至上的力量，又将科学看成是理性的表征。启蒙现代性或启蒙心态的症结在于，它在本体论同一性理念的背后是对世界人生的最高主宰者的那种中心化权力权威的设计，它将人和他的世界的多样性当作非本质性的"现象"予以"非价值化"；而科学标准是对作为认识主体的人自身的中心化，也就是说它始终隐含着一种在主客体框架下"以征服自然和奴役他人"为目的的占有性主体观念，它所追求的终极真理是对人和他的世界的多样性

---

① 参见李存山《儒学创新与马克思主义创新——和杜维明先生对话》，载《哲学动态》1999年第4期。关于启蒙心态的问题，关涉到现代性作为一种普遍性、一元性的价值诉求本身隐含着的诸多陷阱。

② 同上。

的极端漠视。本体价值（如柏拉图所说的至善理念）关涉着那个总体性的、超越"诸在者"的"在"本身，它一方面是对终极实在、终极解释、终极价值的承诺，另一方面是对某个最高理想的价值世界的允诺，如柏拉图的理想国、基督教的上帝之城、中国古代哲学家追求的大同世界、各种"道德理想主义的乌托邦"等等。它表达了人类追求终极实在的内在冲动。然而，它对世界的统一性和人类的统一性的理解是抽象的：由在者之在统摄诸在者，必然导致对作为一种"活生生"的"在"本身的遗忘；而概念化、实体化的普遍性则将世界和人的"活"的多样性一律排拒掉了，最终的结局是以圣物反对圣物的形而上学之"两军对峙"及其隐蔽的价值虚无之命运。明确而且实际地要求将科学标准与本体论形而上学加以区分，是由现代实证主义哲学家提出的。他们在承认唯有科学价值标准才是普遍有效的同时，将其他所有非科学的价值标准看成是直观、情感、偏好，因而不具备普遍性。这种想法使得伦理相对主义、价值虚无主义和怀疑主义成为我们这个时代挥之不去的魅影。

启蒙的核心价值是人的解放，但人的不受限制的解放是一种新的奴役。启蒙营谋了一种通过宏扬人的主体性身份或理性威力获得自由解放的观念体系、知识理念、政治—经济制度乃至个体—群体的心性结构。人性、人权、人的需要和人的力量得到了极大的张扬。然而人的这种自由解放在创造了一种能够控制自然、征服自然的力量同时，也逐渐形成了一种控制人、塑造人、包装人的组织和机制，并导致生态、环境和资源的危机以及种种人类制造出来的自己无法控制的力量对人类生存的巨大威胁。主客二分的一元价值建构框架使得以解放人为使命的启蒙理性和启蒙价值陷入主—奴心态的自然控制和统治—奴役心态的社会控制的"枷锁"之中。如此一来，以追求人的自由解放为主旨的启蒙理性最终为西方文化帝国主义价值标准张目。这是启蒙现代性后果之一。启蒙心态蕴含着将原本是西方主导的一种地域性的文化特殊主义的价值标准普遍化为人类唯一的价值标准。这种一元价值标准的企图是文化霸权主义的。如何从这种心态中矫正出来，关键在于对西方启蒙现代性的普遍性进行置疑。

以"散布光明"为使命的"启蒙"，从人性的自利自保来论证个人的基本权利，从自然法、契约法的基设来论证社会平等法权以及社会正义，在这种现代性伦理心态中始终假设了一个单子式的自我封闭、自我中心的孤独个体。他是抽象的"机器人"(爱尔维修)、"自然人"(卢梭)或者"目的人"(康德),但不是活生生的处于现实社会关系中的个人。启蒙设想的这种"现代人类型"决定了其价值追求也是"主体自我中心"的。启蒙心态在这种自我中心的道德价值观念和伦理心态中,对不同种族、不同利益集团、不同文化之间的人们寻找一种自由的、平等的、人道的交往方式造成了巨大的困难,它总是推动人们以一种控制的、主宰的、利用的、掠夺的和征服的心态对待一切他者(他人、异域文化、自然等)。这使得"启蒙"散布的光明只能是抽象的、虚幻的。它将西方"光源隐喻"的哲学形而上学推向了极端:在现时或者在场(present)知性筹划中获得终极的实有(永恒之光),但这终极的实有恰恰隐蔽着绝对的虚无。

　　刊载康德《什么是启蒙》一文的《柏林月刊》现在已是两个多世纪之前的文物。然而,康德对启蒙意义的思考在今天思想文化领域仍然具有不断诠释的巨大魅力。毫无疑问,我们今天比以往任何时候都更清楚地看到,西方启蒙现代性造成了一种新的"蒙蔽",因此"启蒙"还必须不断地进行下去。近代启蒙没有避开西方在场形而上学造成的观念蒙蔽。基督教的上帝观念被无神论、泛神论、怀疑论、实证主义等思想破除了,但形而上学的上帝观念仍然以一种"理性""人"和"主体性"的"光源化"身份存在。福柯说:"设想《柏林月刊》仍然存在并正在问它的读者这个问题:什么是现代哲学?或许我们可以带着回声地答道:现代哲学就是这样一种哲学:它正在试图回答这个两世纪前如此鲁莽地提出的问题:什么是启蒙?"[①] 这个问题指向了由启蒙运动开创的西方现代性传统,它遵循的启蒙策略乃是"用本体启蒙本体",而一切传统本体论的本体承诺作为在一种终极视域中照亮一切的"光源想象",实际上乃是"一大蒙蔽"。因此,"启蒙"触及到了统治西方思想两千多年的本体论—形而上学观念的边界。追问"什么是启蒙",实质上是对全部西方哲学本体论遵循的"光源隐喻"的合法性根据的追问。我国学者张志扬在一份读书报告中,根据他自己对西方形而上学的两大阶段(本体论和主体论)的划分,相应区分了西方启蒙思想的两大阶段:(1)"启神性之蒙"达到人的理性;

[①] 福柯:《什么是启蒙》,汪晖译,引文见汪晖等主编《文化与公共性》,生活·读书·新知三联书店 1998 年版,第 423 页。

(2)"启理性之蒙"达到个人的存在。不论这种区分是否准确，我认为它至少表明："启蒙"作为西方形而上学光源隐喻的集中"表征"，必然构成了我们今天反省传统要对它进行不断解蔽的对象。这一点乃是当代思想的一种基本共识，对它的探讨将会把我们的视野转向现代性、后现代性问题之争。

19世纪末，尼采笔下的那个"疯子"对启蒙无神论者说的一番话，直接敞开了对启蒙现代性的"解蔽"，它从根本上将统治西方两千多年形而上学思想的"光源隐喻"击得粉碎："'上帝到哪里去了？'他大声喊叫，'我要对你们说出真相！我们把它杀死了——你们和我！我们都是凶手！'"紧接着，这个疯子一口气问出了一连串我们今天正置身其中的问题：

"我们是怎样杀死上帝的呢？我们又如何将海水吸光？是谁给我们海绵去把整个地平线拭掉？当我们把地球移离太阳照耀的距离之外时又该做些什么？它现在移往何方？要远离整个太阳系吗？难道我们不是在朝前后左右各个方向追赶吗？还有高和低吗？当我们通过无际的虚无时不会迷失吗？难道没有宽广的空间可以让我们呼吸吗？那儿不会更冷吗？是否黑夜不会永远降临且日益黯淡？我们不必在大白天点灯吗？"①

这即是说，自柏拉图以来那个受光源隐喻定向的西方哲学终结了，超感性世界（那个形而上学的本体界）没有任何生命力了。"如果作为超感性的根据和一切现实的目标的上帝死了，如果超感性的观念世界丧失了它的约束力，特别是它的激发力和建构力，那么，就不再有什么东西是人能够遵循和可以当作指南的了。"② 散播光明的启蒙走进了"虚无"之中。"当我们通过无际的虚无时不会迷失吗？"这种疑问乃是现代人追求光明必然遭遇的根本之问。"虚无"意味着一个超感性的、约束性的世界的不在场，亦即那个永恒在场的"光源"被证明是不在场，于是我们面临极度的黑暗。这是今天西方社会诸多危机的总根源。尼采借疯子之口对自信的、乐观的启蒙学者指出：在启蒙散播的光明中，"一切客人中最可怕的客人"——虚无主义就要到来了。西方思想从柏拉图将人作为囚徒锁入

---

① 引自海德格尔《尼采的话"上帝死了"》，见《海德格尔选集》，第769页。
② 同上书，第771页。

他的洞穴开始，就遭受到了一场旷日持久的形而上学之厄。尼采第一次将西方形而上学之厄凝缩在"上帝死了"这句口号中，这开启了一个清算或反叛旧形而上学的时代。我们的时代形而上学的命运取决于我们如何面对"上帝死了"这个残酷的事实。

第四章　哲学的镜子隐喻及其叙事模式

一　镜中哲学与哲学中的"镜子"

理查·罗蒂（Richard Rorty，1931—2007）是当代美国新实用主义哲学的杰出代表。他在《哲学与自然之镜》（1979年）中对西方传统哲学做了一次有力的透视，成为当代反基础主义的著名学者。

根据罗蒂的观点，自柏拉图以来的西方传统哲学有两个根本主题：其一，是对一种"绝对真"（absolute truth）的不倦追求；其二，是表象（representation）问题，即人作为知者如何准确再现外间世界的问题。在清理西方哲学传统的过程中，罗蒂由这两个主题深入进去，层层解剖，揭开了西方哲学传统隐蔽着的另外一个根本性的隐喻：即镜喻。他的具有总结性的命题是："决定着我们大部分哲学信念的是图画而非命题，是隐喻而非陈述。"他认为，"俘获住传统哲学的图画是作为一面巨镜的心的图画"，[1] 刺破、瓦解这一图画的工作则是由维特根斯坦、海德格尔和杜威完成的。这三位20世纪的大哲学家都将"镜喻哲学"看作是一种具有自我欺骗的哲学意识，并在他们的后期哲学研究中对前期的思想进行了清算。

对传统的镜式哲学的否定，涉及如何理解哲学在文化中的位置这样一个问题，这是罗蒂《哲学与自然之镜》启发我们思考的根本之点。罗蒂的分析虽然是针对"古希腊到现代分析哲学"这样一个漫长的哲学历史形态所作的诊断，但他批判的重点乃是受自然科学范式影响的近现代哲学，主要是针对近现代哲学的两要门轴：知识基础，再现理论。（二者的

---

[1] ［美］理查·罗蒂：《哲学与自然之镜》，李幼蒸译，生活·读书·新知三联书店1987年版，第9页。

前提是肯定某种先验的制约因素。）这是对传统的（以笛卡尔为代表）和现代的（以分析哲学为代表）哲学观所作的检讨，罗蒂称这种哲学观为"基础主义"。这种哲学观要求哲学在各种文化形式中成为"根本的"。因此，由此种哲学观主导的文化，罗蒂称之为"哲学文化"。在基础主义的哲学文化中，人们的一个基本信念是："哲学相对于文化的其他领域能够是基本性的，因为文化就是各种知识主张的总和，而哲学则为这些主张进行辩护。"①

　　罗蒂对西方近代以来的哲学"形象"作了一番描述。他指出：洛克完成的是一种知识论，一种"理解'心的过程'为基础的知识论概念"，揭示的是作为认识之镜的"心的过程"的观念；笛卡尔完成的是包含有过程的分裂的心的实体的概念；康德以这两种观念为前提，完成的是作为纯粹理性法庭的哲学观念；新康德主义则完成了一种为知识主张"奠定基础"的基本学科的哲学观。这是19世纪人们对哲学的一种观念："对知识分子而言，'哲学'变成了宗教的代用品。它成为这样一个文化领域，在这里人们可以脚踏根基，在这里人们可以找到用以说明和辩护他作为一名知识分子的活动的语汇和信念，从而可以发现其生命的意义。"②这种对于哲学自身地位的看法，一直到20世纪仍然为人们所坚持。如罗素和胡塞尔就肯定这种基础主义的哲学主张，要求保持哲学的"严格性"和"科学性"。但是，由于此时，"世俗的观念对宗教的胜利已无处不在"，所以他们的声音里包含了绝望的声调。

　　对"哲学"看法的转变，应立足于时代知识状况转变的宏观背景。罗蒂对这个背景描绘道：在笛卡尔、洛克和康德进行写作的时代中，文化的世俗化是由自然科学的成功而得以逐渐形成的；但是到了20世纪，科学家正像神学家一样远远地离开了大多数知识分子。诗人和小说家取代了牧师和哲学家，成为青年的道德导师。结果哲学越成为"科学的"和"严格的"，它与文化的其他领域的关系就越少，而它所坚持的传统主张就显得更为荒谬。③ 在这个大背景下，维特根斯坦、海德格尔和杜威的工

---

① ［美］理查·罗蒂：《哲学与自然之镜》，李幼蒸译，生活·读书·新知三联书店1987年版，导论，第1页。
② 同上书，导论，第2页。
③ 同上。

作值得重视：三位哲学家都曾试图找到一条使哲学成为"基本的"的新路，"一条拟定最终思想语境的新路"；每人都将自己的早期努力视为自我欺骗；在后期，都摆脱了把哲学看成是根本性的康德式的观点。"维特根斯坦、海德格尔和杜威通过引入一幅幅新的地域（即人类活动全景）区划图而把我们带到一个'革命的'哲学的时代，这些新的地图干脆没有包括那些以前似乎具有支配作用的特征。"①

事实上，在我们今天的文化中，"科学性""合理性""客观性""严格性""普遍性"这类修饰词总是与"真理"概念联系在一起。当然，这里的真理概念主要是自然科学意义上的，因为科学是一种提供"与实在相符合"的"客观真理"的唯一典范。

很长时期，哲学家、神学家、历史学家和文学批评家之类的人文学者，仍然认为自己必须关心是否"科学的"问题，也就是说，他们是否有资格将他们的结果看成是"真"的。这表明，自然科学的知识范式和方法典范在西方近代以来的理性主义哲学传统中长期主宰了人们的理论思维。罗蒂的分析显然抓住了近现代西方哲学的要害。自17世纪以来，西方哲学家就很难摆脱"知识基础"的诱惑，一再地以各种形式采取了"心灵是一面伟大的镜子"以及与之相应的"知识就是准确再现的"的隐喻。② 罗蒂要破除的，就是这种镜子隐喻蕴含着的"基础主义"和"表象论"。

基础主义自觉或不自觉地承诺，存在着某种我们在确定理性、知识、真理、实在、善和正义的性质时能够最终诉诸的永恒的、非历史的基础和框架。"哲学家的任务就是去发现这个基础是什么，并用强有力的理由去支持这种发现基础的要求。"③ 在这个意义上，罗蒂将"古希腊到现代分析哲学"整个哲学形态统统称为"基础主义"。"表象论"（Representationalism）是以"心"的镜式隐喻对于知识基础的一种思考，"自然之镜的最初形象，也就是把知识当作一系列非物质的表象"④。

---

① ［美］理查·罗蒂：《哲学与自然之镜》，李幼蒸译，生活·读书·新知三联书店1987年版，第4页。
② 同上书，第6页。
③ 引自王治河《扑朔迷离的游戏——后现代哲学思潮研究》，社会科学文献出版社1993年版，第84页。
④ ［美］理查·罗蒂：《哲学与自然之镜》，李幼蒸译，生活·读书·新知三联书店1987年版，第84页。

罗蒂的立场是反基础主义的，尤其是反表象论的。他明确指出，《哲学与自然之镜》一书的目的是：摧毁读者对"心"的信任，对"知识"的信任，摧毁读者对康德以来人们所设想的"哲学"的信任。因此，罗蒂宣告了自古希腊以来基础主义的终结，其标志便是镜喻哲学的被瓦解，也就是镜式哲学的终结。这种观点是一种比较激进的反传统的主张和观点，它在总体方向上属于所谓后现代主义哲学的范围。

我们这里不拟对罗蒂的具体观点作深究。我们的目的是，通过罗蒂所揭示的"镜子隐喻"，来透视一种走向"知识"的智慧之思及其可能性。

二 哲学的镜喻与哲学反思科学的叙事

"镜子喻"在柏拉图《理想国》十卷中讨论理念的"摹仿说"的时候，被对话中的苏格拉底运用过。我们知道，柏拉图的理念论有三个层次：（1）永恒的理念；（2）反映这理念的自然的或人的现象世界；（3）反映现象世界的影像世界，诸如水中和镜中的影像以及造型艺术等。柏拉图认为，诗人、艺术家只是映现了现象世界（如画家画的床），哲学家则成功地以理念为摹本。由此，柏拉图的"立法者"能够理直气壮地驱逐诗人：因为摹仿表象会将城邦引入歧途，只有以理念为摹本的哲学家才能使得城邦成为"最美好最高尚生活的摹仿"，也就是说，只有哲学家才是真正的诗人，而那些自称是诗人的人都是"冒牌货"。

柏拉图的这个"镜子喻"与他的"洞穴"喻中的"光源隐喻"是密切相关的。"光源隐喻"是对最高本体的一种形象描绘，而"镜子喻"则是对知识原理的揭示。前者隐涉形而上学的最高原理，亦即"存在"的"照亮"问题，属于本体论的探究；后者隐涉知识论的最高原理，亦即"知识"的"镜映"问题，属于认识论的基本问题。这两个哲学隐喻从两个不同的方面通向理念论，是很耐人寻味的。严格地说来，作为"镜映"理念的知识论，在柏拉图那里并没有得到展开，它只不过是一种抽象原则。亚里士多德在《诗学》中不再谈论哲学家对理念的摹仿，主要谈论的是诗人们的摹仿。在文艺复兴时期，人们常常直言不讳地运用"镜子"的隐喻来谈论人的认识或者艺术的本质。到了近代，随着自然科学的蓬勃发展，在哲学经历的认识论转向中，"镜映"才成为探究知识基础的近代哲学的一个根本隐喻。

我们看到，罗蒂所说的"心灵是一面伟大的镜子"以及"知识就是准确再现"的"镜子隐喻"，主要是针对近现代哲学而言的。追溯起来，近代哲学由培根、洛克、笛卡尔等人发动的认识论转向基于两个根本的理由：一方面，直接断言世界的古代本体论需要认识论反省的补充；另一方面，现代数学自然科学的兴起和迅速发展，以及它在与宗教神学的斗争中不断获胜，昭示了一条正确认识世界的可能途径。认识论问题的突显与科学对宗教说来具有的说服人的理性威力和说明问题的实证力量直接相关。在一切对人而言的关系中，对"认知关系""认识状态"和"客观性"的关心，是一个"由科学家代替牧师"的世俗文化所具有的特征。科学家成了文化中的英雄，它被看成是使人类与某种超人类的东西保持某种联系的人，这是18世纪欧洲启蒙运动中习以为常的看法。

科学意义上的知识在今天到达了这样的一个高度：从"我"的一根头发中的某一个细胞就能完完整整地将"我"复制（克隆）出来。但是，科学并不能够反省自己的所作所为。自从苏格拉底在《斐多篇》中实现了向"逻各斯"的飞跃以来，这种反省的要求就被哲学确定为自己的任务。这一点在今天仍然具有效力。希腊哲学赖以立身的根基是一种"无限的求知本性"。但是，正如当代德国著名哲学家加达默尔反复强调的那样，近代经验科学意义上的"知识"概念与希腊哲学所说的"知识"并不相同，如果清楚地意识到我们今天称为"科学"的东西甚至大部分并没有进入古希腊"哲学"一词的使用范围内，那么我们就不难理解17世纪以来哲学所处的那种变化了的情势：即近代自然科学的出现提出了哲学与全部科学之间关系的论题域；面对科学，哲学开始以从未有过的方式为自己寻找存在的理由。

甚至可以说，从笛卡尔到黑格尔的两个世纪，哲学是在反思科学的过程中被建构的。如同中世纪经院哲学必须在对宗教神学的关系中确立自己的位置一样，上两个世纪的哲学表现为通过对全部科学之知识基础的探寻来论证科学。有人形象地称之为"体系的时代"，哲学领域好像是一个"体系"推翻另一个"体系"的"战场"，其实这两个世纪的体系大厦的精神实质是一致的，它表现为调和形而上学传统与现代科学精神的一系列努力。一直到实证主义登上哲学的祭坛，西方思想进入所谓实证的时代，人们才从各种相互冲突的世界观的大动荡当中,企图用一种对哲学的科学特性的纯粹学术的严肃性来"把自己挽救到坚实的大地上"。①

"科学"最初是作为一种新思想、新方法、新知识出现在17世纪的精神氛围中的。这种"新科学"的出现本身就具备哲学性质,它既是启蒙思想家用来对抗封建神学的"利器",又是近代以来进步的欧洲知识界崇高理想和信念的"寄托",将科学的知识典范和古老的形而上学传统加以综合,成为一个时代的哲学精神努力的方向。另一方面,现代自然科学的出现,是以从前属于哲学的知识领域从哲学中分划出去获得独立为前提的,特别是17世纪物理学(牛顿)、数学(莱布尼茨)和医学的成熟,揭开了具体科学从哲学母体分划出去的序幕,这个趋势到19世纪表现得更为明显。尽管德国古典哲学的大师们仍然沉醉于对于世界的思辨统一性的把握,但这只不过是旧形而上学知识体系的最后一次"夕阳残照",尽管辉煌,却预示着终结。

黑格尔将哲学比作"黄昏时起飞"的"密涅瓦的猫头鹰",他想以一种思辨大师的豪迈走进哲学的"暮色苍茫"中。黑格尔哲学体系的解体确实标志着哲学的"暮色"已经来到,它不再是希腊时代令人热血沸腾的"求知圣殿",不再是"科学之母",也不再拥有"科学之科学"的尊严和特权。人类知识领域的不断分划最终使各门具体科学在一种愈来愈专门化的知识冲动中远离了哲学意义上的那种纯思想的本源。

科学成为人类实践活动的一个重要的组成部分,成为人类理性进步的集中代表,它的迅猛发展不仅改变了人们的世界图景而且深刻地变革了人们的价值观念和生活方式。但是,科学并不能代替哲学来思考,哲学也不能要求自己完全效法科学或者将某一种科学思想扩大化。在最近的三个世纪中,尽管哲学与科学的关系呈现出一种异常复杂的关系,以至出现了科学精神和人文精神持久的论战,但哲学在面对科学时的致思取向在大方向上则是一致的:这就是,从不同的方面,以不同的方式,对科学进行反思。哲学必须在这种反思中面对科学知识的理性威力并寻求一种思的

---

① 参见[德]加达默尔《科学时代的理性》,薛华、高地等译,国际文化出版公司1998年版,第5—6页。

超越。①

现代经验科学追求知识的确定性和可控性,它以一种独立的姿态使自然屈从于一种新的然而是片面的控制,科学家可以通过设计一个自然过程来向自然提问并强迫自然作出回答,从伽利略、牛顿到达尔文,现代科学的进军给人们在思想上的震荡日益深远。科学语言是纯净的、精致的、简明的;科学真理是可证实的,具有普遍必然的有效性;科学的运用是有效果的,它在技术、经济、甚至社会生活等各个领域的运用能够带来看得见的效益,科学在人类征服和控制自然方面不断获得成功,成为新神话的创造者。我们的时代是一个极端尊崇科学的时代,这给哲学自身的定位提出了挑战,现代许多有影响的哲学思潮或多或少地受到这种知识状况的影响。近三百年来,哲学不可避免地要在面对科学迅速崛起和成功中建构自己,而哲学家一直面对近代以来哲学与科学之间的成问题的关系。哲学对科学的反思,不可能再次充当包罗万象的知识总汇的角色,例如使物理学重新成为一种思辨的物理学的努力注定要失败;相反,这种反思只能使哲学家意识到哲学不可能再作为一种包罗万象的知识体系出现。

哲学对科学的反思,是要深入到科学未思未究同时又为科学视为毋庸置疑的前提中去,并对之进行批判性地思考。一方面,它是对科学合法性的理性审辨;另一方面,它又不断地打破科学自以为是的理论疆域,不断地为现代科学开疆辟壤提供观念向导。它涉及科学时代人的自我理解,涉及心灵、实在、理性、真理等一系列根本性的问题,涉及科学作为一种思维和存在、主体和客体、主观和客观、心与物之统一的人类活动形式的基本原理,涉及对科学活动的基础和成果、它的社会功能和精神特质及其发展逻辑等问题的反思。

哲学反思的目的,是为日益专门化、系统化和技术化的科学知识张开一个"智慧"的向度,没有这个"智慧"的向度,科学知识不受限制地运用就会给人类带来巨大的灾难。哲学对科学的反思反省,是"从人类把握世界的各种方式的相互关系中去理解科学","从人类文化的整体关系中去审度科学"②。这即是说,哲学拥有一个异常开阔、异常广大的视

---

① 参见孙正聿《哲学通论》,辽宁人民出版社1998年版,第92—132页。
② 同上书,第132页。

野，这是哲学反思科学的应有的视野。在这个意义上可以说，有一种迫使科学超出自身并对科学进行理解的强烈要求，这一要求与自然科学一道产生出来，它决定了近现代西方哲学的基本形态。

现代科学作为源自西方文化的世界性成就，是西方理性思维摆脱传统形而上学进入现代性的最集中的表征。有哲学家这样写道："在我们现代世界，再没有第二种力量可以与科学思想的力量相匹敌。它被看成是我们全部人类活动的顶点和极致，被看成是人类历史的最后篇章和人的哲学的最重要主题。"[①] 这种对科学的理智成就的高度赞美说出了一个最基本的事实：对科学的反思唯有上升到对产生科学的整个西方文化的反思，才能进入一个异常广大的哲学反思的视野。

西方思想自笛卡尔以来面对科学所作的反思可划分为两个明显的阶段：第一阶段，从一种科学的英雄主义文化范式出发对科学的反思，它要求哲学成为严格科学的，这种反思代表了西方现代性范式；第二阶段，从破除科学英雄主义文化范式出发对科学的反思，这种反思带有很大的破坏性，它要求对任何一种提出"科学性"要求的哲学进行质疑，它已经处于一种消解西方传统和现代性的视野之中了。

对于哲学的"镜喻"式的自我理解是在第一阶段出现并占据主导地位的，而对镜式哲学的解蔽表面上看是使哲学失去了"严格性""科学性"和"至上性"，但它实际上则使哲学的反思从"科学世界"进入到"生活世界"。只有在面向生活世界的哲学运思中，哲学才会理解那种并不使用科学语言的智慧的传统，才会真正尊重那些并不根据科学表达自己的另一种文化谱系中的知识。

从诊断西方哲学的镜喻特质出发，罗蒂声称当代思想面临的根本任务是一种治疗性的，而非建设性的。他与德里达一致认为，"我们的文化一直为一个'先验的所指'的观念所支配"，哲学过分地放纵自己追逐一个假想的地平线，它要达到的"那种普遍的、非历史的、作为基础的哲学知识的理想"其实并不存在。放弃这种哲学隐喻是明智的，这意味着放弃哲学在其中充当主导原则的"大写的"哲学文化传统。然而，这个以一种宗教般的热忱投入到对现代科学进行反思的哲学传统是现代性的思想

[①] 参见［德］卡西尔《人论》，上海译文出版社1985年版，第263页。

支柱。我们时代科学样式的"根"就深植其中。

三 心镜与心的观念：抽象的镜子模型

科学与哲学之间成问题的关系，折射出欧洲17世纪开始的一种新的科学观念所固有的重大而深远的意义和影响。它直接影响了哲学认识论和方法论的新方向。

17世纪是"天才的世纪"。这个"赞誉"是怀特海在《科学与近代世界》一书中提出的。他在1925年的一次讲演中说："如果把欧洲各民族在我们这个时代以前的220多年中的思维活动作一简短而十分确切的叙述，就会发现他们一直是依靠17世纪的天才在观念方面给他们累积的财富来活动的。"[①]

这个说法并不算是夸张，只要把这一时期曾经发表过重要著作的人名提一下就会得到明证。弗兰西斯·培根、哈维、开普勒、伽利略、笛卡尔、巴斯卡、惠更斯、波义耳、牛顿、洛克、斯宾诺莎、莱布尼茨等，都是这类人。当然这个名单是远远不能反映17世纪欧洲知识界的盛况的。我们看到，17世纪作为"天才的世纪"，既是新科学得以诞生的世纪，也是近代哲学确立自身形态的世纪。

伽利略的力学及其运用的方法就处在这样一种开端的位置上。它首次使完全运用科学对自然界的技术改造成为可能，标志着一种全新文明的诞生：使自然界服从数学构造，创造了一种新的自然法则的概念，以数学抽象为基础研究自然法则和通过实验量度、计算等手段证实数学抽象，显示了近代自然科学的诞生。新的科学概念首次规划了此后与"哲学"一词联结在一起的那种较严格的哲学意义，亦即一种"哲学科学"的理论思维。它表现为"新方法"的建立以及对"确定性"理想的追寻，表现为将"心灵"设想成"一面伟大的"认识之"镜"以及由此对一个独立的认识主体的概念建构。

被英美经验主义者视为近代哲学始祖的英国哲学家弗兰西斯·培根，发展了经验主义认识论的归纳方法，他揭开了由"实验"或"经验"的

[①] 参见［英］怀特海《科学与近代世界》，何钦译，商务印书馆1959年版，第38页。

方面反思近代自然科学的经验主义道路。与之相反，被欧洲大陆理性主义者视为近代哲学开山的法国哲学家笛卡尔，则发展了另一种相反的方法，即演绎法，他揭开了由"原理"的方面反思近代自然科学的理性主义道路。康德认为，数学自然科学自伽利略开始，通过一手拿着"实验"、一手拿着"原理"，用"原理"指导"实验"，"用实验检验原理"，如此反复不已地"拷问自然并迫使自然作出回答"，走上了大踏步前进的道路；哲学领域理性主义和经验主义事实上是各自抓住了科学方法论的某一个方面相互攻讦。

康德认为，这是唯理论独断主义和经验论怀疑主义陷入各自困境的要害。康德通过对理性自身能力的批判性考察，给了理性哲学以决定性的转折。他对人类的认识能力和行动能力的分析，宣告了"以某种'客观准则'（例如，人具有镜式本质）为基础的道德尊严这种哲学构想"实际上是科学与伦理的一种混淆。

然而，在德国古典哲学中，哲学理性仍然面临把一切知识综合为一个全体的任务，它通过黑格尔百科全书式的哲学科学体系展现出来了。这种要求哲学成为"科学的"主张，并非用新的科学观念反对古代希腊人的陈旧的科学观念，而是力图将两者统一起来。这种哲学科学的含义，从反思数学自然科学的伟大成就开始，支配了近代的理论思维。它决定了一种对于人的特性的基本观点（人的镜式本质），并通过一种建立在镜子隐喻基础上的"心的观念"决定了西方认识论形而上学的基本形态。笛卡尔、斯宾诺莎和莱布尼茨是欧洲大陆理性主义的著名代表，培根、洛克和休谟是英国经验主义的著名代表，康德和黑格尔则是德国唯心主义的著名代表。

（一）笛卡尔主义的神话

勒内·笛卡尔（René Descartes，1596—1650）是17世纪具有开一代风气的哲学家，同时又是数学家和科学家。他创立了著名的笛卡尔几何学，哲学上是理性主义传统中"认识论转向"的开创者，被誉为近代哲学之父。笛卡尔把自己的哲学体系比喻成一棵树，"形而上学"是树根，"物理学"是树干，其他各门具体科学是树上的枝叶。"形而上学"是对一切知识之基础的探究，这种探究确立了他的哲学所遵循的"镜子隐喻"。他的《方法谈》和《沉思录》是该隐喻和信念的卓越表达。①

在第一个沉思中，笛卡尔开篇就说："由于很久以来我就感觉到我自从幼年时期起就把一大堆错误的见解当做真实的接受了过来，而从那以后我根据一些非常靠不住的原则建立起来的东西都不能不是十分可疑的，因此我认为，如果我想要在科学上建立某种坚定可靠的、经久不变的东西的话，我就非在我有生之日认真地把我历来信以为真的一切见解统统清除出去，再从根本上重新开始不可。"② 在笛卡尔看来，哲学思考的出发点乃是要寻找一个确定的、无可怀疑的"基础"，一个思想中的"阿基米德点"。"阿基米德只要求一个固定的靠得住的点，好把地球从它原来的位置上挪到另一个地方去。同样，如果我有幸找到哪管是一件确切无疑的事，那么我就有权抱远大的希望了。"③

笛卡尔对"坚定可靠、经久不变"的基础的寻求，对"牢固的"阿基米德点的追寻，是从通过一种建立在理性原则基础上的普遍怀疑的方法进行的。"要想追求真理，我们必须在一生中尽可能地把所有事物都怀疑一次。"④ 由此出发，笛卡尔声称能够运用数学作为确定的认识模型解决这个问题。首先，必须寻找一个确定的、不证自明的出发点，然后一步步谨慎而又使人信服地推导出结论。该结论也许能与我们先前的信念相吻合，但这个过程中可以将我们先前的信念转变成为可靠的知识。笛卡尔的具体演绎是：

（1）"普遍怀疑"。但怀疑不是目的，通过怀疑我们要找到一个无可怀疑的基础。

（2）"我思故我在"。笛卡尔以普遍怀疑为方法论起点，但他在怀疑的观照中发现，当我们在怀疑时，一切都是可疑的。但唯独"我在怀疑"这一事实是确凿无疑的，进而"怀疑着的我"也是确凿无疑地存在的。因此，"我思故我在"。

（3）心、物和上帝的存在。由"我思故我在"这一基本原理，笛卡

---

① 参见［美］理查德·J. 伯恩斯坦《超越客观主义与相对主义》，光明日报出版社1992年版，第19—20页。
② ［法］笛卡尔：《第一哲学沉思集》，庞景仁译，商务印书馆1986年版，第7页。
③ 同上书，第17页。
④ ［法］笛卡尔：《哲学原理》，商务印书馆1958年版，第1页。

尔论证了"心"的自明性。在"我思故我在"这个原理中,"我"也就是"我赖以成为我"的那个"思",那个"心灵",所以是一个不依赖任何物质的精神实体。这就是说,人心其实有一个"自明"的原理,"我思故我在"就是"心灵"的自明原理,它表明"心灵"是一面"明镜"。从这个自明的"镜子一样"的"心灵"出发就可以证明"上帝的存在"和"物质的存在"。

在这个论证中,最核心的观念是对"心"的镜喻理解。笛卡尔的普遍怀疑针对的是我们内部的认知表象是否精确的问题,这个问题如果没有一个理想的"如明镜一般"的"心灵"的预设就不可能得到解答。笛卡尔形而上学对于心灵、上帝和物质三个实体的论证是以一种对"人心"的"自明性镜式本质的思考为近代认识论奠基的:表象存在于心中,有一双内在的眼睛监视这些表象(反省),以求证明其忠实性"[1]。强调"我思心灵"的自明性,是对理性意义上的"心"的强调,并将它作为标准和权威,这是一种高扬主体性的"心的观念"。然而,正如后来胡塞尔所意识到的那样,笛卡尔虽然证明了思维是比存在更为清晰的东西,关于心的科学因而比关于物的科学更具有奠基性,但他没有办法避免二元论。他解决不了这样的诘难:我们如何才能知道,凡是心的东西都再现着任何不是心的东西?

如果我们将《沉思录》作为心灵的旅程来阅读就会理解,笛卡尔所追求的"基础"和"阿基米德点"是对某种固定支点的探求,对某种终极的、永久的限制的寻求。我思心灵的自我怀疑,面对的是一个有限的、不完美的生命存在,它完全依赖万能的、仁慈的、完美的和无限的上帝,因此心灵不仅是自明的,而且因其有限而映现完美的"上帝"。上帝既是完美的,那他的造物也就不会有假。普遍怀疑作为令人焦虑不安的心灵旅程充满了"从自我欺骗的梦幻世界中走出来"的恐惧感和"突然掉进深渊"的畏惧感,除非我们在这种怀疑中由"我思心灵"获得"自知",将过去岁月里全部怀疑当作夸张可笑的东西搁置一旁。上帝绝不是一个欺骗者,那么我就不会在此事中受到欺骗。这样一来,追究一切知识之基础的认识论反思,在一种几何学式的演绎论证中,以一种无可怀疑的方式通向

---

[1] 参见 [美] 理查德·罗蒂《哲学与自然之镜》,第38页。

了终极实在。

然而，笛卡尔的心物二元论把人看成是分属两个不同领域的身体和心灵的结合体：身体占据空间，心灵则属于非空间。当代英国哲学家 G. 赖尔称这种心物二元论是一种"笛卡尔的神话"，他发明了"机器中的幽灵"这个有名的"词组"来形容笛卡尔的二元论。心灵与物体、身与心之间如何搭起相通的"桥梁"，思维与实在如何同一，我们对外间世界的知识如何可能，精神如何表现这个世界，意识的本质、人的特性是否是一种"镜式"本质，以及思维、意志、物质实在性是否要被理解为一种宏大的机械论等，这些都是笛卡尔关于"心"的神话遗留下来的难题。尽管后来的哲学家试图解决笛卡尔的二元论难题，但大都仍然在一种主客二分的认识论框架中延续笛卡尔式的"镜子隐喻"。

笛卡尔之后，荷兰哲学家斯宾诺莎（Benedict de Spinoza，1632—1677）力图用"自然""神"和"实体"的同一来解决心物二元论的难题。他的名言是，"认识到心物合一就是最大的善"。他认为，笛卡尔的"思维"（心）与物质（身）实际上是同一个实体的两种属性，身与心是平行的，"观念的秩序和关系就是事物的秩序和关系"。但是，这种身心平行论强调的仍然是先验的"认识心"的基本地位，它否定由身体感官而来的知识的可靠性，只有"心灵的直观"才能产生真观念。

德国形而上学哲学家莱布尼茨的单子论和预定和谐说则以一种特殊的形式阐发了笛卡尔强调的我思心灵的主体原则。他同样无法解决笛卡尔哲学中"无广延"（非空间）的心灵如何清楚明白地表现不是心灵的外界事物的二元论难题，在与怀疑论的论战中，莱布尼茨选择了将"心"比喻成"有花纹的大理石"的"镜子隐喻"，心灵之所以能清楚明白地映现不是心灵的事物，是因为人心有一些先天观念。一直到 20 世纪，破除笛卡尔在心身关系上的神话观念，仍然是分析哲学所持的一个基本主张。

（二）培根论"四种假象"

弗兰西斯·培根（Francis Bacon，1561—1626）是英国近代经验论传统的开创者，是"英国唯物主义和整个现代实验科学的真正始祖"。

在对新科学（实验自然科学）的热情讴歌和赞美，对新方法的不倦探索，以及对人们正确认识世界的基本规律的永无止境的追求方面，培根与同时代的笛卡尔、伽利略一样，是那个时代思想界"肩膀宽阔"的"巨人"。他们是17世纪预言科学未来的人，是在工业革命之前整整150年就已经不停地呼吁务实的普通常人采纳新的科学的人。培根提出"知识就是力量"的口号，敦促当代世人，把神学留给神职人员，把战争留给贵族，其他人去接纳有条理的新学问。笛卡尔要求人们"读世界这本大书"；培根则鼓励肯于思考的人到大自然中去，不是去游猎，而是观察自然，因为一切知识都起源于经验。培根的经验主义将大自然的经验与寻求实用性相结合，更有远见地揭示了工业时代的精神。

《新工具》是培根的方法论杰作。这部书"使归纳法成为史诗般的历险和征服"。培根在这本书中批判了"不结果实的"亚里士多德三段论或演绎法，形成了重归纳、重观察、重实验的新方法。该书第一条格言刻画出培根从一种经验论立场对人的镜式本质的理解："人作为自然的臣相和解释者，他所能做、所能懂的只是如他在事实中或思想中对自然进程所已观察到的那样多，也仅仅那样多：在此之外，他是既无知识，亦不能有所作为。"[1] 也就是说，人只不过是一面观察、再现自然的镜子，长期以来人们恰恰忘记了这一点，两千年来人们只是用亚里士多德的工具（演绎逻辑）进行推理论证，无法对知识的进步有所作为。哲学要复兴，就必须打扫"头脑"，破除那些围困人们心灵的假象。培根的"四假象说"，是对蒙蔽"人心"的各种因素的揭示，"人心"要成为"自然的解释"，就应在"无障碍"时真实地、自然地活动。培根说，我们必须破除心中的假象。

人心中第一类假象是"种族假象"（Idols of the Tribe）。这是由人性而来的假象。在人这个族类中，"不论感官和心灵的一切觉知总是依个人的量尺而不是依宇宙的量尺；而人类的理解力则正如一面凹凸镜，它接受光线既不规则，于是就因在反映事物时掺入了它们自己的性质而使事物的性质变形和褪色"[2]。我们的心灵与其说反映了对象物，还不如说是反映了我们自己的图像，反映了我们人类的意愿、意志，从中产生出"随心所欲"的科学。这是人皆具有的心灵假象。

---

[1] ［英］培根：《新工具》，商务印书馆1984年版，第6页。
[2] 同上书，第19页。

人心中第二类假象是"洞穴假象"（Idols of the Cave）。这是各个人的假象。每一个人都各有自己的洞穴，"使自然之光屈折和变色"。这个洞穴，是由天性、教育、个人的性格等各种因素形成的。因此，洞穴假象起于各个人的心的或者身的独特组织；也起于教育、习惯和偶然的事情。培根的忠告是："凡是你心中所占所注而特感满意者就该予以怀疑，在处理这样问题时就该特加小心来保持理解平匀和清醒。"①

人心中第三类假象是"市场假象"（Idols of the Market-place）。它来自人与人之间的交往和联系，就像在市场中人们的交往和交谈会产生误解或曲解一样。"市场假象"主要由语言文字的运用产生，"它们通过文字和名称的联结而爬入理解力之中。人们相信自己的理性管制着文字，但同样真实的是文字亦反作用于理解力；而正是这一点就使得哲学和科学成为诡辩性的和毫不活跃的。"②

"最后，还有一类假象是从哲学的各种各样的教条以及一些错误的论证法则移植到人心中的。"这就是培根所说的第四种假象："剧场假象"（Idols of the Theatre）。这类假象是"学说体系的假象"。那些公认的哲学权威，不过是舞台上的戏剧，带着假的面具骗人而已。培根指出这个假象主要是针对中世纪权威哲学。

破除人心中的假象是一项"智力澄清"的工作。它虽然是通向新方法的第一步，但对于培根来说，这是决定性的一步。培根《工具论》的论述充满了"镜子隐喻"。对他来说，"人心"像一面"镜子"，它的功能是"映现"自然。但由于人类的心灵是一面凹凸不平的"镜子"，里面充满了各种各样的假象，因此首要的任务是打扫心灵之镜使之能够真正地映现自然。显而易见，这里提出的乃是一项改造"人心"的艰巨任务。

如果我们从培根关于"四假象"的提示说开去，它其实涉及了人类中心主义和或人类自我中心主义的价值标准（种族假象）、个人的偏见（洞穴假象）、对文字的信任（市场假象）和对权威的盲从（剧场假象）。人心产生假象就像"镜子"的凹凸面产生变形的或褪色的映像一样。培根的意思显然不只是如此，他还认为人心本来是平整明净的"镜子"，它

---

① ［英］培根：《新工具》，商务印书馆1984年版，第30页。
② 同上书，第30—31页。

之所以产生凹凸面是因为假象造成的。因此，破除假象意味着使心灵还原到它作为"自然之镜"的本然状态。

培根并没有去追问破除人心中的诸种假象的可能性以及在何种程度上我们可以说"破除了假象"，在他看来我们在观察中、在实验中就要求一种不为假象蒙蔽的明镜一样的心灵，这是获得"经验"的前提，也是知识的源头。然而，人心作为一种本然状态的自然之镜是否可能以及如何可能，这恰恰是需要事先加以审视并作出回答的。对此一问题，我们今天的哲学家会站在更广阔的背景下（文化学的、语言学的、解释学的等）与培根进行争辩；但是17世纪新科学和实验方法在人心中划出一片前所未有的中立、客观、准确的映现自然界的心灵空间，哲学家在新科学中看到了一位认识者的英雄形象，就像通常人们想象中的牛顿一样（一位理性的巨人），因此他们（后来的经验论者）也只是在培根确立的基本方向上反思到了培根未予追究的认识能力问题。

（三）心灵的镜式本质与镜子模型

不难看到，近代哲学在培根和笛卡尔那里已经开始确立一种以"认识者"为核心的知识型哲学，即通过追寻一切知识的基础来推进、反思和回应新科学的发展。笛卡尔开创了唯理论传统，注重的是以数学—逻辑为典范的知识基础；培根开创了经验论传统，关注的是以观察和实验为典范的知识基础。这两个传统的相互论战，铸造了近代认识论哲学的基本形态。它的总体结构是一种"镜子模型"。概括起来看，有几个方面的特征：

（1）将真理问题理解为某种知识主张，知识论或者认识论成了哲学探究的主题。

（2）真理通常被理解为认识者和认识对象的一致、符合和同一。

这种符合关系有两种方式：其一，是将认识者看成是一种被动然而准确地映现着的镜式本质，比如我们通过感官和心灵接受物体的刺激而产生观念；其二，是将认识者看成是一种主动的、自主的并通过思维自身的活动能够获得自明性观念的镜式本质，它要求认识对象接受认识者心中先天原则的统辖。确认真理在于主体与对象的一致是近代认识论的一个基本前提，差别在于：经验论将"认识对象"理解为"观念"，唯理论则将"认识对象"理解为"实体"。

（3）主客二分框架成为知识论的理论思维前提，它形成了一种"与客体相分离的主体模型"，这成为探究一切知识之基础的近代哲学的主导原则。

笛卡尔从认识者（"我思心灵"）出发所作的沉思，将一切归结为自主"我思"的逻辑推衍物，并在心物二元论（身心二元论）框架中建立了"与客体相分离的主体模型"，知识的源头活水被说成是人心中的天赋观念。这个"主客二分模型"以"两重经验论"（洛克）等形式出现在经验主义哲学中，康德将它设想成"具有一整套先验能力"的"摆脱了不成熟状态"的"文明人"，最后黑格尔将它表述为"实体即主体"的"绝对"。

（4）最后，出现了一个被"镜子化"了的"人心"的研究领域。

关于人心的"镜子模型"的最有代表性的例子是洛克的"白板喻"和莱布尼茨的"大理石喻"。前者强调"人心"无任何先天观念，它只是一块"白板"，知识是心灵"白板"映现"实在"的结果；后者强调"人心"中有天赋观念，它像"大理石"的"花纹"，在映现对象时自身变得清晰起来。

必须强调，近代哲学的镜子模型是对现实的、具体的、复杂的、社会的人的抽象理解，人被理解为一种理想的主体模型，并期待作为个体性的认识者能够达到它。如此设想的理由，显然是对人之未定性的朦胧意识。正是在人是尚待完善的、尚未定型这一点上，哲学家才要求追求真理的"人心"穿过层层迷障，成为面向普遍事物或者面向特殊事物的"认识主体"。实际上，近代哲学家在自然科学知识真理的范例下，不单是将人心看作是某种"映现"对象的"镜子"，人本身也被看作是"镜子"。主体化的人其实就是镜子化的人。

客观地说，像哲学家们所说的那种能够"明镜"一样感受、知觉对象或者"明镜"一样表现实在的人并不是现实的人，而是哲学家设想的一个理想模型，就像柏拉图的理念和"哲学家国王"一样。主体模型的建立，主客二分框架产生的真理追求（与对象符合的），以及将认识者植入镜子模型的思想策略，抽离了人的历史、文化、社会和心理等因素，这其实是从人的总体特性中切取一个片断进行夸大的结果。镜子式的人和镜子式的人心因此是一种游离于时间之外、历史文化之外的孤离的人或人心。

把真理看成是心灵对实在的镜映的观点,是西方近代哲学采取的一个共同的基础隐喻,它使得哲学家对"心的观念"情有独钟。然而,心与物、主体与客体的二分又总是使得哲学家担心"人心"可能永远不知道物自身究竟是什么。反省人心的认识能力,检讨人类知识的界限和范围,正是出于这种"担心"。从要求人心成为一面"镜子"到要求人类的语言成为一面"镜子",应该说是这种检讨造成的。19世纪中叶以来的现代西方哲学正是在近代哲学所实现的"认识论转向"的基础上实现"语言转向"的。这涉及非常复杂的理论谱系,但问题则异常简明:真理会不会是一种语句的性质呢?如果我们在解决主体与客体、心与物的一致问题上面临难以克服的困难,通过分析我们使用的语言(对语言进行逻辑分析)会不会找到一条出路呢?如果说,近代认识论转向形成了以"人心"为基础隐喻的镜子模型,那么现代语言转向则形成了以"语言"为基础隐喻的镜子模型。

四 模型的坍塌:穿破"镜子"的思想

"镜子"模型造成了罗蒂所说的近现代西方哲学中形形色色的"表象论"。表象论就是围绕身心问题的回答而展开的。罗蒂认为,身心问题可以一分为三:意识问题围绕大脑纯感觉和身体运动;理性问题围绕着知识、语言和智能;人的特性问题围绕着自由和道德责任的属性。表象论将一切都归结为认识问题,将一切都置于一种主客二分框架中,而且按照一种认识者的主体模型的要求想象社会生活和道德尊严,以致我们难于想象一种没有认识论的哲学,也难于想象一种不是由与对象的一致而被证实的"真理"。

当代哲学家一直试图解决近代认识论中"心的观念"隐蔽着的各种理论难题。这些难题中的最大难题就是真理问题。对这个问题的不断追问,最终导致了"镜子"模型的坍塌。哲学在一种突破"镜子"模型的"思"中,对科学的反思经历了一个从单纯的科学认识活动的抽象模型走向更现实、更具体的生活世界的过程。这个过程,在某种程度上是一个突破狭隘认识论真理观的过程。下述疑问构成了这一过程的起点：

（1）心如何表象那不是心的物？这个疑问可以改写成如下几种：我们的意识如何才能突破自身的界限切中事物呢？我们的理性如何才能证明我们的身体把握到的事物和我们的心灵把握到的事物是同一个事物呢？

（2）我们是通过心这面镜子来映现世界，那么世界也就是我心的"映现"？心外有物吗？如果有，事物自身是可知的吗？

（3）我们如何才能获得关于他人的心的知识？我看见的是你的身躯，看不见你的心，你有心吗？我心如何才能映现你心？没有心心相映，真理如何可能？

这些疑问往往成为怀疑论、不可知论和唯我论思想的"酵素"。在近现代哲学中这些思想往往有很强的思想穿透力。

对于近代知识论中"心的镜子模型"（旧表象论）最有力的穿透来自大卫·休谟的彻底怀疑论和不可知论。我们在前一章谈到休谟的怀疑主义和不可知论对康德思想的影响。休谟认为，真正的知识只能由两类陈述来表达，一类是逻辑—数学陈述，另一类是以感觉印象为基础的陈述。逻辑—数学的表述只有在正确说明观念、符号、概念间的正确关系时才有意义。一旦涉及外部世界，涉及对象和实在，表述便最终与被人们理解为知觉和观察的经验有关。除此之外，其他所谓知识都是不确实的。所以，休谟宣称，人们常常争论的那些概念和观念毫无意义，例如实体、自我、终极实在、心、上帝等。这些争论注定是无益的，糜费时光。休谟见解的实质是，为了知识及其进一步的积累，一切关于上帝、灵魂、心灵、自由、实体的思辨都应予以摒弃。这种激进的怀疑主义主张，对于心灵自我主体的信念构成了重大挑战。人们总习惯于对知识和知觉被推测"寓存"于其中的不可感知的实体和"主体"进行探究，休谟对之进行了强烈的质疑。因为"自我"不过是"一束知觉"，"心"是否是如镜子一样的存在的问题已经超出了知识和论述的范围。从这种主张看，休谟对形而上学的批判不仅有其内在的重要性，而且在 20 世纪实证主义和经验主义领域中产生了广泛而强有力的影响。20 世纪经验主义完成语言转向并且通过"以语言为中心的镜子模型"转换近代哲学"以心灵为中心的镜子模型"，这些引人注目的工作不过是将休谟的基本见解重新加以解释，把 18 世纪的心理学和认识论语言翻译成现代逻辑的语言。这是镜子模型由"心"

向"语言"的转变。

维特根斯坦（Ludwig Wittgenstein，1889—1951）前期深受弗雷格和罗素思想的影响，他这一时期思想的代表作《逻辑哲学论》基本上是沿着弗雷格和罗素开创的逻辑原子论的思想方向行进的。《逻辑哲学论》对经验科学和哲学进行了明确的划分：科学能向我们提供能被严格地认为是真或是假的命题，哲学则不能。因此，维特根斯坦指出，哲学关心的不是科学意义上的真理，哲学不是揭示新的事实，它的主要工作是"澄清"，即澄清为自然科学所揭示的命题、观念和概念。在这么做的时候，哲学的目的是借消除我们理智上的不安而成为治疗性的。维特根斯坦的这一观点典型地代表了现代分析哲学中语言转向：即从认识论转向语言论的方向。《逻辑哲学论》要达到的目的之一是要找到一种能确切反映世界情况的完美语言，语言构成了维特根斯坦思想的支点。《逻辑哲学论》中有这样的句子："我的语言的界限意味着我的世界的界限。""逻辑充满着世界；世界的界限就是逻辑的界限……我们不能思考的东西，我们就不能思考；因此我们不能说我们不能思考的东西。"[①]

这些命题是由语言图像论的思想推演出来的。语言图像论强调，语言是实在的图像，一个逻辑命题就是一个"图像"，图像与实在之间、命题与事实之间存在着一种对应关系，二者之间有一种共同的结构。由此，"语言、命题是图像"，"图像是实在的模型"，"图像与实在符合或不符合；这就是正确与错误，真或假"。根据这样的一系列的推论，维特根斯坦实际上建立了一种"语言的镜子模型"构造原则。设想一种"图像"式地语言，在认识论上显然是要试图摆脱"心"的基设，也就是要摆脱一种与客体分离又能映现客体的"主体模型"。正是在这个意义上，维特根斯坦说："我的语言的界限意味着我的世界的界限。"因此并不需要一个"人心"的研究领域，命题分析如果进行得很透彻，最后必然会得出命题各项的终极联系，即"原子命题"，这就是维特根斯坦所强调的"真值函项论"。由之可构造一个人工化的、理想化的逻辑语言，避免日常语言和形而上学语言的混乱。"语言图像论"是前期维特根斯坦建立"语言的镜子模型"的出发地，它涉及的是语言和实在的镜映关系（即图像）；

[①] 参见维特根斯坦《逻辑哲学论》5.6，5.61，郭英译，商务印书馆1962年版，第79页

而"真值函项论"则是"语言的镜子模型"的构造原理,它涉及的是命题与命题之间的关系。这样一来,维特根斯坦前期语言哲学实际上仍然坚持了一种"镜子模型",只不过将传统心灵主义和主体模型的镜子隐喻改造成了一种语言逻辑分析的镜子模型。

按照这个新建立的模型,哲学的根本任务是一项语言分析的任务,即是说,"哲学"的任务是要对语言进行分析批判。它包含两个方面的宗旨:其一,运用数理逻辑工具,揭示语言的表面语法形式所掩蔽的逻辑形式,澄清哲学命题的意义,抛弃由于语言的误解和混乱而滋生的传统哲学论题;其二,确立何者可说何者不可说的界限。维特根斯坦写道:"关于哲学问题的大多数命题和问题不是虚伪的,而是无意思的。因此我们根本不能回答这一类的问题,我们只能确定它们的荒谬无稽。哲学家们的大多数问题和命题是由于我们不理解我们语言的逻辑而来的。"[①] 这是一种比较彻底的语言批判,哲学问题不是被解决掉了,而是被完全取消了;维特根斯坦相信,唯有这种语言批判才能将哲学从语言的混乱中拯救出来。这种批判最终完成了 20 世纪哲学的"语言转向"。[②] "哲学的迷误源出于语言的误解和误用,语言的净化和澄明则能达到哲学的安宁。"[③]《逻辑哲学论》的最后几句话是:"一个人对于不能谈的事情就应保持沉默。"[④] 正如理查·罗蒂正确地描述的那样,前期维特根斯坦提出了一种对于哲学的镜喻理解:

哲学的目的是使思想在逻辑上明晰。
哲学不是理论,而是活动。
哲学工作主要是由解释构成的。
哲学的结果不是某些数量的"哲学命题"而是使命题明晰。[⑤]

[①] 参见维特根斯坦《逻辑哲学论》4.003,郭英译,商务印书馆 1962 年版,第 38 页。
[②] 参见尚志英《寻找家园——多维视野中的维特根斯坦语言哲学》,人民出版社 1992 年版,第 74 页。
[③] 维特根斯坦:《文化与价值》,第 16 页。
[④] 维特根斯坦:《逻辑哲学论》,第 7 节,第 97 页。
[⑤] 同上书,4.112,第 44 页。

写完《逻辑哲学论》的维特根斯坦似乎达到了他所追求的"哲学的安宁"。他离开了大城市的喧嚣，来到南奥地利的山村做起了乡村教师。表面上看，这个在《逻辑哲学论》中取消了一切哲学问题的哲学家，这个主张"对不可说的东西保持沉默"的爱智者，划定了哲学的一个终极语境后，就像武侠小说中的"武林高手"一样似乎不再愿意过问"江湖恩怨"。然而，如果考虑到《逻辑哲学论》中建立的"语言的镜子模型"中尖锐的内在矛盾和冲突，维特根斯坦的退隐就不能被看成是一种思想上的"功成身退"。

在写作《逻辑哲学论》的过程中，维特根斯坦一方面对日常语言的含混不清感到不满意，要求寻求一种科学语言的精确性；另一方面又意识到科学语言对于表述不可说的东西的局限，它只能被限制在可说的世界里。这是一种极其矛盾的心态，前者是一种科学主义的态度，后者则触摸到了一种诗意思想的边界。在科学思想中我们只能说可以说的东西，但是在诗思中我们却可以说不可说的东西。对"明镜"（图像）般的语言的要求，以及将哲学定位在"澄清"语言的混乱、治疗语言的疾病上，实际上是把诗思逐出了哲学的领地，就像柏拉图将诗人逐出"理想国"一样。前期维特根斯坦创造了一个"语言的理想国"，他的思想冲突和内心生活的历练都源自这种"镜子模型"的理想与现实生活的尖锐冲突。一旦哲学家从这个"理想"模型中走出来，回到现实生活的大地，他就会对语言和思想的本质重做思考。

应当说，是一种理论的内在困境驱使维特根斯坦来到宁静的山村。与学童们的嬉戏，山村教学对日常语言的需要，为孩子们掌握他们的语言进行的词典编撰，使维特根斯坦对语言本质的看法发生了根本的变化。维特根斯坦写道："说在语言中我们考察一种与日常语言相反的理想语言，这一说法是错误的。因为这使得看起来好像我们认为我们可以对日常语言加以改进。然而日常语言是完全正确的。"[①] 基于这种认识，1929年之后的维特根斯坦提出了语言游戏说，对前期的语言图像说及其全部学说进行了总体性的清算。

[①] 参见 Wittgenstein, The Blue and Brown Book. Blakwell, 1969, pp. 28；中译文见尚志英著《寻找家园——多维视野中的维特根斯坦语言哲学》，第116页。

对语言图像论的批判实际上是对"语言镜子模型"的揭破。图像把我们禁锢起来，对于这些禁锢我们的语言图像必须加以摧毁。这意味着，前期《逻辑哲学论》变成了后期《哲学研究》批判的靶子。"当哲学家使用字词——'知识''存有''客体''我''命题''名称'——并且想抓住本质时，我们必须时时这样问自己：这些词在一种语言中，在它们自己的老家中是否真的这样使用？"① 这是一种针对一切"镜子模型"的哲学抽象所进行的追问，不但是要破除笛卡尔、培根以来关于心灵的镜子模型，而且要破除维特根斯坦自己在前期确立的理想语言的镜子模型。"我们所做的是把字词从形而上学的用法带到日常用法。"②

不可否认，《逻辑哲学论》主要是针对笛卡尔以来的二元论哲学范式及其"心的镜子隐喻"，通过语言转向产生了两个影响深远的结果：第一，将主客二分的认识论模型转化为语言关系（命题图像与实在的关系）；第二，使思维与存在处于同一逻辑空间，消除了二元论的理论依据——身体（物）占有空间，心灵不占有空间。从这两点来说，由语言批判"拒斥形而上学"对于近代知识论哲学乃至整个西方传统形而上学无疑具有很大的冲击力和破坏力。但是，《逻辑哲学论》只是用一种（语言的）镜子模型取代了另一种（心的）镜子模型，它在解决语义问题时还得与指称对象发生关系，仍然采取实在论的立场和视觉隐喻，因此它实质上仍然坚持一种传统主张。语言图像说也就是一种语言表象论，它实质上并没有完全超越主客二分的传统镜子模型和视觉隐喻。

后期《哲学研究》清算了《逻辑哲学论》中的基础隐喻和镜子模型，哲学的任务不再是提供一套终极话语和一套表象理论（无论是"心"还是"语言"），而是使语言回归人、回归生活，也就是回归语言的生活形式。后期维特根斯坦的核心思想是语言游戏说和生活形式理论。维特根斯坦"语言游戏"的概念是观看一场足球比赛获得灵感而创造的。马尔科姆对此写道："一天，当维特根斯坦经过一个场地，那里正在进行一场足球比赛，于是他第一次产生了一种想法，即我们的语言中是在用词语进行游戏。他的哲学的一个重要思想，即一种'语言—游戏'（Language-

---

① 维特根斯坦：《哲学研究》，第116节。

② 同上。

game）见解，显然就起于这一件事情。"① 在《哲学研究》中，维特根斯坦谈到了大量的游戏活动，如下棋、玩牌、球赛等。语言游戏与这些游戏具有相似性。维特根斯坦的语言游戏说强调语言的活动性，它是一种社会活动，一种生活形式，是人类活动的本原。语言没有共同的本质，语言游戏的特点是"家族相似"。而日常语言、原始语言是语言的"老家"，语言的回家就是回到生活形式，"想象一种语言就是想象一种生活形式"。以生活形式为"家"的后期维特根斯坦哲学，一方面将前期设定的"可说与不可说"的界线消解掉了，另一方面走出了表象论的语言迷宫。

这些思想构成了对传统本质主义和实体主义的根本性的倾覆，标志着维特根斯坦对于前期思想中仍然残存的镜子模型的彻底破除，也就是对于语言表象论的摧毁。这是一种走出西方知识论传统的运思之路。它的彻底反传统立场深受理查·罗蒂的赞颂。罗蒂说："我们在言语中必须完全摆脱视觉的隐喻，特别是镜映的隐喻。为此，我们必须明白，言语不仅不是内在表象的外在化，而且根本就不是表象。我们必须抛弃语言的以及思想的一致性概念，并把语句看成是与其他语句而不是与世界联系着的。"② 罗蒂将后期维特根斯坦对前期主张的自我批判看成是镜子模型坍塌的一个例证是有说服力的，这样的例证还有海德格尔和约翰·杜威前后期思想的转向。

罗蒂将受到"镜子模型"诱惑的哲学叫做"体系哲学"，将突破这种"镜子模型"的哲学叫做"教化哲学"。他在《哲学与自然之镜》中谈到由体系哲学向教化哲学演变的趋势时，经常将维特根斯坦与海德格尔相提并论。在体系哲学中，"被新的认识成就激动起来的哲学家们不断地制造哲学革命"，③ 其基本方式是：挑选出一个领域或一整套实践，并把它看成是规范的人类活动。简单地说，它其实就是建立一种"认知"模型的过程。如亚里士多德的重新被发现、伽利略的力学、19世纪自我意识的编史工作的发展、达尔文的生物进化论、数理逻辑等知识进展导致的托马斯对亚里士多德的经院化、笛卡尔对经院主义的批判、阅读牛顿的著作引

---

① 马尔科姆：《回忆维特根斯坦》，第56页。
② 罗蒂：《哲学与自然之镜》，第323—324页，引文参考了《没有镜子的哲学》，载《哲学译丛》，1987年第3期。
③ 引自罗蒂《没有镜子的哲学》，载《哲学译丛》，1987年第3期。

发的启蒙运动、斯宾塞的进化主义、卡尔纳普通过逻辑形而上学的尝试，诸如此类的尝试都是按照最新的认识成就的模型改造文化其他部分的面貌。"体系哲学家"极为典型地说："现在，某某一条研究路线取得了如此惊人的成功，让我们按照它的模式重新规整所有研究和全部文化吧。"① 这样产生的人的概念、人类理性的信念以及关于知识的主张在一种体系化的模型中被抽象化了，其中最基本的模型就是镜子模型。

然而，除了作为主流的体系哲学家之外，还有另一类非主流的教化哲学家在今天思想文化中产生越来越大的影响。罗蒂写道："在现代哲学的边缘地带我们发现一些显著人物，他们没有形成一个'传统'，却不约而同地不信任人的本质是本质的认识者这一概念。"② 这些边缘哲学家在20世纪异常活跃，他们活跃在文学、艺术、政治、诗歌、历史学、社会学等异常广阔的领域。他们是我们时代的教化哲学家。体系哲学家同科学家一样，要建造永恒，而教化哲学家则为着自己的同代人去破坏。体系哲学家把课题安在可靠的科学小径上，教化哲学家则为诗人时常能引起的那种新奇感保持着开放的空间。总之，教化哲学家是一种批判性的、解构性的哲学，它是对认识论中心哲学的摧毁，是对一切要求进入镜子模型的哲学构造的颠覆。正如罗蒂意识到的那样，以认识论为中心的哲学史是欧洲文化史的一个片断。这种哲学总是要回复到古希腊人那里并从侧面进入一种非哲学性学科，这些学科自以为是认识论的代替者，从而也是哲学的代替者。镜子模型的坍塌使这种体系哲学的梦想终结了，哲学也许纯然变成教化，我们也将进入一个后哲学的时代。

这是罗蒂审视西方近现代哲学发展基本趋势后作出的一个基本断言。他看到了西方当代思想家对传统理性主义、本质主义、实体主义和科学主义反叛的合理性，看到了西方近现代真理观存在的缺欠。然而这种极端的反传统思想中显然也有着难以消除的虚无主义和相对主义的偏失，这一点我们不能不小心提防。抛开这些因素不论，这里谈到的西方思想中的镜子模型以及对它的突破，却深刻地触及了哲学爱智的知识之问。哲学唯有回到现实生活世界来面对这样的追问，才能找到一条通向真正智慧的思途。

---

① 引自罗蒂《没有镜子的哲学》，载《哲学译丛》，1987年第3期。
② 同上。

五　知识之问：庄子的知与维特根斯坦的不可说

　　写到这里，我想起《庄子》中记载的一则寓言。我们发现"知"本身处于一种失落的境地中，北游到处问道求解。在这个寓言中，古代中国道家思想以一种激人深思的反讽，对知识本身进行了质疑。庄子没有像柏拉图、笛卡尔和前期维特根斯坦那样，设计一面"映现"实在的"镜子"来回答"什么是知识"的追问；但是，这个问题却以一种奇特的、富于智慧和诗意的形式得到了响应。在西方的传统中，亚里士多德在《形而上学》开篇说："求知是人的本性。"[①] 紧接着这句话是对人的视觉运用的赞美。一直到海德格尔意识到"求知"的渴望实际上是一种"看"（horan）的烦恼，西方思想普遍受到视觉隐喻的限制。庄子的寓言则要求我们跳开这种"看"的烦恼，真实地面对"知"与"无知"的难题。这就是《庄子》书中著名的寓言"知北游"。

　　"知"北游于玄水之上，登隐之丘，遇到了那个"不做什么不说什么"的"无为谓"，并问他说："何思何虑则知道？何处何服则安道？何从何道则得道？"问三次，无为谓都不答，不是不答，不知答也。"知"于是返回到白水之南见到狂屈。"知"以同样的话问狂屈，狂屈说："唉，我是知道的，正要跟你说却忘所欲言。""知"得不到答案，返回帝宫，见到黄帝，便以同样的话问他。黄帝说："无思无虑始知道，无处无服始安道，无从无道始得道。""知"听到后说："我和你知道，他们不知道，那个对呢？"黄帝说："无为谓真是，狂屈似之，我和你终不近也，因为知者不言、言者不知，因此圣人行不言之教……"[②]

　　在这则寓言中，只要我们怀着求知的渴望、解释的狂傲，就永远不能引发面向"知之奥秘"的真"思"。这一点，维特根斯坦在面对"不可说"的东西的时候可能与庄子遥相神契。他说："哲学不可能说出任何正确的东西。每一种哲学主张在语法上都是糟糕的，我们从哲讨论中能够指

[①] ［古希腊］亚里士多德：《形而上学》，苗力田译，中国人民大学出版社2003年版，第1页。

[②] 见《庄子·知北游》，叶维廉在《中国诗学》中引用了这个寓言。此处参考了叶维廉的诠译。见该书，生活·读书·新知三联书店1992年版，第37页。

望的最佳成就,是引导人们明白哲学讨论是一种错误。"

维特根斯坦和庄子面对的是同样一个不可避免的反讽模式:尽管有对语言和文字的不信任,他们还是不得不对他们认为不可说的东西说了许多。维特根斯坦承认,他写下的那些警句和格言最终毫无意义,他敦促读者一旦懂得它们就将它们彻底抛开。庄子在很多地方运用了隐喻、寓言和意象,来展示那不可说的东西,同样是在期待有人能一旦获得其意义,就忘掉他使用的言词。

对于庄子的寓言,王叔之在注疏中说:"彼无为谓妙体无知,故真是道也。此狂屈反照遗言,中忘其告,似道非真也。知与黄帝二人,运智诠理,故不近真道也。""知"和"言"构成了一个矛盾统一体。显然,处于人类思维的前科学和前逻辑时期的庄子,并没有碰到笛卡尔、洛克、休谟和维特根斯坦面对一套科学的命题系统和观念系统而对"心"和"语言"采取某种"镜像"化的定位,他面对的"知"不是科学和逻辑意义上建立在主客二分基础上(心物二元论)的对象化的知,而是唯有进入到万物一体、万有相通的境界才能获得的那种"知"。在通常的"有分别"境界的对象性求知中,我们往往迷失的就是这种"无思无虑""无处无服""无从无道"之"无分别"境界的"知"。"天地有大美而不言,四时有明法而不议,万物有成理而不说。圣人者,原天地之美,而达万物之理。是故至人无为,大圣不作,观于天地之谓也。"[①] 这是一个相当深刻的矛盾,真正的知是不可说、不可求的,但是不求知如何能知?不言说如何"显现"知?

经常与庄子辩论的惠施向庄子挑战说:尽管他声称语言无用,他毕竟还是使用了很多语言。庄子说:"知无用而始可与言用矣。"语言就像捕鱼用的"筌"、捕兔用的"蹄",语言之用要像"得鱼忘筌""得兔忘蹄"一样。庄子告诫人们不要执着于语言、词和逻辑,而遗忘了语言背后的"意""随"和"不可言传者":

"世之所贵道者书也,书不过语,语有贵也,语之所贵者意也。意有所随,意之所随者,不可以言传也,而世因贵言传书。世虽贵之,我犹不足贵也,为其贵非其贵也。故视可见者,形与色也,听而可闻者,名与声

---

① 见《庄子·知北游》。

也。悲夫，世人以形色名声为足以得彼之情！夫形色名声果不足以得彼之情，则知者不言，言者不知，而世岂识之哉！"①

"天地与我并生而万物与我为一。既已为一矣且得有言乎；既已谓之一矣，且得无言乎。一与言为二，二与一为三，自此以往巧历不能得而况其凡乎。"②

在庄子的论述中，"言""道"和"知"处于一种悖立的处境中。"言无言，终生言，未尝言；终生不言，未尝不言。""至人""真人"和"神人"所体悟的是那个混沌恢宏的"天道"，这是一个"天地与我并生而万物与我齐一"的不可言说的本然世界。从这个世界中进入"人言"，就制造了说者与被说之物的差别，于是就出现了"二"，出现了"事事物物"的界限。从庄子的这个见解出发，消解主客二分、破除主体模型和各种类型的镜子隐喻，是回归自然之道的关键。这恰恰是庄子思想在今天这个科学知识获得统治权的时代不断地被人们解读的原因。庄子面对的是这样的一个困境：求知往往不得其知，但不知中亦有知，可以不求而知不言而明；但这竟是如何可能呢？终生不言的"默者"如何言说呢？让我们再看看庄子的两则寓言：

庄子与惠子游于濠梁之上。庄子曰："鯈鱼出游从容，是鱼之乐也。"惠子曰："子非鱼，安知鱼之乐？"庄子曰："子非我，安知我不知鱼之乐？"惠子曰："我非子，固不知子矣；子固非鱼也，子不知鱼之乐，全矣。"庄子曰："请循其本，子曰'汝安知鱼之乐'云也者，既已知吾知之而问我，我知之濠上也。"③

桓公读书于堂上，轮扁斫轮于堂下。释椎凿而上，问桓公曰："敢问公之所读者何言邪？"公曰："圣人之言也。"曰："圣人在乎？"公曰："已死矣。"曰："然则君之所读者古人之糟魄已夫！"桓公曰："寡人读书，轮人安得议乎！有说则可，无说则死。"轮扁曰："臣也以臣之事观之。斫轮，徐则甘而不固，疾则苦而不入。不徐不疾，得之于手而应于心，口不能言，有数存焉于其间，臣不能以喻臣之子，臣之子亦不能受之

---

① 见《庄子·天道》。
② 见《庄子·齐物论》。
③ 见《庄子·秋水》。

于臣，是以行年七十而老斫轮。古之人与其不可传也死矣，然则君之所读书，古人之糟魄已夫！"①

这两则寓言颇耐人寻味。在第一则寓言里，庄子的意思是：你不是我，但你能知道我不是鱼。所以我不是鱼，我当然也可以知道鱼之乐。如果你说我既然不是鱼，所以我不能知道鱼；那你不是我，又怎能知道我？如果你不是我而能知我，我不是鱼而能知鱼，又有何不可？在这一系列的对答中，"知"受到了诘问。惠施大概意识到认知活动中主体模型面临的难题："子非鱼，安知鱼之乐？"这个难题之所以出现，乃是因为它隐蔽着一个"真理符合论"的前提：只有鱼才知鱼之乐，"鱼乐"是"知"的结果，而"你是鱼"是"知""鱼乐"的前提；那么，问题在于我们如何把自己摆在"鱼"的位置上呢？我们看到，正是在这个问题上，西方近代认识论出现了关于"心"的镜像隐喻。这个问题其实就是，我们怎样才能在"知"中作为"知者"与"被知者"同一？庄子的这则寓言以一种特有的智慧越出了惠子设定的知识构架：一种主客二分的知识模型。

在第二则寓言中，对话者的身份异常悬殊，一方是桓公，是一位君主；一方是轮扁木工。对话的中心主题是：我们能否从语言文字中获得"真知"？桓公在读书，他相信通过读"圣人之言"可以获得"知识"。轮扁木工则不以为然，他认为真正的"知"是"得之于手应之于心而口不能言"。所以，他称桓公读的圣人之言（建立在语言文字之上的"知识"）只能是"糟魄"而已。庄子的这则寓言直接针对由语言造成的蒙蔽，我们从当代西方语言哲学中（如后期维特根斯坦）能够找到相近的回响。

可见，"知"的失落不仅在"言说"的遮蔽中（轮扁的对话），还在"有我"的意欲中（鱼与我）。这种语言与实在的二分、心与物的二分恰恰最是为庄子所反对的。这一点中国古代思想家中不独道家注意到了，儒家和后来的佛家其实都注意到了。牟宗三在讲授中西哲学时曾经说："中国人喜欢一元论，其实这不是情绪的喜欢或偏爱的问题，而是有其实践上的必然性。在实践的境界上，达到物我双忘，主客并遣，在此无所谓主观

---

① 见《庄子·天道》。

客观，主观消失了，客观也消失了，中国儒释道三家对此均有体会。"①牟宗三先生认为，中国传统思想达到物我双忘、主客并遣，是经过实践达到"圣境"。这就是说，对于爱智的中国哲学家来说，"构境"与"成识"是并行发生的，所谓"境不离识""识不离境"。按照牟宗三先生提示出来的这个思路，我们不妨同意这样一种观点：西方哲学传统是一种"实体性超越"的哲学传统，它以关涉事物之超验本质的方式追求智慧和真理，因此它在中世纪进入宗教领域，在近代自然科学知识典范作用下进入知识论反思；中国哲学传统则是一种"境域性超越"的哲学传统，它以关涉人生经验的方式追求智慧和真理，它的基本运思维度是伦理的和美学的。

从西方传统看，人是理性的动物，他有求知本性且通过逻各斯（言说、表达）表现出来。哲学（爱智慧）作为一种理论生活的最高形态，在柏拉图、亚里士多德那里就已经开始与个人的情感、冲动、以及神话的、宗教的和诗创作的冲动相分离。在这个传统中，语言（逻各斯）和"心"是映现实在的"镜子"，知识和真理问题被归结为准确再现的问题。这一点甚至影响了西方近代以来的叙事模式和审美理念（镜子模型）。这样一来，"人心"的复杂性被化约为单一的认识机能，而语言的表象论又始终摆脱不了语言唯我论的困境。所以在它建构的各种"镜子模型"中，"人心"和"语言"都被抽象化了、被工具化了，它们被从活生生的存在"老家"中分离出来，实际上是无家可归了。

从中国传统看，"人心"和"语言"一直是哲学关注的问题领域。中国哲学家所说的"知"不是针对"自然"中的事事物物，而是针对"生命"中的事事物物。西方哲学和科学可以对自然中的事事物物予以本质地揭示，但中国哲学对生命中的事事物物则只能通过体悟才能获得通透的理解。道家讲"知"（如庄子）不是"言"知，而是要有一颗"体知"的"心"。道家所谓的"真知"，是个体生命在"微妙玄通"的体验中对"天人合和"境界的"体知"。道家反对"见闻之知"，也反对"识知"，因为这些知识不是由"道心"而来而是由"成心"（习惯）而来的。道家主张超脱"成心"而进入"道心"，道心就是玄览、观照、坐忘、朝

---

① 牟宗三：《中西哲学之会通十四讲》，上海古籍出版社1997年版，第64页。

彻，也就是一种悟道、体道、与道冥合的精神境界，这恰恰是不可言说的。儒家亚圣孟子强调尽心知性而知天，宋明时期的陆象山、王阳明对儒家这种发明本心的致知之学作了深刻的发挥，形成了著名的"心学"流派。陆象山说："心之体甚大，若能尽我之心，便与天同。为学只是理会此。"① 即是说我心即是宇宙全体，宇宙全体就是我心，两者本来合一，无有隔阂。人心，道心，显然不是西方近代哲学意义上的那种作为"自然之镜"的认识心，它的根本是"道德原则"。王阳明说得好："夫人者天地之心，天地万物本吾一体者也。"

可以说，中国传统哲学所说的"心""语言""知"都源自人生体验。它与在一种主客二分模型下出现的认识论视域中的人心根本不同。这是一种有灵性、会痛的人心，而不是纯粹的"自然之镜"。中国哲学既没有将人心设想成一种抽象的镜子模型，也没有将语言设想成一种镜子模型。中国哲学一般注重人生，注重修养，注重实践心而非认知心。

大致上，我们看到，西方知识之问是要越过生灭变化的现象问出那不变的本质。它的典范形式是近代出现的系统的自然科学。西方哲学在追问"什么是知识"的时候是通过反思科学来完成的。中国的知识之问是要超越通常意义上的知识进入一种人生大智慧的彻悟。关于中西哲学的对比，牟宗三说："在知识方面，中国哲学传统虽言闻见之知，但究竟没有开出科学，也没有正式的知识论，故中国对此方面是消极的。消极的就要看西方能给我们多少贡献，使我们在这方面更充实，而积极地开出科学知识与对这方面的发展。"② 中西两种知性系统和两种不同爱智取向的互补应当是人类文化融合和交流的大势所趋。

然而，我们今天应当立足何处来反思科学以及由科学知识架构出来的现代文明？以我们今天人和人类处境中面临的那些问题来看，也许并没有一种语言使哲学顺当地说出它的所知。那么，沉默是否是一种最高的智慧？

---

① 见《象山全集》卷三五。
② 牟宗三：《中西哲学之会通十四讲》，第74页。

中篇　　哲学的爱智范式

当思之勇气听命于
存在的邀请，于是
天命之语言蓬勃。

（摘自海德格尔：《从思的经验而来》）

第五章 哲学的爱智梦想

一 为爱智慧而致力于哲学事业

在我们今天这个思想贫瘠而技术占统治地位的时代，我们如何追问哲学？在物质主义和功利算计漫天席卷的经济全球化时代，在世俗化的滔滔巨浪吞蚀着"物之纯真"和"人之诗意栖居"的时代，我们对哲学的追问将从何处起步？透过世纪之交众声喧哗中的旋律，透过我们时代西方思想中各种终结哲学、弃绝智慧的解构游戏，透过绝望与焦虑在人之无家可归的精神漂泊和信仰缺失的心灵中的盘踞，透过"上帝死了""人死了"的声嘶力竭的虚无主义呐喊，我们对哲学的追问将如何才能起步？

20世纪德国哲学家加达默尔在《科学时代的理性》中说：我们时代"更愿意将哲学视作旧时代神学的遗物"。[1] 这样说并不算过分。那么，在这样的一个时代，哲学家们是否尚有闲暇并悠然自若地思考那些毕生无法解决的问题？这样的思还有吗？这样的活动还依然存在吗？要知道，即使在1821年，黑格尔还在将没有形而上学的民族比喻为"没有祭坛的圣殿"。然而，正是在黑格尔那里，绝对真理体系的解体以惊人的方式表明了形而上学的终结。[2]

我们看到，在西方哲学的演进中，自苏格拉底—柏拉图以来，哲学历来被看成是"形而上学"，形而上学的终结即是哲学的终结。在哲学终结之际，哲学的追问将何以可能？

事实上，从黑格尔绝对唯心主义体系解体以来，这个问题一直是19

---

[1] ［德］加达默尔：《科学时代的理性》，国际文化出版公司1988年版，第123页。
[2] 同上。

世纪末和整个20世纪哲学家不可回避的问题。这问题将我们带向哲学的系谱学调查。即是说，它使我们已然置身于搜检或清算哲学家谱的位置上。

历史又一次地将现代人的眼光吸引到古代希腊人在卓绝的孤独中从事的伟大创造。因为，希腊是哲学的故乡。尽管在遥远的东方古国具有哲学性质的对话早就存在了，但早期希腊人第一次为哲学命名，而且这命名在传向欧洲的四面八方后又在近世扩展到了全球。希腊人为哲学的命名即是：哲学就是"爱智慧"。

然而，黑格尔之后，人们向希腊哲学故乡的探源却不是重述哲学在其发端处就已经确立的伟大梦想。哲学的历史不再如黑格尔一样被看作是由苏格拉底—柏拉图起步的理性进步的伟大历史。与之相反，像尼采、海德格尔这样的思想家要求深入到早期希腊人爱智慧之古义，从而指证哲学史从苏格拉底开始了一个从其希腊本源爱智处的断裂，哲学其实是希腊思想的误入歧途。因此，20世纪哲学家对早期希腊的探源，毋宁是对哲学之获得如此命名的被遮蔽之物的发掘，因而是从源头对哲学梦想的清算。

当人们说"哲学"一词是某种最初决定了希腊人的生存的东西的时候，是指理性在希腊城邦中的诞生，建立在理性基础上的智慧之爱形成了哲学的开端。思想史上一个基本的观点是：在城邦时代的希腊思想中发生了一场重大的变革，由于这场变革，理性从神话的束缚中独立出来，从诗的、本能的、神话想象的本源中脱身而出，试图对一切理性的问题予以理性的回答，这样人们不再依赖神话而是依赖理性。因此，哲学起源于希腊人思想中历经的一次重大断裂。有学者将这一似乎已成常识的观点概括为三点：（一）哲学从神话中产生出来是以一种突然的中断作为标志；（二）一旦哲学被发明或被发现，神话思维则成为遗迹；（三）古希腊人是这一奇迹的创造者。[①]

长期以来，人们相信"希腊奇迹"所获得的巨大成功，那种把哲学史说成是绝对精神之"逻辑"的自行展开史即是这种信念的突出代表。然而，当代思想家对哲学的系谱学调查表明，那哺育了希腊理性同时也哺

---

① 参见艾丽西亚·朱阿蕾罗《从现代之根到后现代之茎》，载《哲学家和他的假面具》，社会科学文献出版社2000年版，第48页。

育希腊哲学的希腊人始源性的存在经验则是不能被忽略掉的。今天各种反柏拉图主义的哲学家一致认为,理性与其非理性本源的中断,哲学与其神话本源的中断,是一个不成功的"奇迹",甚至是使得西方思想误入歧途的梦想。当这个梦想破灭的时候,欧洲就会陷入深深的危机之中。

哲学的追问需要我们重新看待希腊奇迹,以及这个奇迹对于整个西方哲学形而上学传统所具有的奠基性的意义。我们应当写作一种系谱式的哲学的历史,这个历史不仅仅告诉人们哲学对神话和诗的排拒,还要告诉人们哲学在这种排拒中有没有可能把自己变成了一种新型的神话、一种永难实现的梦想。

二 爱智慧的含义

我们不厌其烦地指出,希腊人最早给哲学命名,他们叫它"爱智慧"。

然而,"爱智慧"在希腊人那里最初还不是一种"学",而是一种生活方式,是一种与人的生命结合成为一体的生活态度。虽然,我们今天说,米利都城的泰勒斯是希腊哲学之父,但实际上一种系统化、条理化的哲学则是从苏格拉底、柏拉图和亚里士多德开始的。

因此,当我们谈到希腊人用来为"哲学"命名的"爱智慧"的时候,我们其实已经面临着两种意义上的"爱智慧":其一,是我们在柏拉图意义上比较熟悉的、那种影响了西方思想两千多年的"爱智慧",它与"哲学"同义;其二,是一种更本源的"爱智慧",它是希腊人始源性的与"存在合一"的生命感性和历史感性。前一种是"哲学"的显义,它显现为一种专门性的理论生活;后一种是"哲学"的隐义,它隐匿在人的生命活动之中,是"人与智慧和谐一致"的生命表现。

从后一层意义上,前苏格拉底哲学家懂得更本源地"思"。尼采在《希腊悲剧时代的哲学》中写道:他们(早期希腊人)真正懂得必须怎样开始从事哲学。

"也就是说,不是等到悲苦之时,像某些从郁闷心境中推演哲学的人所臆断的那样,而是在幸福之时,在成熟的成年期,从勇敢常胜的男子气概的兴高采烈中迸发出来。希腊人在这样的时期从事哲学,这一点恰好启发我们理解哲学是什么,哲学应该是什么,更启发我们理解希腊人本身。"①

当时的希腊人,敢于将自己的生命投入浩大的宇宙生命洪流中,他们的"爱智慧"是一条"翻腾着骄傲的浪花的波澜壮阔的江河",这是一种从生命的豪迈和肯定中迸发出来的"爱智慧"。早期希腊的哲学家们就是以如此一种诗人的率真,投身于世界之游戏和宇宙之循环的。

因此,在"爱智慧"成为一种寻求普遍定义的求知活动之前,希腊人"爱智慧"的古义乃是与生命和谐一致的那种自由纯真的"思"。这种"思"早已以一种素朴的形式存在于希腊神话、悲剧和诗歌中。据说泰勒斯曾经主张建立一个"城邦联盟",因为他知道神话是希腊城邦的基础,他更清楚如果他摧毁了神话,他也可能摧毁了城邦。

事实上,"神话"(包括《史诗》)哺育了希腊人的"爱智慧",哺育了希腊的哲学。"神话的光芒所到之处,希腊人的生活就被照亮了,否则他们就生活在黑暗之中。"② 如果考虑到希腊的青年人都是在聆听荷马史诗中长大,如果考虑到希腊神话、诗和悲剧那种浩大的生命激情和生命精神滋养了像苏格拉底、柏拉图这样的哲学家的生命,那么哲学家主张丢掉神话、主张驱逐诗人、主张建基在一种纯概念逻辑基础上的"爱智慧",难道不是遗失了那最本源的、至关重大的东西吗?

希腊"爱智慧"经历的这一断裂,决定了西方哲学的基调:它以分裂人的生命为代价、以人与存在的对立为框架走上了一条知识论的道路。我们对哲学的追问,必须从希腊人"爱智慧"的这一断裂层起步。

三 哲学之路:智识型的方向

自从人们开始寻求一种绝对的语言,人们就已开始踏上哲学之路。

在神话思维中,虽然神话"系谱"的说明,要求追溯到最终的来源,但这种来源总是居于一定的"时序"中,其权威和合法性是时间地和历

---

① 尼采:《希腊悲剧时代的哲学》,商务印书馆1994年版,第5—6页。
② 尼采:《哲学与真理(尼采1872—1876年笔记)》,上海社会科学院出版社1993年版,第158页。

史地确立的。

换言之，神话总是通过与某一来源的时间关联，去发现和揭示其祖源意义上的"根"，以此在叙事中说明某一事件的合法性和权威性。神话赖以立足的基础，是在世界的时间性起源和权力的主宰，在时间的第一性和权力的第一性之间建立一种区别，拉开一段距离。神话就是在这段距离中构成的，它甚至把这段距离作为叙述的对象，通过世代神祇的接续，重现王权的更替，直到一种最高统治最终结束王权的戏剧性建设为止。

希腊早期自然哲学家从泰勒斯开始通过思考万物本原（始基）来避开求助于众神的作法。本原往往被理解为"一""不动变者""永恒者"。它以另一种形式承续了神话思维中"根"的隐喻。

但是，早期希腊自然哲学不是从祖源的意义上保留"根"的神话，"根"成了非系谱的"本原"。时间的第一性与权力的第一性的分离已经不存在，支配世界的伟大法则是内在于自然的，它应该以某种方式内在于一个最初的元素中。于是，希腊人惊异于这样一件看起来再平凡不过的事情，"一切存在者存在"或者"一切是一"。

应该说，前苏格拉底哲学家对"一切存在者归属存在"的惊异，仍然是从"人与智慧和谐一致"的意义上"爱智慧"。这一时期，尽管神话的结构已经不复存在，但神话中那种将人诗意地归属于"根源"的思想仍然得到了保留。

苏格拉底的"爱智慧"是希腊人始源性的爱智之古义的中断。在苏格拉底的对话盘诘中出现了一种全新的东西。用"绝对定义"的尺度划定了"真的世界"的话语边界，于是命运的主题隐退了，自然、时间和历史的永恒生成被具有知识（心灵）确然性的逻辑原则所取代。如此一来，悲剧时代希腊智慧的生命向度被取消了，凸显命运主题的生命本能被放逐。柏拉图通过写作苏格拉底对话录，实际地将希腊思想引向哲学之维。到亚里士多德将爱智慧发展成为第一学术，爱智慧实际上就等同于"形而上学"了。

"爱智慧"作为哲学形而上学的一个基本的框架，是以人与智慧的分离为前提的，这一分离导源于人与存在的对立。它是人对智慧无可遏止的欲求，是对知识的无尽追求，是透过事物的外表要求把握事物之本质的寻根问底的追问。

因此,"爱智慧"实际上预先设定了一个超然物外并将一切事物都转化为对象的追问者,由于这一预设同时也就预设了认识对象与认识者之间的基本区分,这就是主客二分的框架。这一框架决定了从柏拉图到黑格尔的哲学道路。这条哲学之路的鲜明特征就是主体形而上学(或在场形而上学)。我们称这条哲学道路是由"爱智范式"奠基的道路,它决定了西方哲学伟大的抱负和不凡的梦想。

把"智慧"作为"爱"的对象,是"人与智慧和谐一致"的那种更为始源性的关系中断裂。然而,一旦"爱智慧"成了占有智慧、欲求智慧,或者换一个说法,成了追求真理、正义和秩序,那么"智慧"或"真理"就转变成了某种现成之物。这样,爱智慧就是对某种在场者的追寻,亦即对终极实在的追求。

爱智慧由此确立了一种知识型的哲学方向:它不是一劳永逸地占有智慧或真理,而是在不断地自我否定中,在不断地反思中,在不断地发展中,把我们引向一个无限超越的旅程。因此,爱智慧是不停息地对我们理论思维的前提进行批判,对我们知识客观性的基础进行刨根究底的追问。由爱智范式确立起来的哲学形态,决不是一个人的哲学,而是一条相互联系、前后贯通的哲学道路。

四 爱智的梦想:存在、知识与逻辑

"爱智慧"的哲学思路形成了西方形而上学的基本形态。这个传统是由苏格拉底、柏拉图和亚里士多德确立起来的。

苏格拉底将德性、知识和智慧视为一体,从而在人这种存在者之外设立了一个更高的完全包容了德性、知识和智慧的神性存在者,人的使命是倾听、尊奉和践履神的启示、命令和召唤,而苏格拉底所示范的那种寻求绝对定义的爱智对话就是侍奉神的使命。

柏拉图进一步发挥这一思想,指出任何现象界的存在物都有其理念的形态,人的劳作就是通过回忆克服对纯粹意义的遗忘,跨过世界的这一边,踏上重返绝对理念的路程。这样一来,神的世界和理念世界构成了一切解释的最终根据,存在之为存在的原因由此得以说明。"爱智慧"即是对一个超历史永恒和超感性绝对的真正世界的不倦探寻,哲学就这样被理解为一种究极本源的追问。

亚里士多德把这一构成原因的东西叫做本体，而研究本体的学问就是第一哲学，亦即"形而上学"。如此确立起来的哲学，旨在通过认识和分析某类终极存在物来解释"是之为是"的原理和原因，从而将一种科学式的思想方法引进到哲学问题的研究中来。

然而，在随后的发展过程中，"爱智慧"的超感性追求的一面构成了基督教哲学论证信仰的工具。到近代培根和笛卡尔确立一种知识论形态的哲学，爱智范式的哲学形而上学才成为滋养现代各门自然科学的母体。笛卡尔用一棵树来比喻整个科学知识的分类：形而上学是树根，物理学是树干，其他具体自然科学是树枝。笛卡尔要求哲学像几何学那样建立一系列清楚明白、无可怀疑的公理体系。他用"我思故我在"这一命题建立了以"我思"主体为核心的主体形而上学，试图回答一切知识的根据问题。

从17世纪那些天才的形而上学体系的创立，到德国古典哲学的开创者康德对形而上学可能与否的根据所做的卓越批判，再到黑格尔建立在历史与逻辑统一基础上的思辨唯心主义体系的创立，爱智范式的哲学展现了理性自身发展的道路。

西方哲学走过的这条"爱智之路"，在今天受到了当代西方思想家的重新审视：以往的哲学家们总相信，"奥林匹斯的朱庇特雕像"只还差那块基石，爱智慧就是使之达致一种完美无缺之境；而今天的思想家们从传统爱智范式的哲学建造活动中则看到，根本就没有一尊完美无缺的"朱庇特雕像"，因此真正的哲学运思应学会"放弃"。

从我们概述的西方哲学的这一演进历程中可以看到，爱智范式的哲学传统构成了西方思想的一个基本特色。客观地分析从苏格拉底－柏拉图以来的哲学形而上学的历史发展，我们不难看到这一哲学形态实际上是建立在一系列相互关联着的爱智梦想基础上的。这些"梦想"有其人性的根源，它与产生此类梦想的历史背景和人类处境直接相关，而且正是这些伟大的梦想构造了西方文明在今天的现代性形象。但是，这些梦想也表明西方文化和哲学隐含着的陷阱，今天西方文化陷入重重危机无不与此相关。

我将西方爱智哲学的梦想初步总结为三大类：存在论梦想、知识论梦想和逻辑学梦想。今天哲学的追问，不是重续哲学曾经有过的伟大梦想，而是在面对梦想幻灭之际切实地将哲学带向现实、带向生活、带向人。因此，我们时代哲学的追问，在重审或清算形而上学传统时，应该着眼于形而上学的现实运作（即那需要梦想的人和人类现实处境），将人们从各种爱智梦想中的唤醒。这首要地要求我们对哲学（形而上学）的梦想性质有比较清醒的。

1. 存在论的梦想

存在问题是哲学爱智慧的核心问题。从柏拉图开始的传统存在论总是通过设想一个超感性的终极实在来解释存在之为存在的原理和原因。这是一种本体论的思维方式。[①]"爱智慧"由此走向由存在中的存在者共属一体来思考存在者整体。

但是，这样的"存在者整体"只能是一个抽象的"起源""大全""理念""世界""人类"和"上帝"，即它只能是一种"概念"。形而上学用它为一切存在者提供根据，这其实是以一种论证性的表象思维来思考存在者之为存在者。这种存在论的梦想是对一个永恒在场之物的追寻，它相信那使一切得以照亮的东西必定是"理念世界中的太阳"。

因此，这一试图找到"源"，洞见到最终的"真理"和最高的"智慧"，透过一切虚幻的现象把握"实在"本身，从矛盾混乱中看见世界的最终的秩序，总之一种追寻无限、完满、自由、真实和绝对的爱智梦想，其实是一种光明梦想。终极实在或终极本源，实际上就是一个终极在场的永恒光源。

我们看到，这种一直隐蔽在哲学话语背后的"光源隐喻"，是一种将"光明"与"黑暗"分立对举的叙事模式，并进而在将"真正的世界"光源化的时候使爱智范式确立了超感性起源的最高主宰。哲学在这种梦想中遗忘了存在，它只注意到了那照亮万物的存在者，并把它设为存在之存在。哲学由于这种爱智梦想而遗忘了人所生活的现实世界，哲学家从现实生活世界出发进行的爱智活动结果走到了世界之外，成为世界之外的遐想。

2. 知识论的梦想

从知识的意义上诠解古希腊人那种本源性的智慧，是走向哲学一步的关键。因此，爱智慧的哲学之路给西方哲学的历史烙上了知识论的印记。

[①] 存在论和本体论是一个词的两种不同的译法，即英文 ontology。

从苏格拉底明言"知识就是美德",并通过重述"认识你自己"的神谕来诠释哲学的使命是"自知自己无知",到柏拉图将"理念世界"标明为一个理性的知识领域(可知世界),再到亚里士多德在《形而上学》开篇所说的"求知是人的本性","知识论"的"梦想"随着"爱智慧"从其本源处的断裂开始就形成了。

人首先被设想成为一个认识者,真理的本质被看作是"符合",或者与经验对象符合,或者与超验对象符合。主客二分是知识型哲学的基本运思框架,这在古代哲学中虽然有所表现,但并不明显;近代哲学开始建立一种认识的主体模型,主客二分得到了最为突出的表现。

知识论的梦想建立在一种表象思维方式基础上,它以现象与本质的区分、表象与实在的区分为前提,它把真理、知识和智慧看作是我们的表象与实在的符合、一致。这种真理符合说是建立在一种镜子隐喻的基础上的,它相信主体、人、心灵甚至语言本身都具备映现实在的"镜子式"的本质。因此,这种知识论和存在论一样,完全忽略了人的时间性、历史性存在。

我们说,知识论中有一种爱智梦想,是因为这种知识论哲学以追求彻底的或者理想化的知识为目的,是以一种关于人和世界的终极基础(如将人设想成为主体、精神、理性的存在等)的预制为前提。这种知识论的梦想对终极真理的寻求不可能走出信仰的疆域,事实表明它无法在知识合法性问题上摆脱怀疑论和不可知论。

3. 逻辑学的梦想

逻辑是有根据的"说",它提供了一种建立理由律的语言模式。爱智慧在发展成一门学术的时候就是借助于逻辑学来完成的。形而上学思考存在之为存在,它从存在中的存在者共属一体来思考根据问题,逻辑学从语言的形式结构上寻找思考和表述的根据。因此,形而上学和逻辑学是同质的。

爱智慧正是通过逻辑化概念化的思考方式走向一种形而上学的语言之路的。因此,清楚明白地说,有根据地说,自圆其说地说,是爱智哲学的逻辑梦想。逻辑学为西方形而上学提供了建构体系的工具:如果不能深入一种哲学体系的内在逻辑,我们就不能理解这种哲学;如果不能突破一种哲学系统的逻辑,我们就不能驳倒它。事实上,从"逻各斯"的"思"

到逻辑学的思考，是希腊思想由始源意义的爱智到哲学在话语形式方面的表征。

逻辑学的梦想还在于，它确立了西方爱智思路中一种逻辑乐观主义的原则，即相信真理只能逻辑地建构出来。由于把非逻辑的东西逻辑化，同时也就是意味着把时间的东西非时间化，把历史也变成了一种超历史的逻辑演绎。逻辑意识的发达使得西方人的时间观念和历史观念变得淡薄。

这种"逻辑学的梦想"突出地表现在西方传统哲学对于构造永恒真理体系的热忱。在这种构造中，哲学家们在追求一种终极语境的时候，遵循了一种"信使神"的哲学隐喻：哲学家们相信自己就像一位将"神界"的真理言说转换为人间语言的"信使神"一样，他作为真理的传达者而享有文化上的尊荣。

黑格尔就曾经说，只有一个人能读懂他的哲学，但即使这个人也曲解了他。有学者曾经谈到，柏拉图花了好几年陪伴苏格拉底而不知道他教了些什么，阿维森纳把亚里士多德的《形而上学》读了四十遍才开始理解其意义，詹姆斯对皮尔斯的曲解并不亚于萨特对海德格尔的曲解。就像费希特难以懂得康德的逻辑学一样，谢林同样难以懂得黑格尔的逻辑学。事实上，每一个建构体系的哲学家都有只属于他自己的"逻辑学"，这是爱智哲学的一个异常鲜明的特点。"逻辑"成了哲学家们网罗真理的"法宝"，一种逻辑力量使得爱智哲学的体系建构者获得了具有同希腊神话中"信使神"一样的地位：他借助逻辑，在两个世界之间传递"消息"。

逻辑学对一种形式化、概念化的非诗性语言的塑造，使得爱智慧的哲学在一种体系建构的热忱中遗忘了人诗意栖居的本质。克尔凯郭尔写道："大多数体系制造者对于他们所建立的体系的关系宛如一个人营造了巨大的宫殿，自己却侧身在旁边的一间小仓房里：他们并不居住在自己营构的结构里面。"①

哲学形而上学的爱智梦想，为人类理性的不倦追求确立了一个伟大的目标，人们相信自己总是在向这个目标奋进。这三种梦想在传统哲学那里可说是统一的，它以一种颠倒的方式突出了人的主体性和理性的力量，突出了人类思维在获得真理道路上的重要性。但是，由于这种爱智范式的哲

---

① [丹麦]克尔凯郭尔：《克尔凯郭尔日记选》，上海社会科学出版社1995年版，第87页。

学是以对人的现实生活的遗忘为前提的,因此它只是那种需要梦想的人类实践的产物。

今天哲学领域破除形而上学的迷梦、拒绝和克服形而上学的努力在不断地进行。这一趋势表明哲学从其爱智慧的梦想中的觉醒。

第六章 苏格拉底之死与智慧诘问

一 为爱智慧而受难的哲学家

公元前399年一个晴朗春天的早上，大多数雅典人赶往政府在市场里专设的抽签办事处。这些人手持出任法庭陪审员用的简板，到抽签处抽取一个棍棒，他们在天亮之前各自奔向自己的目的地（不同的法庭），寻找门楣上涂有与自己棍棒上相同颜色的进口门。这些501名陪审员抽了决定性的签。当侧门从他们后面关上时，他们被告知：他们要审理墨勒图斯和苏格拉底的案子。

这是雅典民主制法庭千百次审判中的一次，陪审员们例行公事地在法庭判决中投票并在一天的活动结束之后领取少量的酬金。然而，从历史的角度看，雅典法庭审判苏格拉底这一事件决非像当时大多数陪审员所认为的那样是一件普普通通的司法事件。雅典人审判和处死苏格拉底与后来的罗马人审判和处死耶稣一样，它的意义已经大大逾出了单纯司法事件的范围。事实上，不光彩的审判以一种异常鲜明的色彩对比，使得苏格拉底和耶稣的出现成为西方文化中两个光辉的事件。西方文化可以理解为主要是由这两个光辉的事件推动的：他们不仅激发思想，还将精神的能量和灵性浸进到文化生命的脉络之中；他们立于通往西方文化的门道的两侧，至少在传统时期人们要理解他们并让他们"复活"的试图（即实现他们之不朽的试图）一直萦绕着西方，推动着西方的发展。有学者甚至认为，在一种非常真实的意义上，西方文化的实质就是一场关于苏格拉底和耶稣过去是、现在又是什么人的对话。[1]

---

[1] ［美］史蒂芬·罗：《再看西方》，上海译文出版社1998年版，第171页。

我们来看看受到法庭传召的苏格拉底。这一年苏格拉底70岁,他仍然经常穿着常年不换、皱皱巴巴的及膝短袍,优哉游哉地穿过广场,对动荡的时局和一贫如洗的生活毫不理睬,只是逢人便侃侃而谈,把年轻人和有识之士聚集在自己的周围,要求他们在讨论前对所使用的词作出准确定义。那些对他怀着敌意的人称他为"智者"(sophist),其实他和"靠舌头生活"赚取学生酬金的"智者"们根本不同。他从来不收徒授业,从来不声称自己"有智慧",他在广场上、市场的角落里、筵会上和街道边与人对话不是为了生计,而是为了"追求智慧",是为了"爱智慧"。这个"爱智慧"的人,最擅长的"技艺"就是在对话中盘问人,而这样的讨论最终总会深入到对人们的全部生活进行审查。可以肯定地说,苏格拉底的这种"爱智慧"无疑大大地激起那些盲目自信而且总是自以为是的雅典人的反感和仇视,这大概是造成哲学家与雅典人之间尖锐冲突的原因。有一个名叫尼西阿斯(Nicias)的雅典将军曾经对他的朋友说:"你似乎并不了解,如果你在讨论中与苏格拉底相遇,你就必定会发现即使你从讨论其他的事物开始,但在你开始着手之前,你将被苏格拉底引入论辩之中,直到你落入陷阱,去说出你对自己的看法——对你正在如何生活,以及你在过去如何生活的看法。而一旦你落入陷阱,苏格拉底将不会放你逃脱,直到他彻底地考验与审查你的每一方面为止。"这是一种令人恼火的盘查。我们可以说,正是苏格拉底式的"爱智慧",使得他不遗余力地在对话中盘问他人,并最终使得他受到了雅典法庭的盘问。

对苏格拉底的指控主要有两条:其一,不信城邦的神或者信仰新神;其二,败坏青年。第一条指控是宗教方面的,第二条指控是道德方面的。这两条指控说到底是对哲学本身的指控。哲学作为"爱智慧",在希腊自然哲学家那里事实上已经动摇了希腊人所信仰的诸神以及宇宙正义,德谟克利特的原子论将诸神从对宇宙的控制中排除掉了,这种对于诸神权威的否定使人们感到愤怒。苏格拉底除此之外,还要引进新神,这就更令人反感了。苏格拉底在很多地方谈到他有自己的"灵异",这个灵异时刻警醒他应该做什么,这个被雅典人称为"新神"的东西其实乃是一种"理性的声音"。至于针对苏格拉底在道德方面的指控,不可能指责苏格拉底的个人道德有什么问题,无论从哪一个方面来说,苏格拉底都是雅典人中道德方面的楷模。因此指控实际涉及了苏格拉底对当时雅典美德状况的讽刺与批判。苏格拉底对话的主题是道德与政治,他始终捍卫一个关于人的问题的客观的、绝对的、普遍的真理理想。他的全部探究指向人的自我认识。雅典城邦对苏格拉底在道德方面的指控要比在宗教方面的指控更严厉,它针对苏格拉底特有的智慧,即"爱智慧"的那种"智慧"。

事实上,苏格拉底在法庭上的申辩词,并没有法庭记录和法院案宗可查,也没有起诉方的任何陈述流传下来,人们知道的故事只是苏格拉底的忠实的弟子后来转述的,其中最为杰出的是柏拉图的对话录。罗素在《西方哲学史》中说:"柏拉图有本领粉饰那些褊狭的议论,使之足以欺骗后世。人们惯以颂扬柏拉图,但不理解柏拉图。"这句话适用于柏拉图笔下的苏格拉底。我们理想中的苏格拉底形象是柏拉图创造出来的。在柏拉图天才的描绘下,苏格拉底是一个受崇拜的英雄,一个俗世中的圣徒。直到今天,我们无法考证,这个倍受后人敬仰的苏格拉底肖像有多少是真正的苏格拉底,有多少是柏拉图妙笔生花的结果。然而,苏格拉底成就其不朽名声,不单在于他有一位擅长把抽象的形而上学变成戏剧的学生,更主要地还在于他是那种为"爱智慧"而生、而蒙难、而慷慨赴死的人。

柏拉图描写苏格拉底审判和死亡的四部对话录《欧梯佛罗篇》《申辩篇》《克里托篇》《费多篇》,刻画了一个与阿里斯托芬《云》中喜剧形象的苏格拉底截然不同的悲剧形象。这四部对话录可以说是苏格拉底"爱智慧"的悲剧绝唱。其中,《申辩篇》尤为重要,它是苏格拉底在法庭上对自己的辩护。但是,这不是一篇用修辞打动或说服陪审团来为自己开脱罪责的自辩词,而是一份毫不妥协的、漂亮的、振撼人心的哲学宣言,是蒙难的"爱智者"对自身使命的阐扬。

各种有关苏格拉底言行记录的文献表明,苏格拉底的申辩是即席发言(或者有意像即席发言)。他的言词中充满诚挚和庄严、精明和机智、最高程度的讽刺、绝对的自我控制以及倨傲态度,绝口不提吁请法官和陪审团的恩惠或怜悯的话。值得注意的是,苏格拉底本可以赢得陪审团的同情而轻易争得无罪释放,但他却故意树敌于陪审团,一再地激怒陪审团。事实上,极端的处罚并不源自指控本身,而源自苏格拉底在法庭上的表现。例如,在第一轮判决有罪之后,根据雅典的法律,量刑得由被告自己决定。当时的情势只要苏格拉底认罪并给自己量刑以示悔过,法庭极可能处以罚款。但苏格拉底放弃了这样的机会。他在法庭上的申辩中极力说明他的行为是正当的，认为他的受审是由于他具有不同于指控者和包括大多数陪审员在内的雅典人的那种智慧，他的行为应当受到奖赏而不是惩罚，他开玩笑地建议对他的处罚是宣布他为公民英雄，在今后余生中由政府免费供他一日三餐。苏格拉底的申辩最终促成了法庭对他做出了死刑判决。这是一个哲学家用生命对"爱智慧"所作的申辩，他受后人景仰的英雄气概也正在于此。

应该说，苏格拉底为"爱智慧"而"死"是死得其所了，因为他毕竟是一个已经70岁高龄的老人，离人生的大限不远了。《申辩录》中苏格拉底最后告别陪审团时说的那一番话令人感动不已，不论我们读过多少遍。他说：

> 尊敬的陪审员们，你们也应满怀信心地期待死亡，把你们的思想建立在这样一个信念上：无论什么事情都不能够伤害一个善良的人；无论在他生前还是死后，众神都会关照他的……我只请求你们应允一件事：当我的儿子长大时，尊敬的陪审员们，如果你们认为他们把钱财或者其他东西放在首位而不把善放在首位，你们就像我谴责你们那样去谴责他们；如果他们毫无理由地自以为了不起，你们就像我责骂你们那样去责骂他们。因为他们忘记了潜心向善，自以为于事有益而实际于事无益。如果你们这样做了，我和我的儿子就算在你们手下得到了公正的待遇。
>
> 现在我该走了，我去赴死；你们去继续生活；谁也不知道我们之中谁更幸福，只有神才知道。①

二 苏格拉底对话录中的智慧诘问

关于苏格拉底的文献有四种来源，分别出自柏拉图、亚里士多德、色诺芬、阿里斯托芬四人的记述。色诺芬对苏格拉底言行的记述陈腐庸俗，阿里斯托芬笔下的苏格拉底更是喜剧嘲讽的对象，而亚里士多德并没有专

---

① ［古希腊］柏拉图：《申辩篇》，见《苏格拉底的最后日子》，上海三联书店1997年版，第66页。

门论述苏格拉底的著作传世，他对苏格拉底的评论是零碎的、散见各处。如果当初只有这三种记述流传下来，那么即使那杯致命的毒鸩也无法使苏格拉底名垂千古。只有柏拉图的记述是最高水平的戏剧。他使"苏格拉底对话录（Socratic Logoi）"成为哲学和文学史上的"千古绝唱"。哲学在这里乃是一种活生生的、令人流连忘返的"对话"。

无论我们选择哪一种文献，都面临叙述者自身的角度问题，这就意味着我们选取了某种视景。柏拉图对话录迷倒一代又一代读者的永恒魔力，在于他通过苏格拉底的"言说"为哲学（爱智慧）作了最杰出的辩护，后来哲学史上再也没有人将对话录写到这种迷人的境界。那么，究竟是什么东西拨动了柏拉图诗人般的心弦和激情，使得他有如神助地写下了如群山一样绵绵不绝的传世绝作（苏格拉底对话录）？如果说只有真正的哲学家才能理解另一个哲学家，那么受柏拉图影响的西方哲学家显然被那曾经感动柏拉图同样的东西感动着。那驱迫柏拉图毕其一生上下求索的原动力究竟来自何处？柏拉图对话录作为历史文献在今天显然只具备思想考古的价值，其中的许多观点已经显得陈旧。然而，那影响柏拉图同时又通过柏拉图影响了西方世界两千多年的东西，无论如何也不会变得陈旧；那征服柏拉图心灵的东西，必定同样令西方历代哲学家心驰神往、激动不已，这也正是柏拉图对话录在今天仍然具有经久不息的哲学魅力的原因所在。

我认为，这里埋藏着哲学系谱的阿里阿德涅线团，沿着这一条线索探进，我们就能走出哲学的迷宫。因此，我们必须反复地追问，是什么使苏格拉底进入柏拉图对话录的叙事文本？又是什么使柏拉图念念不忘通过苏格拉底之口说出那些朴素的然而响彻千古的"Logoi"？

拨开哲学史家关于苏格拉底问题的层层遮蔽，我们看到那最激动人心之事乃是苏格拉底对话中始终回荡着的"爱智慧"主题。正是这一在苏格拉底身上呈现得最生动、最集中、最耀眼、最令人铭心刻骨的主题，足足影响了柏拉图一生。从第一次见到苏格拉底后决定全部烧毁自己青年时期写下的诗歌和悲剧开始，柏拉图就成为苏格拉底的崇拜者，一直到柏拉图在苏格拉底死后用对话录的形式试图复活"苏格拉底"，"爱智慧"显然是使苏格拉底进入柏拉图对话录并由此影响西方哲学基本方向的最有力的东西。这是柏拉图留下的那些卷帙浩繁的对话录的考古学意义所在。

柏拉图写的苏格拉底对话录始终笼罩着苏格拉底为"爱智慧"而死

的悲剧背景。这加重了对话的分量。当苏格拉底在对话录中出场的时候，这个悲剧背景烘托出苏格拉底在哲学对话盘查中的崇高形象：一个为爱智慧爱真理而将生死置之度外的悲剧英雄。柏拉图记述苏格拉底受审和死亡的对话录《申辩篇》《克里托篇》和《费多篇》明显组成了一部完整的悲剧三部曲。柏拉图的全部"苏格拉底对话录"由此校准了基调。《申辩篇》中苏格拉底在喧闹的法庭上慷慨陈词，逐层驳斥对自己的指控，为捍卫哲人比生命更重要的神圣使命毫不退让，调子越来越高昂，到"离别赠言"的时候达到高潮。《克里托篇》对话的场景是清晨的监狱，宁静安详的苏格拉底与前来探监的克里托家常地问候着。克里托强忍着悲伤与钦慕，劝苏格拉底逃跑。苏格拉底则与他展开了一场对话，探讨这样做是否正当。对话逐渐进入高潮和大段演讲，淋漓尽致地阐明了苏格拉底拒绝逃跑而选择服从法律判决的理由。"克里托，亲爱的朋友，我郑重地告诉你，我仿佛是听到了法律的话，就像是听到了神的声音一样。"对话最后以苏格拉底表明他只听从理性的命令而克里托不再劝说戛然而止，令人回味无穷。《费多篇》描写苏格拉底临刑前的那一天，利用死前几小时与朋友们讨论哲学问题。讨论的核心是灵魂不朽，这是一种支撑一个将死的老人的信念和慰藉，但苏格拉底毫不回避这问题，而是真诚地面对各种有关灵魂不朽的驳论，对之进行审视。一直讨论到喝毒药之前，苏格拉底都坦然地面对自己的命运，他死得光明磊落。

  柏拉图的"苏格拉底对话录"，正是从这种可以称作是"苏格拉底悲剧"的三部曲开始的。这是一种"新悲剧"，一种"道德悲剧"①。在神话题材的传统悲剧中，个体与命运相互冲突，结果往往是命运获胜而个体被粉碎。在神面前，人的那点智慧只是小儿游戏而已。在流变的宇宙时间之中，一切悲剧英雄都是失败者。但在"新悲剧——苏格拉底悲剧"中，由于"道德"特有的超越自然界而直升本体层的特点，命运悄然引退，冲出时间流之永恒因素涌现，苏格拉底是胜利者。② 柏拉图烧毁了自己撰写的传统悲剧，因为它给人带来的是恐怖与怜悯、困惑与不安。然而他又

---

  ① 参见包利民《生命与逻各斯——希腊伦理思想史论》，东方出版社1996年版，第154页。

  ② 同上书，第158页。

创造了一种"新悲剧",悲剧英雄不是被命运毁灭,而是因"爱智慧"而固守自身使命,它激起的是敬仰和崇高,是对人的价值的自信与踏实。

"苏格拉底对话录"的悲剧底色由此得到了"奠基",那激动人心之物是构成其主旋律的"智慧之爱",它将柏拉图和苏格拉底的名字永远联在一起,它激发柏拉图写下苏格拉底新悲剧。进一步,我们可以说,它隐蔽着哲学系谱的奥秘。"苏格拉底对话录",作为一个独特的叙事文本群,使得"爱智慧"成了西方哲学和形而上学的一个真实的"入口",这是一个永远值得人们深思的事情。当人们今天面对这个对话体裁的哲学文本群的时候,我们其实面对那种将人们引向哲学的"爱智慧"显示出来的恒久魅力。"只要我还活着,还有力量,那我是不会停止我的哲学活动的——询问我所遇到的任何人:你,我的朋友,一个伟大、强有力、智慧城邦雅典的公民,你不可耻吗——大积其钱,追求名声,却不关心智慧、真理和灵魂的改善?"① 苏格拉底这样的诘问源自他的爱智之忧,柏拉图的"苏格拉底对话录"充满了这种"爱智之忧"。这里既形成了一个理解苏格拉底的视景,又形成了一个理解哲学的视景。柏拉图之后两千多年的西方思想史实际上都没有摆脱这一奠基性的"视景"。

三 再谈柏拉图的哲学视景

柏拉图的视景尽管是可疑的,但它构成了千百年来西方哲学家结识苏格拉底并进而从事哲学及其事业的主流。人们习惯从这个视景上理解哲学和哲学家。然而,这个视域显然又遮蔽了一些异常重要的东西。因此,当我们阅读柏拉图的"苏格拉底对话录"的时候,必须对视景问题重做清理。

柏拉图的"苏格拉底对话录"究竟是一种什么样的视景呢?上述分析表明,它是一种"爱智"视景。柏拉图对话录几乎都以苏格拉底为对话的主角,这表明"苏格拉底"就是柏拉图理解"爱智慧"(即哲学)的一道"关口"。"爱智慧"究竟是什么?这问题从柏拉图视景中可以由苏格拉底形象获得一种最直观的解答。

---

① 柏拉图:《申辩篇》,29。

第六章 苏格拉底之死与智慧诘问

在《申辩篇》中，柏拉图通过苏格拉底雄辩的声音讲述了他爱智慧的独特生涯。苏格拉底的一位朋友在德尔斐神庙得到了一个神谕，神谕说世人中只有苏格拉底才是最有智慧的人。这则神示让苏格拉底觉得是一个谜，促使他去寻找那些被认为是智者的人并与他们对话。他这种毕生的寻找不是为了自己的目的，而是受了"神命"，是"侍俸神"的巨大劳动。这样的对话使得苏格拉底一次又一次地发现，那些自以为聪明有智慧的人其实并不聪明也无智慧。"尊敬的陪审员们，我遵循神谕，对人们进行调查的后果引起了大量的对我的敌对情绪，它导致了很多恶意的中伤，包括把我描述成一个到处炫耀自己智慧的人……事实完全不是这样，真正的智慧只属于神。他借助上述神谕启迪我们，人类的智慧根本没有价值。在我看来，神并不认为苏格拉底最聪明，而只是以我的名字为例告诫我们，'你们中间像苏格拉底那样最聪明的人，他也意识到自己的智慧是微不足道的。'"[①] 苏格拉底申辩说，"我之所以享有这种声誉，只是由于我确有某种智慧。不过是哪一种智慧呢？我靠的那种智慧可能就是人的智慧吧，在这点上，我也许真的聪明。"[②] 由此引出苏格拉底的千古名言："我知道，我一无所知。"唯有具备此种"自知"（即"自知其无知"）的人，才能获得人所能致的智慧，亦即一种"爱智慧"的"智慧"。

苏格拉底确信"神"指派给他的职责是"度过爱智的一生"，他的工作在于代表神来指出那些自以为聪明的人其实并不聪明，在于通过帮助年轻人运用他的辩证法，领悟到神的警示"认识你自己"的真谛。这才是人的智慧。苏格拉底的爱智使命极具反讽地证明，他的对话是要将人们引向一种"自知其无知"的"自知"之明，引向对生活的各个方面进行审查，从而认识到他们以前其实还没有认清什么是真正的智慧、善、正义和美德，认识到未经反省的生活其实是不值得一过的。这是一件从来不会讨好人的事。苏格拉底清楚地意识到他的"爱智慧"意味着什么，他说："尽管这种说法显得可笑，但确是实情：神特意指派我到雅典城邦，这个城邦就像一匹高大的纯种马，因为身体庞大而日趋懒惰，需要马虻的刺激。神派我到这个城市就是执行马虻一样的职责，于是，我整天到处奔

[①] 柏拉图：《申辩篇》，引自《苏格拉底的最后日子》，上海三联书店1997年版，第40页。
[②] 参见《苏格拉底的最后日子》，第35页。

走，不停地刺激、说明、谴责你们每一个人。"① 这是一种神圣的使命，却不为雅典人所理解，苏格拉底说："……但我预感到，在你们昏睡不醒之时，在烦恼中，你们会接受墨勒图斯的劝说，一掌结束我的生命。"②

　　但这种比生命还重要的"智慧之爱"又是什么呢？苏格拉底无疑是爱生命且珍视生命的，但在"爱智慧"和"爱生命"必须两者取一的时候，他选择了"爱智慧"。在他看来，人的生命活动如果没有了（或者被剥夺了）"爱智慧"的智慧，也就失去了灵魂，还不如死掉的好。如果我们深入到苏格拉底"爱智慧"的核心，就会发现他所谈到的人的这种智慧有三个基本的相互依存的层次：无知、自知和辩证实践。这些部分紧密相连，第三者包含了前面的两者。柏拉图以"对话录"的叙事形式展现苏格拉底爱智慧的各个部分，绝不是偶一为之的即兴之作，而是全部"苏格拉底对话录"叙事文本群的整体风格。对话录引导着读者经历讨论转变本身，迫使人们追随苏格拉底去解开他的智慧之谜。阅读活动成了介入苏格拉底解谜的活动。这本身就是一种参与"爱智慧"的伟大的智力游戏。这种阅读介入的产生，是因为对话把所有这三部分交织起来，成为人类交流之中所说和所做的。这样的交织使对话呈现出一种"多层套说""各层之间不时相互肯定、否定、激荡"的迷人风格。③ 人们完全有理由假定，柏拉图的"苏格拉底对话录"有多重目的、多重意义，而他在写作时有意或无意埋下了几个层次并在几个层面上同时展开，就像耶稣的比喻一样，可以在不同层次上加以把握。这几个层次不但相互依存，还必须作为爱智实践的一部分同时运作，因此是密不可分的。这里辩证实践的层次，又一次包含了"无知"和"自知"两个层次，它们在一种特定的人之联系背景中成为可能并得以发展，因此辩证法作为包容的实践，与哲学（爱智慧）同义。

　　如果说苏格拉底的"智慧之爱"构成了柏拉图"对话录"文本群共有的层次结构，那么分析这个层次结构对于我们解开苏格拉底的智慧之谜，就是非常关键的了。这是透视柏拉图爱智慧之深层心结的必经

---

① 引自柏拉图《申辩篇》，见《苏格拉底的最后日子》，第51页。
② 同上。人名译法为了统一，略有改动。
③ 包利民：《生命与逻各斯——希腊伦理思想史》，第154页。

步骤。

"无知"是"爱智慧"的第一个层次。"我知道我对我不知道的东西一无所知。(I don't think that I know what I don't know)①""无知"通常被认为是苏格拉底对话录中使用的"反讽"。在对话录中，苏格拉底经常承认自己"无知"来请教对方问题，通过反复诘问展开对话。因此，"我知道，我一无所知"，成了苏格拉底的名言。然而，苏格拉底的"无知"显然不是对于蠢陋无知的简单招认，也不是一种蒙混对话者的计谋，甚至不单纯是一种表示谦虚姿态的反讽。"知"这个词在这里有比它的日常意义更深的层次：当苏格拉底承认自己无知的时候，他试图中止一种低级的认识形式，进入某种与真理的透明联系②；正是在这一层次上，他可以说，"我知道，我一无所知"。因此，"无知"实际上彰显出一种"知识"的深度，进入此种"深度"的苏格拉底往往表现出某种"奇异性"或者"神秘性"。例如，在柏拉图的多篇对话录中苏格拉底走神和沉浸于沉思之中。在《会饮篇》中，他站在邻居的门廊上以致延误了饮宴。还有一次，他在雪地上居然站了整整一天一夜。看来，"站立"是苏格拉底生活中重要的一个部分。在《申辩篇》中，苏格拉底谈到了这种神秘的经验："我有一种不寻常的经验。一种预言的声音一直伴随着我，如果我要去做不该做的事，哪怕是无足轻重的小事，它都要阻止我。"③ 这是使苏格拉底"站立""走神""陷入沉思"的"内心的灵异"，它代表的恰恰是唯有神才具备的那种"知"。苏格拉底爱智慧显然是从这个"知识"断层的"深度"中进入无知之"无"的，如若没有这样的"无"就不可能聆听到"真知"（灵异）的声音。

"自知"是爱智慧的第二个层次。在思想史上流传甚广的一个记载是：在古希腊的阿波罗神庙前殿的墙上刻有"认识你自己"的神谕或箴言。苏格拉底在《申辩篇》中对他与雅典人争执的缘由的解释可看作是对这个神谕的脚注。对话录经常表明，如果我们不知道我们较低级别或有限意义上的自我，我们就不可能洞晓苏格拉底"无知"的力量，也就无

---

① 参见柏拉图《申辩篇》，《欧梯佛罗篇、申辩篇和克里托篇》，自由艺术出版社，纽约1948年版，第26页。
② 柏拉图的两重世界的区分是苏格拉底这一思想的进一步发展。
③ 柏拉图：《申辩篇》，见《苏格拉底的最后日子》，第64页。

法听到那内心"灵异"的声音。"自知"意味着人可以而且应该认识自己的心灵,最重要的是认识心灵中包含知识和理性明察的那一部分。这与苏格拉底所倡导的"经过理性论证的生活"或"具有理性根据的生活"是一脉相承的。在《费多篇》中,苏格拉底临终前与朋友们谈到了通常人们心中的自我的恐惧,他提到了"孩子"的比喻:"你们像孩子一样地担心,灵魂离开肉体时,特别是一个人不是死于无风而是死于刮大风的日子,灵魂会被风吹得无影无踪。"对待这样的自我恐惧,应该给他讲"一个咒语"。与这种低级别的自我认识(局限在"情"的层面)相反,认识自己还意味着认识一个人所赞同的事物、他的立场、他的使命。以认识人存在中的理智的一面来达到自知,它被理解为一种警告、一种警策。这在苏格拉底对话录中随处可见。"认识自己的人,知道什么事对自己合适,并且能够分辨自己能做什么,而且由于做自己所懂得的事就得到了自己所需要的东西,从而繁荣昌盛,不做自己不懂得的事就不至于犯错误,从而避免祸患。"① 苏格拉底的"自知"触及了一个远未获得结果的取向:即对自身心灵之确定性的寻求。这种追求虽然没有达到肯定的确然性,但至少达到了一种否定的确然性:即确定自己不能确定什么。② 因此,只有"认识你自己","无知"才具有真正的力量。

"辩证法"是爱智慧的第三个层次,也是人的智慧所能够达到的最高层次。辩证法包含前述"无知"和"自知"两个层次。在柏拉图的苏格拉底对话录中,辩证法不是指对他人所说的进行演练或牢记,也不是为自己的论断进行烦琐的论证,而是为寻求真理而进行的探讨、商议、与别人的完全的相互遭遇。加达默尔注意到,柏拉图对话的解释学意义在于它对提问艺术的强调,这种提问艺术就是辩证的艺术。与断言式的陈述及其生硬的文体相比,对话确实体现了辩证法的艺术——它在有问有答的交流中寻求真理,它始终保持一种敞开的问题向度和真理向度,始终只从特殊的问题中引出概念和思想。《理想国》清楚地说明辩证法乃是人类最高的智慧。在问与答中,与他人主动地一道进行真理的探索,到达"理智世界

---

① 参见色诺芬《回忆苏格拉底》,商务印书馆 1984 年版,第 149—150 页。
② 参见倪梁康《前笛卡尔的"自识"概念》,南京大学学报(哲学·人文·社会科学)1999 年第 2 期,第 52 页。

的尽头"。辩证法作为不断探求和领会善的活动,是苏格拉底"省查生活"的核心:"我对你们说,一个人所能做的最高尚的事就是讨论善的问题和其他我所讨论过并以此来检验我自己和其他人的题目;不讨论这些,就是虚度时光;不以这些来检验生活,生活就没有价值。"[1] 人是唯一能够对理性问题给予理性回答的存在物,人的知识和道德都包含在这种循环问答的对话实践中了。这种对话审察能够帮助我们清除我们的自我不断产生的认识错误,进入"知"的断裂处(无知)并在接受自己内心声音的意义上认识自己。苏格拉底对话通过"无知"和"自知"将人们引向真理。正是在这方面他被比喻成"催生婆":他把人们置于一种相互关系中,在知与无知、确然与不确然的表面矛盾现象中,凸出那深层的自我。

透过柏拉图视景,我们不难看到,苏格拉底式的"爱智慧"或哲学意味着要做到"知无知",同时又要达到人的自我层的"理性自识"。这不是离群索居者的冥想,而是在一种与他人的对话交流的开放性实践中做到的"爱智慧"。因此,"爱智慧",只能是"人的智慧",它的实践和存在的前提是他人的存在和参与;在这里,哲学作为"爱智慧",植根于对这种真实的交流的追寻,植根于那使自知和无知得以与自我联结的充满了善意的争辩;因此,哲学(或爱智慧)本身是多元的、对话的、发展的;它不是对智慧的自以为是的占有,而是对智慧的无可遏止的"爱",它产生于我们追寻智慧的那种活生生的对话过程。

四 老斯东别具一格的"申辩"

由柏拉图的视景看,哲学的"系谱树"根植于苏格拉底式的智慧之爱。在柏拉图的对话录中,我们既能够领略到苏格拉底无知、自知和辩证法的智慧之爱的形式,又能领略到这个形式后面探讨的那些具体内容。这就如同故事中套着故事一样,柏拉图的对话体文本群将爱智慧的主角(苏格拉底)、他为爱智慧而受难的新悲剧背景、对话探究的爱智形式(无知、自知、辩证法)和对话内容层层套说,展示出了一个趣味无穷、扑朔迷离的话语群类。这个卓越的话语群是以苏格拉底的在场性为中心布

---

[1] 柏拉图:《申辩录》,见《苏格拉底的最后日子》,第61页。

展的，我们可以把它看作是为像苏格拉底这样的哲学家爱智慧所作的意味深远的辩护。然而，当我们今天追溯哲学的系谱，不得不面对由苏格拉底之死而凸现出来的"爱智慧"之奥秘的时候，柏拉图对话录视景中未在场的东西就不能不进入我们系谱透视的视界。

在苏格拉底死后两千四百年，美国著名左派报人 L. F. 斯东试图绕开柏拉图视景，深入苏格拉底爱智慧背后未到场的东西中去。他以七十高龄研修古希腊文，穷十年之功，写下《审判苏格拉底》一书。在这本书中，他延续了雅典人与苏格拉底、柏拉图的争辩。当他把研究的源头伸展到古希腊时，他立刻爱上了这些雄辩儒雅的雅典人："古代雅典是思想自由和表达自由空前发达的最早社会，以后也很少有社会可以与之媲美。"然而，越是对雅典社会的高度开放和言论自由的古代范例备加赞赏，苏格拉底站在法官面前受审的情景就越令人心痛："崇尚言论自由的雅典怎么可以因为言论而对苏格拉底进行审判呢？雅典怎么会不忠实自己的原则呢？"① 这个问题越是挥之不去地潜入内心，它就越是迫使老斯东离开人们熟知的柏拉图视景。"我要弄清楚，柏拉图没有告诉我们的是什么，并想从雅典方面的立场来说明这件事情的经过，以减轻这个城市的罪过。"②

关注一下"柏拉图没有告诉我们的东西"，就是关注那被历史散落掉的时间碎片，它将给我们提供另外一种视景。斯东认为他虽然并不能为判决"辩解"什么，但他至少借以消除这场审判在民主雅典身上留下的一部分污点。老斯东的本意虽然是想还雅典一个公道，但他提供的视景则可以成为我们重新看待苏格拉底爱智慧的系谱学透视点。

斯东的分析表明，苏格拉底之所以与他的母邦发生冲突，并不是由于柏拉图对话录中所说的那些简单的原因，而是因为他的哲学观念在三个根本问题上，与他的大多数雅典同胞乃至一般希腊人有着深刻的分歧。（1）关于人类社会群体的分歧。雅典城邦是主权在民、公民平等、"轮番为治"的自由公民的联合社群。苏格拉底则否认公民权利的平等，他认为社会群体是一个需要牧人的国王的一伙人群，国家应当由那个"知道的人"来统治。它的前提是一种根本的不平等：相对于那个"知道的人"，

---

① 参见斯东《审判苏格拉底》，生活·读书·新知三联书店1998年版，序言，第4页。
② 同上书，序言第4页。

没有人是公民，大家都是臣民。（2）关于何谓美德问题上的分歧。雅典人认为，公民作为政治动物，需要有过群体生活必需的美德，这是清楚明白的。苏格拉底则将美德定义为"知识"，而且是不可教的知识。可教的知识只是技能，是低层次的知识，真正的知识只有通过绝对定义才能得到，但这是人的能力达不到的。按照这种推论，只有那个"知道的人"才拥有知识和美德。那个著名的德尔斐神谕更着意表明，苏格拉底是知道这"底细"的少数"通天"的人之一。显然，苏格拉底关于知识就是美德的思想打击了雅典民主制的基础。（3）关于幸福生活即个人与城邦关系理解上的分歧。雅典人认为，个人只有在社会中与别人发生关系时才能找到幸福生活，参与政治是一种权利、职责。苏格拉底的言传身教则是退出城邦政治生活，他说那是"心的声音"警告他不要参与政治："你们认为，如果我参与公共生活，在政治斗争中坚持做一个公正无私的人，我能活到这样的高龄吗？"但斯东提出了这样的问题：一个人，特别是像苏格拉底这样一个有着大量追随者和影响力的著名人物，平时可以不参加任何党派斗争，但是在面临"深刻的道德性质的紧迫问题"时，是否还可以"站在一边"？例如，公元前416年米洛斯城邦被战胜方雅典屠城，再比如公元前404年三十僭主实行恐怖统治杀人如麻，这样的时刻苏格拉底的讲话和动向都是倍受瞩目的。而事实上，在所有这些重大的时刻，苏格拉底都若无其事地"站到了一边"。苏格拉底的不参与是不同寻常的，凡是城邦最危险的时刻他都不在那里。这个全雅典最爱说话的人在最需要的说话的时候都选择了沉默，而且柏拉图在对话录中也保持沉默。是怯懦？苏格拉底以勇气著称。是赞许？私下也有腹诽。"一个可能的原因是，简单地说，他不够关心。他似乎完全缺乏激情。"斯东认为，这可能是症结所在：苏格拉底就像阿里斯托芬在喜剧《云》中所描写的那样生活在"云"中，他要求人们关注灵魂的完善，却对他们的切肤之痛无动于衷。

事实果真如斯东分析的这样，柏拉图记述的苏格拉底新悲剧就要打几分折扣了。问题是，"他们为什么要等他到了70岁？"对这个问题，斯东谈到了两点：一、雅典对于持不同意见者十分宽容；二、苏格拉底晚年一定发生了什么事，使他们不再宽容了。这是指公元前411年、前404年雅典民主制两次被推翻和前401年又险些被颠覆的三次"政治地震"。在这三次政治地震中，苏格拉底追随者中地位显赫的贵族青年都起了领导作用。这是苏格拉底到了 70 岁被起诉的缘由了。

　　这是一段被柏拉图的对话录忽视过去的历史片断。柏拉图在《申辩篇》里用尽了文雅的词句，不让这些政治事件来影响读者，但在审判者那里，这些事件记忆犹新。不然，我们就不能解释法庭上的"大众情绪"。这种情绪受到苏格拉底故意树敌于陪审团的一系列言词的激化，致使雅典误入歧途。正是在这里，斯东作为雅典的律师，对苏格拉底提出了指控，指控他作为全雅典最有智慧的人，此时非但不以清明的理智说服同胞，反而推波助澜，激化大众情绪，甚至有意诱使同胞跌入泥沼。苏格拉底在法庭上的申辩中本可以轻易地援引雅典的言论自由为自己辩护从而挣得无罪释放，但他以当世最著名的论辩大师的身份进行申辩，其目的竟然是一心求死，这个法庭显然是倾斜。为了扭转这种倾斜，斯东抛开柏拉图《申辩录》中苏格拉底的申辩词，他在《苏格拉底本应该这么说》这一章中，决定自己为苏格拉底写一篇申辩词。

　　"'雅典的公民同胞们，'苏格拉底可以这样辩护，'这不是审判苏格拉底，而是审判思想，审判雅典。"斯东别具一格的申辩如此开始。如此申辩的苏格拉底仍然是高傲的，他坚持反民主、反言论自由的观点，但同时也提醒雅典人应坚持自己的观点。"我不信奉你们的言论自由，但是你们却是信奉的……现在你们要处决你们自己的一位哲学家因为你们突然不能听取不受欢迎的意见？把我处决，永远蒙耻的不是我，而是你们。"他还可以利用三十僭主的独裁来以子之矛攻子之盾。最后，斯东替苏格拉底设想了这样警告：

　　"思想并不像人那样脆弱。没有办法强迫它们饮鸩自杀。我的思想——和我的榜样——会在我死后长存。但是如果你们违背雅典的传统而判我有罪，它的名声将永远留下污点。羞耻的是你们的，不是我的。"[①]

　　斯东从未到场的雅典的立场设想所写的这篇申辩词，以及他用十年心血完成的《审判苏格拉底》一书，打开了一个柏拉图对话录中所无的透视视景。斯东为自己的不在场而老泪纵横："如果当初我在该多好呀！"

[①] 以上引文见斯东《审判苏格拉底》，生活·读书·新知三联书店 1998 年版，第 245—248 页。

第六章　苏格拉底之死与智慧诘问

我们为什么不沿着斯东的视景看一看苏格拉底式的爱智慧呢？一种系谱学的透视需要的恰恰是对被历史忽略过去的、那些被认为是细枝末节的东西的应有关注。

五　"活"的生命与"活"的智慧

老斯东的雅典之爱与苏格拉底的智慧之爱是两个不同的视景。然而，无论在真实的法庭上，还是在虚拟的法庭上，对苏格拉底的审判都是对思想的审判，是对哲学本身的审判。而这两个不同的视景，归根到底，源自不同的哲学本源。黑格尔在解释苏格拉底悲剧时指出，这是雅典和苏格拉底各有所持互不妥协造成的："这正是那一般的伦理的悲剧性命运：有两种公正互相对立地出现——并不是好像只有一个是公正的，而是两个都是公正的，它们互相抵触，一个消灭在另一个上面；两个都归于失败，而两个也彼此为对方的存在说明存在的理由。"[①] 策勒尔指出苏格拉底在法庭上被判有罪并被处死，不是苏格拉底的失败而是他的事业的成功："苏格拉底之死是他的事业的最伟大的凯歌，是他一生无尚的成功，是哲学和这位哲学家的礼赞。"[②]

我们在思想史、哲学史上面对苏格拉底的光辉形象的时候，通常不会想到要为雅典来申辩什么，雅典是沉默的。当柏拉图留传下来的苏格拉底对话录塑造了西方哲学或西方思想的基本方向，而苏格拉底式的爱智慧被诠释为哲学的起源，这时柏拉图"没有告诉我们的东西"往往就被思想史或哲学史遮蔽着了，它沉入到历史"沉默之海"的深处。哲学的演进受到苏格拉底爱智慧的"思想事件"的定向，一种起源幻象由此形成。在1872—1876年的一则笔记中，尼采谈到了"哲学家的内心冲突"导致的哲学话语中"谎言"之产生："他的普遍冲动促使他不假思索，而他的广阔视野带来的真理感却把他推向交流，交流又把他推向逻辑。"这样一来，"一种逻辑乐观主义形而上学发展起来，渐渐污染了一切事物并用谎言把它们掩盖起来。当逻辑被当作唯一的尺度时，谎言就产生了，因为它

[①] ［德］黑格尔：《哲学史讲演录》，第2卷，商务印书馆1963年版，第106页。
[②] 策勒尔：《古希腊哲学史纲》，山东人民出版社1992年版，第113页。

不是唯一的尺度"①。

"逻辑乐观主义形而上学"指的是柏拉图视景中的苏格拉底式的"爱智慧"。我们看到,对话录中的苏格拉底确实创造了一种"被视为唯一尺度"的逻辑,他常常自信地说:"驳倒我并不困难,但是要驳倒逻各斯则是困难的。"然而,任何逻辑的线性展开都必然掩盖事物非线性断裂的历史真实。生命的本然冲动、激情和存在体验,与逻辑的推理或寻求绝对定义的思维活动相比,更多的是一种时间流变或历史瞬时性的呈现,它更易于散落到历史沉默之海的深处;但是苏格拉底—柏拉图的爱智慧对永恒在场之物的关注将我们引向的恰恰不是时间之维和历史之维,而是唯有神才能达到的知识和真理,那是超越时间和历史的存在境域。斯东视景,则是要透过柏拉图的苏格拉底对话录中那种超时间、超历史的爱智之维,触动一下一向为思想史和哲学史忽略掉的历史和时间片断。我们看到,柏拉图之后尝试探问哲学发生史的各种努力,极少能够进入这样的视景。人们写下大量的哲学史和思想史,但并没有对此提出任何疑点。他们撰写的哲学系谱从一开始着手调查"爱智慧"的观念和"智慧"的起源时就立刻被柏拉图视景所淹没。这里隐藏着哲学系谱探究总是一再落入老圈套的"起源幻象",它使得那些有志于续写哲学史的哲学家总是沿着苏格拉底爱智慧的方向行走。哲学史和思想史有意无意地做着同样的一件事:就像柏拉图写作苏格拉底对话录一样,它往往回避了那些人类智慧的尊严最不愿看到的内容,而是极力寻找积极的、高尚的、堪称典范的东西。这样的爱智慧形成了一种回避生活真实、生命沉重、时间和历史之有限性的本然实情,将人们引向超验的彼岸世界,于是爱智慧就变成了形而上学的同义词。

围绕着苏格拉底之死引发的思想聚讼,将我们引向哲学系谱的重新审视。苏格拉底以自己的生命为代价将爱智慧的方向引向一种实质性的断裂:与低级的知识形式的中断。这本身是将人们的爱智之忧从城邦生活中抽离出来使之脱离城邦生活背景的一次历险,他在重新给"知识"确定层次之后,对希腊城邦智慧予以消解。然而,如果没有城邦智慧和城邦文

---

① 见 [德] 尼采《哲学与真理(尼采1872—1876年笔记选)》,上海社会科学出版社1993年版,第42页。

化就不会有苏格拉底的爱智慧。因此,尽管苏格拉底对话录由于城邦雅典的不在场而造成了某种遮蔽,但对话仍然是一种活生生的生命存在形式,是一种活的生命、一种活的智慧生命的无所畏惧的追寻。这里出现了理解哲学系谱的一个奇特的悖论:从生活的视角看,苏格拉底、柏拉图是雅典的优秀儿子,是城邦雅典赋予了他们活的生命,他们的生命之根就植根于雅典社会,然而他们的对话和写作则是对他们生命根基的一种质疑,以至于在《费多篇》中出现了关于哲学是"死的练习"或"学会如何面临死亡"的学问;从理论的视角看,苏格拉底—柏拉图的辩证对话是开放的,是一种活生生的智慧之爱,但是他们又为这种探究预制了一个终点。如果脱离了雅典背景,我们不能理解那种感动人心的苏格拉底爱智慧的真正力量,至少不能全面地理解在苏格拉底身上呈现出来的那种活的生命与活的智慧。

"爱智慧"原本就是一种"活"的生命活动和一种"活"的智慧运动。"哲学"这个词在希腊文中是"philosophia",它的含义就是"爱智慧"的意思。据说毕达哥拉斯较早使用了这个希腊词。有一则广为流传的记载说,有一次毕达哥拉斯与费琉斯的统治者雷翁谈话,雷翁称赞他的天才和雄辩,并询问他的技艺是什么。毕达哥拉斯答道,他不是什么技艺大师,只不过是一个爱智慧(philosophia)的人。雷翁听到"爱智慧"这个词感到非常不解。毕达哥拉斯举了一个有名的比喻,他说,生活就像奥林匹亚的赛会,参加赛会的人可分为三类:第一类是来参赛的,以夺取荣誉的桂冠为目的;第二类是来做买卖的,以赚钱为目的;最后一种是单纯的观看者,以获取好的心情为目的。在生活中,也是如此,有些人生活的目的是名,有些人生活的目的是利,有少数人做了最好的选择,他们把自己的时间用来思考宇宙,做爱智慧的人,这种人就是哲学家。既然宇宙是由诸天体按照一定数的比组成的伟大和谐,那么广漠浩瀚的天宇中亿万颗星星在缓缓地、庄严地运行时,它怎能不会传送出最为宏伟、肃穆、壮美、安详的音乐呢?沉思宇宙,是多么幸福啊!天体在运行中,有的快些,有的慢些,它们发出或深厚、或高昂的音调,"宇宙在歌唱"。[①] 当我

[①] 参见包利民《生命与逻各斯——希腊伦理思想史论》,东方出版社1996年版,第73页。下引同。有关"宇宙音乐"可参见格思里《希腊哲学史》I. 第297—298页。

们倾听宇宙音乐时，世俗的名利、争斗和成败还有什么意义呢？哲学家在自然的和谐中寻找到了生命的位置。

显然，希腊人相信，最好的生活方式和生活道路是哲学，是对智慧无止境的爱，这种"爱"是对直接生命（生活）的思考和品味。哲学展示给当时人们的是种种生活形式，是种种对生活深义、苦难、危机、矛盾混乱的注视与感喟。因此，"爱智慧"是希腊城邦衡度生命卓越和优秀的美德标准。在这个希腊词组中，"智慧（sophia）"不是关于实际事物的某种知识，不是某种技艺，而是比这两者更高的东西。它是全面的、更高境界的知识，而不是具体事物的知识，它解决的不是眼前实际问题，而是解决宇宙人生的根本问题。"爱（philia）"根源于一种生命冲动，它是一种永不停止的追问。"爱智慧"是建立在这种生命冲动的基础上，它由一种痛苦、不知足、有缺欠的生命实在驱动。然而，希腊人的这种智慧之爱，不是一种封闭在个人内心中"只可意会不可言传"的神秘，不是折磨哲学家自己的"内心冲突"，它的第一要义即是"言说"。"人类不同于其他动物的特性就在他对善恶和是否合乎正义以及其他类似的观念的辨认（这些都是由语言为这传达），而家庭和城邦的结合正是这类义理的结合。"[①]正是在城邦希腊这里，"生命"的冲动与"逻各斯"的言说奇妙地合二为一。不同的生命形态或生活形式对应着不同的"言说"，"爱智慧"在"生命—逻各斯"的奇妙结合中，既是希腊人活泼泼的生命展现，又是希腊人活的智慧德性。

生命的优秀与逻各斯的力量，生存的真实、丰满与思考的自觉、理性，是孕育了希腊人爱智心灵的两种本原性的要素。哲学的"爱智慧"本源，首先是"爱"，然后才是迷人的"智慧"。在这里"爱"是一种活泼泼的生命涌动，一种强大的、无可拒绝的驱动力，它源自一种健全的生命本能，一种不可剥夺、不可摧毁的向存在母体的回归。"智慧"作为"逻各斯"意义上的"言说"，它同时又有光明、理性、条理、算计、比例、规律、尺度等含义，这种智慧或逻各斯是牢牢地植根于"生命"之中的"活"的智慧和"活"的"言说"。脱离了逻各斯的生命之爱，是无法度的，是酒神狄俄倪索斯式的沉醉狂欢，最终将个体粉

[①] 亚里士多德：《政治学》，1258a10—18。

碎；脱离了生命的智慧之爱，是干瘪的推理，是日神阿波罗式的纯粹光明，是对界限的执着肯定，最终使生命的创造本能枯竭。哲学作为与希腊悲剧同时出现的"智慧之爱"，脱离了城邦生活的背景是无法获得真正意义上的辩护的。

色诺芬曾经记载说，有人在审判前遇到苏格拉底，问他如何准备辩护，苏格拉底回答说他这辈子的全部生命活动就是对自己的最后辩护："考虑什么是正当，什么是不正当，并且实行正当与避免不正当。"而且，他相信自己的一生生活得最好或最幸福："因为我认为，生活得最好的人是那些最好地努力研究如何能生活得最好的人；最幸福的人是那些意识到自己在越过越好的人。"[①]

苏格拉底确实能够用自己的生命活动来为自己申辩，同时也是为他所倡导的一种爱智慧的生活亦即一种哲学的生活申辩。果真如此，斯东站在雅典的立场为苏格拉底拟定的申辩词就不是可有可无的延迟了的想象，它也应当是苏格拉底在申辩中不可抹掉的立场之一。苏格拉底精熟人心的辩证法是希腊城邦智慧的产物，没有雅典城邦就不会有苏格拉底的爱智慧。因此，苏格拉底的申辩应当在两个向度上进行，在为自己申辩的同时，也为雅典申辩。这是当代新闻自由的捍卫者斯东对苏格拉底提出要求。然而，对这个历史疑案的"侦探"是无法用假设或应该来完成的。

苏格拉底-柏拉图确实遮蔽了一些重要的东西，这重遮蔽将西方思想导向了一种主智主义的逻各斯中心主义传统，生命的维度被取消了。然而，柏拉图视景中的苏格拉底是在希腊爱智慧的断裂处以一种新的眼光对一切进行重新审视的，在他们那里哲学系谱的两重本源得到了最典型的表现，后世从他们手上接过的或发展的理论原则和他们爱智慧的那种活的生命及其活的智慧是根本不同的。这种活的生命和活的智慧是城邦生活的馈赠，是生命与逻各斯的紧密联结。

有趣的是，苏格拉底对话录既是生命与逻各斯伟大联结的极致，又是通过遮蔽生命本能的冲动以凸现逻各斯的爱智传统的发端，而且在某种程度上正是通过前者造就了后者。

---

① 色诺芬：《回忆苏格拉底》，第186页。

苏格拉底之死，祭起了理智主义的哲学大旗。他为爱智慧而受难、申辩以及进入柏拉图对话录并成为主角，使得他的死亡本身就是一次思想的盛典，一次意味无穷的哲学事件。然而，希腊智慧在苏格拉底这里呈现的断裂层既制造了某种遮蔽又指明了解蔽的路径。哲学是希腊人独一无二的创造，是希腊智慧的结晶。苏格拉底－柏拉图为后世哲学系谱的写法奠基，只是通过改变或者掩盖了希腊智慧的某些层次。因此，重新探究哲学的系谱或起源，还应当着眼于希腊智慧的类型，着眼于希腊城邦的生活世界本身，着眼于希腊人最始源性的存在经验。

他的智慧之爱突出了理性、逻各斯、知识和光明的主导地位。这给希腊智慧带来了实质性的改变：在此之前，自然哲学家关注的是万物本原的宇宙论问题，哲学根源于对宇宙生命彰显出来的"命运"底蕴的叩问，它是希腊智慧在其生命激越热血沸腾的悲剧时代的主题词；苏格拉底的爱智慧，则是一种"逻辑乐观主义形而上学"，它直指人的无知和自知，用"绝对定义"的尺度划定了"真的世界"的话语边界，于是命运的主题隐退了，自然、时间和历史的永恒生成被具有知识（心灵）确然性的逻辑原则所取代。如此一来，悲剧时代希腊智慧的生命向度被取消了，凸显命运主题的生命本能被放逐。这意味着尼采所谓的构造生命强力的非理性的狄俄倪索斯精神的死亡。

苏格拉底的爱智慧在根本方向上，造成了对于希腊人最本源的存在经验的某种遮蔽。这是现当代西方系谱学家探寻哲学起源时，为什么总是一再要求回到前苏格拉底希腊智慧之源的缘由。

苏格拉底之死，是哲学家的"向死而在"。它的新悲剧的咏叹在柏拉图延绵不绝的哲学对话中，使他的"向死而在"凝成千古绝响。这是希腊智慧魅力四射的时节，是哲学爱智慧获得全新方向的时节。苏格拉底并没有提供一种哲学的推理论证的话语文本，但这种论证的方法和威力则因他而始，他的影响经久不衰。弥尔顿在诗中吟唱：

> 然后侧耳倾听睿智的哲学，
> 从天堂下降到苏格拉底那低矮的
> 小屋，看到就在他的房间里，
> 他极大地激发起由人类中最明智者

所宣示的至理名言：从他的口中
流淌出甜美的激流，淹没了所有
旧的新的学究们的派别，还有那些
外号逍遥学派的人，和伊壁鸠鲁
宗派，以及斯多葛派那些严肃的人。①

---

① 转引自特伦斯·欧文《古典思想》，辽宁教育出版社，牛津大学出版社1998年版，第101页。

第七章 世界两分的哲学王者

一 哲学之为物与哲学权力

柏拉图的苏格拉底对话录，开始了某种全新的东西。当我们以一种系谱学的眼光来深究哲学之发生的时候，必然遭遇到"柏拉图没有告诉我们的东西是什么"的问题。

哲学之为物，牵动的显然不是对一般为人们耳熟能详的哲学史的重述，该问题指向苏格拉底对话或柏拉图写作造成的某种遗忘，指向柏拉图为西方思想奠基时自己立足的那个断裂处。对哲学之为物的追问，总是期盼一种更本原的"响应"。"爱智慧"作为问题的"关口"，在审判苏格拉底事件的思之维度，不论是作为象征，作为隐喻，还是作为历史，都触及到了使"爱智慧"成为"哲学形而上学"的某种"生死决断"。

"哲学之为物，是什么？"历代的哲学家们都为这问题所困扰，但不能也无力以简洁明晰的语言加以定义。从来未及深究的一种意见，将哲学看作探讨所有领域的最普遍之物，这是柏拉图之后西方传统思想的一种观点。德国现代哲学家海德格尔对哲学的这种普遍性追求的源头（主要是苏格拉底—柏拉图指出的爱智取向）进行了一番系谱透视。他讲到了柏拉图与希腊人爱智经验的某种距离。在 1955 年 8 月诺曼底的一次题为"什么是哲学？"的演讲中，海德格尔说："当我们问'哲学之为物，是什么？'之际，我们是关于哲学来谈论。以此方式来追问，我们显然是站在哲学之上，也即在哲学之外。但我们的问题的目标乃是进入哲学中，逗留于哲学中，以哲学的方式来活动，也即'进行哲学思考'（philosophieren）。"① 这里所讲的"进入哲学中"，就是指"人进入哲学所要把握的事物之内，与之合一。"这要求人不能以一种对象性关系来思考存在者的存在，进而把存在作为人之外的客体来认识。人与存在的关系是内在同一的，"进行哲学思考"即是要达到人与存在合一的境界。海德格尔认为，这是希腊人最始源的哲学经验或爱智慧，"哲学"一词说的就是这样的希腊语："我们问：什么是哲学？我们往往已经道出了'哲学'这个词。但是如果我们现在不把'哲学'当作一个用滥了的名词来使用，而是从其源起处来倾听'哲学'这个词，那它就是：philosophia。'哲学'一词现在说的是希腊语。这个希腊词语作为希腊词语乃是一条道路。"② 然而，我们对这条由希腊世界延伸到今天的道路，仍然只是具有十分模糊的认识，虽然人们极易讲出一大篇关于希腊哲学的历史知识，但对于"哲学"的希腊词语的本原性意义，差不多全然错失掉了。

"哲学"（爱智慧）这个词告诉我们，它是某种最初决定着希腊人的生存的东西。按照海德格尔的考证，"爱智慧的"（philosophos）一词可能是赫拉克利特造出来，这就是说：在赫拉克利特那里还没有"哲学"（爱智慧philosophia）一词，一个"爱智慧的"（philosophos）还不是一个"哲学"（philosophia）的人。希腊语"爱智慧的"所说的完全不同于形容词"哲学的"。一个"爱智慧的"的人首先意味着"热爱"，意味着：以逻各斯的方式去说话，即响应于逻各斯。这种"响应"就是与"智慧"相协调。协调是指一物与另一物因其相互依赖而原始地相互结合起来。这种协调就是赫拉克利特所说的"热爱"的特征。据赫拉克利特的解释，"智慧"的意思说的是"一切是一"；"一切"在这里意味着整体（das Ganze），即存在者的全体；"一"意谓"唯一、统一一切者"。这样的解释表明，"智慧"说的是"一切存在者在存在之中。更明确地说，存在是（ist）存在者。在此，'是'（ist）当作及物动词使用，其意如同'聚集'（versammelt）。存在把一切存在者聚集起来，使存在者成为存在者。存在

---

① 海德格尔：《什么是哲学》，见孙周兴选编《海德格尔选集》，上海三联书店1996年版，第588—589页。其中的译文"什么是哲学"根据海德格尔原意应译为"这是什么——哲学？"，我们在引文时改译成："哲学之为物，是什么？"

② 同上书，第590页。其中"philosophia"原文为希腊字母拼法，引用时改为拉丁字母拼法，本书统一依此引用，后面不再注出。

是聚集——即逻各斯"①。

由此可见，所谓"爱智慧"之"爱"乃是"与智慧协调一致"，也可以说，就是与集聚存在者的存在合一；所谓"爱智慧"之"智慧"乃是"一切存在者在存在中"。"一切存在者在存在中"，这是什么话？这可说是一句什么也没有说出的套话。谁都知道存在者是存在着的东西，没有人需要为存在者归属于存在这样的事情来操心。"然而，正是存在者被聚集于存在中，存在者出现在存在的显现中这回事情，使希腊人惊讶不已。希腊人最早而且唯有希腊人才惊讶于此。"② 可是后来由于智者派在市场上需要理智的说明，这种与存在的协调一致——一种对智慧的惊异，却成了需要希腊加以"拯救和保护"的东西，"通过拯救活动，这些人就成了追求智慧的人，并通过他们自己的追求，在其他人那里唤醒了对智慧的思慕，并使这种思慕保持着生气。"③ 这就意味着"爱"不再是与"智慧"的原始的协调一致。"由于爱不再是一种与智慧的原始的协调，而是对智慧的特别的欲求，所以'热爱智慧'就成了哲学。哲学的欲求便由厄洛斯来规定了。"④ 海德格尔指出，走向"哲学"一步，是由智者派作准备，最早由苏格拉底和柏拉图完成的；进而在赫拉克利特之后两个世纪，亚里士多德把这一步表达为："自古至今（哲学）所常质疑问难又一再没有找到通道的问题是：存在者是什么？"⑤

从海德格尔所作的这种考证和解释中，我们看到：苏格拉底和柏拉图出现在希腊人原始爱智体验的断裂处，他们肩负着"拯救和保护"希腊人视为"最可惊异之事情"（即存在中的存在者）的神圣使命。柏拉图说："惊异，这尤其是哲学家的一种情绪。除此之外哲学没有别的开端。"⑥ 然而，他们走向"哲学"的关键性的一步则是使得希腊人原始的"爱智慧"成了一种令人追思之物：希腊人"与智慧协调一致""与集合存在者的存在合一"的原始惊异（爱智）无可挽回地散落在历

---

① 海德格尔：《什么是哲学》，见《海德格尔选集》，第595页。
② 同上。
③ 同上书，第596页。
④ 同上书，第596页。引文中厄洛斯（Eros）为希腊爱神。
⑤ 同上。
⑥ 柏拉图：《泰阿泰德篇》，155d。

史时间的碎裂之中。对古代希腊思想（即我们通常所说的前苏格拉底哲学）深情盼注的悲剧哲学家尼采，称苏格拉底之前哲学家组成了一个"天才共和国"，他写道："柏拉图开始了某种全新的东西；或者，可以同样正确地说，柏拉图以来的哲学家，较诸从泰勒斯到苏格拉底的那个'天才共和国'，是缺乏了某种本质的东西。"① 从"哲学"一词的希腊语境中，我们看到，苏格拉底和柏拉图的爱智慧缺乏的正是一种"回归存在母体""与存在合一"的那种"热爱"。这恰恰是大可一思的哲学之本源！

追溯"哲学"一词的希腊语境，我们对于哲学之为物可以得出两种谱系：一是由人与存在合一、协调的本原性的"热爱"中理解"爱智慧"；一是在把存在当作人所渴望的外在之物加以追求来理解"爱智慧"。最可惊异之事是，后者是由真正通晓前者之意义的哲学家，为了"拯救和保护"前者而开创出来的。"爱智慧"在希腊语境中的变化，即由前一层意义（以赫拉克利特和巴门尼德为代表）向后一层意义（由苏格拉底和柏拉图开始）的跳跃，是希腊智慧的一次实质性的中断。造成这种中断的原因尽管非常复杂，但它显然是城邦希腊之时代精神演进的表征。我们今天熟知的"哲学"一词通常是在苏格拉底爱智慧的意义上被理解，那种"与存在合一"的"爱智"含义则被人们遗忘了。只有当柏拉图意义上的"智慧"或"智慧之爱"变得成为问题而且造成了某种灾难性后果之后，西方思想才反本求真，呼求人们真实地面对被柏拉图思想阻断的希腊进程中更始源的"爱智"。

尤为值得深思的是，这两种"爱智慧"之间的异质性远未得到深究，以至于人们习惯了从柏拉图视景看早期希腊哲学，并由一种单一合目的性的起源研究将之归属于通向柏拉图形而上学的某个环节。哲学研究宇宙、世界、人生的最本质、本原、始基等问题，这种探究只是人的爱智慧，它不是要达到神的智慧，而只能是人的"科学"的"知识"。"古希腊人把宗教神话转变为'科学'，把'历史'转变为'哲学'。在宗教神话阶段，'历史'为'神谱'，'起源'为'诸神之起源'；在'哲学'阶段，'起源'成为'始基'；生命的、血缘的关系，成为

---

① 尼采：《希腊悲剧时代的哲学》，商务印书馆1996年版，第17页。

'因果'的系列。"① 这种思考，可以说是对希腊哲学连续性演进的精妙评论，但也是对希腊人两种爱智慧之非连续性的完全遮蔽：苏格拉底爱智慧似乎只是将探究的主题从"自然"转向了"人"。与这种看法不同，我们主张深入到希腊人爱智慧的断裂处，正视两种系谱之间应有的距离。柏拉图的苏格拉底对话录，正是生长在这重断裂之中。在某种程度上我们可以说，不理解希腊人的爱智慧遭遇的实质性断裂，就不可能理解柏拉图；不经审视地将希腊思想单向归并为一种线性展开的模式，就不可能进入柏拉图为"拯救和保护"早期希腊人的"惊异"所置身其中的历史距离。

在希腊人对"存在者存在"的惊异中，"人与智慧协调一致"的爱智向度把握到的是"人与存在合一"之整体。赫拉克利特虽然强调流变时间中的永恒斗争，但"有时候他说起来，好像是统一要比歧异更具有根本性"。② 巴门尼德的"存在"其实也应从"人与存在合一"之"整体"或"整一"的意义上来理解。但是，正如张世英在《走进澄明之境》一书中指出的那样："对于人与存在协调合一之整体来说，没有超越有（存在）的无（非存在）作为最高原则，是不可能把握这样的整体的。"③ 希腊人对"存在者存在"的惊异并没有向其最高的诗意境界——不可言说之"无"拓展。尽管如此，进入"人与存在合一"之整体或整一的爱智向度的希腊人，是在一种诗思和史思中进入"存在者存在"之极大惊异的。从这一点来看，早期希腊思想家与悲剧诗人在精神气质上是同质的，他们是名副其实的"诗人哲学家"。然而，一旦"爱智慧"成了"对智慧的欲求"而不是"与智慧的协调一致"，希腊思想就脱离了其诗性本源，"诗人"遭到流放。

柏拉图一旦将哲学的最高任务确定为"追求理念、认识理念"，"爱智慧"就成了人跳出自己与存在协调一致之整体，从旁边审视、明确自己真实位置，从而认识到自己只不过是在追求真正智慧的道路上的活动。因此，"爱"在这里隐蔽着由真理而来的权力，而且它最先是通过"人与

---

① 见叶秀山《无尽的学与思——叶秀山哲学论文集》，云南大学出版社1995年版，第93页。

② 见罗素《西方哲学史》上卷，商务印书馆1963年版，第72页。转引自张世英《进入澄明之境——哲学的新方向》，商务印书馆1999年版，第53—54页。

③ 同上书，第55页。

存在的对立"来显现某种理性话语力量（逻辑的合法性权力）的。

　　苏格拉底和柏拉图在希腊思想中实现了"哲学"，他们用自己的生命和智慧为"哲学权力"作了最卓越的辩护。柏拉图最著名的对话录《理想国》包含着某种最典型的说明方式。其中对诗歌的批判、为阐明理念论而使用的洞穴隐喻以及哲学王的正义城邦的构想，对我们理解柏拉图哲学奠立西方传统形而上学的爱智框架，提供了系谱透视的视点。

二 柏拉图为何要驱逐诗人

　　雅典审判苏格拉底那一年（公元前399年），柏拉图只有28岁。由于营救苏格拉底所做的种种努力引起了民主派领袖们的猜忌，柏拉图开始了长达12年的游学生涯。他的足迹据说除了希腊世界外，还到过埃及，甚至到过印度。柏拉图思想的多种智慧来源，就是在这次漫长的游历中获得的。然而，对他影响最深的仍然是苏格拉底，他经常说："我感谢神明，使我托生为希腊人，而不是野蛮人；自由人而不是奴隶；男人而不是女人。不过最主要的还是，我出生在苏格拉底时代。"[①]

　　据说，青年柏拉图在遇到苏格拉底之前曾经写过一些悲剧诗歌，但在受到苏格拉底爱智慧的影响下，他烧掉了早期的诗作。这则轶事不仅表明了苏格拉底对柏拉图的影响，它还刻画出柏拉图写作对话录实际置身其中的爱智断裂。阅读柏拉图的苏格拉底对话录，我们会在其中处处看到哲学与诗的令人陶醉的混合。诗人雪莱曾经说过："柏拉图向我们展示的是一种严谨的逻辑与太阳神附体后产生的盎然诗意和澎湃激情的珠联璧合，实为难能可贵。它把那个时代的辉煌与和谐融为一体，汇集成一股滔滔不绝、娓娓动听的感受的洪流，携带着他那些富有说服力的论点一泻千里，就像在从事一项刻不容缓的事业。"[②] 然而，这样一个诗人柏拉图一生所谈论的东西则是与悲剧诗人完全异质的话题。有学者指出，柏拉图的道路是在同他自身的诗人气质进行斗争，他的一生实际上是在扮演"诗人之

[①] 转引自威尔·杜兰特《哲学的故事》，见中译本《探索的思想》上卷，文化艺术出版社1991年版，第19页。

[②] 引自同上书，第20页。

死"的长剧,他的事业是理性战胜诗歌和神话创作的胜利,或者说,他追求的是这种胜利。

在《理想国》中谈到城邦教育规划的时候,柏拉图发出了放逐诗人的宣言:荷马及希腊的大剧作家们要永远地被逐出城邦。这种反对诗人、摒弃艺术价值的极端言论出自一位最具有诗人气质的哲学家之口,实在令人费解。事实上,要想理解柏拉图反对诗的决心和他对诗人的批评,就必清楚他如此主张的标准。加达默尔正确地指出:柏拉图的主张"非常有意识地表达了一种决定,而作出这种决定是从苏格拉底及其哲学中得到的结果,是与当时的全部政治和精神文化相对立的,是只有哲学才有能力拯救城邦这一信念的结果"[①]。柏拉图对诗人的批判集中在《理想国》中最显要的地方,它出现在柏拉图用哲学语言构造一个新的理想城邦这一独特语境之中,是在为那个城邦的护卫者设置的教育规划中谈论的一个话题。这就是说,柏拉图反对诗人的表象背后,体现的是柏拉图的哲学(爱智慧)对权力的渴望:这种哲学要求打破雅典教育的诗的基础,要求用哲学或者符合哲学精神的教育代替那种古老的诗的教育。因此,反对诗的决心和对诗人的批评,源自柏拉图对哲学(爱智慧)的教育意义的确认和申辩,因而最终根源于柏拉图对哲学权力的论证和辩护。

由此可见,"反对诗人"构成了一种独特的权力话语,其核心乃涉及为哲学在文化中的地位辩护这样一个基本主题。我们只有从这一点出发才能理解柏拉图反对诗人的合法根据问题。今天人们读到苏格拉底列举的反对诗歌的论证无疑会觉得非常奇怪。像柏拉图这样一个他自己的著作被诗歌源泉滋润并且放射着诗性光辉的哲学家,主张对诗歌进行了最严厉的清查和批判,显然是不可想象的。然而,在柏拉图的对话录中,哲学是作为救治城邦的一种教育规划出现的,对诗人的批评实际上是着眼于正义城邦秩序的权力建构。柏拉图在《第七封信》[②]中讲到他怎样逐渐放弃实践的、政治的努力,在长期等待适当时机之后才认识到:拯救城邦唯有通过哲学才能实现。《理想国》明确提出,哲学家必须成为城邦的统治者,城

[①] 加达默尔:《加达默尔论柏拉图》,光明日报出版社1992年版,第53页。
[②] 这封信是写给他在西西里的政治朋友的,是柏拉图著名的自传性叙述。

邦只有听从那个"知道的人"（哲学家）的指挥才能变得秩序井然。因此，从柏拉图哲学的爱智维度看来，让诗人服从哲学权力，让诗歌受到哲学"眼睛"的审查，是整个理想体制的要求，亦即"理想正义城邦"的要求。

柏拉图对诗的审查是出于净化城邦的需要，然而这是一种纯理智主义的美德教育理想，它给了诗歌教育功能以过重的负担。在苏格拉底提出的方案中，诗的传统被净化到了完全消除古代遗产的程度。诗歌的纯净度远远超出了任何道德说教者所能构思的最大胆的权力梦想。尤其是在《理想国》的第十卷对话中，这一点表达得更为淋漓尽致。净化诗歌的对话要告诉人们的东西，乃是柏拉图对教育秩序的重新安排，它并不打算表明在一个"现实的城邦"中诗歌应当怎样，而是要揭示和激起构成城邦的力量自身，整个城邦就是从这种力量中派生出来的。这是一种话语的力量，准确地说是一种理性话语的力量，是逻各斯权力的美妙运作。城邦的基本建筑材料就是哲学话语，它是按照理念（范型）的模型设计出来的，其独特的存在理由是为了让一个人有可能在理念中认识自己。城邦教育的根本是要人的灵魂认识到什么是正义并受到它的引导。然而，灵魂在通往知识的道路上往往会受到传统诗歌和伦理习惯的影响，即使数学训练使它学会了区分现象与真理也不能最终消除这种不良影响，只有哲学才能超越"影像世界"到达"真正的世界"。

柏拉图《理想国》教育思想的要点，是标举理性的最高权力，并要求诗人的想象和激情必须服从智慧的统率。也就是说，他要求的是让诗人和诗歌进入爱智慧的权力监控中，让哲学权力掌管诗人的歌喉。因此，柏拉图反对诗人的真正用意，并不是对诗歌这种文学形式本身的摒弃，也不是对诗人无缘无故一视同仁地永久流放，而是对诗歌以激情僭越智慧或者开启情欲感性之洪流进而妨碍人们走向真理的传统教育基础的诊治。

如此一来，在《理想国》第二卷中的苏格拉底就像一个"文化暴君"一样，"不近人情"地对荷马史诗和儿童故事进行严苛的"道德检查"。荷马的许多段落应当删除，有教养的人应当泰然面对一切灾难，荷马的"英雄"却遇事失声恸哭。而且，神和英雄应当自制，不宜狂笑不止。此外，怎么可以说英雄贪图钱财，阿喀琉斯是为了报酬才放归赫克托耳的尸体的呢?① 在对英雄、神、冥界等诗歌内容作了审查之后,苏格拉底转向了关于人的问题。他说:"……诗人和故事作者,在最紧要点上,在关于人的问题上说法有错误。他们举出许多人来说明不正直的人很快乐,正直的人很痛苦;还说不正直是有利可图的,只要不被发觉就行;正直是对人有利而对己有害的。这些话我们不应当让他们去讲,而应当要他们去歌唱去讲刚刚相反的话。"②戏剧比史诗对人的个性的影响更大,因为表演本身就是模仿,它教给人的乃是"习惯成自然"的模仿个性。模仿使人们习惯了以假为真,因而离真理更远。诗可以是神圣的迷狂,戏剧可以是卓越的模仿,但都必须有利于灵魂的健康和完善,有利于人们获得真知。

在《理想国》第十卷中,柏拉图重复了对诗歌的批判,并且证明了城邦禁止一切模仿性诗歌和戏剧的理由。在这里,艺术的本质被概括成为"模仿",诗人的工作和画家的工作一样是对"实在"的模仿,与一般的匠人并没有实质性的不同,对事物本身(理念)并无知识,他们精熟的乃是一种模仿的"手艺"。一旦拨去诗歌美丽的语言,从它的迷惑中解脱出来,拿着诗人的写得最好的作品去询问其意思,结果就会发现诗人对他们如此有力地展现出来的东西实际上一无所知。诗人的智慧就像女人的脸蛋,年轻时妩媚动人风情万种,一旦青春凋残,就会暴露出不美的真相来。

柏拉图的这个比喻,指出了他反对诗的主张面对的真正对象,那就是对局限于摹本而对真理本身不作深究的任何形式的否弃。他说:"诗歌的最大罪状"是,"它甚至有一种能腐蚀最优秀人物的力量";因此"我们当初把诗逐出这个国家的确是有充分理由的"③。模仿的魅力及其达到的一种忘我的形式,最明显地体现在激情中,在那里被表现的东西自身达到了一种忘我的状态。如果放任它进入城邦就会对灵魂的爱智部分造成损害,使城邦为激情所控制,从而"诱使我们漫不经心地对待正义和一切美德"。苏格拉底为这场关于"捉住诗人"并"拒绝让诗人进入治理良好

---

① 参见柏拉图《国家篇》,386—391;《理想国》,商务印书馆1995年版,第82—91页。
② 同上书,392B,第93页。
③ 同上书,605—606,第405—407页。

的城邦"① 的讨论所作的总结，极似柏拉图的内心独白：

"虽然我们受到了我们美好制度的教育已养成了对这种诗歌的热爱，因而我们很乐意听到他们提出尽可能有力的理由来证明诗的善与真。但是，如果他们做不到这一点，我们就要在心里对自己默念一遍自己的理由，作为抵制诗之魅力的咒语真言，以防止自己堕入众人的那种幼稚的爱中去了。我们已经得以知道，我们一定不能太认真地把诗歌当作一种有真理依据的正经事物看待。我们还要警告诗的听众，当心它对心灵制度的不良影响，要他们听从我们提出的对诗的看法才好。"②

这一段话引发了历史上关于哲学与诗的持续不断的争辩。对诗的"爱"将我们引向激情、想象、模仿、稍纵即逝的事物，而使我们远离真理与善，因此对诗的爱与对真理的爱相比是幼稚的。我们看到，在《理想国》第三卷和第十卷中，柏拉图对诗人的批判是在不同的层次上展开的。第三卷的对话讨论是围绕培养护卫者和理想城邦的政治人物的教育规划，要求对诗进行严厉的审查。第十卷的讨论则从本体论上指出诗歌是一种没有真理依据的"不正经的东西"，相对于事物的理念来说，它永远只能是摹本。这里涉及柏拉图反对诗人的斗争中两种哲学权力的运用：一种是从对现存城邦的讥讽式批判中，通过动摇传统诗歌教育的根基，提出审查诗歌的权力监控问题；一种是从城邦的严格的理式论（理念论）根据出发，突出哲学权力的真理绝对性，提出拒斥诗歌的权力尺度问题。从后一个方面来看，诗人是"说谎者"，心灵的爱智部分应当远离诗人；从前一个方面来说，评价诗人，判定他们的"谎言"是否美丽，其标准就是他们是调和了冲突因素还是妨碍了它们的和谐，关于人类生活的真正诗歌必须始终表现"只有正义的人才是幸福"这条真理。前者是对诗的监控，后者是对诗的排拒，两者都服从于建构一个理想的正义国家所必须的哲学权力。

当然，当柏拉图断言诗歌说谎骗人的时候，他虚化了艺术的审美实在，从而抽离了人的生命存在中诗性真实的本体论根基，他唯一确信的是

---

① 参见柏拉图《国家篇》，605B。这段话指出："诗人的创作（像画家一样）是真实性很低的；因为像画家一样，他的创作是和心灵的低贱部分打交道。"

② 柏拉图：《理想国》，608B，第408页。

照亮万有理念的道德善的实在性。冲突的实质显然是审美与道德的二极对立，因为在任何欺骗性的模仿中所获得的经验本身已经是灵魂的堕落。那么是否存在着能够完全免除这种危险的诗？当柏拉图谈论通过监控诗、净化诗进行教育的时候，他是肯定有这样的诗存在的。那么这样的诗究竟是什么呢？从柏拉图排拒诗的理由看，既然诗之惑人是因为它是事物的模仿（使我们惑于假象而迷失了真理），那么纯净的诗就应当是最少模仿的诗，这样的诗必定只是对语言之理式（理念）的分有。由此能够经受住理性监控权力审查的诗只有一种，那就是诗剧形式的赞歌——它是柏拉图理想城邦公民的诗的语言。然而，即使赞歌的表现形式也要一种本体论论证的诘难，因为赞歌与所有的诗一样也是对被产生物的模仿。对此，柏拉图的解释是：在真正的城邦中，在正义的城邦中，这种赞歌宣称了为大家所共同具有的精神肯定，这种声明在轻松愉快的戏剧中会认真地赞颂那些"被认为是真实的东西"。

　　柏拉图的解释显然为一种爱智权力的灵活运作埋下了线索。循着这个线索，加达默尔追问道："当在城邦的实践、风俗和生活方式中形成的共同纽带不再具备约束力，当忠诚于这种纽带不再为赞歌所颂扬时，对真正正义的赞扬又将采取诗的什么形式呢？在事实上已病入膏肓的城邦中，赞歌又采取什么样的形式呢？它必须采取什么形式才能保证它即使作为表现，也仍然是真正的颂扬，是一种对每个人都很重要的语言？"[①] 加达默尔认为，这问题揭示了柏拉图对话在其理智事业中的位置。从这个位置上，柏拉图可以回答针对他反对诗人的指控（这种指控的根据就是柏拉图自己的对话录就是杰出的诗歌）。当然这不是我们要解决的问题。我们感兴趣的是柏拉图对诗人的批判是如何立足于一种哲学权力的。要知道，诗人柏拉图自己从他确立的对诗人的监控和排拒的权力重围中突破出来，依靠的就是这种权力。于是，我们在《法律篇》中看到，"哲学家"成了"真正的诗人"："如果悲剧诗人要进入城邦并希望演出他们的剧本，那么我们就对他们说，噢，最优秀的外邦人啊，我们自己都是诗人，已经写出了世界上最好的悲剧。因为我们的城邦不是别的，只是对最、最美好生活的摹仿。它确实是所有悲剧中最真实的。你们是诗人，我们也是诗人。在

---

① ［德］加达默尔：《加达默尔论柏拉图》，光明日报出版社1992年版，第73—74页。

写作最美丽的戏剧方面,我们是你们的敌手和竞争者。只有真正的法律才能成功地写出最美丽的戏剧。"① 哲学家有权监控诗人并驱逐他们,因为只有哲学家才是真正的诗人。哲学家的权力来自对理念的认识,他作为城邦统治者所进行的立法是对理念本身的摹仿,而诗人的诗歌则是对现象事物的模仿,因此哲学家的立法是"最美丽的戏剧"。是哲学权力,而不是别的什么,才是一个和谐的正义城邦最高的立法权力——这正是柏拉图在反对诗人的斗争中极力要告诉我们的东西。

三 别有洞天:洞穴中的世界及穿越其间的目光

柏拉图对诗人的批判,决非出于对诗歌和艺术的无知,而是由于柏拉图置身在希腊人"爱智慧"(哲学)的断裂层:在那里,人与存在合一的诗意爱智向度中断了。诡辩学派的相对主义、怀疑主义哲学使城邦教育的诗性根基荡然无存,修辞学、诗歌、戏剧等统统变成了智者教育(客观地说,智者是希腊世界的第一批启蒙教育者)投机取巧的工具,希腊人天真的诗意惊异(存在者存在)终结在智者老滑世故的"启蒙教育"中。既然诗人已经被智者所败坏,那么"反对诗人"的矛头其实明确针对着现存教育,它旨在重建对人类本性的确信和依赖,通过忠诚于纯理性教育的力量发展与智者教育造成的离心力相抗衡。因此,柏拉图以反对诗人的方式,凸出了一种理性的爱智向度,他在申称诗的世界是一个假象世界的同时,要求人的心灵转向真理的世界。"真的世界"亦即"理念世界",既是柏拉图反对诗人的本体论根据,也是他的全部哲学的核心。

柏拉图在《理想国》中论证理念论的时候,运用了著名的"洞穴喻"。这个哲学寓言对于我们理解柏拉图哲学的爱智慧性质至关重要,它在西方哲学两千多年的思想嬗变中实际标画出西方形而上学或本体论哲学的基本位置。这个哲学寓言的核心,是被西方本体论形而上学传统视为毋庸置疑的前提且一直未思未究的"光源隐喻"。它最形象地表达了柏拉图的哲学理想:其中终极"光源"被看作是使一切存在得到照亮的最高价值(至善)本体,而人从黑暗走向光明的"解放"历程遵循着"灵魂转

---

① 柏拉图:《法律篇》,817B。

向"的基本原理。

对"洞穴喻"的分析将使我们看到,西方哲学在他的奠基阶段是如何确立一种本体论形而上学的哲学传统的,这有助于我们理解今天西方思想中各种反柏拉图主义哲学的真正动机和根本意图,并将提供给我们一个透视西方哲学本体论隐蔽的虚无主义(即最高价值的自我失坠)的始源性视界。让我们从柏拉图所说的那个著名的寓言开始。柏拉图在《理想国》中借苏格拉底之口叙述道:

> 苏格拉底:……让我们想象一个洞穴式的地下室,它有一长长通道通向外面,可让和洞穴一样宽的光照进来。有一些人从小就住在这洞穴里,头颈和腿脚都绑着,不能走动也不能转头,只能向前看着洞穴后壁。让我们再想象在他们背后远处高些的地方有东西燃烧着发出火光。在火光和这些被囚禁者之间,在洞外上面有一条路。沿着路边已筑有一带矮墙。矮墙的作用像傀儡戏演员在自己和观众之间设的一道屏障,他们把木偶举到屏障上头去表演。[1]

在描绘了这个场景之后,柏拉图笔下的苏格拉底对格劳孔继续说道:

> 苏格拉底:接下来让我们想象有一些人拿着各种器物举过墙头,从墙后面走过,有的还举着用木料、石料或其他材料制作的假人和假兽。而这些过路人,你可以料到有的在说话,有的不在说话。
> 格劳孔:你说的是一个奇特的比喻和一些奇特的囚徒。
> 苏格拉底:不,他们是一些和我们一样的人。你且说说看,你认为这些囚徒除了火光投射到他们对面洞壁上的阴影而外,他们还能看到自己和同伴们的什么吗?[2]

在后面的对话中,柏拉图通过苏格拉底和格劳孔的对话问答,揭示了这些被缚在洞穴中的"囚徒"把各种事物的"影像"当作事物本身的情

---

[1] [古希腊]柏拉图:《理想国》,郭斌和、张竹明译,商务印书馆1995年版,第272页。
[2] 同上。

形。应该说，这个故事描绘的是一幅反映人类实际状况的严峻画面。这些囚徒"是一些和我们一样的人"，柏拉图事实上通过对于洞穴中的囚徒处境的描绘深刻地表达了那种对于一般人类处境中的人的局限性的认识，这是一种总是为事物的假象（影像）所蒙蔽而看不到事物真相的人类知识处境。人只有从这种处境中挣脱出来，才能获得真正的知识。

柏拉图指出，设想有人将洞中囚徒解放一人，那将会发生怎样的情景呢？首先，他将会看到火光和那些事物；其次，他发现了太阳和太阳下的事物。每一次新的发现总是伴随着认识的改变。当他最初被解放时，他看到了那被照亮的事物及后面的火光，这时他发现洞壁上的影子为虚妄之物；当他走出洞穴来到太阳下面的时候，这时他看到了那照亮万物的光源和被它照亮的一切真实的事物。

柏拉图在讨论囚徒的处境和被解放的囚徒所经历的变化时，有着很深的寓意。这是一个关于人从黑暗走向光明，从无知走向有知，从被遗弃状态走向被拯救状态的神话。在柏拉图的这个比喻中有三种类型的存在：（1）影子；（2）木偶及照亮木偶的火光；（3）事物和照亮事物的太阳。一般人就像那被囚于洞中的囚徒，只知影子并视影子为最真实的，而不知在影像之外尚有构影之光和构影之物，它们比影像更真实；而在洞穴之外尚有太阳和真实之事物，它们是最真实的。柏拉图用光源喻指"善"，用洞穴中的影像、木偶和火光喻指现象中的幻象、事物和善，用洞穴外的太阳和万物喻指"至善"和万有的理念。

洞穴喻最形象地表达了柏拉图的哲学理想：在这一比喻中，至善理念被看作是照亮一切而自身不被照亮者。而要达到关于这一理念的知识，心灵必须经过一系列的转向，从影子到物，到火光，再到洞穴外的物，最后转向太阳。灵魂的转向与个人从意见、现象之中获得解放的道路是同一条道路。这个隐喻形成了柏拉图哲学中最根本的理性主义原则：世界的终极存在被看作那照亮万有的终极之善。光源的意象在这里成了我们领会柏拉图爱智慧之实质的关键：没有光一切皆不可见，而没有"善的理念"的世界也就是一个没有光的世界。

柏拉图把世界分成现象世界和理念世界，称前者为"可见世界"，后者为"可知世界"。在他的洞穴喻中，可见世界的"光"和可知世界的"太阳"是理解他的哲学思想的至关重要的喻象。前者喻指习惯或经验或传统习尚中的善，而后者是指构成整个宇宙基本秩序和价值体系的至善。哲学首要的任务是要指明灵魂如何才能从可见世界转向可知世界。这种"灵魂转向"构成了柏拉图理念论哲学的基本原理。柏拉图的出发点是原始的、无形的、不受肉体所累的灵魂存在，灵魂的单纯被思为灵魂的本真状态。

在《斐多篇》中，柏拉图着力论证了灵魂的单纯，目的是为理念论中的"回忆说"的论证做准备。在《理想国》中，柏拉图又着力论证了人的灵魂的不纯粹的结构，灵魂由三个部分组成：理性、激情和欲望。《斐德诺篇》以理性驾驭两匹马的比喻来说明这三个部分的关系：其中一匹马奋力升向理念王国（这表明激情是理性的全力支持者）；其中一匹马则竭力把牲口连车子拉进人世间（这表明欲望与理性是针锋相对的）。正因为人的灵魂具有这种分裂的本性，正因为这种分裂构成了人向善或向恶，驰升于可知世界（理念世界）或沉沦于肉欲诱惑，因此灵魂要免于堕落就必须转向。只有灵魂从他的"流放地"（肉体）回返自身或回忆自身才可被称之为"灵魂转向"。《理想国》卷七继洞穴喻的描述性对话后，是一场关于"灵魂转向的技巧"的讨论：

> 苏格拉底：但是我们现在的论证说明，知识是每个人灵魂里都有的一种能力，而每个人用以学习的器官就像眼睛。——整个身体不改变方向，眼睛是无法离开黑暗转向光明的。同样，作为整体的灵魂必须转离变化世界，直至它的'眼睛'得以正面观看实在，观看所有实在中最明亮者，即我们所说的善者。是这样的吧？
>
> 格劳孔：是的。
>
> 苏格拉底：于是这方面或许有一种灵魂转向的技巧，即一种使灵魂尽可能有效地转向的技巧。它不是要在灵魂中创造视力，而是肯定灵魂本身有视力，但认为它不能正确地把握方向，或不是在看该看的方向，因而想方设法努力促使它转向。[①]

在这场讨论中，柏拉图首先肯定了灵魂本身有视力，这就是灵魂中的

---

① 柏拉图：《理想国》，郭斌和、张竹明译，商务印书馆1995年版，第277—278页。

理性部分。但是作为整体的灵魂如果不转离变化世界，那么灵魂中的视力（理性）不可能瞥见"实在"，也不可能观看实在中最明亮者（亦即善本身）。依此看来，柏拉图所说的灵魂转向实际上是要使人的灵魂的每一部分协调一致，听从灵魂的理性部分的指挥，只有这样灵魂才能转离变化世界，灵魂本身的"视力"才能选择正确的方向。"灵魂转向的技巧"实质上是要求激情和欲望听从理性指挥的技巧，这种"技巧"的最高形式是苏格拉底所示范的辩证法。在柏拉图看来，只有具备辩证法智慧的人才能完成整体的灵魂的转向，从而灵魂转向它本真的状态，这就是灵魂的回忆。

在人类灵魂的记忆中，从它的无形的、非现实的存在时期开始，好像就已有了善、美、相称、公正等理念。而灵魂转向自身的内省和回忆，是要使这种记忆具有现实意义，要忆起早已瞥见过但却忘记了的东西。为了做到这一点，人恰恰应该内省，应该尽量仔细地使灵魂摆脱肉体，习惯于从肉体的各个部位把灵魂聚合起来，专注于自身，而且无论是现在还是将来，在灵魂从肉体这个枷锁解脱出来之后，都应尽可能地独自生活。柏拉图的成熟思想认为，由于灵魂的真正本性是超感性的，所以它只有上升到理念世界，返回本原，才能找到无上的幸福。这种思想在《斐多篇》中得到了进一步的阐发，在那里"正当的哲学"被定义为"临死的实践"和"对死的追求"，灵魂只有摆脱它的肉体的牢笼，才能获得他原有的纯洁和对真理的认识。

灵魂转向也就是灵魂回忆，它既是认识或知识活动，同时也是道德的净化和升华。"善本身"，亦即"至善"，是理念世界的唯一原则。所以，柏拉图在《菲利斯篇》中指出，在我们面前，确切地说，是在司酒官面前流淌着两股水流，其中一股是可以与蜜糖媲美的快乐之泉流，另一股则是智慧的泉流，它使人清醒，而且一点酒也没有掺杂，就像凛冽而有益于健康的清水。这就需要我们尽善尽美地把这两股水流掺合在一起。

在柏拉图的二元论哲学中，知识和快乐有两种。关于知识，第一种是由灵魂转向自身由回忆得来的关于理念世界的知识，第二种是以"产生和消亡着的东西"为自己的对象而获得的知识，两种知识都是美德的构成因素，第一种比第二种更真实。关于快乐，第一类是真实的、高尚的、洁净的，它与痛苦无关；第二类是一种给灵魂带来冲动并总是伴随着痛苦的快乐。知识与快乐的两重性是由两类基本的"善"决定的：精神的善和尘世的善。尘世之善又被分为肉体的与财产的。精神之善也要与灵魂结构相一致。

由此构成了一个善的等级：外在善（财产）要服从肉体的善，肉体的善要服从精神的善，精神的善要服从理性的善。在这个善的"金字塔"上，理性高踞于顶峰。在善的这样一个等级序列中，从较低一级的善向较高一级的善的跃升典型地贯彻了灵魂转向的原理。从根本上说，这个思想是柏拉图一生一贯的看法。可见世界中的善（尘世）只是完美而永恒的可知世界（精神的、理念世界）的一个摹本，是一个被弄模糊了的而且是不完善的摹本。在《会饮篇》中，柏拉图借助厄罗斯的神话形象叙述了对完美的肉体的爱的一系列连续不断的阶段：首先是对一个完美的肉体的爱，但是一旦爱上了性情、举止和精神品格之后，肉体的完美就变得微不足道了；其次，由对完美的性情的爱奠定了通向对知识的完美的爱；最后，是对一切美的事物的自在之美的认识和热爱。在这样的序列中，柏拉图始终把人置放在两个世界之中。

柏拉图为西方哲学思想精心设计了一个"光源隐喻"。在这个隐喻中，灵魂、人和城邦都遵循一个共同的原则：即让欲望和激情听从理性指挥的原则。理性是灵魂中的视力，由理性主宰灵魂才能实现"灵魂转向"。同样，哲学家是城邦中最有智慧的人，由哲学家统治的城邦才是一个正义的城邦。这个思想根本上就是将理性看作是通向永恒光源的必由之路。

"灵魂转向"的想法是以某个最终光源的本体论预设为前提的，唯有如此西方逻各斯传统才得以奠基。柏拉图对话录中的苏格拉底总是在一种辩证对话中对各种事物及其关系本身进行界定。这是一种理性概念思维的典范，它把理性看成是使人走出"洞穴"世界（现象世界）进入"光明"世界（光明世界）的决定性的力量。这就是说，理性把我们带向理念世界（可知世界），而感性欲望则将我们束缚在现象世界（可见世界）。

希腊思想在柏拉图这里开始了将理性思维活动从无意识的原始深渊中提取出来，这使得一种不同于东方文明的科学思想方法成为西方思想的独特产物。在柏拉图展开的这种究极式的追问中，哲学家实际上在两重意义上置身于一种"灵魂转向"的"向日式"的精神炼狱中。用光源隐喻的语言来说，一种"超越"是"由暗处到了亮处"的超越，另一种"超越"是"由亮处到了暗处"的超越。这两种超越都必须克服"灵魂"由此产生的"性质不同的两种迷茫"。

在柏拉图关于正义国家的理想构思中，只有在这两个方面都超越了"迷茫"的人才能成为"哲学家国王"。柏拉图借苏格拉底之口说道：这样的人"……在看到某个灵魂发生迷茫不能看清事物时，不会不假思索就予以嘲笑，他会考察一下，灵魂的视觉是因为离开了较光明的生活被不习惯的黑暗迷误了呢，还是由于离开了无知的黑暗进入了比较光明的世界，较大的亮光使它失去了视觉的呢？于是他会认为一种经验与生活道路是幸福的，另一种经验与生活道路是可怜的；如果他想笑一笑的话，那么从下面到上面去的那一种是不及从上面的亮处到下面来的这一种可笑的"①。

柏拉图这一段话表明，做一个"行走在光明中"的哲学家，比超越自己并回到他的那些"被缚在洞穴中的"囚徒同胞们那里担任他们的立法者要容易得多。哲学家国王的设想不仅仅是柏拉图的一个乌托邦式的政治理想，它更多地体现了一种理性话语的本性：它要求真理与权力的合一。

柏拉图的"鸽子"飞入纯粹光明之中，飞入到"真空"中。这种精神的飞升，在解放"被缚在洞穴中的囚徒"之后，又将人置放到一个由概念和语言组成的抽象世界的"洞穴"中。

柏拉图的爱智慧在洞穴喻中获得了最为生动的阐明。这是一个关于人从黑暗走向光明，从无知走向有知，从被遗弃状态走向被拯救状态的神话。它典型地表达了柏拉图的哲学理想："光源"是理念论的终极实在；"灵魂转向"是理念论的基本原理。它是对光明的一种理解，是理性自主独立的凯歌。显而易见，对"洞穴隐喻"所作的分析提供了一个理解柏拉图理念论哲学的爱智向度的有利视景。我们看到，在柏拉图这里"爱智慧"不再是"人与智慧的协调一致"的那种诗性之爱，不再是"与集合一切存在者的存在合一"的始源性的爱智，它成了对某种超感性绝对之物（理念）的理智探求或理性洞见，是灵魂的眼睛（灵魂的理智部分）

---

① 柏拉图：《理想国》，郭斌和、张竹明译，商务印书馆1995年版，第277页。

向永恒在场之光（至善）的"转向"。

四　哲学的"王者归来"

　　柏拉图的"爱智慧"是以世界两重化为现象世界和理念世界、人分裂为灵魂和肉体、灵魂又分化为理性部分与非理性部分等一系列二极对立的等级为基础的。在这种"人与存在对立"的爱智框架中，我们面对真与假莫辨的现实世界、灵与肉纷争的人性、理性与欲望鏖战的心灵，因此必须确立真理、灵魂、理性的最高权力，才能重建世界、人性和心灵的整体和谐。柏拉图的爱智慧就是要完成寻求这个整体和谐的究极式的追问。但是，冲突、分裂和对立既然被视为前提，那么对智慧的爱作为通向和谐和光明的可能途径就只能是通过确立理性的绝对主宰地位而实现，这实际上也是一条通向绝对权力的道路。

　　因此，爱智慧是对最高智慧的把握，而把握了这种智慧的人有资格居高临下地审查其他逻各斯形式。他认为，哲学把握真正的逻各斯，这乃哲学权力的根源所在，因为"权力者的共同名称是'拥有逻各斯'"。[①] 柏拉图使得爱智慧成了一种"拥有逻各斯"的在场形而上学。逻各斯成了永恒在场者。这种逻各斯是超感性的理念，它们是超出现存杂多的、流变的、相对的、虚幻的世界之上的永恒、统一、绝对的实在。正是因为柏拉图相信无黑暗的光明，相信完全排绝了非理性的纯理性，相信绝对的真，才使他感到"进入纯粹光明的人"应当有一种道义责任下到"洞穴一样昏暗"的人类世界中去为他们立法。柏拉图关于哲学家应当成为理想城邦的国王的思想，就是以这种逻各斯的哲学权力为基础的。

　　柏拉图关于哲学家为王或王为哲学家的思想，可以看作是苏格拉底关于"知者统治"思想的进一步展开。但这里面临着的难题是：理念论的对象是一般与共相，其中两个世界的理论产生了脱离这个世界的消极道德，而同感官世界决裂和人生精神化被看作智慧的理想；这样一来，真正有智慧的人，就如同从洞穴中得到解放来到阳光下并习惯了在阳光照耀下生活的人一样，他怎么还愿意回到洞穴中去做王呢？我们看到，柏拉图哲

[①] 参看柏拉图《理想国》，第571—575页。

学终极旨趣确实产生了一种通往基督教思想的桥梁。但是，希腊美的整个魅力又在他的内心里活跃、奔腾，于是理念论成了拯救城邦的"药理学"根据。柏拉图在《理想国》中论证哲学家为王的主张，可以看作是柏拉图理念论哲学的一种深切的现实关切。这样，形而上学的绝对权力成了世俗王权的超验授权者，真理与权力的美妙结合成了一个理想的正义城邦的基本建构原则。从这里我们可以比较清晰地追溯出形上话语隐蔽的权力本性。我们先看看柏拉图对哲学家的定义。

在《理想国》里，柏拉图对哲学家的界定有两个：其一，"哲学家是智慧的爱好者"①；其二，真正的哲学家是那些眼睛盯着真理的人。② 这里柏拉图对哲学家的定义出现了两种不同的界定方式："爱智慧的人"和"爱真理的人"。"爱智慧"和"爱真理"是不是一回事？或者换句话说，爱智慧与爱真理在外延上是一样的吗？只要我们仔细分析就会看到，这两个定义的外延是不一样的。一个爱智慧的人，当然必须爱真理，但他还必须爱一些别的东西，比如说人类或者一般人的状况；而一个实际热爱真理的人，则不必热爱人类，他可能狂热地爱着真理同时却对人类大失所望。毫无疑问，"爱智慧"与"爱真理"在词义内涵上的微妙差异，是基于柏拉图对"哲学家"和"国王"两个角色复合到一个人身上的可能性的思考。哲学王作为哲学家他是爱真理者，作为王他必须是"更有勇气的人"（因为他注定了面对更多的谎言和骗局）。柏拉图对哲学王的论证是通过灵魂的结构、个人美德的结构和城邦的社会结构进行类比构思在设想一个理想的正义国家时完成的。在这种类比论证中，柏拉图特别强调正义美德。这三者之间的类比关系如下：

灵魂的结构：理性部分（爱智）；激情部分（爱胜）；欲望部分（爱利）。对这三者之间的关系，柏拉图借苏格拉底之口说道："如果作为整体的心灵遵循其爱智部分的引导，内部没有纷争，那么，每个部分就会是正义的，在其他各方面起自己作用的同时，享受它自己特有的快乐，享受着最善的和各自范围内最真的快乐。"③ 反之，如果整体的灵魂是受激情

---

① 柏拉图：《理想国》，475B—C。
② 同上书，475E。
③ 同上书，第377页。

部分或者欲望部分的引导，那就会使灵魂陷入纷争，灵魂的各个部分追求的不是自己固有的快乐，这种快乐是虚假的。

个人美德的结构：头脑（类似灵魂的理性部分，其美德是智慧），胸（类似灵魂的激情部分，其美德是勇敢），膈膜以下（类似灵魂的欲望部分，其美德是节制）。作为一个整体的个人，只有各部分各司其职，共同听从头脑的指挥，这个人才是一个正义的人。

城邦的社会结构：统治者（统治者之于城邦如同头脑之于人、理性之于灵魂），护卫者（护卫者之于城邦犹如胸之于人、激情之于灵魂），农民和其他技工（这一阶层对城邦而言，就如同人的膈膜以下的部分和灵魂的爱利部分）。一个统治良好的城邦，就像灵魂和个人一样，它的统治者必须是最智慧者，它的护卫者必须是最勇敢者，而它的农民和技工必须是最节制者。据此，柏拉图批判了四种城邦政制：荣誉政制——激情代替了理性，勇敢代替了智慧；寡头政制——爱利者成为统治者；民主制度——"在这种制度下不加区别地把一种平等给予一切人，不管他们是不是平等者"①，这种制度混淆了一切美德和价值；僭主政制——这是一种由贪欲和强暴僭窃国家政权的政治制度。柏拉图认为，这四种城邦制度都是不正义的，其中僭主政制是最邪恶的一种。它们的一个共同特点是美德的错位和智慧与政权的分离，城邦不是受理性和智慧的指导，而是受激情或欲望的控制；因而必然导致城邦内部的纷争。柏拉图认为最善的城邦政制是一种依美德理想建立起来的城邦制度，因此，正义国家必须是哲学家做王。它实质是一种道德理想国，表现为以下几点：

（一）国家、个人和灵魂的承载关系。城邦结构、个人结构和心灵结构中的每一部分应各司其职，不可僭越和庖代，智慧、勇敢和节制这三种美德都受到正义美德的制约。我国希腊哲学史家陈康先生称之为"国家、个人和心灵的承载关系"，这种承载关系表现为柏拉图的一个基本假定：若有正义国家，必先有正义之人，若有正义之人，必先有正义之灵魂；反之，若有正义之灵魂，必有正义之人，若有正义之人，必有正义之国家。② 正义秩序是理性、智慧统率激情和欲望的一种和谐秩序，它作为一

---

① 柏拉图：《理想国》，第 333 页。
② 汪子嵩、王太庆编：《陈康：论希腊哲学》，商务印书馆 1990 年版，第 60 页。

种原则同样适用于个人和城邦。

（二）个人的灵魂转向：城邦教育。建立理想国家的第一要义是造就各方面完善的个人。并建立起一个"各是其是"的城邦分工秩序。基于这种考虑，柏拉图赋予教育以独特的使命：教育不是直接教授美德，而是促使灵魂转向。在《理想国》中，根据柏拉图设计的建立正义国家的教育方案，教育主要针对城邦的统治者阶级和护卫者阶级：第一种教育即音乐和体育是为护卫者而设置的，旨在熏陶灵魂、培养勇敢而温文的性情，使得激情成为理性的卫士而不是站在欲望方面与理性对抗；第二种教育即数学、几何学、天文学和纯粹哲学的教育，这类教育是为教育未来的统治者而设的，目的在于发展个人灵魂中的理性部分。在这个教育方案中，没有针对农民和技工的课目，因为人的欲望的发展对于建立一个秩序良好的正义城邦是有害的。城邦教育如果用来推动欲望的发展，那么由这种教育而建立起来的城邦必然是一个"猪的城邦"。建立正义城邦之教育的目的在于发展护卫者勇敢的美德和统治者智慧的美德，这样建立的城邦才是一个欲望和激情由理性指挥的城邦，柏拉图称之为"狗的城邦"。

（三）城邦的灵魂转向：哲学王。教育城邦的理想是培养哲学王，因为哲学家是能够真正看到存在自身、理念、至善的人。这种"看"的能力是灵魂中的理性部分所具有的，它一方面使统治者对他们据以统治的官职和权力抱有正确的态度，另一方面哲学王作为城邦的立法者使城邦建立正义秩序成为可能。由灵魂自身的转向运用于个人和城邦，柏拉图得出了两个重要结论：由个人的"灵魂转向"得出城邦的教育原则——使公民意识到自身之所是，并培养和发展行其所是的美德；由城邦的"灵魂转向"得出城邦的政治原则——城邦必须意识到它的最高的善，因此统治者必须是拥有这类知识的哲学家。

哲学家是爱智慧的人，同时也是爱真理的人。他们是在每类事物中爱存在本身的人，因此让这样的人获得政治权力是引导人类走向真理所必须的。《理想国》中苏格拉底讲道："我不得不宣言，必须颂扬正确的哲学，通过它一个人可以认识到公众生活和私人生活中的各种正义的形式，因此，除非真正的哲学家获得政治权力，或者城邦中拥有权力的人，由于某种奇迹，变成真正的哲学家，否则，人类中的罪恶将永远不会停止。"柏拉图哲学王统治的正义国家是一个由词语构成的城邦。它所设想的护卫者的生活方式、教育和文化生活都服务于道德净化的目的。社会的公共生活由于设想了哲学王的权力形式而表现出智慧与权力结合后的专制特性：它完全排除个人自由和个性。这种按照美德的理念（至善）构思的理想国家实质上不可避免地将个人视作表达这种道德理想的抽象符号。

事实上，柏拉图哲学王的理想国的思想即使在他那个时代也是一种听来可笑的学说。但是，这种探索代表了西方思想中那种高迈的道德理想主义的文化原型，它影响了西方社会两千多年：伦理的价值和标准必然照亮我们人生的整个整修道路，善的理念（至善）体现为职责，体现为目的，人们的社会生活必须完成这个职责，实现这个目的。因此，对个性和个人自由的排斥，恰恰源于一种正义理想，而社会结构的等级层次和专横特性，正是道德完善的需要。在柏拉图描绘他的哲学王的时候，肯定想到了同时代的一些哲学家（包括他自己）。如果我们承认，《理想国》中处处"燃烧着改造世界的热情"是柏拉图政治抱负的缩影，那么"哲学王"就不只是对哲学权力的表征和申辩，它还是柏拉图自己作为哲学家对权力的某种态度。波普尔强调必须正视这样的事实："即在哲学王统治的背后隐藏的是对权力的追求，给最高统治者的画像就是一幅自画像。"①

五　柏拉图是如何开始了哲学

行文至此，我们可以探究一下"柏拉图是如何开始了哲学"这样一个困难的问题了。这问题的另外一种提法乃是：在柏拉图这里，希腊人的"爱智慧"是如何变成了形而上学？

这里，我们转换问题提法的根据在于：从柏拉图开始的西方思想史表明，哲学就是形而上学。因此当我们说柏拉图开始了哲学，也就是意味着从柏拉图开始，"爱智慧"成了"形而上学"。海德格尔在回顾西方思想史和哲学史的时候说道："纵观整个哲学史，柏拉图的思想以有所变化的形态始终起着作用。形而上学就是柏拉图主义。"② 又说："一切形而上学

---

① 卡尔·波普尔：《开放社会及其敌人》第一卷，中国社会科学出版社 1999 年版，第 289 页。
② 海德格尔：《哲学的终结和思的任务》，见《面向思的事情》，商务印书馆 1999 年版，第 70 页。

（包括它的反对者实证主义）都说着柏拉图的语言。"① 那么，一向为希腊哲学家所喜爱的"爱智慧"是如何变成了"形而上学"的呢？这问题涉及柏拉图实现的"走向哲学一步"的。我们从对柏拉图《理想国》中出现的"反对诗人""洞穴隐喻"和"哲学王"三个典型话题的系谱透视中，可以看到这一步是如何实现的。

首先，"反对诗人"映现了"走向哲学一步"的语言学维度。

柏拉图反对诗人，既涉及对诗歌内容的清算，也涉及对诗歌形式的审查，其实质是对诗性逻各斯（言说）的排拒和监控。因此，反对诗人和批判诗歌，不论从本体论出发推出的放逐诗人的宣言，还是从城邦护卫者教育出发得出的净化诗歌的主张，都涉及对诗歌话语权力的审视、批判和剥夺。这实质上是从语言维度，突出了哲学对诗歌的监控和排拒的权力，这乃是一种对抽象理性思维和概念思维的哲学权力的坚定辩护。诗歌话语的本质是模仿，是对感性事物、情感、激情、流变世界的摹写；它不是通向真理的形式，而是谎言和假象的渊薮，它不能使我们获得关于事物本身或存在本身的知识，相反却使我们离之更远。这种观点动摇了希腊人教育的根基，它使得希腊以诗为基础的整个文化教育体制丧失了合法性。从更深层次来说，对诗歌的批判移动了希腊人逻各斯的重心：即从诗的"言说"转换到概念逻辑的"言说"。

柏拉图认为哲学关注的是共相问题，是最普遍的、一般的"理念"，"理念"是通过概念认知的非物质存在。因此，哲学话语与生动形象的诗歌是对立的，只有数学和逻辑与哲学的概念式语言和思维比较接近。柏拉图"反对诗人"实际上揭开了西方思想关于逻辑与诗之间漫长争辩的序幕。由于诗本身立足于时间和历史，立足于"人与存在合一"的历史性存在经验，因此对诗的清算其实是"'历史'成为'哲学'、'时间'成为'因果'"的思想进程中的必要环节。"这一过程蕴含着一个相反的趋向：'现实的'转化为'思想的'，'时间的'转化为'非（或超）时间的'。"② 因此，对诗的批判突出了"逻辑"与"推理"的观念，谈化了

---

① 海德格尔：《哲学的终结和思的任务》，见《面向思的事情》，商务印书馆1999年版，第81页。

② 叶秀山：《"哲学"面对"历史"的挑战》，见《无尽的学与思》，第93页。

时间和历史的观念，它从语言形式上完成了走向哲学（形而上学）的一步。

其次，"洞穴隐喻"映现了"走向哲学一步"的"本体论"维度。

洞穴喻的实质是通过比喻的形式揭示了柏拉图哲学的终极关怀。有学者将柏拉图的这个哲学隐喻诠释为"向日式隐喻"，可说把握到了柏拉图哲学的内涵实质。这个隐喻最终解决的是一个哲学思维中的终极视域问题，主要是由柏拉图发展出来的西方理性主义传统就是从这样一种理论思维或者理性生活的维度开启形而上学的终极视域的。《理想国》中的苏格拉底说："……我觉得，在可知世界中最后看见的，而且要花很大的努力才能最后看见的东西乃是善的理念。我们一旦看见了它，就必定得出如下结论：它的确是一切事物中一切正确者和美者的原因，就是可见世界中创造光和光源者，在可理知世界中它本身就真理和理性的决定性源泉；任何人凡能在私人生活或者公共生活中行事合乎理性的，必定是看见了善的理念的。"① 这是"被缚在洞穴中的囚徒"一旦挣脱束缚所能通达的"终极境域"。柏拉图的对话录中对理性的颂扬是一个一以贯之的主题。如果我们从整个西方思想渊源的意义上来看待柏拉图的写作，就会发现只有在柏拉图对话录中，理性意识才第一次成为一种分离出来的独立的精神活动。人们在这里看到那创造光和光源的终极实在。也就是一个永恒在场的"太阳"。

这个奇特的隐喻透露着由柏拉图开端的西方形而上学的秘密。柏拉图的"洞穴喻"是对光明的一种理解，是理性自主独立的凯歌。理性作为人身上神圣的一面，与人身上的感性欲望的方面分离开来，它实际上成为人的另一本性，人被看成是一种有两种本性的存在（自然本性与超自然本性）；而且一个反对另一个。这种对人的分裂的理解造成了一系列的二元冲突：灵魂与肉体，灵魂中的理性部分与欲望部分，可见的现象世界与可知的理念世界，等等。我们看到，这个寓言的核心是对"永恒在者"的"光源化"，也就是说，它确定的终极视域是以"永恒在者"为照亮一切世界和人类的最终光源。哲学由此推崇以理性思维来把握"在者"的本质（即出场的东西的"本身"），而隐而"不在者"则被忽略掉了。

---

① 叶秀山：《无尽的学与思》，第 276 页。

海德格尔对柏拉图以来的在场形而上学的突破即在于此。他说:"一片森林,如果没有一点空隙,阳光怎么能照得进来呢?这空隙才是阳光得以照进的先决条件,它是真正的澄明之境。"① 这是从"光"的照亮有赖于"某种敞开的、自由的东西"为前提来透视柏拉图的光源隐喻的,对这种"敞开的、自由的东西"的思考已经超出了柏拉图的终极视域。如果仅仅将柏拉图讲的这个关于光的故事看作是一个有关"光明与黑暗"斗争的神话故事,那么它与古代印度、中国甚至基督教文化中大量的这类故事并无实质性的区别。但是,柏拉图利用这个"洞穴喻"是要阐述一套系统的理性主义的哲学思想,这就使得它在西方形而上学传统的构成性奠基中占据了十分重要的位置。

最后,我们看到,哲学王的思想实际拟定了哲学在人类文化中的中心地位。

哲学王爱智慧的核心指向一个真正的世界,于是"永恒""绝对""完美"一类的实在成了哲学家努力向往与追求的目标。既然唯有哲学家的最高理性才能把握流变现象背后的真理,那么他们的地位就应是至高无上的。哲学王的权力不是来自"王",而是来自"哲学"。换句话说,是来自"真理""智慧""知识""理性",他是善的理念在现实城邦政治中的实现,他本身就是"光明"的化身。因此,哲学家的效准是独立的、自主的、完全具有同大众意见或情感抗衡的力量。哲学王是对哲学权力的确信,其乌托邦性质是对哲学作为"城邦之舟"的"舵手"身份和权力之信念的真实表达,它要求哲学成为人类文化生活的主宰。当哲学王以各种改头换面的形式出现在人类思想领域的时候,爱智慧就无法摆脱权力的诱惑,它培育了西方逻各斯中心主义或哲学学科帝国主义的形而上学传统。

由此可见,柏拉图开始了哲学,他不仅从一种话语方式、本体论特性(理念论),而且从哲学在人类思想文化中的王者地位,奠定了哲学的终极语境。走向哲学的一步,爱智慧不再是"与智慧协调一致"的诗思或史诗,而是"对智慧进行追求或占有"的抽象逻辑思维或概念理性之思;

---

① 参阅张世英《天人之际——中西哲学的困惑与选择》(1995年)和《进入澄明之境——哲学的新方向》(1999年)两书中的有关章节。

走向哲学一步,是希腊人原始存在意义(爱智慧)的被遗忘,更主要的是光明同黑暗的分离、理性同其非理性本源的分离,它遮蔽了人类思想通往"不在场"事物的通道,因而使爱智慧成了对在场者的热切关注,成了在场的形而上学。

后世哲学对柏拉图的颂扬和批判,其实也都面临着使爱智慧成为哲学(形而上学)的某种"生死决断"。当被放逐的诗人为自己辩护,而人类的苦难、不公正和良知冲掉哲学王实行极权统治的王冠和权杖,我们看到光明其实就是通过黑暗使自己澄明起来的。柏拉图使爱智慧成了形而上学,而它的背后隐蔽着"最高价值自我丧失"的危机:在那终极光源的永恒照亮下,事物的共相、理念和概念将我们引出了昏暗的"洞穴",然而那使概念逻辑和理性思维成为澄明的力量同样也会使概念逻辑和理性思维成为"囚禁生命"的"洞穴"。我们时代面临的诸多困境需要我们对柏拉图的形而上学予以重新审视。

第八章　爱智慧与学术的谱系

一　爱智慧如何成为系统化的学术探索

公元前366年，柏拉图接收了一位名叫亚里士多德的斯塔吉拉青年进入他在雅典创办的著名学园。当18岁的亚里士多德第一次来到柏拉图学园的时候，他肯定看到了那刻写在学园门上的几个大字："不懂几何者莫入"。

这是智慧之门。当时希腊城邦处在一种衰落时期的动荡不安、喧嚣不已的纷挠中，但是柏拉图学园的生活却能保持一种相对的宁静。显然，是一种对哲学生活的向往、一种对智慧的爱，吸引人们来到柏拉图学园的。亚里士多德在十九年的学园生活中无疑受到了希腊所能提供的最好的教育。他虽然在知识背景上不同于柏拉图（经验的、生物学的、医学的，而非数学的），在理论创建方面也几乎总是从批评老师的观点出发，但柏拉图哲学对他一生显然有很大的影响。

亚里士多德在哲学上的重要突破在于，他是将希腊人的"爱智慧"转变成一种严谨的学术研究的第一人。虽然他与柏拉图一样，同样关心着、追求着那令希腊人如痴如醉的"智慧"，但是他身上明显缺少柏拉图那种改造世界的热情、那种烈火般燃烧的想象力和独创精神。然而，亚里士多德对思维基本原则的探索以及为整个西方知识型传统奠定基础并确立基本框架的努力，则使他当之无愧地成了希腊哲学的集大成者和西方学术传统的奠基人。

罗素在《西方哲学史》中谈到他与苏格拉底、柏拉图的区别的时候评论说："他是第一个像教授一样地著书立说的人。"① 这实际上是说，亚里士多德著述的侧重点是学术，是体现"爱智慧"的学术；也就是说，在他那里"爱智慧"隐蔽在学术研究的形式下，而不再如柏拉图对话录那样以"言说"的形式（逻各斯）呈现自身。亚里士多德著作的话语类型是一种冷静的、怀疑的、客观的研究型话语类型，鲜少有苏格拉底对话录中那种嘲讽、诘难、辩证和先知般的灵感和想象。亚里士多德创造了一种科学话语类型的典范。他的论著是有系统的，他的讨论也是分门别类的。罗素公允地评价说："柏拉图思想中的奥尔弗斯成分在亚里士多德里面被冲淡了，而且被掺进了一剂强烈的常识感；就在他富有柏拉图气味的地方，我们也觉得是他的天生的气质被他所受的训练给压倒了。"②

毫无疑问，在苏格拉底、柏拉图那里"爱智慧"与希腊人始源性的"与智慧协调一致"的存在经验是断裂的，因此走向哲学（形而上学）一步是由苏格拉底和柏拉图实现的。但是在苏格拉底对话录中，"爱智慧"仍然是一种生活、一种独特的存在方式、一种让人达到直接面对实在（理念）这样的存在片刻的途径。这样的一种"追寻"直接指向命题和语言无能为力（但又只能通过语言和逻各斯才能得以揭示出来）的与终极实在相关的真理，它宁可让思想成为活生生的交谈而不是文字。苏格拉底终身述而不作，柏拉图一面确确实实地在写作，又一面拒不承认自己的写作，就是源自对最高智慧的"爱"。柏拉图显然意识到写作哲学对话的某种尴尬，因为思想一旦变成文字便失去了与对话语境的活生生的联系，便会暴露给误解与曲解，所以他始终坚持："没有，也永远不会有任何柏拉图自己写的作品。那些被说成他的作品的东西，乃是经过修饰和润色的苏格拉底的作品。"③ 与亚里士多德展示出来的那种"不由分说"的学术研究话语范式相比，柏拉图更希望充当一名纯粹抄写员的角色，他只是尽可能透明而忠实地转述他老师的话，试图原封不动地把生动的话语保存在摹本中。因此，我们读苏格拉底对话录往往会感受到一种扑面而来的思想光芒，而亚里士多德著作则是通过知识型陈述将思想之创造性"道说"凝

---

① 罗素：《西方哲学史》，上卷，商务印书馆1963年版，第211页。
② 同上书，第211页。
③ Plato, Epistle ii, 314c. 引文参见张隆溪《道与逻各斯》，四川人民出版社1998年版，第60页。

固在学术文字之中。对于苏格拉底来说，知识是一种和德行相互依存的活动，离开灵魂的和谐平衡不可能理解存在的终极整体。同样，柏拉图也没有将理性单纯的、理论的功能（从这里产生出具有科学意义的学术研究）与灵魂的完善加以区分。这一理论学术向度是在亚里士多德的影响下，后来在西方文化中获得统治地位的。罗伯特·库什曼说：这是由于亚里士多德"受了通过据说具有强制力量的推论而得到的肯定性答案的微妙吸引，结果厌烦了对话，而喜欢陈述的理论"[①]。

然而，偏重"智慧"的苏格拉底和柏拉图，与偏重"学术"的亚里士多德，原则上说都处在（由不同的方向上）通向由概念式、形式化的语言构造西方哲学——形而上学传统的起点上。从话语类型看，苏格拉底和柏拉图探寻事物本身的普遍性图谋是由对话叙事进行的。在反对诗人摹仿的同时，柏拉图诉诸于数学的练习——数学（几何学）被认为是由现象界上升到理念界的"阶梯"。如果我们注意到柏拉图学园进行哲学学习的主要课目是数学，就会发现柏拉图哲学对话的背景条件是由数学训练筹划的，因为柏拉图认为数学是获得"智慧"的桥梁，是培养"哲学王"的必不可少的课目。但是，数学在哲学对话中并没有直接呈现出来，而是作为一种能够瞥见万有理念的"人的智慧"隐藏在背景后面。亚里士多德对于将哲学变成数学的做法感到不满，然而柏拉图学园近20年的训练又使他不可能完全离开数学来思考问题。亚里士多德显然要求将那种在哲学对话中隐蔽的数学理念上升成为一种话语布展的思维原则，因此他尤为看重柏拉图对话录中体现了数学素质的逻辑推理能力。在柏拉图那里，数学的练习是通向智慧的工具（"阶梯"），虽然在对话辩证中对于普遍定义的追求和归纳论证的尝试确实内含着某种数学理性的思维原则，但它并不能够直接地成为表达的工具。亚里士多德要求一种能够将数学与哲学贯通起来的话语类型，它不是某种隐蔽着数学的形式原则，不是能够使真理在一连串的问答或诘难中得以敞亮的对话叙事；而是一种将数学的思维机制转化为思维工具的逻辑陈述，这即是他在《工具论》中所独创的逻辑学。

柏拉图重"数学"，亚里士多德重"逻辑"，这两种取向既有原则性

[①] 罗伯特·库什曼：《救治方式：柏拉图的哲学观念》，查珀尔希尔：北卡罗莱纳大学出版社1958年版，第18页。

的区别，又同处于使"爱智慧"成为"哲学"的实质性进展中。不难设想，运用"数学"（尤其是几何学），"存在"可以被理解为它的"本身"，例如几何学的"点""线""面""圆"等在现象世界中是无法找到的，它们更容易被理解成为可知世界中的"点"本身、"线"本身等等，因此数学隐含着将"存在"理解为"理念"的"智慧"。而运用"逻辑"，"逻各斯"作为"言说"和"道"就被狭隘化为"陈述"，它实际上就从最高智慧滑向了"知识"，这使得一种关于存在的逻辑观得以出现。在某种程度上，柏拉图是由"智慧"和"思想"的层面完成了与希腊人"爱智慧"的断裂，亚里士多德进一步由"知识"和"学术"的层面扩大了这一断裂。尽管柏拉图和亚里士多德仍然以希腊人特有的"非概念的思"，将存在理解为一种活在眼前的显现、打开和保持（而非完全无时态的"最普遍的概念"或"抽象孤立的范畴"），但是数学和逻辑的运用无疑剥除了希腊人爱智慧的诗性本源。这种思想方式的"偏移"或"断裂"，在后来的柏拉图主义者和亚里士多德主义者那里发展成了一整套概念体系和方法，为西方两千多年的传统形而上学建立了一个"正统"范式①：哲学形而上学往往将"数学"和"逻辑"看成是光辉的知识典范，由此它一再地寻求一种绝对的语言，即一种完全清楚明白地陈述"实在"的语言。

从"爱智慧"到追求普遍知识，可以说是希腊思想的"天命"，这也是智慧本身包含着的一种命运。② 人是拥有某种智慧的，智慧是人生命中的某种能力，凭借它人能获得各种知识，但智慧又总是隐而不见的。因为知识是人运用智慧的一种重要的结果，通过知识我们确信人是有智慧的生命；智慧是则使知识得到明白表述的条件和保证，它本身是无法被明白表述出来的。③ 柏拉图在前期和中期对话录中主张将智慧与知识明确区分开来，他在《斐多篇》中指出：哲学家"终身孜孜以求的目标就是智慧"。④在其他对话录中，柏拉图多次借苏格拉底之口表明，"智慧是一切

---

① 参见张祥龙《海德格尔思想与中国天道——终极视域的开启与交融》，生活·读书·新知三联书店1996年版，第60页。
② 参见俞宣孟《本体论研究》，上海人民出版社1999年版，第4页。
③ 同上书，第4—5页。
④ 柏拉图：《斐多篇》，67d。

中最美好的东西"。然而，在后期思想中柏拉图又反过来将智慧和知识等同起来，例如在《巴门尼德篇》中他试图获得关于理念之间相互结合组成的知识。这里智慧与存在于理念世界的知识是同一的，它其实是对普遍事物的知识。柏拉图的着眼点虽然是智慧，但"爱智慧"一词的含义其实成了对超感性实在的"知识真理"的把握。它蕴含着把智慧理解为科学、理解为知识的一种形式的基本倾向。这一倾向被亚里士多德大加发展，形成了西方知识论（认识论）—本体论—逻辑学三位一体的哲学形而上学传统。

亚里士多德明确主张用"知识"取代"智慧"。他说："智慧就是有关某些原理和原因的知识。"① 他不赞同把知识看成是与经验无关（而只与理念世界的存在有关）的东西，恰恰相反，知识是关于经验或从经验中上升得到的智慧："有经验的人较之只有官感的人为富于智慧，技术家又较之经验家，大匠师又较之工匠为富于智慧，而理论部门的知识比之生产部门的更应是较高的智慧。这样，明显地，智慧就是关于某些原理与原因的知识。"② 如此一来，"爱智慧"就变成了追求知识的学问。亚里士多德的这一改变，使希腊人"爱智慧"的中心从一种生命形态的"智慧"转向知识形态的"学术"。由此，他给出了对智慧和哲人的诠释："哲人知道一切可知的事物，虽于每一事物的细节未必全知道；谁能懂得众人所难知的事物我们也称他有智慧（感觉既人人所同有而易得，这就不算智慧）；又，谁能更善于并更真切的教授各门知识之原因，谁也就该是更富于智慧；为这门学术本身而探求的知识总是较之为其应用而探求的知识更近于智慧，高级学术也较之次级学术更近于智慧；哲人应该施为，不应该被施为，他不应听从他人，智慧较少的人应该听从他。"③

由此可见，亚里士多德对哲人和智慧的诠释大致分三步：首先是将知识与智慧等同；然后将知识进行分类以确立智慧的等级划分；最后将哲人诠释为拥有最高智慧的人。亚里士多德对"爱智慧"的解释，实际上是对后期柏拉图思想的"经验化"，是"被常识感冲淡的柏拉图"。他们两

---

① 吴寿彭译，亚里士多德：《形而上学》，928a，商务印书馆1981年版。
② 同上书，981b27—982a。
③ 同上书，982a10—20。

人在将哲学从希腊人的"爱智慧"引向追求"普遍知识"这一方向进展上完成了实质性的一跃。差别在于,柏拉图对现象世界的蔑视,使得他"追求普遍知识"的全部努力不可能进入经验的现象界,因此任何经验知识是不具备合法性的,这使他的"爱智慧"不大可能成为一种研究型的"学术",而只能采取一种对话型的"思想"。亚里士多德批评了柏拉图关于理念存在于事物之外的观点,从而认为柏拉图超越于经验世界的理念论是脱离实际的理论。于是,亚里士多德追求普遍知识的努力指向我们这个可经验的世界,由此一向度他将"爱智慧"发展成一种研究型的"学术"。

希腊人的"爱智慧"最初并没有分类。自从亚里士多德将"爱智慧"转变为一种追求普遍知识的学术研究开始,哲学就成了一种区别于各门专门知识的关于普遍知识的学问。亚里士多德首次从哲学中区分出三个不同的层次:即数学、物理学和"第一哲学"(神学)。"第一哲学"是"物理学之后(metaphysik)"。这个"之后"是"超越"的意思[①],它表明"第一哲学"是一种更高级的智慧之学。亦即只有在研究了较低级层次的学问"之后"才能进入的领域。因此,后来成为"哲学"的"Metaphysik(形而上学)",其核心是"Meta-"("之后")。亚里士多德专门讨论"第一哲学"的那本著作名称通常都被冠以《形而上学》的书名。应该看到,"Meta-"("之后")这个"前缀"在这个书名中的真实意义,不是"落在后面"或者"表现次要"的意思,而是"在经过之后"对前面进行反思,看出前面的东西后面的更深的本质和根据。有学者说,这是一种反后为先、回溯前提的思维方式,因为前进就是回溯、颠倒就是反思,这恰恰是西方理性精神的实质。亚里士多德提出"形而上学"或者"物理学之后",代表了这种不畏艰难、不怕麻烦,对人类所知所获的一切加以反观深思,寻求其最高根据的精神。[②] 按照亚里士多德的学术分类,"第一哲学"也就是"第一学术",它探讨一切原理中的最高原理,属于一切智慧中的最高智慧,在由不同等级构成的知识体系中居于最高级别,占有

[①] 也有解释认为是亚里士多德著作的编辑者后来加上去的书名,现在通常译做"形而上学"。

[②] 参见邓晓芒《"爱智慧"辨义——〈西方形而上学史〉导言》,《湖北大学学报》(哲学社会科学版)1999年第6期,第35页。

最重要的地位。物理学、数学也是智慧，它们同样是哲学。因为，它们作为"理论知识"对于一切"实践的"和"制造的"学问已经是一种反思了，它们（理论学术）已经是在"实践学术"之后了。但是，数学、物理学"不是一流的智慧"，相比较"物理学之后"而言，它们属于次一级学术，所以叫做"第二哲学"。把哲学区分为"第一哲学"和"第二哲学"表明，亚里士多德已经开始尝试在哲学理论和科学理论之间作出某种区分，实际上是哲学与科学相互分化的萌芽。同时，这一区分将"第一哲学"看成是"物理学之后"，这表明哲学的基础是科学，因此根本上哲学的思维是以科学思想方法为基础的。

亚里士多德的"Meta－"不是追求一种超感性实在或超经验的存在（如柏拉图），而是将存在看成是人的理性可以把握的对象。因此，"Meta－"是一种冷静观察和深思，它虽然在本体论上探讨最先的、第一性的东西，但这种探讨不是直接断言，也不是内省，而是对最普遍知识的一种追寻。这意味着，人与存在物先拉开距离，成为存在物的观察者和研究者，通过分析、比较、归纳、综合等理性思维活动来把握它。物理学研究具体的存在物的原理和原因，"物理学之后"则从总体上研究"存在物之为存在物"的原理和原因。因此，这个"之后"其实是一种理论思维的前提批判。要进入使"第一学术"成为可能的"Meta－"层面，必需有两个条件：其一，要有"惊异"，"古往今来的人们之开始哲学思考，皆因起于惊异。"① 因为惊异，人们才对周围的一切现象刨根究底，直至它们的本原。其二，要有进行反思和分析的"语言"。"人是会说话的动物"。语言的内部关系（语法）与对象本身的关系（一一对应）使人可以借用语言的层次分析来寻求万物的层次关系。② 亚里士多德正是通过语言的层次找到了"第一哲学"的对象，这就是"是之为是"（即"to on hei on"或译"存在之存在"），这使"爱智慧"成了探问普遍之"是"（存在）的学问，"爱智慧"成了一门"理论学术"。

自从亚里士多德将"爱智慧"阐发为"学术"，与人的生命存在"合

---

① 亚里士多德：《形而上学》，928b14。
② 参见邓晓芒对"爱智慧"所作的辨析。见《"爱智慧"辨义——〈西方形而上学〉导言》，《湖北大学学报》（哲学社会科学版）1999 年第 6 期，第 35 页。

而为一""协调一致"的"爱智慧",就成了西方哲学中被遮断着并始终未被深究的始源性的存在经验。尽管"存在之存在"的希腊语汇透露出某种古义深深的"爱智"消息(如海德格尔所阐述的那样),但亚里士多德以一种"学术"的态度或者"科学"的态度阻断了通向存在问题的诗性本源。在他那里"存在"也是对象,也必须像科学一样用逻辑去加以把握。而哲学与其他"学术(科学)"一样也是一门"学术(科学)",其他"学术"研究"存在"的具体形式,哲学则研究最本质的"存在"。亚里士多德使"爱智慧"进一步由"智慧"滑向"知识",从他开始"爱智慧"便走向了无尽的追求知识的道路。这确立了西方"哲学"之主题,并使"形而上学"成了"滋养"和"哺育"诸科学的母体。

二 逻辑的力量与思想的力量

亚里士多德无疑是古代世界最博学的思想家。根据第欧根尼·拉尔修提供的书目,亚里士多德曾经撰下的著作不下150余种,这些著作涉及的领域几乎无所不包。这些著作虽然大部分都已佚失,留传下来的不足五分之一,但从留存下来的著作看,他被柏拉图誉为"学园才子"殊不为过。不过亚里士多德的大部分著作没有采取柏拉图对话录那种可供公众阅读的形式,而是采取了学术讲稿或思想札记的形式。这些著作使亚里士多德成为一个悠久传统的卓越代表,成为一个相对于许多前辈们和后继者在不同程度上成功地阐明了的问题的人,从这一意义上亚里士多德的著作文本属于历史传统的一部分,它本身就是"历史的"。也就是说,必须将它们放到与希腊背景的关联(而不是与这个背景的分离)中才能理解它们的真实意义。

然而,正如麦金太尔所说:"把亚里士多德作为传统的一部分,甚至作为这一传统最伟大的代表,却是一件十分非亚里士多德的举动。"[1] 因为,尽管亚里士多德承认他的理论先驱,并第一次以一种比较系统的形式撰写了以往哲学的历史,而且这段历史在他自己的思想那里达到了顶点。但是,亚里士多德确立的哲学史的写法是"哲学的"或"逻辑的",而不

---

[1] 参见麦金太尔《德性之后》,中国社会科学出版社1995年版,第184页。

是"历史的"。这种哲学史的写法服从于一种理论逻辑的力量，它在话语的某个确定整体上重建思维自身的系统，因此它本身就是"历史"的"非历史化"（即"逻辑化"）。亚里士多德是这种将哲学与哲学史、逻辑与历史统一起来的奠基者，他以他所理解为正确的理论代替前辈们的错误或至少是部分真理来设想他的思想和他们的关系。按照他的观点，就真理而言，他的著作一旦完成，他们的著作便可弃之不顾，而毫无损失。[1] 他的思想诉诸的是逻辑必然性的力量，并以此为基准评判前辈哲学家的工作。因此，在这里"逻辑意识"得到了强化，以至于"历史"也被"逻辑"化，它必须为逻辑思维的力量让步。在这个意义上，主张"逻辑与历史统一"的黑格尔强调说："亚里士多德是古代哲学家中最值得研究的。"[2] "如果真的有所谓的人类导师的话，就应该认为亚里士多德是这样的一个人"。[3] 显然，黑格尔看重的是亚里士多德逻辑思辨的话语方式，尤其是他在用一种"深刻的、思辨的方式"研究以往哲学的历史的时候，他就显得愈发可爱了。

亚里士多德逻辑思想的源头，可以追溯到智者、苏格拉底和柏拉图将思维自身的形式与它的内容区别开来的种种尝试。这些尝试最终造成了对于早期希腊人爱智慧的那种源自时间和生命体验的历史意识的遮蔽。事实上，哲学之思一旦踏上概念逻辑之路，"陈述"（作为逻各斯）就应该是逻辑的，这样"哲学话语"就必须建立在某种逻辑思维素养的基础上，哲学话语的中心因此必定是概念逻辑思维。对于追溯西方形而上学之起源的系谱探究者来说，"逻辑"既然构成了使爱智慧成为形而上学的不可缺少的"一环"，那么追问"逻辑"是怎样抽离掉了人的历史性实存或者将人的历史性存在转换为某种推理形式就是一个十分重要的问题入口。海德格尔指出，形而上学其实就是存在—逻辑学（Ontologik）或神—逻辑学（Theologik）。因为"逻辑"的本质意义乃是表示这样一种思想的名称：这种思想普遍地从作为根据（逻各斯）的存在方面来探究和论证存在者之为存在者整体。"只有当根据被表象为第一根据之际，思想的事情，即

---

[1] 参见麦金太尔《德性之后》，中国社会科学出版社1995年版，第184页。
[2] 黑格尔：《哲学史讲演录》，第二卷，商务印书馆1960年版，第383页。
[3] 同上书，第380页。

作为根据的存在，才彻底地被思考。原始的思想之事情呈现为原因（Ur-Sache），呈现为第一原因（causa prima），后者符合于那种对终极理性（ultima ratio）的论证性追溯。"①

显然，亚里士多德逻辑关心的是思想"根据"；同等重要的是，思想的事情是作为根据的存在，而形而上学思想指向的则是那种"奠基性的根据"。这样"逻辑学"与"形而上学"便是"同质"的，它们都处理"根据"问题。这恰恰是西方思想的一个重要的特点。这里隐藏着思想与存在的相互关系，后来黑格尔就明确地指出：形而上学就是"逻辑学"。我们看到，在亚里士多德关于思想根据的奠基性工作（逻辑学）与关于存在根据的奠基性工作之间（形而上学）确实存在着某种密不可分的联系。对于使爱智慧成为哲学形而上学的西方思想来说，这一步是绝对不可忽略过去的，它使逻辑力量进入形而上学的思想筹划之中，哲学话语由此显示出某种"不听劝说""不容争议"的力量。这种力量曾经"迫使"柏拉图发出了放逐诗人的"命令"，也曾经使苏格拉底喝下了那一杯致命的毒鸩。亚里士多德之后的一切形而上学都离不开逻辑学的奠基性工作，形而上学其实就是探究终极根据的"逻辑学"。

然而，在亚里士多德那里，"逻辑学"并未能以一门独立的学科形式出现。按照亚里士多德学术分类原则，逻辑学既不能被归于理论学术（提供知识），也不能被归于实践学术（约束人们在社会中的行为）和制造学术（指导我们去创造供我们使用或欣赏之物）。它是处理问题的一种普遍的方法，这种方法是各门科学所必须的，因为它提供给人们识别和证明的准则，应当被看作是用于学术研究的工具和方法。应该指出，"逻辑（Logica）"这个名称并不是由亚里士多德最先使用的，它是后来斯多葛派的创造。亚里士多德全面论说逻辑推理形式的内容在他的《工具篇》中，尤其是其中的《前分析篇》《后分析篇》。亚里士多德非常清楚地认识到逻辑与其相关研究领域（如语法、心理学、形而上学）的区别。他指出，逻辑不研究词而研究以词作为符号的思维，不研究思维的自然历史，而研究思维在获得真的过程中的成功与失败；逻辑不研究构成事物实质的思

---

① 海德格尔：《形而上学的存在—神—逻辑学机制》，见《海德格尔选集》，上海三联书店1996年版，第832页。

维，而研究理解事物实质的思维。① 然而，即使这样，也无法避免逻辑作为哲学框子里的方法同形而上学的那种密切的联系，尽管在逻辑学中世界观的观点和方向几乎不起作用。文德尔班正确地评论道："关于正确思维形式的知识只有通过理解思想的任务才能获得；而这种任务又只有从有关认识与认识对象之间的一般关系的明确观念中才有可能显示出来。因此，亚里士多德的逻辑同他的形而上学设想有极密切的关系，这形而上学的基础也是处理其他学科的基础。"② 亚里士多德逻辑隐含着通过正确的思维推理或论证就能够获得"真理"的认识论意图；而"逻辑"之所以有力量，就在于它以这种方式奠定了人们对知识确实性的形式化信念："真理"必须是符合逻辑的。从这种信念出发，亚里士多德批判柏拉图的理念论说："我们（亚里士多德站在柏拉图学园的立场讲'我们'）证明理念存在的那些方法也没有一种是令人信服的。"③

当我们指证亚里士多德逻辑在其基本原则上隐蔽着的认识论图谋的时候，其实涉及逻辑思想的起源。从亚里士多德逻辑思想的起源看，逻辑思想根源于苏格拉底—柏拉图的理念论。但是，亚里士多德逻辑学的认识论筹划，明显针对理念论对一般与特殊、理念与现象、概念与知觉的分离：柏拉图从概念所认知的一般和被感知的特殊两者中创造出两个不同的世界；而亚里士多德的全部精力都用于消除在现实概念中的这种分离，都用于发现使理性认识能解释被感知的事物的那种理念与现象之间的关系。④我们看到，正是从这种认识论的筹划中产生了逻辑的主要任务，即思考"一般"与"特殊"之间的真正关系。苏格拉底对话录中对"普遍定义"和"归纳论证"的不懈追求（辩证法即是这种追求的表现）已经开启了这种逻辑运思富于魅力的生动形态。受苏格拉底—柏拉图思想影响的亚里士多德意识到，既然"理念"（作为最一般的真实存在）是生成变化的原因，那么被感知的特殊事物就只能通过它的理念才能被理解、被思考、被认识。这就意味着，一切科学必须解决这样一个根本问题：从概念认知的"一般"中如何得到被感知的"特殊"。以"一般""理念""实在"为根

---

① 参见罗斯《亚里士多德》，商务印书馆1997年版，第24页。
② 文德尔班：《哲学史教程》，上卷，商务印书馆1987年版，第181页。
③ 亚里士多德：《形而上学》，990b9。
④ 参见文德尔班《哲学史教程》，上卷，第182页。

据，来论证和理解特殊事物，这是亚里士多德用来消除柏拉图理念与现象分离的基本思路。他将理念与现象、一般与特殊放在同一个逻辑层面，这样柏拉图理念论将"知识"问题推向"另一世界"（即超感性的世界）造成的困难便得到了克服，对于知识而言关键是要做到"从一般到特殊"的逻辑推演。于是，逻辑最直接的任务是，提出思想用以认识"特殊"对"一般"的依赖性形式，亦即确定演绎法究竟应该是什么。亚里士多德《工具论》的中心文本《分析篇》着力解决的便是这个问题，该文本的第一部分是对三段论的综合阐述，第二部分是对演绎法、证明和概念的阐述。应该看到，演绎法本身是逻辑必然性的绝妙见证，从一个判断演绎出另一判断，由之产生了亚里士多德形式逻辑的核心：即三段论推理。

对亚里士多德逻辑的系谱透视，多少显明了逻辑起源与苏格拉底-柏拉图理念论的某种亲缘关系。"逻辑"之根其实深植于柏拉图学园，而它的经久不衰的影响以一种颇具渗透力的思想形式延续着柏拉图的灵魂（柏拉图主义）。我们看到，亚里士多德逻辑的力量，主要源自它显露出来的高度的抽象思维能力，这种能力预设了思维的一般形式与每一种可能的内容的分离，这种"分离"的实质是由柏拉图"理念"与"现象"之分离转换出来的，它在亚里士多德第一哲学中表述为形式与质料的抽象分离。因此，"逻辑力量"不过是柏拉图孜孜以求的"哲学权力"的另一种形式。特别地说，逻辑思想用抽象方法形成概念、范畴的能力，对于西方科学思想方法来说具有奠基性的意义。因此，亚里士多德这个"逻辑之父"成了西方两千多年来的哲学导师，以后的哲学家们在他这里学到了用以形成其概念化、形式化哲学语言所需要的准确性、自明性和一贯性的思维方法。从哲学话语的形式化、逻辑化的进展中，我们可以理解西方哲学爱智的新方向——形而上学。因此，亚里士多德逻辑对于西方哲学—形而上学基本形态的塑造和影响是无论怎样评价都不属过分的。某种程度上，我们甚至可以说，不理解亚里士多德逻辑的重要意义就不可能懂得西方哲学—形而上学。关于亚里士多德逻辑学说的具体内容我们在此不多究。我们感兴趣的是通过亚里士多德逻辑的视野透视希腊人爱智慧（与存在同一的"思"）的断裂，该断裂蕴存着哲学—形而上学传统之构成的初始条件。一旦进入这样的视域，我们就必须面对海德格尔提出的下述问题：1. 为什么在柏拉图学派中像"逻辑"这样的东西能够而且不能不出现？2. 为什么关于思的学说曾是一种关于在说话的意义之下的（逻辑）的学说？3. 自此以后不断增长的逻辑的优势地位是建立在什么基础上的？此优势地位最后表达在黑格尔的下述句子中："逻辑（是）真理的绝对形式，尤其是纯粹真理的本身。"（哲学全书§19，小逻辑中译本64页）黑格尔把此外一般《形而上学》的那门学问有意识地称为《逻辑》就是和"逻辑"的此一优势地位相当。[①]

显然，这些问题涉及西方思想中那使"思"成为"逻辑"的决定性的一步。从亚里士多德到黑格尔，西方哲学典型地是在沿着这一步确立的基本方向上通过概念逻辑来"运思"或"言说"的。哲学—形而上学传统的每一次重大的转折大都需要借助逻辑上的某种突破。从培根的归纳逻辑对传统演绎逻辑的批判，到莱布尼茨、康德和黑格尔作出决定性的巨大努力去克服传统逻辑，再到罗素、维特根斯坦和卡尔纳普用逻辑分析拒斥传统形而上学，逻辑的优势地位一直伴随着西方哲学的历史。这决定了西方哲学形而上学的语言方式和思想方式。应该说，不是一种单纯的对逻辑的兴趣，而是某种更加原始的对智慧和真理的热爱，使逻辑在西方哲学家那里获得了"不断增长的"优势地位，逻辑一向被看成是"思之学"。海德格尔精辟地指出，"逻辑在今天仍然统治着我们的思和说而且从早期开始就从根本上附带规定着语言之文法结构从而附带规定着西方人对一般语言的基本态度。"[②]

然而，由"逻辑"定向的"思"，使得古希腊人始源性的爱智经验中"思"与"存在"的"内在相属"和"原始统一"被瓦解。这种与存在相属或统一的"思"，是非逻辑、非概念的"思"，它原本就是希腊人"与存在合一"（爱智慧）的一种诗思（诗意居栖）或史思（历史此在）。在这种纯朴的"思"中，存在的"真理"之"亮光"得以敞明。然而，"逻辑"的出现即已意味着"思"与"存在"的区分已经实现，唯其如此我们才能获得关于思的形式结构并使思之规律成为一种工具性的展现。"思"被纳入"逻辑"的工具化构架之中，"说"也就成了概念"陈述"。"逻辑"的不断增长的优势地位最终使得非逻辑的"思"在哲学中没有任

---

① 引自海德格尔《形而上学导论》，熊伟、王庆节译，商务印书馆1996年版，第122页。
② 同上。

何地位，这造成了"对思的误解和对被误解的思的误用"，它遮蔽了那真正的与存在"内在相属"或"原始统一"的"思"。海德格尔指出，两千多年西方哲学—形而上学的历史，就是"对思的误解和对被误解的思的误用"。这是"思之迷途"，它因"逻辑力量"而征服人心，以至于到今天长期将逻辑思维和理性算计"误解"且"误用"作真"思"的人们实际上"尚未学会思"。[①] 海德格尔面对此问题时提出了"思"之任务，他写道："克服流传下来的逻辑并不是说要废弃思而让感情统治一切，而是要进行更加原始，更加严格的与在相属的思。"[②] 我们通过亚里士多德的逻辑来思考希腊人的爱智慧是如何转变成哲学—形而上学这样一个哲学系谱学问题的时候，碰到了语言和思想的"逻辑力量"对哲学之"思"与"说"造成的重累。它从语言方式或话语类型上透露着西方哲学形而上学的内在奥秘，与柏拉图通过反对诗歌来强化哲学的话语权力实际上是异曲同工。显然，我们只能通过真的、原始的"思"，才能克服这种由于对思的"误解"和"误用"所造成的重累。

三　第一哲学：形而上学

我们看到，如果说逻辑强调的是一种有根据的"思"和"说"（显然在一种形式推理中没有根据对逻辑思维来说是不合法），那么"逻辑"之源应可以回溯到被希腊人视为"智慧"本身的"逻各斯"。这是西方思想在其希腊本源处经历的一次重大的断裂。一旦逻各斯演变为逻辑，"合逻辑的"变成了"思"的本质，"逻各斯"与生活同在、与生命内在关联的希腊古义（海德格尔诠释这古义应为"采集"）也就被人遗忘了。"逻各斯"成为"逻辑"，既是"在与思之相属（原始统一）"到"在与思之分离（彼此对立）"的"思""路"歧变，又是"语言"由希腊人原始"道说"之"老家"中的"出走"，它形式化为"陈述"工具，不再属于"存在的老家"。这甚至造成了我们今天日常语言、科学语言与哲学语言的彼此分裂，甚至同样一个词（如"是"）在它的日常用法、科学用法和

---

① 参见海德格尔《形而上学导论》，第 123 页。
② 同上。

哲学用法中都各各不同。因此，逻辑在"思"之维度获取优先地位，决定了它必须是通过对"言说"（或者"语言用法"）的逻辑思考进入"存在"问题的境域，这就是所谓的"反思"。既然"逻辑"是一种有根据的"思"与"说"，那么对"思"与"说"之统一的工具展现——"语言"——的逻辑思考必然会涉及作为"根据"之"根据"的宏大课题。我们愈是对这个问题进行思考，西方哲学—形而上学传统之逻辑形式构造的奥秘就越是呈现于我们的面前。对哲学自身的系谱透视而言，这无疑应当成为一个审查哲学"家谱"的不可或缺的"视界"。因为，正是逻辑的合理运用在"反思"中使形而上学的主题——"终极根据"——凸现出来。

在《工具论》的《范畴篇》中，亚里士多德是通过语言形式的研究建立范畴学说之基础的。他把范畴看成是一系列最广的谓词，这些谓词从本质上谓述了各种可称呼的东西，即告诉人们这些东西归根到底是什么。后来在《形而上学》一书中成为哲学主题的"本体"（ousia）范畴，作为所有其他范畴预先假设的基质，就是从这种语言的逻辑分析中获得的。西方哲学以形式化的范畴为中心的概念逻辑思维就是由此发端的。仅从这一点就可以看出，亚里士多德的第一哲学的真实入口是语言与逻辑。我们在此仅限于提到这一点，这并不意味着这一问题不重要，从西方哲学—形而上学传统在亚里士多德著述中之源发性的复杂性而言，由亚里士多德一向重视的语言逻辑之维清理该问题可说非常重要。这涉及从《工具论》诸篇以及《形而上学》诸卷异常繁杂的文本诠释及其悠长的学术史背景，这里不是对此一话题进行详细诠解的地方。我们重点看看《形而上学》一书对哲学主题的界定，大致包括如下几点：

1. 哲学是"最高的智慧"

《形而上学》可说是西方哲学史上的第一部"哲学教程"。这部著作大概是亚里士多德在吕克昂学院为学生讲授第一哲学课程时使用的讲义。按照讲课惯例，它一开始就是对哲学的性质、对象的论述。《形而上学》开篇是通过一段有关"观看"（horan）的颂词由人的求知本性（爱智本性）出发进入对哲学特性的剖析的。他说："求知是人的本性。我们乐于使用我们的感觉就是一个说明；即使并无实用，人们总爱好感觉，而在诸感觉中，尤重视觉。"（980a）苗力田在读这一段时所作的笺注中指出

"知觉（eidenai）、视官（omma）、思辨（theoorein）等希腊词都出自观看（horan）"的不同的词根及其个别的体态。因此，"观看不但是认知的开始，也是智慧的直接显现……最后到理智，对知识的始点和本原，nous 也只能诉诸观看"①。显然，亚里士多德通过运用"观看"一词在希腊语境中的变化来阐明"求知是人的本性"，这样"智慧"就划入了知识范畴。亚里士多德大概已经意识到，哲学的性质始终是由人的性质来规定的，人们把自己理解为什么性质的存在相应地就把哲学理解为什么性质的理论。从人的求知本性出发理解希腊人的"爱智慧"（哲学），就必然把哲学理解成一种最高形态的认识理论——它的对象是"最高的智慧"。这样一来，哲学（爱智慧）被划入了知识的范畴，通过将知识与智慧等同，又通过将知识或智慧进行等级分类，亚里士多德得出结论：智慧属于关于事物普遍原理和原因的知识，愈是普遍性的知识愈属于高一级的智慧，那种最高原因和最普遍的知识也就是最高的智慧。这一思想既是亚里士多德进行学术分类的根据，也是他界定哲学性质和对象的依据，由此"哲学"被看成是"最高的智慧"：它的对象是本原或始点，是最初因；其任务是探索其所是的是，亦即第一原理和原因。②"世上必有第一原理"，哲学作为"最高的智慧"理所当然地探究这一终极目的和第一原理。

然而，关于"第一原理""终极目的"的"最高智慧"是我们人的力量无法达到的，它们属于"神"的知识领域。亚里士多德把"终极目的""第一原理"直接称为"神"，而认为以此为目标的第一哲学也就是"神学"。显然，亚里士多德是从人的爱智本性或求知本性出发来思考哲学的性质和对象的，结果遇到了唯有"神"才能有的智慧。哲学立足于人的本性（求知或爱智），却要去做神才能做的事，这必然使得哲学爱智陷入深刻的矛盾境地。应该看到，这是把哲学当作"最高智慧"必然要碰到的矛盾，是两千多来西方哲学—形而上学传统最本质的矛盾。亚里士多德一方面肯定哲学是智慧，智慧就在于探求事物的原理与原因，由此把哲学引向科学思想方法；而另一方面，又把第一原理和原因归结为一种神性的存在，即所谓宇宙终极的至善和目的，认为哲学因此其对象才成为

---

① 苗力田："亚里士多德《形而上学》笺注"，载《哲学研究》，1999年第7期，第41页。
② 参阅苗力田："亚里士多德《形而上学》笺注。"

"神圣的学术"和最高的智慧,这样又把哲学引向神学思想方法。这样"哲学"作为"最高的智慧"实际上就是以一种科学理智的形式建构起来的一种神学或者准神学的理论。① 西方哲学在其系谱形态上内蕴着这种"科学"与"神学"的双重特性,预制了科学与宗教的二元性对哲学方向的深远影响。换言之,其"最高智慧"的预设(终极目的、第一原理和原因、最高价值、最终实在等等)与其"认知旨趣"的诉求必然处于内在紧张之中,这奠定了西方哲学的基本形态。近代以来长期困扰着哲学家的科学与哲学之争实际上可以追溯到亚里士多德对哲学性质和对象的思考。

2. 哲学的主题:从"何谓本原"到"何谓本体"

如前所述,在希腊人原始的哲学经验中,"哲学"(philosophia)作为"爱智慧"已经包含了"对存在者存在"这一事态的"惊异"。这种"惊异"非同小可,因为它直指"一切存在者在存在中"这一看似无关紧要而实际上大可一思的事情。柏拉图和亚里士多德对希腊人这种始源性的爱智显然是理解的,他们多次谈到"哲学起于惊异"。亚里士多德说:"古往今来人们之开始哲学思考皆起因于惊异。"② 由于惊异,人们对周围的一切现象刨根问底,直到它们的"本原"(arche)。通过对"万物本原"的古老爱智方向进行清理,亚里士多德确立了哲学追问的主题。他说:"一个自古至今大家所常质疑问难又一再没有找到通道的问题是:'是者是什么'亦即'何谓本体'。"③

从对"本原"(arche)的究极式的追寻到对"本体"(ousia)的探究,毕竟是两种不同的提法,由前者转变为后者表明亚里士多德对哲学主题的深层思考。"本原"最初要探究的是"万物由之而来又最终复归于它"的东西。亚里士多德在罗列了本原的六个含义之后总结和引申说:"所有的本原有一个共同的意义,它们是事物之所是、成其所是或被认知的起点;但作为起点它们有的是内在于事物的,有的却是外在于事物的。

---

① 参见高清海:《哲学的憧憬——〈形而上学〉的沉思》,吉林大学出版社1993年版。又见《传统哲学到现代哲学——高清海哲学文存第四卷》,吉林人民出版社1997年版,第96页。
② 亚里士多德:《形而上学》,982b15。
③ 亚里士多德:《形而上学》,1028b5,译文参见海德格尔《什么是哲学》,见《海德格尔文集》,上卷,第596页。

正因为如此，事物之自然本性就是一种本原，事物的元素、思想、意愿、究竟所是以及最终原因，都是本原——因为善和美是认知和许多事物运动的本原。"① 依照这种对本原含义的分析，前此一切哲学家都是从种种不同的方向上来展开"本原"问题的。例如泰勒斯的"水"、毕达哥拉斯的"数"、赫拉克利特的"火"、巴门尼德斯的"存在"、德谟克利特的"原子"等等，自然哲学家追寻的"本原"往往是"事物的元素""原理"和"原则"。苏格拉底追寻事物的定义，是要说明美德的究竟所"是"，这是城邦生活的"本原"。柏拉图后期理念论寻找的是一般概念间的结合，亦即原理，这是柏拉图哲学追求的本原。亚里士多德意识到，在他之前的希腊哲学家几乎从各种可能的方向上展现了"本原"问题，而各种"本原"探究无非是找到一个用以说明和理解事物的"原因"概念。因此，在亚里士多德看来，"所有的原因也就是本原，所以人们说及原因时，它的意思与本原是一样多的。"② 亚里士多德把"本原"诠释成"原因"，这已不再仅仅局限于从"起始意义"的内涵上理解"本原"。可见，原因概念是从"本原"到"本体"之过渡的一个中介环节，由此"中介"的视角看，哲学追究本原只是为了理解和说明作为我们认识对象的存在者所以为存在者的原理和原因。亚里士多德正是在这一意义上总结以前的哲学，提出了哲学应当探讨"四因"（质料因、形式因、目的因、动力因），而事物之为事物只能由这"四因"加以阐明。据此，亚氏批判以往的哲学家往往只抓住某一种原因，如自然哲学家在探问万物始基时只注意到了质料因，柏拉图关于理念中事物之摹本的说法缺少了动力因等等。当然亚氏在本原问题上对柏拉图和以往哲学的批判是相当系统的，按照哲学史家的成说，这种批判最终使亚里士多德处在综合古代原子论和理念论的集大成的位置上。

《形而上学》作为亚里士多德的"哲学"教程正是通过这一批判的视角确立哲学追问的主题的。既然"事物"作为"是者"，其所是之"是"

---

① 亚里士多德:《形而上学》，1013g17 - 23。参见该书吴寿彭译本第 83 页，关于 arche 的六个含义是指：(1) 事物开始的部分；(2) 事物最好的出发点；(3) 事物从它的某个内在的部分首先产生的；(4) 事物从某个不是它内部的部分开始产生；(5) 运动变化是由于某个东西的意志而产生的；(6) 由于它而开始认识事物的。

② 亚里士多德:《形而上学》，1013a16

总构成该"是者"的原理或原因,而事物的"所是"又是多种多样的,那么哲学就不能仅仅从原因角度思考本原,它还要进一步考虑本原作为起始、开端、首位的意义亦即"第一"的意义。这样一来,哲学不能仅仅停留在"四因"说上,它必须找出其中的最初的、第一性的原因。亚里士多德第一哲学的主题就是寻找这样的"第一原因",这个"第一原因"就是他所谓的本体(ousia),《形而上学》其实就是一部"本体之学"。

3. 哲学是"本体之学"

亚里士多德是西方哲学史上第一位明确提出哲学就是"本体之学"的哲学家。他在谈到哲学研究的对象是最高的普遍原理时说:"有一门学术,它研究'是者之所以为是者',以及'是者'由于本性所应有的性质。"[①] 这门学术就是"第一哲学"。这里所用的"是者"是由系词"是"(eimi)的分词形式(ont-,阴性分词是 ousa)转换而来的一个哲学概念[②],汉译亦可作"存在者"。亚氏所说的"是者之所以为是者"指向事物的"第一"原因,它从"是者是"(即"存在者存在")去探索"是者"("存在者")是什么。由此形成了亚里士多德关于本体的学说。不论"本体"(ousia)一词的含义多么复杂,它关涉"是者是"或"其所是的是"则是毋庸置疑的。从词源上看,本体(ousia)就是"是者"(存在者),它是希腊文系词"是"(eimi)的分词形式。我们今天采用"本体"这个译法是从拉丁词 substantia 转译而来的,意识是"在下面(sub-)站着或支撑着的东西"[③]。但是根据海德格尔的研究,希腊文 ousia 与它的另一个派生名词 parousia 是同义的,意即"在场""出场"(presence)。这就是说,"是者"是以在场的方式为其所是,人们在本体中寻求的是以此种方式出场的"是者"是什么,这样理解的"本体"就是"是者之为

---

① 亚里士多德:《形而上学》,1005a1

② 参见颜一《流变、理念与实体——希腊本体论的三个方向》,中国人民大学出版社1997年版,第130页。

③ "本体"的希腊原文为"ousia",该词的含义非常复杂,汉译"本体"并不是一个最妥当的译法,有研究者将它译做"实是"或"实体",也各有缺憾。我们沿袭通常的译法,仍用"本体"译之。亚氏在使用"ousia"一词的地方含义亦非常繁复,这主要是因为他不仅提出了几种不同的本体,而且在论述中往往歧义很大、前后相左的情况亦很多。后世第一个给"本体论"(ontology)下定义的哲学家是德国哲学家沃尔夫(Christian Wolff,1679—1754),他认为本体论是走向诸是者之本质的必然真理的演绎的学说。

是者"的原因。

　　正如"原因"分为极为不同的层次一样，"本体"作为"是者之为是者"的"在场"或"存在状态"，也是多种多样的。亚里士多德写道："一切事物都各有其'是'，但其为'是'各有不同，或为之基本之'是'，或为之次级之'是'；某物是什么？其原义所指为本体，其狭义则指其他范畴。"① 显然，哲学作为"本体之学"是以"是"为研究对象的，后世把"本体论"看作是关于"是"的学说，渊源于此。亚氏认为，"第一哲学"就"是者是"追问"是者是什么"，这就显示出追问的层次性来。这与以前的哲学家直接追问"是者是什么"是不同的，这里不单纯地问及"是者"，更紧要的是还要问及"是者之为是者"。这即是说，问题首先将我们带向"是者是"的多样性。从可感事物到抽象概念都是"是者"，事实上凡是能用语言表达的东西都是"是者"。可从多种途径对"是者"进行概括，其中最为优先的途径就是对语言中系词"是"后面的"云谓"（即述谓）进行分析。亚氏写道："主要诸'是'的分类略同于云谓的分类，云谓有多少类，'是'就该有多少类。云谓说明主题是何物，有些说明它的质，有些说量，有些说关系，有些说动或被动，有些说何地，有些说何时，是者总得有一意符合于这些说明之一。"② 由于不同的"是者"就"其所是的是"而言是不同的，"是者之为是者"的原因也就是具体的、多样的，这决定了"本体"（ousia）丰富多样的特性。因此亚里士多德的"本体"不单纯地指最普遍的、最终极的、最高的"诸是者"之"是"的"本质"，西方后来的哲学—形而上学从这种作为最高本质的永恒在场者（是者）来思考"是者之为是者"，使得亚里士多德用希腊语表达的"本体"或"是"的原始意义始终未被深究。另一方面，亚里士多德在"本体"的研究中，由于区分出种种不同层次的"是者"，并为之寻找不同的本体，结果创造出许多不同层次上的普遍性的概念和范畴，这奠定了西方概念式形而上学思维的基础。

　　既然"这一个"（todeti）是本体的根本特征，这就排除了"普遍性"之独立存在的可能性，这构成了亚里士多德与柏拉图的主要分歧。在

---

① 亚里士多德：《形而上学》，1030a20，引文见吴寿彭译本，第130—131页。
② 同上书，1017a23—26，引文见吴寿彭译本，第94页，个别地方有改动。

第八章　爱智慧与学术的谱系

《形而上学》卷七中，亚里士多德列举了"本体"的四种候选者："是其所是""普遍""种"与"载体"。这四种所指大体概括了先前哲学关于本体的基本观点。那么，这四种本体的候选对象中谁才有资格构成事物的本体呢？在接下去的论述中，亚氏着重研究了"载体"与"是其所是"两项，同时排除了"普遍"作为本体的可能，明确了"种"在何种关系上能够包括本体的含义。这两项研究形成了亚里士多德有关本体构成的原理和方法。

首先，从载体论本体。载体（hupokeimenon，吴寿彭译为"底层"）是指普遍概念和原则涵盖下的个别，它不表述其他事物而其他事物都表述它。这正是本体的一个特征。亚里士多德之所以优先考虑"载体"，是因为它显示了个别与普遍的关系——在亚氏看来，智慧或哲学探求的是开始之点，最初原因，但原因在普遍中，事出有因，原因不在个别事物中，个别事物只是被覆盖在普遍原因下面的 hupokeimenon（载体）。诸端个别都是置于普遍之下的"载体"，那么为覆盖在普遍原因之下的"载体"所表现的"这一个"（个别）就是本体。亚里士多德对载体的分析触及了本体（这一个）构成的难题：如果由载体作为物质而言，它是质料，且只有与形式相结合才能成为本体，因此形式才是更重要的或首要的本体，进而载体被说成是质料与形式结合。

其次，从"是其所是"论本体。亚里士多德意识到，唯一可说是本体的就是"是其所是"（to tieneinai，吴寿彭译作"怎是"）。这一短语表达的是某一"什么"或者某一"这一个"。事物的个体性和独立性是由它的"是其所是"而来；而"是其所是"又是事物的"由己"本性，只能存在于个体事物之中。事物与其所是的"是"是同一的，这种同一构成了"这一个"。因此，我们寻求事物的原理和原因，也就是去弄清其所是的是。[①] 亚里士多德的论述表明，其所是的"是"不指事物的质料，而是指事物的形式，其目的是要克服作为载体的本体造成的某种困难。"其所是之是"与定义的联系说明了这一点，因为"定义"是关于是其所是的言说（logos），是陈述是其所是的公式。每一事物的是其所是就是那"就

[①] 这段概述参看高清海《哲学的憧憬——〈形而上学〉的沉思》，见《高清海哲学文存》第四卷，吉林人民出版社1997年版，第174页。

其自身而言的东西"。"'由于什么成为你？'这不是因为你文明。文明的性质不能使你成为你。那么，什么是你？这是由于你自己成为你，这就是你的是其所是。"① 这就是说，最重要的、第一位的，是你的形式（是其所是）使你成为你。因此，形式从根本上说，不是普遍概念，不是一般，恰恰是个体的，是最本己的、最个别的东西。由此可见，亚里士多德关于本体的观念是比较清楚的，在他看来作为原理与原因的"本体"只有质料与形式两项，不论是质料还是形式都不是普遍概念或者一般，而是个别，是"这一个"。亚里士多德最成熟的本体思想"质料—形式说"就是通过剖析本体之构成原理提出的。

我们看到，哲学作为"本体之学"是要从"是者之为是者"回答"何谓是者"（亦即"何谓本体"）的问题，这是亚里士多德第一哲学的核心主题。亚氏通过对"是者"含义的诠释，强调指出："'是'之一义是事物是'什么'；另一义是质或量或其他的云谓之一。在'是'的诸义中，'什么'明显地应为'是'的基本命意，'什么'指示着事物之本体。"② 在进一步的阐释中，亚氏强调本体的第一要义是个别性（因此普遍不是"本体"），其次是独立性、始源性。亚里士多德由此批判了柏拉图的理念论，使哲学以可见事物为主题，确认作为我们感官对象的各种事物即"是者"为哲学把握的"本体"。明乎此，就必须究明作为本体的"个体事物"（"这个"）如何是"这一个"。本体作为"这一个"（tode-ti），着重在单独和个别，即它的独一无二性。苗力田在笺注中对此写道："宇宙万物，林林总总或主或客，但究其终极，无非是一这个……只有这个才标志着不可分和数目上的一，所以它才是一个只被其他述说而不述说、被依存而不依存的独立、自主的第一实体。"③ 亚里士多德对"本体"之个别性、独立性、始源性的理解，由"这一个"展示了通往"是者之为是者"的时间境域的通道，但是"是者是"的"这一个"亦即它的"此"（时间的、历史的所是）所蕴含着的丰富内涵并没有为后来的哲学家们所深究。正如海德格尔正确指出的那样，亚里士多德"这一个"的

---

① 亚里士多德：《形而上学》，1029b13—18。
② 同上书，1028a11—14，引文见吴寿彭译本，第125页。
③ 苗力田："亚里士多德《形而上学》笺注"，载《哲学研究》，1997年第7期，第47页。

本体视景透露出一种始源性的希腊思想。"天地一指也,万物一马也"(《庄子·齐物论》),这个极具魅力的"这一个",直指希腊人"与存在相属"(类似于中国古代天人合一、万有相通)的爱智经验,它内含着久已为人们遗忘的哲学本源。

海德格尔在《形而上学导论》中谈到亚里士多德作为希腊哲学的伟大终结者的时候,曾经写道:"伟大的东西从伟大开端,它通过伟大东西的自由回转保持其伟大。如果是伟大的东西,终结也是伟大的。希腊哲学就是如此,它以亚里士多德作为伟大的终结。"[①] 这一段话可以说一语道破了亚里士多德思想中的两重性:希腊的与非希腊的。一方面亚里士多德将希腊人对"存在者存在"(是者是)的惊异发挥到了极致,他的第一哲学对"作为存在的存在"的探讨是一种典型的希腊方式,尤其是"这一个"作为最为优先的(第一义的)本体内涵,启明了希腊人爱智的那种物我不分、万有相通的原始真谛。然而,亚氏把纷繁复杂的"是"和"是者"看成是一个指向终极目标的系统,在这个等级系统中他通过两条形而上学的逻辑前提("同一事物不可能同时存在又不存在""无穷后退不可能")确立了追求终极确定性的知识旨趣。这最终使爱智慧变成了形而上学,爱智慧从此进入到对最高智慧的把握。

[①] 海德格尔:《形而上学导论》,熊伟、王庆节译,商务印书馆1996年版。

第九章　爱智范式的演进

一　"爱智范式"与形而上学的历史

当我们一旦能够把握到，西方哲学的不断演进是由苏格拉底"爱智范式"定向的，我们便在哲学的系谱探索方面获得了很大的收获。当代哲学家柯拉柯夫斯基写道："若干个世纪以来，哲学以提问和回答它从苏格拉底和前苏格拉底的遗产那儿继承下来的问题，即如何区分实与虚、真与假、善与恶，来维护它的正统。有这样一个人，所有欧洲哲学家都拿他来认明自己，即使是这些哲学家肢解了他所有的思想。这就是苏格拉底，而一个不能将自己与这一典范人物相认同的哲学家，就不属于这一文明。"[①] 我们在苏格拉底、柏拉图、亚里士多德那里看到希腊人"与智慧协调一致"的始源性"爱智"的断裂，这一决定性的改变奠定了一种"爱智范式"的形而上学传统。西方哲学史的"写法"由此一"爱智范式"遮蔽了古代希腊人"与存在合一"的原始爱智经验，它在希腊人特有惊异的"断裂"处转出一种"对最高智慧的欲求"。这使得"爱智慧"成了"形而上学"的同义词。

历来思想史、哲学史的描述习惯了将形而上学的历史看成是一个合乎逻辑的连续整体。在那里，不连续性、间断性、断裂往往被历史学家当作是"零落时间的印迹"从"历史"中删除掉了。哲学的使命仿佛是对一种绝对的、超越历史和时间的"语言"（"逻各斯""道"）的寻找，以便通过此种最高智慧之"道说"完全清楚明白地将"真正的"实在按其所

[①] ［波兰］柯拉柯夫斯基：《形而上学的恐怖》，唐少杰译，生活·读书·新知三联书店1999年版，第1页。

第九章 爱智范式的演进

是地传达出来。于是，"爱智慧"就是通向所谓终极本源（即"永恒""完满""绝对""无限""自由""真理"之境域）的一种炽烈的动力。西方哲学的历史之"核"其实就是由这种终极关怀构造起来的形而上学史，它始于苏格拉底、柏拉图和亚里士多德对"爱智慧"（哲学）的重新定向。把智慧作为"爱"的对象，就是通过预设某种终极的"最高智慧"作为人之欲求的终极目标，它将人引向一个无限超越的过程，这本身是一个取消人之生命的有限性、时间性和唯一性维度的过程。它要跨越一座连接此岸到彼岸、现象界到理念界的"桥梁"，它要在心与物、思维与存在、语言与对象之间架起一座相通的桥梁并引导人们到达彼岸，趋近客观真理。这形成了一种缺乏历史感、仇恨断裂和变异、追求形式的理智逻辑思维的"爱智范式"，它通过预设一个"真正的世界"将人看作是同属两个世界的"公民"。"爱智慧"原本是人最本己的生命活动，但在西方哲学——形而上学构造自身历史的过程中，它成了人的一部分（心灵部分或理性部分）反对另一部分（肉体部分或非理性部分）的分裂人或人的世界的活动。

这样，以"爱智慧"或"爱真理"自许的哲学家们，尽管在有关"真正的世界"或"真正的实在"问题上争论不休乃至针锋相对，但他们走的往往是同一条道路：追求智慧或真理之路，即要求在人的"内在心灵（灵魂）"同"世界之外的实在"之间建立某种终极而稳固的联系的道路。从一种积极的意义看，这是"一系列高尚的心灵"、是"许多理性思维的英雄们"的展览，"他们凭借理性的力量深入事物、自然和心灵的本质——上帝的本质，并且为我们赢得了最高的珍宝，理性知识的珍宝。"[①]因此，这种"爱智范式"的哲学——形而上学在关涉人存在和他的世界的终极根据问题时，使绝大多数哲学家相信自己的理论触及了实在自身的奥秘。哲学家们，"是那些眼睛盯着真理的人"。柏拉图对"哲学家"所作的这个描绘，预告了哲学家对人类无智慧或非真实处境的某种清醒的认识。哲学——形而上学寻求确定性和终极理由的爱智取向，实际上源自对人类处境的这种虚幻、愚蠢、有限和欠缺的深刻体察；然而，它一开始却决意要碰一碰唯有"神"才能拥有的"最高智慧"和"终极真理"，当它

---

① 黑格尔：《哲学史讲演录》第一卷，商务印书馆1983年版，第7页。

把"目光"指向某种预设的终极在场之物的时候,就注定了这种"爱智范式"寻求一种不可能获至的结果,仿佛永远地在追赶远方朦胧展现出来的"地平线"。

"爱智范式"确立了一种知识型的哲学传统,它在滋养各门具体科学知识的同时,塑造了西方思想"追根究底"的思维方式和概念化、形式化、逻辑化的话语形式。这种"爱智范式"构筑起一座"形而上学的祭坛",人们在追求智慧或追寻真理的事业中如有必要必须奉献出自己的生命才能进入这座"形而上学的神殿"。因此,在西方哲学的历史上,哲学家热爱智慧总是烙印着深深的悲剧意味。人们注意到,西方思想史上这里充斥着由"爱智慧"而受难的"悲剧英雄":他们有的因坚守戒律而招杀身之祸(毕达哥拉斯),有的投身于火山口(恩培多克勒),有的自毁双眼(德谟克利特),有的甘饮毒鸩(苏格拉底),有的自愿上吊(斯多亚的芝诺),有的宁愿被烧死在罗马的鲜花广场(布鲁诺),有的贫病交加而早死(帕斯卡尔、斯宾诺莎),有的神经错乱(尼采),有的身败名裂(海德格尔),他们都是一些目光远大的思想家,有着高贵开放的心灵,不是为了世俗的事情而罹难,而是为了追求更高的智慧或真理。这些"理性思维的英雄们"的探索足迹启迪着人类文明进步和发展的道路,一代又一代哲学家追求真理或智慧的努力形成了人类思想史上巍峨壮观的"精神宫殿",这是思想的广居华厦,像柏拉图、亚里士多德、笛卡尔、斯宾诺莎、康德、黑格尔等都是这些"宫殿"中的主人。尽管随着时代的变迁,这些"精神的宫殿"(多数被哲学家们自封为绝对真理的体系)最终变成了一堆堆精神的废墟,但它们的"伟大"依然昭告着后来爱智的人们沿着这些形而上学体系建构者的足迹向前探进。

因此真正说来,西方哲学并不是一个又一个人的哲学,而是一条哲学之路。正如有的研究者指出的那样:"在这里,精通一家或几家哲学,还不能算是把握到了西方哲学的精髓。而必须理解各派哲学之间的逻辑关系(反对或继承关系),找出一个哲学向另一个哲学(包括一个哲学家前期向后期)转化、过渡的必然性,也就是把握到它们的'发展'。"[①] 从柏

[①] 参见邓晓芒《"爱智慧"辨义——〈西方形而上学史〉导言》,湖北大学学报(哲学社会科学版),1999年第6期,第35页。

拉图到黑格尔，这条哲学之路从来就被西方哲学家视作是理当如此而且无须置疑的。但是，这一点并不是所有的哲学家都能自觉地意识到。西方哲学也只是到了黑格尔那里才真正地被反思到。黑格尔认为，只有一个唯一的哲学，其他各种哲学只是它生长发育过程中的不同的阶段和环节；所以哲学就是哲学史，它最集中地体现了"历史与逻辑相同一"的原则，哲学史被看成是"历史形态"的哲学本身。当黑格尔哲学将以往哲学的历史全部容纳到其体系建构中来，并将其阐释为"绝对理念"自己发展自己、自己展开自己的某个范畴或环节的时候，西方哲学——形而上学也就发展到了顶点：它通过"绝对真理体系"将形而上学追求超感性"绝对"或超历史"永恒"的隐秘意图宣示出来了。

然而，任何宣称把握了超感性绝对、超历史永恒的哲学都只能存在于时间或历史中，这是爱智范式的传统形而上学无法摆脱的一个悖论：因为哲学就像一个人无法超越自己的皮肤一样无法超越自己的时代之上，然而哲学爱智慧的终极诉求恰恰是要完成此种超越。这样，一个很可奇怪的现象在黑格尔哲学的方法和体系的尖锐矛盾冲突中表现出来了：当哲学离历史意识最近并且以一种"宏大的历史感"作基础的时候，它又总是一再地表现出与历史感或历史意识相敌对的图谋——掌握最高智慧并构造一个终结历史的绝对真理体系。黑格尔哲学的这个矛盾是两千多年西方哲学——形而上学固有矛盾发展到顶点的结果，是西方传统哲学爱智范式的两重性的体现：一方面它是一个无止境的探索过程，其真理性取决于它在思想中把握时代，亦即取决于它的时间性和历史性的内涵；另一方面它总是欲求或占有终极真理或最高智慧，甚至把自己打扮成真理和智慧的化身。爱智范式的哲学所固有的这种矛盾特性透露出西方形而上学隐含着的"最高价值自我丧失"的重大危机：形而上学探求"真正的实在"或给出有关"真正的实在"的阐释通常会被后来的形而上学判定为虚妄，因此形而上学的历史似乎是一个体系摧毁另一个体系、一种学说取代另一种学说的演变史。事实上，哲学家们不得不面对一个令人痛苦的事实：在两千多年来构成哲学之生命的那些问题中，没有一个问题得到了妥善的解决；人们发现，这些问题不是悬而未决就是变得无效，或者哲学家们试图解决的乃一些不可解决的问题。这是一部令人绝望的失败的历史。一旦当我们意识到这种探求的徒劳无益，就会发现实际的哲学史（形而上学史）呈现出来的恰恰是"一个错误的历史"。这必然导致对于爱智范式的形而上学日益滋长起来的怀疑和否定，它使得到一个遥远的彼岸世界去寻找"真正实在"（即作为"起源"的实在）的伟大梦想幻灭了，从而祛除形而上学的"起源幻象"就成了哲学系谱探究的题中应有之义。

如前所述，"爱智"范式的哲学道路，始于古希腊人原生命惊异（"与智慧协调一致"之"断裂"）。由之发展出来的西方形而上学走上了对"永恒在场之物"的追寻，它始终是一种在"人与存在的对立向度"从事"爱智慧"的伟大事业，在遗忘或者分解人的生命存在的原始和谐的同时为我们赢得理性知识的珍宝。形而上学由爱智范式的三个方面奠基：首先，是对同一性根基的寻求。这种探寻在一种抽象的、形式化或逻辑化的层面上将万物归为某个"一"，亦即某个本源性的在场者，它是"是者之为是者"并从"其所是的是"把自己展现为"有根据的是者"；其次，是对理念论的执着。理念论的一个重要特点是将理想的抽象本质看成是最真实的实在，因此原本是思想中的"普遍概念"就成了一个可以独立存在的在场者，理念论是使世界分裂和人分裂的思维范式，对理念论的执着是爱智范式的哲学的一个重要特点；再次，是一种理论生活的理想。爱智范式认为思辨的生活是"人生最大的幸福"，它把沉思或理论生活看成是一种神圣的生活。爱智范式的这三个方面在苏格拉底、柏拉图和亚里士多德那里确立起来。这种热爱智慧、追求真理、凡事喜欢追根究底的同一性追寻、理念论思维和理论生活的理想，对推进人类理性和知识进步的伟大贡献是显而易见的，一切科学都建立在这种思想方式的基础上。它以求知为人的天性，不单要人们能够知其然还要知其所以然。它指向那个最终的"是什么"（是者），其实是将自然学、物理学的问题推向终极的结果，所以称之为"形而上学"（物理学之后）是名副其实的。这种追寻合乎逻辑地导出亚里士多德在一种学术分类中确定了哲学探讨"第一性原则"的学科地位：它是第一学术。

从爱智范式在希腊思想中的形成以及对整部西方哲学—形而上学史的深远影响看，它始终是由两种力量推动的：其一，是一种肯定的力量，它指向终极实在，是一种具有独断性质的智慧之爱；其二，是一种否定的力量，它指向对不经反省的确定性知识的质疑，是一种具有怀疑精神的智慧之爱。中世纪哲学中唯名论与唯实论之争和近代哲学中唯理论与经验论之争，都可以从爱智范式的这两重特性中找到说明。"爱智慧"原本就包含着这两重因素，它表现为独断理性与怀疑理性互为他者的演变史。"哲学"一旦被确立为以科学性的概念、范畴、判断、推理的理论知识体系来把握最终极、最根本、最真实的实在，它就踏上了一条由肯定性的力量和否定性的力量相互转化或推动的发展之路。在这种爱智范式的哲学—形而上学发展史中，怀疑、否定的力量始终在形而上学爱智慧的范围内，它虽然也常常给形而上学带来挑战，但并没有动摇其根基。只有当这种怀疑的、否定的力量发展到要求"弃绝智慧"的时候，西方哲学—形而上学隐蔽着的"最高价值的自我贬值"才被提示出来。这一过程由康德在形而上学范围内将否定性的、怀疑性的爱智因素发展到极致，通过追问"形而上学是否可能及如何可能"并进而引发了黑格尔将一种肯定性的爱智因素发展到顶点，从而导致了爱智范式的形而上学的终结。对哲学的传统形象进行消解是现当代思想家着力进行的工作，这动摇了两千多年来哲学—形而上学的根基。克尔凯郭尔说："智慧，必须加以反对的是智慧，而不是别的什么。大概，我就是因为拥有了丰富的智慧，而担当了这一使命。"当我们意识到形而上学追寻的那个"真正的世界"是一个毫无用处、多余的、虚假的"理念"，那么形而上学爱智范式就必定被"否弃智慧"的当代思想所颠覆。因此，对西方形而上学史唯有从"爱智"哲学范式的发展史及其终结的角度才可窥见其中的奥秘。

如果说希腊人"爱智"原义的中断是西方哲学—形而上学传统的开端，那么整个形而上学史可说是由此断裂构成的"爱智范式"主导的。苏格拉底—柏拉图的理念论和亚里士多德的形式学说，是这种"爱智范式"的原型。在理念论中柏拉图—苏格拉底用"灵魂转向"来描述之，它表明"爱智慧"是向另一个世界敞开的超越追寻，且直接指向一个"永恒在场"的终极光源。亚里士多德在调和柏拉图的二元论时，并没有能够避免走出这个世界，"爱智慧"同样指向一个超感性绝对和超历史永恒的终极实在。亚里士多德说，获得宇宙"为什么以这种方式而不是以另一种方式存在"的终极原因的知识，并不是凡人所能达到的智慧，而是神的智慧，人只有在思辨的生活中才能进入类似"神"的这种智慧，但也仅仅是"类似"而已。我们不难看到，不论是柏拉图的"灵魂转向"

还是亚里士多德的"纯形式",其最高使命是通向纯粹形式理性的极境,它使"爱智慧"启开了一道通向"上帝"的门户。

形而上学史上非常奇特的一个现象是,由"爱智慧"得以命名的哲学(形而上学)最终归于宗教信仰之下,在延绵一千多年的欧洲中世纪沦为论证宗教的工具。希腊化时期、罗马时代以及基督教的中世纪,西方哲学形而上学在终极视域与上帝观念的相遇是西方思想史上的大事。形而上学原本有通向宗教信仰(上帝观念)的超验维度,在哲学与宗教的融合进程中,"爱智慧"被诠释为对上帝的"爱",因为"上帝"是最高智慧和绝对真理的化身。如果说希腊思想走向哲学一步是爱智慧从希腊人自然生命和谐处发生的断裂,那么由此断裂铸造的爱智范式则预告了哲学爱智向一种超自然生命存在的趋近。在罗马时代普遍滋长起来的对一个赎罪宗教的渴望中,哲学在其超验维度不仅力图建立起伦理的信念,而且力图建立起宗教。这一过程是通过将基督教神学的上帝"光源"化来完成的,它最终使得那个"或隐蔽或显现"反复无常者的上帝(旧约圣经中的上帝)成为光源化了的永恒在场者的上帝(经院哲学的上帝)。哲学通过利用希腊理性概念澄清、整理、论证宗教观念,这样哲学进入"宗教形而上学"。我们从光源隐喻(它在柏拉图的洞穴喻和灵魂转向学说中得到了典型表述)对教父哲学的集大成者奥古斯丁和经院哲学的综合完成者托马斯·阿奎那的思想进行一番扼要的透视,可以管窥哲学对宗教论证的大致思路。

走出中世纪神学一统的思想文化框架,人类爱智之标经历了从"上帝观念"到"科学观念"的转换。这是一个艰苦而又漫长的过程。科学的发源,理性的独立,资产者商业上的扩张,普遍的理智启蒙,以及资产阶级革命,构成了欧洲文化走出中世纪的巨幅历史画卷。最终,"科学""理性""民主""自由"被戴上了绝对正确的光环。

哲学响应这种时代精神的召唤,经历了从中世纪神学范式的爱智祈盼进入到近代科学范式的爱智追寻的过程。我们通常称之为近代哲学的认识论转向,准确地说,应是哲学面对自然科学的知识典范反思其认识论基础的过程。经过文艺复兴和宗教改革之后,欧洲17世纪是形成这种反思科学的爱智范式的关键时期,它是各种科学形而上学体系纷纷登场而科学领域群英荟萃的世纪,是一个"天才的世纪"。

二 爱智慧与哲学形而上学的顶峰

在反思科学的意义上，近代哲学的爱智范式主要是由三位哲学家奠基：即法国哲学家笛卡尔、英国哲学家培根和德国哲学家康德。这三个哲学家中，康德的地位最为特殊。

我们知道，由爱智慧确立的形而上学隐含着宗教—科学二元性特征。中世纪发展出宗教思想方法的爱智维度，近代由笛卡尔和培根从两个极为不同的方面发展出了科学思想方法的爱智维度。值得注意的是，从笛卡尔的二元论到休谟的不可知论，都比较清楚地暴露、揭示了哲学—形而上学本身的矛盾。唯理论和经验论的长期对峙，由于各自抓住了自然科学方法的某个方面予以片面化，虽然在破除宗教形而上学方面卓有所成，但也因而各自陷入困境。

康德哲学以批判形而上学为己任，这种批判是要为形而上学划定界线，决定一般所谓形而上学可能与否及规定其源流、范围和界限。因此，康德的批判直指传统形而上学的根基：批判表明，我们关于"第一性原则"之实在的科学知识是不可能。这不是一般性地对形而上学发难，而是在形而上学内部产生出来的对形而上学的否定。康德通过划分科学知识的界限，把上帝、自由意志、灵魂等形而上学问题，完全排除在经验科学知识之外，这种批判揭示了形而上学爱智范式的奥秘。有趣的是，康德是基于主体与客体之二元分裂与对立来作为其批判哲学之基础的，这又是形而上学爱智维度的出发地。康德对形而上学的反思和批判可以看作是一种怀疑的、否定性的爱智范式达到的顶点，它必然激起一种臻于极致的肯定的、建构的形而上学体系：这由费希特经由谢林，最后落实到黑格尔的绝对唯心主义体系。

伊曼努尔·康德（1724—1804）在谈到他自己的哲学旨趣的时候，明确声明不是建构体系，而是批判人类的认识能力。因此，他实际上是西方哲学史上第一个对"爱智慧"进行批判的哲学家，因此批判哲学也就是对哲学自身的批判。康德这样袒露他对形而上学价值的怀疑："我的目的是要说服所有那些认为形而上学有研究价值的人，让他们相信把他们的工作暂时停下来非常必要，把至今所做的一切东西都看作是没有做过，并且提出'像形而上学这种东西究竟是不是可能的'这一问题。"[①] 康德指出，如果形而上学是科学，那么它为什么不能够像其他科学那样获得普遍必然有效的结论，总是一再陷入争辩的海洋？如果它不是科学，为什么它总是不断地以科学自命，并使人类的理智寄予无限希望而始终不能兑现其承诺？因此，重要的问题是对形而上学的性质进行追究。康德意识到，时代的自然科学的大踏步前进与形而上学的裹足不前形成鲜明的对比。"其他一切科学都不停地在发展，而偏偏自命为智慧的化身、人人都来求救的这门学问老是踏步不前，这似乎有些不近情理。"[②] 康德在他的《纯粹理性批判》一书中，把"知识"限制在经验领域，并由此批判传统形而上学不问人类理性的能力界限，总是要求理性越过自身的界限去把握它不可达到的超验实在，因而只能得到一些"理念"，没有经验的对象与之相应。

《纯粹理性批判》从数学自然科学究竟如何可能的追问开始，第一步论证了科学知识形成的条件（"感性论""分析论"），第二步论证了像灵魂、自由、上帝之类的实体（因为是完全离开经验的理性思辨）作为认识的对象是如何不可能，亦即不可能成为科学知识。在这些探讨中，经验知识之构成的根据恰恰又在经验之外：自在之物与我思分居两极，一者被设想为一个被动的构成因（自在之物提供感性质料），一者被设想为一主动的构成因（先验我思提供纯形式）。因此，康德的批判在指明了知识的有限性的同时，陷入两个矛盾之中：经验是"我思"提供的感性形式综合感性杂多而来的，但"我思"又不在"经验"之中；同样，经验离不开"自在之物"对我们感官的刺激，然而"自在之物"又恰恰是我们经验之外的不可知之物。这两个矛盾显露出康德对形而上学进行批判的深意所在。

康德所说的"自在之物"有四层含义：一是感性的源泉；二是认识的界限；三是理性的理念；最后由此通向道德实体领域。自在之物的这三层含义构成了康德批判形而上学的边界，它表明康德是通过将本体界从知识领域驱逐出去来完成形而上学批判的。形而上学自亚里士多德以来就是

[①] 康德：《作为一种能够作为科学出现的未来形而上学导论》，商务印书馆1982年版，第3页。

[②] 同上书，第4页。

探讨"是"的问题。在我们经验界的眼光看来,"是"总要"是什么",不存在什么都不是的"是",因此"是"总是与"其所是"(即"这一个",或"什么")不可分的;当我们想知道"是什么"的时候,我们只能在经验中获得,因此人的知识只能是经验知识,属于现象界的事情。当然康德是承认有"什么都不是"的"是本身"。这个什么都不是的"是"仍然还是"是",它不能是"不是";但由于它什么都不是,所以我们不可能认识它,它是非知识的,是不可知的。因此,形而上学问到的"是"本身所是的那个"什么",康德称之为不可知之物,即"物自身"。由于"是本身"是不可知的,因此我们不可能有一套知识性的范畴可以把握它。这就是说,形而上学不是一门科学。然而,当我们说,"是本身"的自在之物,作为感性的来源和认识的界限总是"是"出一个"什么"的时候,只是在"消极意义"上谈论自在之物同人的关系;自在之物还是一种引导知性永远追求而无法达到的"积极的"假定对象:它是理性理念。康德的这个分析表明,传统形而上学孜孜以求的科学梦想是不切实际的幻想。自在之物在认识论上的第三层含义(理性的理念)包含了康德全部学说的两个极为重要的方面:即"构造原理"和"范导原理"。前者是知性作用于感性以构成认识的科学原理,后者是指引并规范人的认识以展示世界之目的性与统一性的哲学原理。这两者的区分使康德得出这样的一个思想,即只有当哲学能够使人的意识坚信自由、不死和上帝存在的条件下,它才能解决自己的最高任务。康德正是由此回答"纯粹形而上学何以可能"的问题,并将它的《纯粹理性批判》看作是一种"未来的"形而上学的"导论"。

最终的"是"一旦被排除出知识论,这意味着传统形而上学的"第一原理"不构成我们的"爱智"之标。这个结论对于追求超感性绝对和超历史永恒之最高智慧的爱智范式来说是致命一击。但康德并没有取消"是"的问题,他认为终极之"是"的问题是一个实践问题(即伦理道德问题),它存在于应然的领域。在《实践理性批判》中,康德力图表明:在道德领域,人为自己立法,人是自由者,人听从于"应该"的绝对命令,而那个"是本身"直接构成了"应该"的根据(因为它提供范导原理)。这样当康德将知识(即"是"的问题)与道德分裂为两个断裂的领域,并由此将传统形而上学认为是统一的东西都看成是需要明确划界、不可通约、不容混淆的：如自由与必然、本体与现象、知识与道德等等。康德是西方形而上学史上给予爱智范式的形而上学以致命批判的人，这种批判预示着爱智范式的哲学的终结，它暗含着形而上学的重新奠基。我们从康德《逻辑学讲义》中明确地谈到哲学研究的目的的一段话中洞见到这一点。他说："……关于就世界概念而论的哲学，则可称之为我们理性使用的最高箴言的科学，不过须将箴言理解为在各种目的中进行选择的内存原理。"接着这句话康德谈到哲学是关于人类理性最终目的的一切知识和理性使用的科学的思想，也就是说哲学成了目的本身。那么，作为目的本身的哲学的目的是什么呢？康德说道：在这种世界公民的意义上，哲学领域提出了下列问题：我能知道什么？我应该做什么？我可以期待什么？人是什么？"形而上学回答第一个问题，伦理学回答第二个问题，宗教回答第三个问题，人类学回答第四个问题。但是从根本上来说，可以把这一切都归结为人类学，因为前三个问题都与最后一个问题有关系。"[1] 在康德指出的四个基本问题中，前三个问题指向人的三种本源性关切："能知"涉及最广义的现存事物之自然；"应做"涉及人格和自由；"可以期待"直指天福和不朽。这三种本源性的关切不是把人规定为自然状态中的人（即自然人），而是规定为"世界公民"。它们构成了"世界公民意图中"的哲学对象。这样就出现了第四个问题"人是什么"。这一追问点明了康德哲学的人类学意图。当代许多哲学家如海德格尔、福柯等人就是由此一维度推进康德哲学中隐含着的对形而上学的进一步怀疑和消解的。

　　康德哲学表面上是为了综合唯理论与经验论，实际上指向了对苏格拉底—柏拉图—亚里士多德以来形而上学史的重新审视与批判。因此，它提出的问题是此后所有哲学家都不可回避的。在德国古典哲学的进展中，先是费希特，然后是谢林，最后是黑格尔集大成。黑格尔哲学的核心主题是"绝对精神自己认识自己"，这是对爱智范式的形而上学最卓越的概括。黑格尔认为只有精神才是现实的，精神的一个根本特征就是自由。绝对精神意味精神无所牵累，它自己规定自己、自己是自己的主宰、自己展开自己。精神通过"二元化自己"从而发现自己、回复自己。因此绝对精神自我展开是按照否定之否定的辩证方法运行的，它要经过一系列环节或中

---

[1] 康德：《历史理性批判文集》，何兆武译，商务印书馆1990年版，第15—22页。

介。黑格尔哲学就是通过绝对精神的自己运动发展成为一个绝对真理体系的。这一哲学发展历程是在回应康德的挑战中建构起来的。由于康德的挑战是否定性爱智范式达到的顶点，因此回应挑战的形而上学在黑格尔那里也臻至极境。黑格尔是西方形而上学的完成者，作为这个完成，他使西方爱智范式的形而上学成为辉煌的史诗。

三　哲学：归向何处，出路何在？

随着黑格尔哲学的解体，爱智范式的哲学形而上学已如老黑格尔所说，像一只在黄昏时起飞的"密纳发的猫头鹰"进入了苍茫的暮色中。然而，这并不意味着哲学就要失去他曾经拥有过的一切荣耀，步入灰色的孤独。在20世纪众多的思想文化运动中，在那些有如群星璀璨的智者那里，我们明显感受到了时代精神某种深切的呼唤，它表现为哲学出现了面向现实生活的转向。这标志着哲学走出形而上学爱智范式的开始。我们从回归现实世界的哲学转向可以看到，哲学对形而上学爱智范式的弃绝标志着哲学的觉醒或人的觉醒。

回顾西方形而上学史，我们看到，当古希腊的哲学巨人们开始塑造西方形而上学传统的时候，哲学的爱智取向对人的现实世界的遗忘就已经发生了。苏格拉底的"神"为柏拉图的"理念世界"作了先导，与"理念世界"相对应的"可见世界"则是虚妄的。亚里士多德在对古代哲学做集大成式的综合时发现哲学的核心问题应该是探讨"存在之为存在"的根据问题，它旨在通过分析和追究某类隐秘的终极存在物来解释一切。"神的世界""理念世界"和"逻各斯的世界"构成了一切解释的根据。这种爱智的追求，无法避免在推动人的思维前进的过程中对其思维的前提——人所生活的现实世界——的"遗忘"或"瓦解"。中世纪承续了柏拉图和亚里士多德的形而上学传统。柏拉图的"理想国"摇身一变成了奥古斯丁的"上帝之城"，而亚里士多德的"形而上学"则被改造为托马斯·阿奎那的"神学大全"。世界不论其价值形态还是存在形态都无非是"上帝"的作品。对一个超验的价值本源和一个"至善至福""无所不知""无所不能"的存在本源的信仰超过了一切。人所生活的现实世界由宇宙人生的"最高"主宰——神学本体——来说明，而统一性归于上帝本身。这样一来，哲学的推动力与宗教的信仰、理性的证明与上帝的神秘相统一，使得由人的现实世界出发的哲学思考采取了宗教的形式。爱智慧进入了建构宗教形而上学体系的基督教哲学范式之中。随着近代实验自然科学的兴起，宗教的形式愈来愈受到新思想的批判。中世纪由理性与信仰的冲突表现出来的宗教与科学的二元性开始演化为尖锐的对立。哲学家们面临一个新的任务，他们必须投入"科学与神学之间的战争"，"以使思想世界对于哥白尼和伽利略来说更安全"。① 哲学触及了另外一个更大的主题：哲学面对科学的纷纷独立必须为自己的合法性寻找证明。由于自然科学在学科上的分化，近代哲学隐含着一个哲学与全部科学之间的论题，它表现为哲学面对科学的自我思考。这种思考使得哲学变成了"科学之科学"，它试图找到思想客观性和知识确定性的最终根据，结果便是以一种实体的思辨设计重新分裂世界：将人的内容外投到一个思辨实体中去而变为世界和生活的最高本体。现实的人和人的现实世界被抽象掉或被瓦解掉了，世界变成了一种与人的生活世界相隔绝的超验结构。这是现实世界之遗忘的突出表现。爱智范式演变成以自然科学为方法典范的科学形而上学。

　　哲学本来是爱智慧，但它却一再地使得人的现实世界被瓦解、被遗忘，从而走向智慧的反面。这使得哲学总是以一种扭曲的和"异在化"的形式来表达现实世界的内容。它的大致思路是：从人的生活的现实世界出发，在试图获得人存在和他的世界的现实关系并对人所生活的现实世界作全观的了解时，走到了世界之外，并通过建立一个超验世界来诠释人的现实世界。这个思路构成了形而上学爱智慧的大致路向。这使得两千多年西方哲学形而上学始终对哲学思考的起点和终点缺乏清醒的认识，哲学因此变得与人所生活的现实世界似乎格格不入，是"现实世界之外的遐想"。哲学家总习惯从各种"实体""本体"的虚设出发，因而总是在人所生活的现实世界之上（或者之外）设立一个更"真实"、更"本源"的"本体世界"，用它来解释现实世界的各种矛盾。这样，在哲学的解释系统中，出现了对人或人的现实世界的非人理解。要解除这种本体论的思维方式所导致的各种虚假观念的统治，就必须对哲学的起点和终点有一个清醒的认识。这意味着哲学向它长期失落的世界的回返。

---

① ［美］罗蒂：《哲学与自然之镜》，生活・读书・新知三联书店1987年版，第115页。

20世纪哲学的一个基本洞见是，本体、实体观念导致世界的分裂和人性的分裂，并将世界和人的最终根据看成远离人的终极实在，这在逻辑上必然导致二元论。对实体观念的清除，也就是要破除用来分裂世界和人性的虚假的终极根源，转而从人的存在方式、活动方式来探索分化世界、统一世界的现实根源。对"实体观念"的消解，是在反对各种形而上学的预设中，寻找对人存在和他的世界的合理说明的。它实质上踏上了回归现实世界之路。传统哲学用来理解世界的那种方式，被证明为是对现实生活的抽象，并且作为这种抽象是与现实生活相敌对的。另一方面，从生活世界中得来的关于生命的解释越来越趋于自由的形式。人存在和他的世界的关系不再求助于具有普遍有效性的形而上学的观念设计来获得理解。如果说以往的哲学是以一种"对人的现实世界的遗忘"的特殊方式来看世界，那么回向现实世界的哲学在"真正的世界"的形而上学的迷梦破灭之后开始了对哲学的重新思考，这包括对哲学的起点和终点的清醒的自觉。20世纪西方哲学在总体上是针对旧形而上学遗忘人生活的现实世界的病症进行批判，但是很多哲学家并没有避免种种相对主义、怀疑主义和虚无主义的诱惑，且演变成各种后现代主义的"游魂"。马克思在19世纪中叶完成的哲学变革深刻地预见到了哲学回归现实世界的基本方向。他的实践唯物主义的新世界观的形成过程，其实就是将哲学从彼岸世界拉回现实世界的过程，是回到现实世界的哲学原则的具体落实过程。我们看到，马克思哲学在今天仍然是指引我们走出现当代哲学迷宫的"阿里阿德涅彩线"。

　　马克思明比任何一位"现代"哲学家都更清楚、更全面、更彻底地看到了哲学变革的方向。在"莱茵报"时期（1842年），马克思就明确呼唤哲学回到现实世界。在1843年克罗茨纳赫手稿中，马克思揭示了区别于黑格尔唯心主义辩证法的中心观点，指出真正的辩证法则是对意识形态的批判或者是一种革命的意识形态。在《黑格尔法哲学批判导言》（1844年载于《德法年鉴》）中，马克思写道："真理的彼岸世界消失以后，历史的任务就是确立此岸世界的真理。人的自我异化的神圣形象被揭穿以后，揭露具有非神圣形象的自我异化，就成了为历史服务的哲学的迫切任务。"[①] 这句话包含三重意思：第一，哲学从彼岸回到现实，意味着

[①] 《马克思恩格斯选集》第1卷，人民出版社1995年版，第2页。

它不再为宗教和科学论证，而是为历史服务；第二，为此，它首先必须揭穿"人的自我异化的神圣形象"；第三，它还必须揭露"非神圣形象中人的自我异化"，而这较之前者更迫切、更重要。"为历史服务的哲学"就是要揭露人类自我异化的根由，指出一条人类自我解放与回归的道路。因此，呼唤哲学回到现实世界，也就是要求哲学真正能够贯彻人的观点、表达人性内容、关注人的现实生活，亦即使哲学现实化、人文化。

在马克思看来，"为历史服务"的哲学正好将哲学的视野从"彼岸"转到了"现实"，从"天上"转到了"人间"，它从人存在和他的世界的现实关系中看待宗教、国家、法、市民社会，旨在把人的世界和人的关系还给人自己。《关于费尔巴哈的提纲》实质上是马克思在"莱茵报"时期倡导的哲学向现实世界回归、"克罗茨纳赫手稿"由真实的历史主体的回复所倡导的哲学"为历史服务"以及"巴黎手稿"中"针对原本"的批判所倡导的哲学通过"实践方式"解决理论对立的全面总结；是青年马克思在清除旧哲学的影响的过程中逐步深入而具体地将哲学带向现实世界的最后总结。马克思哲学变革的实质是"实践观点"之确立，其途径是将哲学带回现实世界。

马克思哲学变革作为哲学对现实世界的回归的具体落实，实质上揭示了一条哲学现实化的道路，它包括对传统哲学的两重超越：由"主体自觉"对"主体模型"之困限的超越；由"实践观点"对各种"心灵"或"语言"的"实体观点"的超越。这两重超越是20世纪西方哲学一直苦苦探寻但又未能最终得到合理解决的课题。马克思的远见卓识正在于，他以实践为基础，自觉地将人存在和他的世界的现实关系作为哲学的起点和终点，从而开启了哲学思考的新方向。人生活的现实世界是由人的实践活动参与创造的世界。人的实践活动既是一个使自然界人化的过程，又是一个使人的本质力量对象化的过程。人的实践活动通过两者的同一打破了自然世界原有限度内物与物的关系，同时也改变了人与人之间的关系。人与自然以这种方式打交道，各自由于对方的存在而具有了一种共同的"意义结构"，而实现了自己的现实。这种在活动基础上的现实的人和现实的自然的统一，就是人的现实世界。它表现为人存在和他的世界的现实关系。这一现实关系就是"人存在"作为"人的实现了的自然主义"和"他的世界"作为"自然界的实现了的人道主义"的内在统一。

人的实践活动构成了人的生存方式或存在方式。实践活动就是由人的生存方式或存在方式来全面展开人的现实世界的。它将自在的自然界和自为的观念界变成了有待转化为现实的潜在形式和理想形式，并进而将人的存在方式深化为一种由实践进行的"世界筹划"活动。而事实上，无论潜在形态的自然界还是理想形态的观念界，只有在作为组建人的现实世界的可能性条件和因素时，才是有意义的，离开了现实世界，二者同归于空幻，成为一种无意义的虚设。而从现实世界作为人和自然相互贯通的形式看，它又将自然世界和理想世界的矛盾消解于现实中。哲学作为一种高度反省的活动，它反省的根本就是隐藏在人的存在方式之中的人对自己生活的现实世界的理解。这就是说，我们只有从实践观点下才能达到哲学对人的现实生活世界的理论自觉。事实上，人对自己现实世界的理解在多数情况下是在不知不觉中完成的，而且这种理解总是以一种自在的方式渗透在人们的各种存在方式中。自然态度下的"人生"往往使这种理解外显为常识、经验、习惯和具体科学知识，而现实世界远未构成一个问题。这就造成了人虽然生活于自身的现实世界中而往往最不了解自己生活的现实世界。只有在常识、经验、习惯和具体科学知识的锁链断裂后，人从具体生活中跳开来，以一种理论的态度反省世界和人生，试图对人的现实世界有一个全面的了解，才能自觉到人类这种最根本的自我理解的困惑，人的现实世界才能够成为一个问题。在这个意义上，哲学的思考确实关乎人的觉醒。马克思哲学在思及人存在和他的世界的现实关系、面对这个对人而言的现实世界难题时，开启了一条由"实践观点"超越传统哲学——形而上学爱智范式的道路。这是一条使哲学真正现实化、人文化并始终充满生命活力的道路，是一条真正意义上的通向智慧的路。对形而上学爱智范式的摧毁，呼唤哲学回归现实世界。哲学回归现实世界也就是回到它的起点和终点。这意味着哲学的重新开始，表明人们总是从对自己生活的现实世界的理解中开始哲学思维的。自觉地意识到这一点，对于我们今天重新唤起人们的理论兴趣，焕发哲学的生命活力，至关重要。不论哲学是否终结以及如何终结，面向现实世界的哲学思考永远不会"终结"。在响应时代精神的召唤中，哲学唯有在其起点和终点上，才能开出绚丽的花朵。

下篇　将爱智慧进行到底

"行伟大之思者，
　必入伟大之迷途"

　　——摘自海德格尔：《从思的经验而来》

发生了什么事？是大海下沉？
不是，是我的陆地上涨！
一种新的烈火把它举起！

　　——摘自尼采：《狄俄倪索斯颂歌外篇》

第十章　危机时代的哲学之思

一　"爱智范式"的哲学之终结

哲学的追问，是人对自己本质的追问。人如何理解自己的本质，便如何进入一种哲学性质的不倦的追寻之中。千百年来，哲学的一个伟大的梦想，就是寻求一种绝对"真"的语言，把握最终极的实在，进入超历史永恒和超感性绝对的"真正的世界"，建构一个无所不包的形而上学体系。"爱智慧"作为对智慧和真理的永无止境的追求，作为一种对世界人生追根究底的探问，它本身就包含了这种"爱"的"理想性"乃至"梦想性"的一维，同时也包含了"爱"的"过程性"或"历史性"的一维。这两个方面在人的人性本质中都有根源，在某种程度上是人追求真理、认识世界和认识自我的理性映现。因此，"爱智慧"奠定了西方哲学形而上学的基本框架，从苏格拉底—柏拉图到黑格尔（海德格尔也说尼采是最后一位形而上学家）的西方哲学都是在一种"爱智范式"下发展和演进的。

西方哲学形而上学的"伟大"是毋庸置疑的。不说它构成了哺育和滋养各门科学的母体，曾经有"科学的总汇"和"科学之科学"的荣耀；也不说它在人类文化的各个领域中一直居于最高主宰地位，甚至由于它的构造作用，西方传统文化被称为"哲学文化"；单从它对一种理性主义思想文化传统的不断塑造，对人的主体性精神的弘扬，对人性的提升和人的自我认识的强调，我们就可以说，今天人们面对的已经融入我们生活世界之中的所谓"西方现代性"，实际上导源于这一哲学传统。然而，正如我们引证的海德格尔的诗句所言，"行伟大之思者，必入伟大之迷途"。西方爱智范式的形而上学在成就其"伟大""崇高"之时，是以对最高的价值主宰、最终的真理权威、最真的世界根据的不倦探寻进行的。这种追寻不可能在感性的、相对的、有限的、生成流变的领域获得结果，于是便走到了超感性绝对和超历史永恒的"彼岸幻影"之中，而形式化、逻辑化和概念实体化则是其基本的建构策略。这里产生出来的很多问题是传统形而上学家未曾意识到的，这些问题表现为今天西方哲学和文化经历的重大危机。

追究起来看，危机的根源其实就是那一直隐蔽在西方人"爱智慧"之中的"人与智慧的分裂"。它是现代人经历的种种"两极对立"以及由此造成的精神紧张的根源。当代德国学者勒内·豪克不无忧郁地说：今天，"无论在西半球还是在东半球，'主观'的人愈来愈无家可归。焦虑变成绝望，导致对麻醉品的享用。程度不同的精神病是我们时代基本的世界性病症。逻各斯信誉扫地"[①]。如果我们关注一下西方文明中的现代性建构与西方哲学形而上学的爱智范式之间的内在关联，就会看到那给人许诺希望的现代性梦想实际上来自哲学领域的爱智梦想。今天人的苦闷、焦虑甚至绝望，在于人在科学技术、自由民主、人道主义、社会正义、最大多数人的幸福等"现代梦想"中看到人类更深重的灾难。阿多尔诺曾经说过，"奥斯威辛之后不再有哲学"。这表明，一千多年来人类的"爱智"之标，原来是人的一种错觉式的价值设定。当现代科学和现代技术以一种急速运转的形式将几个世纪人类的"梦想"实现出来的时候，那曾经隐蔽在柏拉图哲学王背后的"专制陷阱"也就由"思想"变成了"现实"。现代人确实如卢梭所描绘的那样，他知道自己是"生而自由的"，但同样也痛苦地意识到自己"无处不在枷锁之中"。"爱智慧"本来是人的自由生命的无尽追求，然而这种追求由于忽略了人的生命前提，总是从分裂人和人的世界出发，从人与存在的对立出发，把人置入"两个世界"相互敌对的境地。这种导致人自身的灵肉分裂、人的世界的多重分裂（人与自然的分裂和此岸世界与彼岸世界的分裂）的因子，是现代人经历的精神分裂的始作俑者。

自 19 世纪以来，当科学、进步和理性在资本主义世界广泛地建功立

---

① ［德］古茨塔夫·勒内·豪克：《绝望与信心——论 20 世纪末的文学和艺术》，中国社会科学出版社 1992 年版，第 1 页。

业的时候，欧洲的许多知识分子开始敏锐地发觉"理性的光芒"和"进步的神话"并不能帮助人们生活得更好。一种苏格拉底式的反讽开始出现，它要追问那种实现在现代科学中的"爱智慧"究竟将人类引向何方。这一时期，哲学要求摆脱对自然科学方法典范的效法，要求抛开那些被认为是真理和智慧的东西，更多地关心人和人类的处境。因此，诗人的吟唱、文学的叙事和人文知识分子的写作，在人们的精神生活中变得愈来愈重要，并且逐渐取代了以往牧师的位置。在这种时代精神的境况下，要求哲学成为严格科学的传统主张变得非常可笑。一旦爱智慧被诸科学分解为对各种认识对象（物）的知识探求，传统哲学寻求一种终极知识的爱智梦想便破灭了。这意味着爱智哲学的终结。整个20世纪都沉浸在终结哲学、告别哲学的深深的忧虑之中。两次世界大战使人们对以理性、正义和真理之名实施的杀戮有了切肤之痛的亲身经历，使人们对启蒙运动以来有关进步和解放的神话有了更清醒的认识。毫无疑问，人类追求真理、热爱智慧，是为了摆脱谬误和愚昧，为了使人类获得自由和解放。然而，"爱智慧"并没有给人们带来"福音"，却使得现代人前所未有地陷入深深的两难境地。

人从来没有像今天这样，有如此强大的控制世界的能力；然而，在一个"一切都旋转起来"的世界面前，人也从来没有像今天这样感到自己的极端无力。

当今日之人在享有空前的物质财富的时候，我们从来没有像今天这样体验进步和发展的伟大力量。但是，进步和发展在不断地向人类开放出世界图景的新天地的时候，今日之人却前所未有地经受着世界的陌化：一方面，世界变得愈来愈离我们而去，成为人的异己的力量；另一方面，人愈来愈感受到自己的为世所弃，感受到自己的无家可归。因此，我们也从来没有像今天这样有一种大祸临头的感觉，进步、理性、智慧对人类来说越来越成为一种不能放下的包袱，甚至是一种巨大的破坏性的力量。

现代人不相信神、权威和未经批判的思想，由爱智范式哺育的现代理性在理智启蒙中完成了对世界的祛魅，人们只相信自己的理性能力；可是理性并没有兑现它"创造美好生活"的诺言。从反叛一切权威中成长起来的现代理性作为一尊新"神"并没有使人类变得更有智慧，更没有给人类带来福音；相反它却使人们一次又一次成为自己意见的奴隶，使人类一次又一次地陷入灾难。20世纪人类实践表明，当理性演变成为疯狂的时候，我们将不再拥有一个可以由人类的算计或筹划就能保障其安全的未来。人类的未来从未像今天这样受到各种不确定性因素的制约，它变得更加飘忽不定。现代人在爱智梦想中从追求自由、知识和独立出发，却一再地陷入愚笨、迷信和盲从。20世纪的众多事件表明，对于以自由、独立、理性和正义之名动员起来的现代人来说，他们最终总是不断地走向目标的反面。

今天，人们在几乎所有的领域都能证明其主体性的身份和地位，人的这种自我认同应该给人带来无比的自豪和自信。但事实恰恰相反。当人类面对在其主体性征服中呻吟的自然界的时候，当人类面对日益恶化的生态和环境以及日益枯竭的资源的时候，当我们检讨由主体性占用的合法观念滋养起来的人对待自然的态度和人对待人的态度的时候，我们看到，人类这种主体性身份的自我认同并没有给人类带来希望和信心，相反却将人类带到绝望的边缘。为弘扬人的主体性地位所做的每一努力，几乎都是以对其他物种的内在价值和其他人的主体性地位的破坏来换取的。今天社会领域的不平等，人类对动物寄生地的毁灭性破坏，以及为了现代人的利益而剥夺我们子孙后代的权利等，都是与这种建立在爱智范式下的主体形而上学密切相关的。

这一系列两难困境表明，20世纪是哲学爱智慧的梦想无可挽回地遭遇到破灭的世纪。这个世纪特有的忧虑在于，对形而上学的反叛和消解其实是向一个伟大传统的告别。在这种告别哲学的一系列思想运作中，首先是一种自18世纪以来就不断地得到强化的现代梦想的幻灭，它同时也表明一种更深远的根基的丧失。我们需要认真地思考20世纪哲学经历的这种幻灭。

事实上，在黑格尔之后，各种互不相联的哲学路线都朝着反哲学这一点聚集。宣布哲学问题之无意义进而打出"拒斥形而上学"旗号，或者对传统形而上学的爱智范式进行消解进而指出以往哲学之误入歧途，都是以一种发人深思的形式迫使人们重新面对哲学。当人们告别"哲学"的时候，必须克服使哲学成为可能的那种"爱智慧"，否则告别哲学就会"像在劳雷尔和哈迪电影的著名连续场景'再见'一样"永无终期。因此，当人们宣称西方形而上学由于黑格尔而结束的时候，更多地不是重述一个历史事实，而是同时表达了一种对于构造了西方形而上学史的爱智范式予以"弃绝"的思想勇气。这不单是针对由黑格尔体系所复活和构成的形而上学之最后形态，还包括西方形而上学传统的最早奠基（柏拉图和亚里士多德的思想），及其以各种方式贯穿到近代并且构成近代科学基础的那些基本形态。这表明哲学的追寻出现了从"爱智慧"到"弃绝智慧"的转变。

"弃绝智慧"是20世纪哲学对传统哲学范式排拒和消解的基本策略。这种反对智慧、弃绝智慧的哲学追寻，直接针对苏格拉底—柏拉图以来由西方爱智范式构造的形而上学史。"弃绝智慧"不是不再"爱智慧"，而是对传统哲学范式的任务和目的的质疑，它宣告了以寻求超感性绝对和超历史永恒的绝对真理为终极关切、以奠定知识基础为主要任务的传统哲学之爱智的终结。因而，它反而显示出一种置之死地而后生的决心，是以一种决绝之大勇要"将爱智慧进行到底"。20世纪西方哲学家在这一"弃绝智慧"的"非哲学"思潮中，面临"哲学何为""哲学何谓"的诘问。应该看到，"弃绝智慧"其实是以"爱智慧"为前提的，它是对"爱（智慧）"之虚妄的一种警醒，因此是对传统爱智范式的形而上学隐蔽的虚无主义疾患的一种诊治。因此，"弃绝"（智慧）的真实意图是对传统形而上学的克服与超越，它不单纯地是抛弃和脱离形而上学的传统，相反它同时意味着对形而上学的"爱智"诱惑的"经受"。只有经受住那种永无止境地追逐"地平线"的爱智诱惑而能保持清醒的人，才能理解"反对智慧"的深刻内涵。毫无疑问，哲学家们使用的"哲学"一词已经包含了一种通过寻求超历史的定义、标准和理论为文化奠定基础的"智慧之爱"。然而，在历史的某一时刻，当人们意识到这种爱智慧是一种错觉式的追求之时，经受形而上学就成了对一个久远"错误"的谱系式的检讨。此种经受，类似于佛家之所谓"不色不空"，是将爱智慧精神进行到底的。

二　世纪的忧虑：与虚无主义相遭遇

通过苏格拉底—柏拉图的奠基，"爱智慧"在西方形而上学发展演进的历程中，展开了一条"哲学之路"。这是一条伟大的哲学探索之路。但是，这条满怀"希望"、洒满"光明"的爱智道路，却又是一条布满陷阱、充满迷途的运思之道：它遗忘了人的现实生活世界，并通过对"存在者"的追寻，遗忘了"存在"自身的问题。因此，爱智范式的形而上学发展到顶点（同时也是终点），必然回转到它的超始处或开端处。人们从对智慧的欲求、占有和追寻（以人与智慧的对立为前提）回转到重新思考人的生命与智慧的和谐一致就是一个必然的进程。从"爱智慧"到"弃绝智慧"之转折，反映了西方思想以此种方式向人所生活的现实世界的回转，其标志性事件乃是思想家们碰到了在西方爱智慧的哲学传统中从来没有碰到的"无"的问题。

　　"爱智慧"的人充满希望。而且，这是一种对追寻的结局不抱任何怀疑的期望。期望的问题在形式上就是"有"的问题，是"是"的问题，或者"存在"的问题。也就是说，总得"有"个"什么"，人们才期望，如果什么都"没有"，也就根本谈不到"期望"。因此，爱智慧的视野是一种关联着"有"的视野，它甚至把一切渺不可及的"终极之有"涵盖在内。这里面有一种不言自明的"信心"。虽然，爱智范式的形而上学也谈论"无"（例如黑格尔的"无"），但那只是作为"有"的否定性环节来谈"无"，实际谈论的仍然是"有"而不可能真正碰到"无"的问题。与"爱智慧"孜孜于"有"（期望）相反，"弃绝智慧"则走到了希望的反面而碰到"无"的问题。与"虚无"的遭遇必然表现出一种"绝望"的精神状态，它表现为爱智范式的哲学梦想的幻灭。

　　爱智哲学的基本思路是从"有"追问到"有"，从"存在者"追问到"存在者"。有人称这种追问是一种"有底论"的追问，大致是不错的。这种哲学追问由于总是从存在者深入到"底"，这样就在"有"之间或者"存在者"之间区分了层次、确立起"深度"。它设定了一种最终的存在者，而哲学的追问就是要达到这个"底"。因此，"爱智范式"的哲学家好像在做一场"挖掘"游戏，他们的目的是要比赛看谁挖掘得更"深"。这种深入到"底"的哲学追问没有触及"无"的问题，更未触及从"无"到"有"的问题。因此，它关注的核心不是"生"（创造或创生），而是"知"。人的生命或生活的主题往往以一种扭曲的形式表现在爱智范式的知识论的追求中。这种哲学追问，从一种理性自识的意义上理解人的本性，最终把人理解成为"认识者""求知者""理性的动物"和与"客体"相对而立的"主体"等等,它不大可能理解人的自为本性中那种"从无到有"的创造性特质。所以,后来西方哲学凡是涉及人的"从无到有"的创造性本质的地方,都由"神"或者"神性实在"来加以解释。这是爱智哲学始终走不出超感性绝对和超历史永恒的广袤疆域的缘由。

这种"从有到有"的哲学追问没有碰到"无"的问题,但却隐蔽着"无"。只不过哲学家们极少以一种把"底"问"破"的超绝勇气,面对那隐蔽着的"无底"深渊。因为,西方历史在尚未前进到"弃神"阶段的时候,虽然也有形形色色的怀疑论,但这种把"底"问破而使人完全丧失信心的绝望情绪并不是一种普遍的世界情绪。传统形而上学在一种爱智梦想中,老是要问诸存在的存在,问万有之有,其结果只能是从诸存在中概括出一个普遍的存在。"爱智慧"面对的是抽象概括出来的"有"(存在者)与具体感性的"有"(存在者)之间的层次区分。柏拉图将抽象物、概念物实在化并将它看做是最高等级的实在的理念论,以种种变化了的形式构成了西方思想史上哲学爱智追问的"底"。然而这种抽象的"存在物"和"有本身",只是存在事物的"本质",是一种"思想",一种"概念抽象"。任何由"思想""概念抽象"构成的"最高实在"在经验的世界里都不可能找到一个对应物,因此在其背后都隐蔽着"真正的世界"之最终幻灭的命运,必然会碰到被人们当作最真实的东西予以追求的"有"实际上是一个"幻影"并隐蔽着"虚无"的问题。

"爱智慧"确立了一种追寻初始本原、充足理由、最终同一性、最高价值原理和永恒抽象本质的哲学探索的道路(人们通常称之为传统本体论)。如前所说,这种哲学爱智达到顶点,必然不满足于只是不停地更换"最终基础"或"最后根据"("底"),一旦哲学的追问在爱智范式中出现了把"底"问"破"的情况,这就意味着哲学爱智梦想的幻灭。

西方哲学在文艺复兴运动中经历了一次转折,此后17世纪形而上学和18世纪的启蒙运动都基本上是在这次转折的基础上用"人""主体"或"理性"作为"最后根据"来取代"神"的位置。然而"神"并没有被废黜,它只不过改换了一副面孔,以"人"的形象出现在哲学的追问之中了。因此,近代出现的哲学转折并没有改变传统哲学的方向,它是传统哲学原则的进一步展开,是其终极可能性的展现。当这种可能性达到极致的时候,"爱智慧"到"弃绝智慧"的转折就呈现出来了。黑格尔哲学体系解体后出现的各种思想文化潮流标志着从"爱智慧"到"弃绝智慧"的转折的到来。

在转折时代,"向忧虑不安的人类,而且也向内心平静和谐的人类发出警告信号的首先都是'艺术家、诗人、作曲家、哲学家以及城邦和社会的解释家'"①。这个论断带有普遍性。19世纪末,尼采用大量的格言、警句、寓言和诗向他的同时代人发出了"上帝死了"的警告信号,就是一个最典型的例证。他由此预告了虚无主义的降临。尼采的写作代表了学院外思想家(又被称作系谱学家)对传统文化和哲学隐蔽的"虚无主义"本质("最高价值自我贬值")的揭露。与尼采同一个时期或者比他稍后时期,克尔凯郭尔、陀思妥耶夫斯基、屠格列夫、卡夫卡、约瑟夫·康德拉等人的创作,也不同程度地遭遇到了"虚无"或者"虚无主义"的问题。尼采是在反基督教、反传统道德、颠覆传统价值或重估一切价值的意义上遭遇"虚无"问题的。所以他主要是在人生命意义的维度面对"弃绝智慧"这一思想主题。

这表明,与"虚无"遭遇的问题最先是从"生命意义"的界面凸现出来的。这是因为哲学爱智梦想的幻灭必然表现为哲学之"问"出现了把"底"问"破"的情况,这意味着不再有一个终极存在(超感性领域)给人的生命意义提供最终保证。这样一来,作为"底"(超感性绝对和超历史永恒)的"上帝"就被取消了,"上帝死了"。紧接着的问题必然是:人如何穿过无际的"虚空"?或者,面对"无底深渊"的人如何才能活下去?陀思妥耶夫斯基的类似问题是:"如果上帝不存在,我如何活下去?"这些问题使"生命意义"的追问成为哲学的主题。而"生命意义"的主题化在理论前提上必然通过"一切价值的重估"表现为"弃绝智慧"。

三 在一个危机四伏的时代,哲学何为

与"虚无"的遭遇,集中表现为西方现当代思想经历的从"爱智慧"

---

① 古茨塔夫·勒内·豪克:《绝望与信心——论20世纪末的文学和艺术》,中国社会科学出版社1992年版,第2页。

到"弃绝智慧"的转折。我认为,19世纪末和整个20世纪处于这个转折时代之中。转折时代的特点,可以用这个时代三个代表性的思想家的判定词来表达,这就是"上帝死了"(尼采语)、"哲学的终结"(海德格尔语)和"人之死"(福柯语)。

1. 尼采的转折:"上帝死了"

尼采代表了从生命意义和价值的维度从"爱智慧"到"弃绝智慧"的转折。他选取的弃绝智慧的视角是"上帝死了"。

尼采抨击基督教道德、理性主义和精密计算的一个主要的方面是由于其对人的健全生命本身的戕害。在这一意义上,尼采指责西方柏拉图主义思想史是"一段错误史",乃基于对全部欧洲文化和哲学历史的反省、检讨和清理,亦即基于"弃绝智慧"。

"人们前此热心重视的东西,甚至都不是实际的东西;它们只是幻想,或者,更严格一点说,它们都是来自不健全本能的谎言,或者在最深刻的意义上说,它们都是来自于有害本能的谎言——所有关于'上帝''灵魂''美德''罪恶''来世''真理''永恒生命'……这些概念。但是,人们却在这些概念中寻求人性的伟大,寻求人性的'神性'(divinity)"。[1]

历来的哲学家都自称是"爱智者",然而哲学家的"爱智"只不过是用"永恒"将"历史"制成了一具"木乃伊",用"真理"将"生命"变成了"偶像的侍从"。尼采指出,"几千年凡经哲学家处理的一切都变成了概念木乃伊;没有一件真实的东西活着逃脱他们的手掌。"[2] 这即是说,哲学家们热爱智慧、追求智慧,实际上是通过逻辑化、形式化的方式制造一些最空洞的概念(概念木乃伊)或最高范畴(概念偶像)并由此构造所谓终极真理的体系。哲学家其实只不过是"概念木乃伊"的制作者,是"概念偶像"的"侍从先生",哲学家由此制作了供自己崇拜的对象;在他们崇拜之时,他们剥夺了一切生命、生成和历史。

尼采认为,这种否定生命、厌恨生成、超越历史的爱智道路必须被彻底废除,真正的思想家必定是在"上帝死了"的绝对虚无中弃绝"最高

---

[1] 尼采:《瞧!这个人(尼采自传)》,刘崎译,中国和平出版社1986年版,第36页。
[2] 尼采:《偶像的黄昏》,周国平译,湖南人民出版社1987年版,第22页。

智慧"或"终极真实"的一切图谋的"艺术家";他们对生命中一切健全的、强有力的、自由的东西有着敏锐的感触,在酒神式的沉醉狂欢的境界中寻求生命的神圣肯定。

2. 海德格尔与"哲学的终结"

如果说尼采"上帝死了"揭开了由生命意义的视界并且主要是在道德和价值问题上对传统爱智哲学的"弃绝",那么海德格尔则是通过宣告"哲学的终结"而从存在"意义"和"真理"的界面上遭遇"弃绝智慧"的转折的。

海德格尔在20世纪30年代之前,主要是通过区分存在与存在者,以指证传统形而上学对存在问题的遗忘。在《存在与时间》中,海德格尔试图通过思考"此在"如何使"在""明"起来,来思考那被传统形而上学遗忘了的"存在意义"。海德格尔的思考主要集中在前半个问题,重要的内容是对此在"历史性""有限性"的分析。海德格尔对"此在"如何使"在"澄明的分析,破除了传统形而上学老是要到一个超历史永恒或超感性绝对的领域中寻找"起源"的"梦想",确立了海德格尔消解传统形而上学的基调。但是,这一时期,海德格尔仍然还有建立一种基础存在论的梦想。

后期海德格尔从"物的纯真"和"人的诗意栖居"两个方面"思"存在的真理。思考的主题仍然是人(此在)的出现如何使存在澄明起来,但侧重点不再是通过此在解释学对此在存在的追问进行,而是要求人们"听命于存在的邀请""居于存在的近邻"。因此,后期海德格尔极力摆脱了前期思想中仍然残存的人类中心论倾向,认为"人不是存在的主宰者","人是存在的守护者"。后期海德格尔思考的目标也不再是建立一种基础存在论,而是要在现实的层面上"克服现代技术",在理论的层面上"克服形而上学"。

因此,海德格尔是在"西方形而上学的历史命运"这一维度遭遇"虚无"问题。这在他后期思想对技术本质的追问中,表现得最为典型。海德格尔一生都在思考形而上学,他对技术本质的追问实际上是对形而上学在技术座架中的实现的追问,哲学(形而上学)在科学的独立和技术演变为座架的过程中达到了其最极端的展现,标志着它的终结。海德格尔实际上是在"哲学的终结"这一点上面对"虚无"问题的,他所说的

"哲学的终结"是指那种"从有到有"的形而上学的终结，因此在西方当代思想家中海德格尔对"无"有着很独到的理解。

3. 福柯与"人之死"

我将福柯看作是转折时代的代表性的思想家之一，是因为他的写作、思考乃至生活从内容到形式、从里到外都表现出从"爱智慧"到"弃绝智慧"的转折。

福柯的著作大都采取历史体裁的形式。与一般历史学和哲学著作不同，福柯通常选取那些为人们所忽略的题材，如疯癫、诊所、监狱、性等等。福柯思考的重点是"主体"在现代性社会、文化和制度中的命运。

在福柯看来，海德格尔虽然把人理解为"历史性"的存在，但仍然保留了"存在的意义"，所以"人"在海德格尔那里并没有完全消失。福柯对尼采的解释完全不同于海德格尔对尼采所作的解释，他认为尼采的"上帝死了"说的是那杀死上帝的"人"的死亡。福柯分别沿着知识的轴线、权力的轴线和伦理的轴线，考察了"我们怎样被建构为我们自己的知识的主体""我们怎样被建构为操作或服从权力关系的主体"和"我们怎样被建构为我们自己的行为的道德主体"。福柯的著作揭示了权力的无所不在，并且以一种异常醒目的方式凸出了理性、知识、主体性以及社会规范的产生等所具有的成问题的或可疑的方式。他以翔实的分析说明了权力是如何渗透到学校、医院、监狱及社会科学之中，同社会及个人生活的所有层面交织到了一起。福柯沿着尼采开辟的道路，对各种形式的看起来有智慧、有价值的思想（如人道主义、自我认同、主体性等）提出了质疑。

当然，福柯的思想在基调上充满了悲观色彩。按照他的观点，现代性并未带来医学、民主和自由方面的任何进步，而社会的权力—控制机构使得整个社会就像一个大监狱。事实上，福柯经常为一些相互冲突的理论信念所困扰，人们注意到他的著作在总体化与非总体化的冲动、推论性政治与生物性政治、摧毁主体与重建主体之间摇摆不定。这些特点反映了他在解构西方传统或西方现代性的过程中的游移和彷徨。

第十一章　在生命之爱中的肯定

一　生命的叩问与绝对肯定

从爱智慧到弃绝智慧的哲学探寻，是通过颠覆苏格拉底—柏拉图以来的哲学形而上学传统表征出来的，是一种"将爱智慧进行到底"的思想姿态的呈现。

尼采（Friedrich Wilhelm Nietzsche，1844—1900）的反叛之所以具有震撼力，不单是因为他提出的许多论题摧毁了两千多年来西方人的价值信念，更主要地是尼采运用的方法触及西方文化的根基：它深入到西方主智主义的哲学形而上学传统的发端处，试图捕获其未思未究的"生命"之真义；这种对生命的叩问，直追远古希腊人始原性的"爱智"古义，以追思古希腊"酒神"谱写的悲剧文化为开端，重估自苏格拉底以来西方思想文化对人的健全生命的戕害。

早在尼采之前，哲学家叔本华就已经开始了这种反叛。当思辨哲学大师黑格尔营建他那包罗万象的哲学体系的时候，叔本华就振戈而上，揭开了清算欧洲理性主义传统的序幕。我们要理解尼采哲学对柏拉图以来西方爱智范式的哲学—形而上学忽略掉的生命真义进行思考的深远意义，就必须从叔本华讲起。

叔本华看到，世界的本体是盲目冲动的意志，一切表象、客体、人和人的意识等都是现象，唯有"意志"才是自在之物。世界万物都是意志的客体化在一定级别上的表出。在意志客体化的较低层次上（如顽石）意志并不为认识所照亮，只有进入人的生命领域意志才从一种无知无觉的状态中醒来。智慧愈高的人愈能揭开那"摩耶之幕"，洞见到人的一切追求背后的真实谜底（意志是谜底），他的痛苦也就愈大。

叔本华颠覆了"理性"主宰世界的传统乐观主义信念，我们的理智、理念和信仰都是受意志驱遣的工具，不论是理智之光还是信仰之光都是生命意志欺骗人、诱惑人去肯定它自身的把戏。人生的悲苦就是由于人没有看透意志的骗局（即"看透个体化原理"）而产生的。一般说来，人的认识是为着意志而生的，其目的是服服帖帖地为意志服务。人是意志客体化的最高级别，在人这里意志通过人的认识能够识别自己的欲求，但它也在某些个别人那里产生看透意志骗局的慧识。这时人不再有任何意欲地"看"世界，它成为世界的一面镜子。人的这种"看"，产生了人的审美境界，使个体融入全体而挣脱了意志的劳役进入到一种幸福安宁的境地。但由审美愉悦带来的意志隐退和痛苦中断只是一瞬间，一旦这一瞬间消逝，意志又会捕捉住人的生命，痛苦、绝望由于有了那个"瞬间"而变得更炽。对于寻找人生之答卷的人来说，摆脱意志的纠缠，看透意志的把戏，就必须从根本上否定意志。参悟人生的人，要全身心投入到毁灭意志的苦行禁欲，才得以圣化。这意味着，一方面，意志的自我寂灭只有在人这里才能实现；另一方面，意志的自我扬弃又是"把意志引向光明"这一大自然的奥秘的最后消息。

应该说，叔本华的出现是划时代的，他是文艺复兴以来西方近代文明的真正批判者，是针对科学、主体性和启蒙的理性主义哲学对生命的肢解或遮蔽发出的真正挑战。叔本华意志哲学对人生价值或生命真义的究极性的追问，为尼采所吸收并被赋予了积极的内涵。

尼采从叔本华的意志哲学中看到了西方哲学形而上学由于对生命问题的遮蔽所造成的虚无主义病症。从这一意义上，将叔本华和尼采划归唯意志主义的哲学阵营是有道理的。叔本华将"世界""存在"看作是那个盲目的、漆黑一团的"意志"的表象，尼采从这种思想中看到了自柏拉图以来整个欧洲文化传统的大崩溃。

二 上帝死了：形而上学走进了虚无

尼采的"希腊乡愁"，集中体现为他对古希腊酒神精神的阐扬。酒神精神的核心是对生命的爱，即肯定生命，祝福生命，而且这种"爱"是无保留的整全的爱，连同生命本身的悲剧性都要得到神圣的肯定。"爱生命"规划出尼采哲学对西方传统形而上学"爱智范式"的价值颠覆:从"爱生命"的视点透视西方"爱智慧"的形而上学传统,必然触及虚无主义的本质问题——即对人的健全生命本能的遮蔽、敌视、压制、戕害和漠视,以及由此导致爱智范式所诉求的种种"最高价值"("最高智慧"或"真正的世界")实际上的"无根";形而上学隐含着的灾难性后果必然演化为欧洲的病弱、颓废、衰落。

尼采看到,形而上学帷幕下的自欺、奴役、虚妄以及"最高价值的自我贬值",由于"生命之爱"的标举或张扬必将真相大白于天下。欧洲虚无主义,事实上就是超感性领域的废黜,它揭示了西方形而上学的一个阶段的来临——海德格尔就此说道:"……它也许是形而上学的最终阶段,因为就形而上学通过尼采而在某种程度上自行丧失了它本己的本质可能性而言,我们不再能够看到形而上学的其他什么可能性了。"[①] 海德格尔站在西方文化的立场上,从尼采那里看到的形而上学之"厄",亦即西方形而上学之终极可能性的丧失,这是独具慧眼的辨识。

从尼采开始的西方思想,不断地关注着这样的一个事件:在西方思想的历史中,人的生命总是在一种超验形态上获得了确证,但那只是超生命的形式化、逻辑化抽象,活生生的生命之真义始终还是未曾被思及。哲学"爱智慧"是通过为生命寻找一种知识型根据而将生命自己自身的关怀遗忘掉了。尼采的思想奉"虚无"为"准神",其标识即是所谓"彻底的虚无主义(Nihilismus)",这集中体现在他的"一切价值的重估"和"上帝死了"的思想判断之中。海德格尔正确地指出"'虚无主义'这个名称表示的是一个为尼采所认识的、已经贯穿此前几个世纪并且规定着现在这个世纪的历史性运动。尼采把对虚无主义的理解综括在一个短句中:'上帝死了'"[②]。

如果我们赞同海德格尔,认定尼采这个短句揭示了两千多年来西方历史的命运,那么通过思考尼采用"上帝死了"这个短句究竟向我们道说了什么,我们多少能够领会尼采对传统的反叛与颠覆的真正意图。事实

[①] 海德格尔:《尼采的话"上帝死了"》,载孙周兴选编《海德格尔选集》下卷,上海三联书店1996年版,第763页。

[②] 同上书,第767页。

上，只有立足于"权力意志"和"系谱学"方法，才能廓清尼采所谓的虚无主义的本质问题（上帝死了）。

尼采早在青年时代就开始对欧洲虚无主义有所领会。在1780年的一则日记中，尼采写道："我相信日耳曼的话：一切神都必然要走向死亡。"在给早年的老师的信中，尼采谈到《悲剧的诞生》一书的思想时写道："我们必须更新有关古代希腊文化的思想，我们一直靠着虚假的老生常谈生活。老是谈论'希腊人的欢乐'，'希腊人的沉静'；其实这种欢乐、沉静是迟熟的、乏味的果实，缺乏奴隶制时代的那种魅力。苏格拉底的诡谲，柏拉图的温和，就已经带上了衰落的痕迹。我们应该研究更遥远的时代，研究公元前7世纪、6世纪。那时我们可以感受到那种质朴的力量，那种原始的活力。"[①]

这段论述表明，尼采基本上是将西方文化的历史发展理解为一个"衰落"史，这里早已蕴藏着对基督教的欧洲和近代科学的欧洲的反动。然而，对西方文化源头的回溯，在尼采这里并不是以一种严格科学的文献学的学术研究的方式进行的，恰恰相反，"逻辑"和"科学"本身受到了质疑。尼采显示出对学者们惯用的学术规范的极大轻蔑，他的写作是"诗"的、断裂的、癫狂的、本能的、寓言的，一言以蔽之，是"系谱学"的，而不是"百科全书"的。如果换一个角度，我们其实可以说，"上帝死了"早已经浸含在尼采独特的系谱学写作与运思之中了。

下面，我们来看看尼采用来宣告"上帝死了"的那个著名的寓言。它出现在《快乐的科学》一书中第125节，标题为"疯子"。原文如下：

你们是否听说有个疯子，他在大白天手提灯笼，跑到市场上，一个劲儿呼喊："我找上帝！我找上帝！"那时恰巧聚集着一群不信上帝的人，于是他招来一阵哄笑。

其中一个问，上帝失踪了吗？另一个问，上帝像小孩迷路了吗？或者他躲起来了？他害怕我们？乘船走了？流亡了？那拨人就如此这般又嚷又笑，乱作一团。

疯子跃入他们之中，瞪着两眼，死死盯着他们看，嚷道："上帝

[①] 引自[法]丹尼尔·哈列维《尼采传》，百花文艺出版社1996年版，第55页。

哪儿去了？让我告诉你们吧！是我们把他杀死了——你们和我！我们都是凶手！但我们是怎样杀死上帝的呢？我们又如何将海水吸光？是谁给我们海绵去把整个地平线拭掉？当我们把地球移离太阳照耀的距离之外时又该做些什么？他现在移往何方？我们又将移往何方要远离整个太阳系吗？难道我们不是在朝前后左右各个方向赶吗？还有高和低吗？当我们通过无际的虚无时不会迷失吗？难道没有宽广的空间可让我们呼吸吗？那儿不会更冷吗？是否黑夜不会降临且日益暗淡？我们不必在大白天点亮提灯吗？难道我们没有听到那正在埋葬上帝的挖掘坟墓者吵嚷声音吗？难道我们没有嗅到神性的腐臭吗？——就连诸神也朽坏了！上帝死了！上帝真的死了！是我们杀死了他！我们将何以自解，最残忍的凶手？曾经是这世界上最神圣、最万能的他现在已倒在我们的刀下——有谁能洗清我们身上的血迹？有什么水能清洗我们自身？我们应该举办什么样的祭典和庄严的庙会呢？难道这场面对我们来说不会显得太过于隆重了吗？难道我们不能使自身成为上帝，就算只是感觉仿佛值得一试？再也没有更伟大的行动了——而因此之故，我们的后人将生活在一个前所未有的更高的历史之中！"

疯子说到这里打住了，他举目望听众，听众默然，异样地瞧他。终于，他把灯笼摔在地上，灯破火灭，继而又说："我来得太早，来得不是时候，这件惊人的大事还在半途上走着哩，它还没有灌进人的耳朵哩。雷电需要时间，星球需要时间，凡大事都需要时间。即使完成大事，人们听到和看到大事也需要时间。这件大事还远着呢，比最远的星球还远，但是总有一天会大功告成的！"

人们传说，疯子在这一天还闯进各个教堂，并领唱安灵弥撒曲。他被人带出来，别人问他，他总是说："教堂若非上帝的陵寝和墓碑，还算什么玩意呢？"[①]

此后，尼采多次用新的寓言谈到"上帝死了"这件"大事"。1884

[①] 见尼采《快乐的科学》，第 125 节。引文参照孙周兴的译文（见海德格尔《尼采的话"上帝死了"》，《海德格尔选集》，第 771 页）和黄明嘉的译文（见尼采《快乐的科学》，中央编译出版社 1999 年版，第 126—127 页。下引同。）

年和1885年，尼采在《查拉斯图拉如是说》的第三卷、第四卷，分别讲述了关于"上帝死了"的两个新的寓言：一个寓言是说，上帝因嫉妒而"笑"死（见《查拉斯图拉如是说》第三卷中的《叛教者》一节）；另一个寓言是说，上帝日益耄老，像一个为太多的慈悲填塞于胸怀的"老祖母"，最后为过多的怜悯窒息而死（见上书《退职者》一节）。1886年在给《快乐的科学》写的增补部分（第五卷），尼采一开始（即343个格言）就指出：

> "上帝死了"，基督教的上帝不可信了，此乃最近发生的大事。这事件开始将其最初的阴影投射在欧洲的大地上……断裂、破败、沉沦、倾覆，这一系列后果即将显现……①

显而易见，尼采的"上帝死了"是用一系列格言、警句、寓言、隐喻、诗的形式表达出来的。这里所说的"上帝"从字面意义上看，是指"基督教的上帝"。但值得注意的是，尼采将"上帝死了"说成是"史无前例的日蚀"，因此"上帝"和"基督教的上帝"在更广泛的领域是指"超感性世界"（柏拉图和理念、基督教的上帝、近代的理性等），实际上是一切"起源性"或者"本源性"的幻象的名称，亦即"理念"和"理想"的名称。西方世界长期以来在一种"爱智慧"的哲学热忱中追求的"最高智慧"和"最真实的存在"，就是这样一类超感性领域（即上帝）。因此，"上帝死了"的确切意义是："超感性世界没有作用力了"，爱智范式的形而上学终结了，柏拉图主义的西方哲学终结了。

上帝"乃是至高无上的要素"，是超感性的根据和一切现实的终极目标，是理念王国那照亮万物的永恒在场者。"上帝死了"，是一个"太阳"的陨落，它意味着人们以前尊奉的最高价值、终极真理和智慧从此丧失了约束力和构造力，再也没有一个"第一性原则"或最高价值主宰为人们所遵循。于是，在尼采"上帝死了"的寓言中，更为紧要的问题乃是：人们在极度黑暗中，在一个无边虚无中，何以作出决断？由此面临上述引文中"疯子"提出的问题："当我们通过无际的虚无时不会迷失吗？"显

---

① 见尼采《快乐的科学》，第343节。

然，尼采这里所说的"虚无"，是指一个超感性的、约束性的世界的不在场。"上帝之死"使得这种"虚无"展开自身，并扩展成为笼罩欧洲的阴影：即虚无主义的降临。

不难看到，对尼采来说，虚无主义的问题是从发现"上帝死了"产生的。我们知道，西方形而上学从柏拉图、亚里士多德开始就是探讨"存在"问题的爱智之学术。"爱智慧"就是要追问"诸存在"的存在（即万有之有），因而"不在场"或者"无"始终未思未究。但是，这并不意味着"无"就不存在，事实上形而上学从存在者整体中抽象出来的"有"只能是一个"理念"，世上并"不存在"与之相应的感性对象，因而是一个"无"。换言之，传统形而上学的爱智慧所追求的终极之有，在经验的世界里是找不到的，因而是"无"。这可说是传统爱智范式的哲学形而上学隐蔽的病症：一旦超感性世界不再起作用，"无"的问题就会呈现出来。从这个意义上，"上帝死了"其实是西方形而上学一直隐蔽着的论题。这就是说，虚无主义是形而上学本身的事情，是"爱智慧"的自行"弃绝"。借用海德格尔的话来说："形而上学是这样的一个历史空间，在其中注定要发生的事情是：超感性世界，即观念、上帝、道德法则、理性权威、进步、最大多数人的幸福、文化、文明等，必然丧失其构造力量并且成为虚无的。"[1]

尼采在1887年的一个笔记中如是追问："虚无主义意味着什么？"他的回答是："意味着最高价值的自行贬值。"这个回答是用着重号的形式予以强调的，而且有进一步的说明："没有目的。没有对目的回答。"[2]

这则笔记表明，尼采的"虚无主义"首先是一个历史进程，这一进程被解释为对以往最高价值的废黜。由此导出虚无主义的两重意义：其一，是精神权利提高的象征，这是一种积极的虚无主义；其二，是精神权利的下降和没落，这是一种消极的虚无主义。[3] 人们通常将虚无主义看成是一种堕落现象，因为"最高价值的废黜"明显意味着一种堕落。然而，对尼采来说，虚无主义绝不只是"消极的""疲惫的""不再进击的"佛

---

[1] 海德格尔：《尼采的话"上帝死了"》，《海德格尔选集》，第775页。
[2] 尼采：《权力意志》，商务印书馆1991年版，第2节，第280页。下引同。
[3] 同上书，第22节，第280页。

教形式的衰弱的象征；"它还可以是强力的象征"，并最终将"最高价值的废黜"转化为"对一切价值的重估"。

三 权力意志的自我游戏

当尼采将虚无主义表述为"权力的象征"时，他表达了一种有关"价值"的新学说——权力意志（the will to power）的学说。

权力意志，按照原文直译过来，应是"求强力的意志"。这一思想是从对虚无主义的系谱考察中得出的。尼采首先区分了"完全的虚无主义"与"不完全的虚无主义"。

"完全的虚无主义"，尼采说，"它决定了事物的价值，适合这些价值的现实性现在没有，以前也没有。价值不过是站在价值设定性一边的力的象征，是生命目的的简化。"① 这里所谓"完全的虚无主义"的对立面是"不完全的虚无主义"，又称"隐蔽的"虚无主义。不完全的虚无主义"虽然用其他价值替代了以往的价值，但它始终还是把它们置于那个古老位置上，后者仿佛作为超感性的理想领域而被保留着"②。不完全的虚无主义作为"虚无主义"之所以是"不完全的"，是因为它还须清除价值位置本身，即超感性领域，从而以不同的方式来设定和重估价值。因此，像康德这样的哲学家曾经用理性的"利刃"砍去了上帝的头颅，但是由于有已经十分强势的主体自我作支撑，其神性价值（终极真理、最高智慧、自由、不朽、永恒实在）仍然持存不倒。

形而上学史其实是用一种形式的最高价值批判或置换另一种形式的最高价值的历史，其构造史是由"求真理的意志"决定的。"人寻求'真理'：一个不自相矛盾的世界，不欺人的世界，不变化的世界，真实的世界。"③ 这使得爱智慧的哲学家总是从现存的感性世界出发断言，我们生活于其中的这个世界是不该存在的，而且从那个本应该存在的世界（真正的世界）出发认为没有这样的世界。④ 因此，按照这种"要真理的意

---

① 尼采：《权力意志》，第 13 节，第 280 页。
② 海德格尔：《尼采的话"上帝死了"》，《海德格尔选集》，第 779 页。
③ 尼采：《权力意志》，第 585 节 A 部分，第 269 页。
④ 同上。

志"(即爱智的意志)所遵从的逻辑,"生命(行动,受动,意愿,感觉)就没有任何意义了"——感性生命之"徒劳无益",是一切追求真理、智慧、完美、无限等一切超感性实在的哲学形而上学共同隐含的前提;不仅如此,它还面临其最高追求总是一再被贬黜的命运,因而超感性世界同样"徒劳无益"。这是虚无主义的未完成形态,即是说,"虚无主义"处于一种隐而未发的状态之中。

当"最高价值的自行贬黜"以一次巨大的断裂终止了这一"贬黜进程","价值重估"不再是用新价值取代旧价值,而价值设定进入到清理价值的立足点、视角、来源等系谱学领域的时候,虚无主义便进入了其"完全的""完成的"形态。

"完全的""完成的"虚无主义,只能是"日益强大"的象征,因而是对虚无主义的克服:完成同时意味着被克服;因为虚无主义的完成是对一切颓废的、病弱的、太人性的、需要一个超感性世界的生命状态的超越,因此是对最有生命力的东西的追寻。虚无主义成了"至高无上的精神威力、精力最充沛的生命的理想"。[①]

尼采赋予虚无主义一种"积极的"的意义:即从生命的"流变""生成""保存—提高"和"永恒轮回"的视角设定价值,进而由"上帝之死"消解超感性世界或一切使生命变得苍白空虚的"最高价值"。"我们的估价和道德价目表本身有什么价值呢?在它们当道的时候会出现什么现象呢?为了谁呢?和什么有关呢?"尼采如是追问,问题指向尼采进行价值颠覆的"支撑点",尼采给出的答案就是"生命"。由于生命为生命体设定视点,生命在其本质中便表明自身是设定价值的生命。尼采意识到,"必须给生命的概念下一个新的确切的定义了";他紧接着说,"我给它开列的公式如下:生命就是权力意志"[②]。

这里我们看到,尼采由虚无主义问题引出的"价值的本质",是通过赋予价值的价值、价值的确立、价值的废黜、价值的重估,进展到把"价值"把握为"生成",且在作为权力意志的生成中看到了生命的根据。这样一来,"权力意志""生成""生命"乃是同一个意思,它占据了柏

---

① 尼采:《权力意志》,第 14 节,第 279 页。
② 同上书,第 548 节,第 182 页。

第十一章 在生命之爱中的肯定

拉图—亚里士多德以来传统形而上学的"存在者存在"的位置。"权力意志"被把捉成"根据"或"本源",一方面,它设定价值(根据);另一方面,价值由之得以评估(评价的本源)。因此,权力意志是"价值"由以设定自身的条件,它是生成的世界,是生命的流变。尼采的权力意志和生命流变充满创造力和摧毁力,它不断地呈现出各种不同的形态和结构,随后又使之分解和离散,这里没有永在之物,一切都进入权力意志的永恒轮回之中;凡是有生命的地方,就存在权力意志,即使在奴隶的意志中,也能够找到做主人的意志。尼采笔下的查拉斯图拉如是讲道:

> 许多东西是被生物视为高于生命的;这种辨别就是权力意志的作用!
> 这是生命一天给我的教训:啊,大智者,我用这教训解透了你们心里的谜。
> 真的,我告诉你们:不灭的长存的善与恶,——那是不存在的!依着它们的本性,善与恶必得常常超越自己。
> 你们这些评价者,用价值与善恶之程式施行你们的权力:那里面有你们的秘密的爱与你们的灵魂之光明,战栗与泛溢。
> 但从你们的估价里,长出一个较强的权力,一个新的自我超越:它啄破蛋与蛋壳。①

如果说"生成"一词形象地刻画了权力意志作为肯定生命、提高生命的意志,那么"生成"与"存在"的对峙就构成了权力意志颠覆传统形而上学价值观的基本构架。

"生成"与"存在"的对峙,显然不是由于尼采才获得揭明,西方哲学从巴门尼德、赫拉克利特、柏拉图一直到黑格尔都以某种方式以这一对峙为基本构架,的确可以说"它刺激着所有哲学家的情感和智力"。②

传统形而上学是通过虚构了某个"高于生命"的"存在者"来解决万有之有(存在之存在),因而使人对"存在"的追求在一种爱智范式中

---

① 尼采:《查拉斯图拉如是说》,文化艺术出版社1987年版,第138页。
② 见马天俊《重思尼采:反叛与回归》,《社会科学战线》2000年第2期。

发展为对一个逻辑化了的、理性化了的、形式化了的抽象规定的追寻，进而导致"生成"的"空洞化"。"生成的世界的特征"是无法阐述的、自相矛盾的、与人的认识相互排斥的，因而生成流变的世界是爱智者无法安居的而必须挣脱的世界，西方爱智范式的形而上学史甚至可看作是一部逃离"生成"的主记录：就像圣经中的出埃及是受到神之福音的召唤一样，逃出"生成的世界"同样是受到"形而上学"的"福音"的召唤。

尼采看到，人总是"将其追求真理的欲望即某种非常态的目的反射为存在的世界、形而上学世界、'自在之物'的已存在的世界。"[①] 从而使人与生成拉开了距离，生成的世界好像变得毫无意义了，唯一真实的世界是"存在的世界"；表面上，好像是"存在的世界"（超感性世界）在起作用，实际上它只不过是活跃于一切现象中的权力意志的结果。人们之所以要相信真正的世界，是因为他们对一切变化和变化物的怀疑和蔑视，这样才有对逻辑、理性和概念范畴的极端信任。事实上，逻辑化、概念化和系统化都是生命的辅助手段，信仰"存在"的人是无力面对"生成"的弱者。尼采试图表明，弱者极力想证明自己追求的是与权力意志无关的自在的真理，而这正是他们行使权力意志的表现，虚化"生成"、实化"存在"、不敢正视权力意志乃是弱者行使权力意志的基本特征。"一旦我们给自己虚构了某个对我们是如此如此（上帝，自然）等等负责的某人，也就是说，把我们的生存、我们的幸福和贫困作为意图托靠于（它），我们也就丧失了纯洁的生成。那时，我们就有了想通过我们、并且同我们一起达到某种目的的一个人了。"[②] 这样一来，"弱者"或者"末屑之人"用"善恶之程式"施行其"权力意志"，这是对人的健全生命本能的戕害，是人的蓄群化。它必然激起一种超强的精神力量的反叛，于是"一个新的超越"必然从中产生出来，将我们重新带向"生成"：以往被障蔽着、约束着、压抑着的"生命"破壳而出。

尼采由"生成"的视界对传统形而上学的颠覆，使他走到了赫拉克利特面前。"永恒的唯一的生成，一切现实之物的变动不居——它们只是不断地活动，却并不存在，赫拉克利特所主张的一切，真是一种令人昏眩

---

① 尼采：《权力意志》，第552节，第260页。
② 同上书，第260—261页。

的可怖思想，其效果酷似一个人经历地震时的感觉，丧失了对坚固地面的信赖。"① 尼采面对生成，也同样产生了类似的问题。他的解决方案是，将生成的世界说成是"权力意志的世界"，用"相同事物的永恒轮回"来表达这个世界的"存在方式"。我们来看尼采对生成的世界的描述，这个世界是："一个力的怪物，无始无终，一个坚固的力，它不变大，也不变小，它不消耗自身，而只是改变面目；作为无处不在的力乃是忽而为一，忽而为众的力和力浪的嬉戏，此处聚积而彼处消减，像自身吞吐翻腾的大海，变幻不息，永恒的复归，以千万年为期的轮回；作为必然永恒回归的东西，作为变易，它不知更替、不知厌烦、不知疲倦……这是权力意志的世界——此外一切皆无。"② 这样一个世界，奇诡，狰狞，巍峨悲壮，既有希腊酒神之永恒的自我创造、自我毁灭，又有查拉斯图拉的"鹰旋""蛇舞"与"夜歌"，一切冲动、欲望、生命的激情都奔涌向前，感性生命的洪流冲刷着"存在"的"同一性"之岸，分裂着、撕毁着存在的规定之网。这是一个"理性"无力捕捉且极力规避的世界，感受它需要一种悲剧式的艺术。

虽然从"真正的世界"的信仰者看来，不能由理性规整、认识、照亮的世界是"无意义的""黑暗的""笼罩在阴影之下的"；但尼采正要欢呼这个"世界"，由此进入生命之流变、时间之浮沉。从这种生成流变中，"超人"将诞生。正是在这一意义上，尼采将"上帝死了"这一给欧洲罩上"阴影"的大事看作"难于言说的新的光明"。他说："……我们这些哲学家和'自由的天才'一听到'老上帝已死'的消息，就顿觉周身被新的朝暾照亮，我们的心就倾泻着感激、惊诧、预知和期待的洪流。终于，我们的视野再度排除遮拦……我们的海洋再度敞开襟怀，如此'开放的海洋'堪称史无前例。"③

尼采将"权力意志"看成是生成的存在性规定，是万有的本质，意志处在无尽的自身冲创和自我征服的超越之途中，它不会安于生命的任何一种丰富。意志如是不断地作为同一个意志回到作为相同者的自身那里。

---

① 尼采：《希腊悲剧时代的哲学》，商务印书馆1994年版，第54页。
② 尼采：《权力意志》，第1067节，第700—701页。
③ 尼采：《快乐的知识》，第434节，第248页。

这是一个哲学新视野的敞开，它将在生命之回转往复中洞见到"永恒"。"权力意志"与"相同者的永恒轮回"，实际上，是从"生成"的视野上重新筹划了"存在者存在"的根据问题。在这一意义上，我们可以说，尼采仍然是一位形而上学家。但由于尼采把存在者之为存在经验为权力意志，他的思想就必然针对价值而展开，按照"上帝死了"和"一切价值重估"的意识，人本身将转入另一历史中：在这一更高的历史性追问中，"存在之存在"被经验为"权力意志"。海德格尔指出："借此，作为现代人的本质之居所的自我意识完成了它的最后一步……决定性的价值的没落就要到尽头了。虚无主义，亦即'最高价值的自行废黜'，被克服了。"[①] 基于这种判定，海德格尔称尼采为"最后一个形而上学家"。当然，评论和理解海德格尔的这一论断，尚需更深入地阐说，我们在后文还将回到这一论题。[②]

四　生命之意义：让快乐热望永恒

尼采权力意志的形而上学开启了肯定"生成"和"生命"的价值视界，这种肯定是对流变时间中永恒冲创或斗争的"生命之爱"的价值设定。因此，说尼采终结了形而上学，主要是指他对传统爱智范式的形而上学的颠覆。尼采认为，一切皆生成，一切皆在时间中，旧形而上学所寻求的不变的本质、本体、上帝，都是人们为了逃避流变时间的纷争、无常和矛盾而虚构出来的产物。因此，尼采批判了传统形而上学语言、知识、真理和道德对"生命"的毒害，认为唯有艺术才能激发权力意志首先成其本身，并激励权力意志去超出自身。这就得出了权力意志的形而上学的根据律，这个根据律就是"艺术比真理更有价值"。[③] 在另一个地方，尼采将这一根据律表述为"我们有艺术，我们才不致于毁于真理"。[④] 在这些论述中，艺术与真理作为权力意志的第一性的构成物，是在与人的关系中被思及的。尼采的超人学说与永恒轮回学说的本质关联，即是在此一维度

---

① 海德格尔：《尼采的话"上帝死了"》，《海德格尔选集》，第804页。
② 参见本书第六章。
③ 尼采：《权力意志》，第853节。
④ 同上书，第822节。

凸现出来的。

在尼采的著作中，始终以不同的形式和面目呈现着一种独特类型的人，例如："狄俄倪索斯""查拉斯图拉""高人们""自由灵魂""自由天才的哲学家""孩子""反基督徒""极北净土的居主"……等等。我认为，这种类型的人是尼采所说的"自由人"：他合自由精神、自由境界和自由行为于一体。"自由精神"是用铁锤探问偶像底细的精神，是"重估一切价值"的精神；"自由境界"是酒神狂欢的境界，是艺术审美的清明境界，是"天真与遗忘，一个新的开始，一个自转的轮，一个原始的动作，一个神圣的肯定"；[1]"自由行为"是大创造与大毁灭，是大肯定与大轻蔑，是创造意义的行动，是不断地自我超越的行动。清醒、孤独、梦幻、沉醉是"自由人"的存在状态，"自由人"在此状态中将自己置于一种终极追求的途中。在此途中，"自由人"将自己展现为生命强者，他以一种酒神沉醉的激情面对人类生命的苦难，在一种艺术化的格局中完成对生命的神圣肯定；在此途中，"自由人"预告着上帝之死，呼唤着人类的自决；在此途中，"自由人"如烈火一样，将"新的陆地"举起，这新的陆地便是超人。

显然，尼采笔下的这类"自由人"并不是"超人"，而是预告"超人"的人，是对"以往的人"的超越。根据尼采的观点，"以往的人"之所以叫"以往的人"，是因为他的本质虽然是由作为一切存在者的基本特征的权力意志所决定，但他并没有把权力意志当作这一基本特征来经验和接受。超出"以往的人"的人是"自由人"，他把权力意志当作一切存在者的基本特征，把它视作自己最本己的意愿。于是，那个超感性目的和尺度不再来唤起和支撑生命。[2]"超人"正是针对"自由人"对"以往的人"的超出所作的譬喻。

在《查拉斯图拉如是说》一书第一部分的结尾，尼采写道："所有的神都已经死了：我们现在要超人活起来！"[3]从字面上看，这句话好像是重复"人"取代"神"之位置的老生常谈；但实际上，尼采的"超人"

---

[1] 尼采：《查拉斯图拉如是说》，第23页。
[2] 这一点参见海德格尔《尼采的话"上帝死了"》，见《海德格尔选集》，第806页。
[3] 尼采：《查拉斯图拉如是说》，第92页。

不是某一类超凡脱俗、出类拔萃的"人",而是"一种具有最高成就类型的名称。"① 尼采在许多地方强调,"人是应该被超越的一种东西","超人是大地的意义","超人是存在的意义"。尼采以大量的格言描绘"超人",从中我们发现两点:第一,"超人"是意义的"海洋",是存在意义的澄明;第二,"超人"是人的自我超越的本性。前者是说人的存在的最高希望是"超人",后者则是说人的存在的意义是一种自我超越。因此,"超人"不是哪一种类型的人,它构成了生命肯定自身、提高自身的最终追求。从这里,"超人"与"相同事物的永恒轮回"紧密相关。我们从反复出现在《查拉斯图拉如是说》中的两句名言来诠释这一关联。

(1)"灾祸是深沉的。但快乐比灾祸更深沉,快乐热望着永恒"。

尼采说的"永恒"不是传统形而上学设定的超感性实体。"永恒"就是"轮回",就是万物的生成变化,因此,"永恒"是相同事物的永恒轮回。"万物逝去又回归,存在之轮常转。万物枯竭又发芽,存在之树常青。万物破碎又会合,存在之圈常存。在每一个现在,存在开始。绕着每一个此,彼的领域旋转。到处都是中心。永恒性的道路是弯曲的。"② 永恒就这样回到了尘世,这当然包含了许多可怕事物的永恒轮回。

"灾祸"是指循环往复的世界图景给人生带来的痛苦、绝望和悲哀,因为轮回表明"一切皆空虚,一切皆相同,一切都曾经有过"的幻灭。所以灾祸是看透幻灭之后对轮回意志的放弃,叔本华的哲学足资代表。"快乐"是从这反反复复轮回无穷的生命悲剧中以一种酒神精神的艺术力量开放出来的美丽花朵,所以"快乐"是对"轮回"的肯定,是对生成的回返,是对生命的爱。

"快乐比灾祸更深沉",这是极深刻、极高强的智慧。既然事情的发生是轮回,是雷同,是反复,那么事情的发生本身便没有意义,在此意义上叔本华高举放弃生命的大旗不失为一种深沉的智慧。但是,尼采更往前探进了一步,他认为,一旦事情的简单发生没有了意义,对意义本身的欣赏就会更高一格,同艺术一样,发生的事情是不重要的,发生的事情的意

---

① 尼采:《瞧,这个人》,刘崎译,第40页。
② 尼采:《查拉斯图拉如是说》,转引自马尔库塞《爱欲与文明》,上海译文出版社1987年版,第87页。

义才是重要的。能够从生成沉浮、生命流变和相同事物的循环往复中,从生命强力的悲壮开放中,"品出"独特的意义来,这当然是人生的一大快乐,即一种克服了灾祸的快乐,所以快乐更深沉。

"快乐热望着永恒",事实上是从爱生命的权力意志视界看"轮回",而只有在一种艺术审美的观照中,"轮回"才是"永恒"。这就像是在艺术欣赏的过程中一样,我们愈是较少地依赖情节的发展,我们理解的就愈多。比喻在希腊悲剧中,序词已经向观众讲明了情节的发展,而我们仍要将戏剧看完,因为值得欣赏的正是情节之外的东西。同样,"轮回"中有"永恒",这正是我们要把握的。从这一意义上,权力意志所具有的存在,不是别的,正是相同者的永恒轮回。在这种永恒轮回中被思考的存在包含着与"超人"的本质关联。[①] 这样就有了第二句名言。

(2)"'超人'是永恒轮回的导师"

《查拉斯图拉如是说》一书序篇讲到了查拉斯图拉的"下山"——"山巅"象征精神的荒凉处,"低地"象征普通的人间世界。另一个与此相同的象征出现在查拉斯图拉的宠物"鹰"和"蛇"身上,它们一个属于天空(飞翔的鹰),一个属于大地(爬行的蛇)。查拉斯图拉是这两者的结合:高与低,天和地。查拉斯图拉说,他要下到山下去,如同夕阳坠入地平线下的黑暗。但坠落是为了翌晨的再生。这一再生与复活的母题揭开了《查拉斯图拉如是说》的真正的主题:人如何像凤凰从灰烬中复活一样再生?这是从永恒轮回的宇宙生成观和生命流变观出发,对"超人"的预告。查拉斯图拉是这喜讯的预报者,他如是预报:"'超人'是永恒轮回的导师。"

"永恒轮回"揭示了一幅生成的图画:由于一切在重复,都在循环,所以发生什么已经不再重要,重要的是我们置身循环如何应对的问题。这问题即是,如何在"轮回"中发现永恒?尼采指出的途径是:奉"超人"为导师。我们知道,"超人"是存在的意义,而作为相同事物的无穷循环只有进入存在的意义的领域才能成为永恒。所以"永恒轮回"包含着一个图谋,即通过相同者的永恒轮回,凸显存在意义的图谋。如果没有存在意义的引导,相同事物的无穷循环只能是一个灾祸。只有将超感性世界的

[①] 参见海德格尔的论述,见《尼采的话"上帝死了"》,《海德格尔选集》,第805页。

"地平线"（视界）"拭去"，在一种热爱生命、肯定生命的艺术审美境界中来理解"轮回"，视"超人"为导师，永恒轮回才是可能的。

"永恒轮回"的思想和"超人"学说，以一种形象的譬喻，破除了传统形而上学将生命意义抽象为某种终极"存在"的虚无主义本质，意义寓于事物"生成"变化之中，寓于"生命"的永恒流变和无尽斗争中，彰显于人与他的世界的存在方式（相同者的永恒轮回）之中。因此，"永恒轮回"的人生，作为酒神精神之高蹈轻扬的人生，实际上是对生命流变和宇宙生成作审美观照的人生，是生命意义之澄明的人生。"自由人""自由灵魂"就是以这种方式在宇宙生命变化无疆、生生不息、欣欣不已的永恒流逝和永恒回归中，居栖于这个"大地"。"生成"对"存在"的颠覆通过将"人移离以往的人的层面"，将"地球移离太阳照耀的距离之外"，亦即移离柏拉图主义的那种终极在场的"光源"，而渴望世界之黑夜的降临，而在这种渴望中期待翌晨新升的"朝霞"。因此，"人"就以这种方式进入"爱生命"的旅途。人在途中！生命意义由此途中绽现！

因此，"超人"不是某类给定的人，而是一种引导，一种昭示，是支撑人"爱生命""肯定生命"并回归生成之永恒轮回的"意义的海洋"。在这种生命之爱的最高向往中，我们听到了查拉斯图拉的酩酊之歌：

快乐永远热望万物之永恒，热望着蜜，热望着酒精，热望着沉醉的半夜，热望着坟墓，热望着墓旁流泪的慰藉，热望着落日的黄金……[1]

五 系谱学家：生命肯定中热情的灵魂史

尼采是不是一个哲学家？这个问题似乎无需多问。已经形成共识的答案是：不多不少，尼采是一个地地道道的"哲学家"。

但是，同样毋庸需置疑的是，尼采不能归于任何类型的传统哲学家，他不是构造体系的哲学家，不是那种以逻辑的、科学的、概念形式出现的百科全书式的学院派哲学家，他更多的时候是一个诗人，因此是一个诗人

---

[1] 尼采：《查拉斯图拉如是说》，第四部，"酩酊之歌"，见尹溟译本，第393页。

第十一章　在生命之爱中的肯定

哲学家。尼采和他所挚爱的诗人形象查拉斯图拉一样，同样是一个高举远慕、高蹈轻扬的舞者、预言者。他的写作理想和最美好的状态是让文字跳舞，让警句、诗歌、格言、寓言、短论和散文构成一组组思想的合唱。因此，在他的哲学中，有欢笑，歌唱，雷电，有夜的精灵和伟大的日午，有奔向太阳的箭，有大白天打着灯笼的疯子……《查拉斯图拉如是说》充满了澎湃的激情、想象、无意识的倾诉和力量以及动人的旋律。如果说贝多芬用五线谱写哲学，那么尼采则是用哲学谱音乐。有学者甚至如此问答："世上有哪部哲学著作如今真的被谱成了交响乐呢？只有《查拉斯图拉如是说》。"[①]

尼采以这样的诗思，将柏拉图放逐了的诗人们重新迎回。那是"永恒的气息与芳香"，是"甜蜜的弦琴"，是"一切更新，一切永恒，一切关连，纠结和相亲"。这里没有概念的"木乃伊"，有的是从生命的血脉中流动的话语，是有如古老洪钟之低鸣的"音乐"——成熟的话语必是生命之苦痛的"佳酿"！生命之"力"的旋律托起"新的陆地"，生成之"冲创"如喷薄的日出！

尼采的著作充满了隐喻、诗、跳跃、断裂。尼采称学院哲学是"血蝠主义"，抽象的概念、自然科学的尺度、学术的教条，如同吸血蝙蝠一样，吸干了哲学家的血，使哲学家变得贫乏苍白。从尼采远离学院，远离大学讲席，反对并瓦解一切构造体系的哲学起，他对逻辑化、形式化、概念化的传统爱智范式的哲学语言（逻各斯）的"粉碎"，与他思考生命的流变和生成的激流，就遵循着同一种方法：系谱学方法。这构成了尼采哲学的核心，其重要性随着时间的推移日益显著。

从西方哲学自身形态的转换看，尼采的系谱学对传统爱智范式的形而上学之构造支柱的"逻辑学"，是一次实质性的摧毁。主要是由尼采发端的西方哲学范式由"爱智慧"向"生命之爱"的转折，不是沿着"逻辑学"的"老路"构造出来的，而是由"系谱学"的道路开创出来的。"系谱学"突出了生命主题，从而使哲学的探寻出现了消解"爱智范式"的重大转折。

系谱学（Genealogy）原本是研究从最早的祖先到各代子孙分支之间

[①]　周国平：《尼采在世纪的转折点上》，上海人民出版社1986年版，第223页。

不断繁衍增生的家族谱系。尼采借用来指研究生命流变"分裂增殖"的永恒轮回。他指出，这一过程中的不同形态之间是断裂和交错的，不具有因果必然关系，更不是单一的线性发展。因而，系谱学反对"历史的逻辑化"和"生成的存在化"。系谱学不追求"大""全""同一""完整"，不是无所不包的智慧之追寻，不是对"无矛盾"之绝对真理的期许；相反，系谱学关心的恰恰是被传统逻辑学忽略过去的东西，是被"爱智者"视为不屑一顾的卑微之物，是事物的"细枝末节""偶然与变异""断裂"和"非连续性"的展现。例如，"善"与"恶"和"好"与"坏"这两种对立的价值判断，并非出自一个超时空的规定，它们是人出自不同的社会地位和生理条件对自身的行为所做的肯定性判断。① 系谱学家要注意到，或者必须能够发掘到：哲学话语背后的"生命""历史"和"生成"的真实地基。

尼采正是在这一意义上赋予哲学家以一种新型的角色——系谱学家。他认为，真正的哲学家不是把研究"哲学"当作职业的"学者"，不是那种玩弄"词语"和"学识"的讲坛"教授"。尼采写道："我们哲学家不像普通人可以自由地将灵魂与肉体分开，更不能自由地将灵魂与思想分开。我们不是思索的蛙，不是有着冷酷内脏的观察和记录的装置，——我们必须不断从痛苦中分娩出我们的思想，慈母般地给它们以我们拥有的一切，我们的血液、心灵、火焰、快乐、激情、痛苦、良心、命运、和不幸。生命对于我们意味着，将我们的全部，连同遇到我们的一切，都不断地化为光明和烈火，我们全然不能是别种样子。"② 一个思想家必须是系谱学家，从他那里生命的意义、需要及其最高幸福必须是以一种切身关己的形式受到追问，因此哲学家不是在灵—肉分离、主—客分离、现象—本体分离的逻辑化、形式化抽象中走出生命流变和生成轮回的"爱智者"，而是通过"在思想的热情中燃烧着的生命所具有的升沉和震动"，将思想呈现为"一部热情的灵魂史"。

---

① 参见尼采《论道德的谱系》。尼采认为，贵族的"好"是一种原发的自我肯定，而"坏"则是派生的，是对非我的否定，是次要的，这种价值判断基于体魄的健壮和行动的自由；奴隶道德则以对非我的否定为原生的和主要的判断，谓之恶，然后借助上帝的力量衍生出"善"的自我肯定。

② 尼采：《快乐的知识》序，引自周国平：《尼采在世纪的转折点上》，第37页。

因此，系谱学家首先必须直面他自己自身之生命存在的断裂、痛苦、有限、卑微而研究"生命流变"之永恒轮回。换言之，辨识流变"生命"的真义不是到某个超感性世界中去寻找，而是"不断地从生命痛苦中分娩出我们的思想"，我们唯有挖掘自己的"生命"才能领会"生成"的奥妙。这种"挖掘"就是一种类似于"家族"系谱学的工作。这样的"系谱学"要求"真诚"，而学者们缺乏的正是这种"真诚"：学者只想用分析和了解自然来扼杀自然，而系谱学家"却想用新生的自然来丰富自然"；就像鸵鸟把头埋在沙堆里自以为最安全一样，学者们将他们的头埋在"天物"的沙堆里，——系谱学家则是自由思想者，是精神上的强者，他出于内在的丰满和强盛，与一切相嬉戏，绝无做作和自欺。"系谱学家"，是尼采由肯定生命的哲学视界凸现出来的哲学家新角色。系谱学家关注生命流变的奥秘，他的"思"与"诗"首先出自他自己的生命感悟。这从尼采作为一个系谱学家对他作为"教授""学者"身份的反叛可管窥一斑。

尼采以一个系谱学家的身份从事写作，是对整个古典科学精神的背弃。这在《悲剧的诞生》（1872年）一书中已露端倪；此前，当尼采从1869年（24岁）出任巴塞尔大学古典语言学教席时，就被那些推荐者和任命者视为"前程远大"的语言学教授，又一个维拉莫维兹式的百科全书派学者。但是，《悲剧的诞生》显示出来的那种对于"学术界的冒犯"，表明尼采已经不再是当时人们期待的又一位"维拉莫维兹"。有人评论说："任何写出那种东西的人都不再是一个学者。"这一评论绝非言过其实。虽然直到1879年尼采最终辞去巴塞尔大学的教席，但在此之前，他一直病假不断，与大学、文人圈隔离起来了。这是尼采由"教授""学者"角色的抽身隐退，他把自己放逐到一种居无定所的漫游者状态。麦金太尔在谈到尼采的角色转换时说："在担当系谱学角色时，尼采不得不拒绝教授角色和与之相应的公共话语模式。"[①] 因此用格言写作，就构成了尼采系谱学的基本风格。如果说柏拉图力图要打磨掉自己身上"诗人"的印记，那么尼采则力图销蚀自己身上的"教授"或"学者"的"影子"。麦金太尔评论说：对于尼采来说，所有的理论化的工作，所有由各种申言组成的理论都发生在能动性的语境中，而且也正是从这种立场出

---

① 麦金太尔：《三种对立的道德探究观》，中国社会科学出版社1999年版，第43页。

发，对每一种透视视角内所定义的多样性主题的不同视角的透视才有可能。"因此从基本层面上说，一个人并不是通过推理才从一种观点转换到另一种观点。相信推理的有效性就是认同以苏格拉底为创始人的辩证法。这样做，再次肯定了人们无法摆脱禁锢性和压抑性的反应方式。"①

系谱学家恢复了诗化言说的优先地位。这是对于柏拉图"反对诗人"的反动。尼采区分了由早期希腊思想家组成的"天才共和国"和由苏格拉底之后的哲学家组成的"学者共和国"，这种区分的价值取向即是以对系谱学家的哲学家新角色的设定为前提的。哲学家角色的这一变化，预示了当代哲学领域的一系列重大转向，其主题指向乃是：生命之爱。也唯有从"生命之爱"的视界上，才能理解"系谱学家"这一角色对西方形而上学传统之全面颠覆的重要意义。巴特雷说："哲学家必须回溯到根源上重新思考尼采的问题。这一根源恰好也是整个西方传统的根源。"② 我们在"终点"又回到了"起点"，那是诗性逻各斯的根源，请听查拉斯图拉这样的吟唱：

  甜蜜的七弦琴！甜蜜的七弦琴！我爱你的音响，你那沉醉的低鸣！

  你是古老的洪钟，你是甘美的弦琴！苦痛撕裂了你的心，那是父亲之苦痛，那是祖父们之苦痛，你的讲说渐渐成熟。③

---

① 麦金太尔：《三种对立的道德探究观》，第40—41页。
② 巴雷特：《非理性的人》，第202页。
③ 参见尼采《查拉斯图拉如是说》，第389页。

第十二章　存在之追思

一　海德格尔的哲学之问

海德格尔（Martin Heidergger，1889—1976）意识到尼采对古代希腊世界之流连忘返的巨大意义。他说："当我们亲自去思时，我们方接近召唤思的东西。要达到这一目的，我们就必得学会思。"① 海德格尔强调，对于尼采的呼号，只有当我们开始学会思的时候，我们才能有所领会。

尼采作为"上帝之死"的传信人，实际上带给西方人的是一种普遍的幻灭感和危机意识，这是自启蒙以来不断得到强化的理性权威的幻灭和危机。人们不再寻求作为终极根据的形而上学保证。20世纪思想敏锐的哲学家，在尼采对传统爱智范式的形而上学的系谱学颠覆中，看到了"哲学"（爱智范式）的终结。海德格尔指出，在尼采的权力意志的形而上学中，由于"智慧之爱"为"生命之爱"所代替，哲学进入其最极端的可能性：在这一位置上，哲学的各种可能途径都已经穷尽了。"哲学的终结是这样的一个位置，在那里哲学历史之整体把自身聚集到它的最极端的可能性中去了。作为完成的终结意味着这种聚集。"② 海德格尔确认尼采就置身于这一位置上，是"最后一位形而上学家"。

"纵观整个哲学史，柏拉图的思想以有所变化的形态始终起着决定性的作用。形而上学就是柏拉图主义。尼采把自己的哲学标志为颠倒的柏拉图主义。随着这一已经由卡尔·马克思完成了的对形而上学的颠倒，哲学

---

① 海德格尔：《什么召唤思？》，李小兵、刘小枫译，见孙周兴选编《海德格尔选集》下卷，上海三联书店1996年版，第1205页。

② 海德格尔：《哲学的终结和思的任务》，见《面向思的事情》，商务印书馆1999年版，第70页。

达到了最极端的可能性。哲学进入了其终结阶段。"①

　　海德格尔在 1964 年写的演讲稿《哲学的终结和思的任务》一文中如是断言。这篇文章是一篇回顾与展望性质的演讲稿，它回顾了作为形而上学的"哲学"，同时展望了不再作为形而上学的"思"。应该说，海德格尔把"思"置于同"哲学""理性"对立地位的作法，是与西方文化的所有流行说法背道而驰的。在海德格尔看来，西方传统的哲学形而上学（本体论）束缚住了人们的"思"。形而上学以设定原因的表象方式思考存在者之为存在者，探讨存在者的"原理"或"原因"，它把这种原因称作"存在"，因为是这种原因使存在者"在场"。我们可以把原因考虑为现实的造成者（上帝），也可以考虑为先验的原因，还可以将它思考为绝对精神的辩证运动，以及设定价值过程中的自我设定的权力意志，等等。形而上学借助逻辑、理性、概念完成的思维活动，只可能把"存在"也确立为一个"存在者"。这是一种"表象性思维"，亦即一种"计算思维"、一种"算计"和"筹划"。表象的、逻辑的、理性的、计算的思维不是"思"。基于对形而上学尚未"思"、科学不"思"的体认，海德格尔曾坦言："在我们这个激发思的时代的最激发思的东西显明于：我们尚不会思。尽管世界的状况已变得愈来愈激发思，我们仍然不会思。"② 在这样一个颇令人费解的句子里，海德格尔显然是要求一种与西方传统的理性概念思维根本不同的"思"，这多少意味着只有在"西方"意义上的"哲学"亦即"形而上学"终结之后，我们才能进入"思"。

　　海德格尔对哲学的追问，突入到了哲学—形而上学的心脏地带（存在的意义问题）并予以致命一击。仿佛对一个人，如果砍掉他的手或者足，他仍然还是一个人，但如果砍掉他的头颅，他就不再是一个人了；对形而上学也是如此。在海德格尔看来，只有从根本上指明形而上学对存在意义的遗忘，并以一种完全不同的方式进入存在之真理的敞开境域，才能砍下形而上学的头颅。海德格尔的存在之思，从早期到后期尽管有思路上的变化，但基本精神是一致的：通过存在之追思，达到克服形而上学的目的。

---

① 海德格尔：《哲学的终结和思的任务》，引同上书，第 70 页。
② 海德格尔：《什么召唤思?》，《海德格尔选集》，第 1206—1207 页。

二 存在之澄明：对人生在世的分析

海德格尔《存在与时间》以一种异乎寻常的方式凸出了"存在的意义"这一主题。这是一部具有划时代意义的著作，比梅尔指出，由于这部著作的出版，"从新康德主义到价值哲学的现代哲学的全部问题突然间变得陈腐不堪；同时从柏拉图到尼采的形而上学闪烁着新的光芒。"①

《存在与时间》虽然是海氏早期著作，而且它是以残缺不全的面貌于1927年发表在胡塞尔主编的《哲学与现象学年鉴》（第八期）上的；② 但是，这并未影响它是相当成熟深刻并且魅力无穷之作品。海德格尔后期思想有许多新的发展，在30年代有所谓的"转向"之说，但其思想之奠基以及其后转向之根据，都可在《存在与时间》一书中找到理据和说明。

《存在与时间》一书的主题是"追问存在"。但与传统爱智范式的哲学形而上学对存在问题的探究根本不同，海德格尔不是从一种超历史的、超感性的、超越生命流变的本源性的"存在者"来"追问存在"。恰恰相反，他要从人生在世的"此"之"在"出发，亦即在一种时间地平线上，追问存在的意义问题。

因此，该问题一下子拨开了旧形而上学以"爱智慧"之名分裂人、肢解人的生命并遗忘存在的层层迷雾；它断言，探究"存在"的传统本体论实在是错失了真正的"存在问题"，"存在意义"始终未被问及，"存在之澄明"有待于人生在世的真正觉醒。这即是说，有待阐释的不是存在，而是使存在明起来的那个"此"。因此，真正需要理解、需要追究、需要把捉的，不是有关存在的最高智慧，不是在一种逻辑化、形式化的抽象术语中被对象化了的存在大全，而是那使存在澄明的人的在世。因此，唯有从人的"在世"，亦即人有了一个世界"在"，这一现象学上的"事情本身"出发，才能使"存在"显现出来。循此，由时间地平线上展现人的在世，便构成了海德格尔追问存在意义的基本线索。这是《存在与

---

① ［德］比梅尔:《海德格尔》，商务印书馆1996年版，第34页。
② 海德格尔迫于获得教席的压力，在只完成了全书计划的三分之一的情况下，就将它公开发表了。余下三分之二的计划后来并无续篇。因此，这是一部未完成的著作。

时间》一书的问题入口,也是我们理解海德格尔思想的一个通道。

1. 不可忽略掉的"此在"

存在问题,是自柏拉图、亚里士多德以来西方形而上学的中心问题。海德格尔现在提出要"重新追问存在的意义问题",目的何在?显然,他不是要自缚于这一传统,而是要重新审视这个传统,亦即跳出柏拉图、亚里士多德定向的爱智范式的形而上学的视景,去追问被这一爱智范式遗忘、错失了的"存在意义"问题。

海德格尔对传统形而上学由爱智之问而误入歧途的分析,不单单是《存在与时间》(1927年)一书所持的立场。在随后完成的《康德与形而上学问题》(1929年)、《形而上学导论》(1953年)、《什么是哲学》(1953)等一系列著作和演讲中,海德格尔持同样的立场。因此,将柏拉图以来的形而上学所致力的"伟大之思"归结为从其"问之所问"开始即已误入"伟大之迷途",乃是海德格尔前后一贯的看法。

海德格尔在《什么是形而上学》(1929年)的演讲说:"就形而上学始终只把存在者作为存在者表象出来而言,形而上学并不思存在本身。"[①]这表明形而上学之问由于以"表象"(Vorstellen)思维提出问题而永久性地与"存在本身"失之交臂。这里所说的"表象"是指"设为对象"而"摆"出的对象性思维,因而是一种主客二分识度内的思维。爱智范式的哲学道路由于此"表象思维",只能"摆出"存在者,而无法"摆出""存在"。因此,西方哲学只关注到了那些能够"摆出"来的东西,而没有注意到那些"摆不出"来的东西;这就是说,它只问到了"有"(即能够"摆出来的"存在者),而没有问到"无"(即摆不出来的"存在")。只一再地问"为什么存在者存在",而尚没能问及"无倒不存在"。其实,如果只限于前一半的问题,那它只能将我们带入"迷途",后一半的问题才切中了正题:一旦我们敢于追问"无为什么不存在",这就问向了那"摆不出来者",亦即那"不在场者"。由爱智范式确立的形而上学、诸科学、存在—神—逻辑学的思维机制只停留在"在场"的、能够"摆出"的存在者上面,"存在问题"自始未被思及;要想思及那亘古未思的"存

[①] 参见海德格尔《什么是形而上学》,引自孙周兴《说不可说之神秘》,上海三联书店1994年版,第11页。

在问题"，就不能从表象思维提问，而必须从那能够将表象思维"摆不出者"加以"展开来""摊出来"的思之视域追问。这恰恰涉及一个问题地平的清理与重置的课题。

海德格尔的这一套想法，已经是对"爱智范式"的西方传统的谱系所做的某种透视。海德格尔对问题方式的分析表明："存在作为问之所问要求一种本己的展示方式。"① 这种展示方式应是"非对象的"。海德格尔认为，由胡塞尔开创的现象学提供了这样一种展现方式。海德格尔将现象学理解为"存在"的"显示学"，亦即它按"事情本身"的"显"来展示"事情本身"。② 如果把存在理解为"事情本身"，那么现象学就是存在论。海德格尔创造性地运用了胡塞尔的现象学，把现象学解释成"存在"的"显示学"，这已经与胡塞尔的现象学有很大的不同。

海德格尔把"人"写成"此在"主要出现在前期思想著述中，基本的思路是顺着此在追问存在。海德格尔表明，一旦我们忽略掉了人的此在，就会堵塞通往"存在意义"的道路。"人"而为"此在"，是一种奇诡的说法，它区别于以往在一种爱智范式下对人的诸种定义，如"理性的动物""政治的动物"等，更不同于将人预设为主体的各种知识论主张。

从消解传统哲学的爱智范式而致力于从此在展现存在意义的努力看，把人作为此在来理解，就是把人看作是先于逻辑、科学、理性的一种本源性的"这一个"来理解。因此，海德格尔的"此在"接上了早已被亚里士多德瞥见但又让之滑走了的"这一个"（"第一义的本体"）。早在科学、宗教、形而上学出来认识人之前，人就有了一种"这一个"（此）的意识，就先行领会到自身的在。人本身就是"此"与"在"的和谐一致的结合体，"此"不是一个抽象的思维主体（如笛卡尔的"我思"），"在"也不是一个对象化了的"客体"。这里"此"是与万物的"在"相通的，有"此在"才有万物的"在此"。

此在是一道通向万物一体、万有相通之境界的"门"，忽略了它就必

---

① 海德格尔：《存在与时间》，陈嘉映、王节庆译，生活·读书·新知三联书店1987年版，第9页。

② 参见孙周兴《说不可说之神秘》，第12页。

然错失进入此自由澄明境界的时机。大千世界，一切存在者存在，这本是古希腊人惊异莫名的事情本身。然而，对这万物一体的宇宙如果作抽象的把握，就会把万物归结为现象，把一归结为本体，这种形而上学的爱智理解并不能找到进入万物一体境界的时机，因为它始终是在外面分析"万物"如何是"一体"，深入不到"存在者存在"的"存在本身"。而一向被忽略的此在的此，可以结合进万物而使其在"明"起来。这里并无物我对待、主客区分，有的是与"天地精神相往来"的"机缘"：此"瞬"，此"在"，物在，我在，在出一个世界。于是万物的界限消融了。此为我之此，此为万物之此，"天地一指也，万物一马也"（庄子语）。此在"此"出的时机，将人带向人生在世的"醒觉"，带向人本己本真的存在。

2. 由此在在世展现"存在的意义"

海德格尔对此在的分析表明，此在从来就不是一个独立的主体，而一直是在世。为了突出"在世"现象未为主客二分所肢解的整一性，海德格尔尤其偏爱用一种看似别扭的表述：此在"总已经""在—世界—中—存在"了。《存在与时间》的阐述结构就是从此在和它的"在—世界—中"开始，通过"操心"而达到存在的意义——时间性——的揭示；然后再反过头来解释此在的各种生存形态的时机化方式。

海德格尔把"在—世界—中—存在"（In-der-Welt-Sein）确立为此在的基本结构（我们简译为"在世"）。海德格尔借助克尔凯郭尔的"生存（Existenz）"概念来解释他的"此在"，既强调了此在享有存在论上的优先地位，它从"万物"中"脱颖而出"（ex-sistence），又强调了此在的存在作为"在—世界—中—存在"是"有"一个世界"在"。由于只有此在才能领悟自身的"在"，所以只有此在才是"去存在"（Zu-sein），即以超出它当下所是的"在"而"在"（即能在），且总是必须担当自己的"存在"，所以只有此在的存在才是"生存"。

此在的生存结构指向"去存在"的存在方式。即是说，此在的"在—世界—中—存在"是一种纯构成性的在世，而非现成的"主体"或"客体"。"在之中"是此在在世的"存在机制"，它表明了此在与世界的源始一体性，是此在"依寓于""世"，是人存在与他的世界融为一体。"'依寓于'这一生存论环节决非意指摆在那里的物现成共处之类的事情。绝没有一个叫做'此在'的存在者同另一个叫做'世界'的存在者'比肩并列'那样一回事。"① 此在在世（"在—世界—中—存在"），是世界的敞开。世界永远是与人生此在相互构成的世间境域。这典型地体现了现象学的境域型思维对主客对立的爱智型思维的化解：从来就没有一个无世界的此在；也从来也没有一个无此在的世界。

海德格尔对此在的基本结构（"在—世界—中—存在"）的分析，包括对"在之中"这一生存论环节的详细说明。在这种分析中，我们看到，传统形而上学建立在"人与存在对立"基础上的智慧之爱变得无效了。这里要特别指出的是，"在之中"的分析是进入"'此在'如何'有'一个世界'在'"这一艰深问题的通道。"在之中"不单揭示了此在与世界的源始一体性，因而从根基上抽空了爱智范式的形而上学基础；此外它还揭示出此在在世的源始方式，即此在总是"依寓……存在"。海德格尔把这种关系用"操劳"来表示②。此在总是依寓世内存在者而在，并非人的认识使此在与世界的亲熟关系成为可能，相反认识只能以这种更源始的亲熟关系为前提，它自身就是这种亲熟关系的一个变种。海德格尔在谈到世界之为世界的时候对周围世界（以工具的上手性为例）的分析，揭示了此在与存在者这种源始的亲熟关系。

海氏的分析对于浸泡在爱智之知识论哲学语境中的西方人来说，可说是一个令人目瞪口呆或欢欣鼓舞的"思想方式的变革"。我将这一变革概括"境域型思路"对"爱智型思路"的革命。人与存在者的关系首先应当是"人依寓于世内存在者"的"存在关系"，而不是首先为一种人对存在者的"知识关系"；"存在关系"是可能境域的构成关系，是人生此在之"构境"（在世）的源始性关系，"成识"（知识关系）源于"构境"。传统爱智型哲学总是要从现成存在者那里发现世界，从一种非源始的知识关系去"认识"世界，从人或自然去解释世界，结果忽略了那源始的此在的"在之中"。

"在指向某某东西之际，在把捉之际，此在并非要从它早先被囚闭于其中的内在范围出去，相反倒是：按照它本来的存在方式，此在一向已经

---

① 海德格尔：《存在与时间》，陈嘉映、王太庆译本，第 68 页
② 操劳（Besorgen），亦译为"照料""牵念""烦忙"。

'在外'，一向滞留于属于已被揭示的世界的、前来照面的存在者。有所规定地滞留于有待认识的存在者，这并非离开内在范围，而是说，此在的这种依寓于对象的'在外存在'就是真正意义上的'在内'。"①

海德格尔从现象学境域型思维克服了主客二分陷入的困境：即主体如何能够从它的"内在"领域走出来，进入"外面"的客体？传统知识论哲学把人理解为主体或认识者必然陷入这一困境。但从此在"在世"来看这个传统认识论面临的困境，就进到一个更源始的"在之中"的层次，在此层次上"认识"被看成是此在依寓于世内存在者的一种"存在关系"，那么"内"与"外"的界线不复存在。由此在总已经同世内存在者处于纯一的亲熟关系出发，日常此在不仅"操劳照料"世内存在者而构成周围世界，而且也总是"操持照顾"着他人，与他人共在而构成共同世界。前者是要表明，没有无世界的孤立主体；后者是说，无他人的孤离的自我也不首先存在。海德格尔借此挑明：此在之在世，作为操劳与操持，是此在筹划世界的生存活动，此在的生存论意义由此被揭示为"操心"。

海德格尔的"在世"分析是《存在与时间》中最具思想穿透力的部分。在这种分析中，思想的新境界被不断地因势利导地启开出来。② 此在的在世本身是存在意义的源始境域，然而爱智范式的哲学形而上学对永恒在场之物的不倦探寻、对人的主体模型的预设，都没有进入此一境域。这就遗忘了那至关重要的东西：人之本真本己的展现。海德格尔从人的源始境域（此在的"在世界之中存在"）澄明存在意义的全部努力，处处显露出逼向传统形而上学的批判锋芒。事实上，此在之为"在世"之在并非总是"本真本己"地居于源始境域；海德格尔意识到旧形而上学与日常此在非本真的"在世"处于同一个层次，因此揭露、批判旧形而上学的"忘在"与剖析日常此在"非本真"地"沉沦"在世，是一体两面的工作。我们总是在有分别、有对待、有主客、有内外的理性算计中，忘记了我们的在世之无分别、无对待、无主客、无内外的源始性。海德格尔对人

---

① 海德格尔：《存在与时间》，图宾根1979年版，第62页；引自生活·读书·新知三联书店1999年修订本，第73页。

② 张祥龙：《海德格尔思想与中国天道》，生活·读书·新知三联书店1996年版，第95—96页。

生在世的分析，回荡着他对世俗文化世界的抗议，对现代工业和技术社会在一种控制论化的展现中对生活的一切独特形式的齐平、规整、均一（包括交际和公共交往的技术）的抗议。他把此在的本真本己的状态与常人、闲聊、好奇等此在的非本真状态作了对比。存在问题的严峻性最终促使他把死亡这个千古之谜当作哲学思考的核心问题，去质问此在在世的真正的"选择"。这是对爱智范式的西方思路所做的卓越的清理，它粉碎了西方爱智型思维的那种"错觉"式的究极追问，直指教育和文化的幻想世界，这扰乱了学院里秩序良好的宁静。① 然而，它并非出自学院外尼采式的或者克尔凯郭尔式的孤独而大胆的思想家，而是来自德国大学最负盛名的哲学家胡塞尔的弟子之口，这尤其令人深思。这可看作是一个时代之到来的征兆：在这个时代，形而上学作为存在的一种可能的到时方式（在此到时方式中存在被当作存在者来领会），其无根性将真相大白于天下。

三　听命于存在之邀请

我们从《存在与时间》对此在"在世"的展开方式的分析中，可以看到海德格尔对形而上学传统的消解实际上是以对此在之"在"的领悟的方式进行的。如果说"在世"就是人的存在，那么对"在世"的展开状态的现象学描述也就是对人的存在的展示，更准确地说，是让人的存在来展现自身。② 海德格尔对其展开方式的分析，是纯描述地揭示此在之自身展开，"它先于一切预言和世界观的颁布"，"它也不是智慧"，它只是分析。海德格尔1928年在"逻辑的形而上学的初始基础"的课上，不避简化之嫌，把其基本思想归纳为简短的指导思想：人生此在总是散落飘零在它的世界之中（躯体、自然、社会、文化）；从这种散落中收拢需要有一种自明性的冲击，即一种真正的感受性的瞬间，这就是"畏"——它将此在带向良心的呼声，即此在对自己的呼唤；此在总是在这伟大的瞬间

---

① 加达默尔：《加达默尔集》，上海远东出版社1997年版，第460页。
② 此在有三种展开其"在世"的方式：现身（Sichbefinden）、领会（Verfallen）和沉沦（Verfallen）。海德格尔由这三种展现方式的分析描述了"此在"的生存论意义。

和日常操心之间来回摆动，它构成了此在的整体。①

《存在与时间》先行设定的目标是"追问"存在的意义。这个目标在海德格尔试图由"此在"的通道让"存在"澄明起来的运思中，先行筹划了一种"普遍性"的期待：期待有一个"一般存在意义"的答案。然而，揭示此在的"存在"为时间性的"到时"，并没有回答一般存在的意义问题，它只是展开了一条通向一般存在意义的道路。回答"存在意义问题"还需要第二个通道：即从此在的存在意义"跳到"一般的存在意义的通道。按照海德格尔的计划，这是第三篇"时间与存在"要完成的一跃，然而这一计划永久地付诸阙如。有研究者把这一残缺看作是《存在与时间》走入了一条死胡同，即海德格尔由此在存在论基础上建立一般存在论的尝试遭到失败。海德格尔在匆匆收场的《存在与时间》的结尾也确实流露了某种困惑："如何对时间性的这一到时样式加以阐释？从源始时间到存在的意义有路可循吗？时间本身是否公开自己即为存在的视野？"② 在后来写的《论人道主义的书信》中，海德格尔对此答复说："当《存在与时间》问世时，第一部分的第三篇《时间与存在》没有发表，是因为其中的思想还没有能够用满意的方式表达这种转折，在形而上学的语言帮助下未能做到这一点。"③ 这表明，《存在与时间》试图俘获"一般存在意义"的"追问"仍然是在形而上学本质框架下进行的；然而，由之启明的存在的澄明则给予思想探险者以彻底清除形而上学的力量与信心。我们看到，虽然后期海德格尔不常使用《存在与时间》中的关键词"此在"，但此在所包蕴的"存在维度"则在一种非形而上学的言语中得到更好的揭示。

我赞同这样一个看法："从《存在与时间》起，一直到了海德格尔晚年，其思考的重点仍然是这个核心问题，即'Dasein'的出现为什么使'sein'的问题就'显现'出来。"④

不容否认，三十年代海德格尔思想确实经历了一次转折。海德格尔自己也说："转折并不是对《存在与时间》里的观点的修正，而仅仅试图达

---

① ［德］吕迪格尔·萨弗兰斯基：《海德格尔传》，商务印书馆1999年版，第241—242页。
② 海德格尔：《存在与时间》修订本，商务印书馆2000年版，第494页。
③ 转引自［法］阿兰·布托《海德格尔》，商务印书馆1996年版，第42页。
④ 叶秀山：《叶秀山文集·哲学卷》下，重庆出版社2000年版，第707页。

到某个领域，并从这一领域出发对《存在与时间》进行检验。"① 那么这里所说的"某个领域"指的是什么呢？我们看到，海德格尔后期的存在之思确实进入到了一个崭新的言说之域：在此言说中，人的本真居所得到了揭示——人是存在的看护者，语言是存在的家园，不是人说而是语言说，人是"天""地""神""人"四方游戏中的一方等等。因此，"此在"这一表述形式依然保留的形而上学印记（亦即对一个超越的"一般的存在意义"的期待）被克服了。

从追问"此在之在世"到应答"存在的呼唤"，实际上是在语言维度经历的转折，它标画出海德格尔运思态度发生的变化。有一首据说写于40年代的海氏的诗可以证明：

> 问皆带不了你至真理之野——
> 回归答中吧：
> 安息呀，习暗示归去来的自由之痛的能手，
> 欢欣于自由的谢忧中。
> 唯如此安息
> 我们才有所栖居
> 栖居于仁爱之宅。②

这一问一答的转变，实际上是海氏思想道路转折的最好说明：问总是以分别、对待为起点，它有可能回到主客二分的形而上学老路；存在意义的澄明不能由"问"带入（它充其量只能把我们带到中途），进入澄明之境须在"答"中，即"响应存在，契合于存在，居于存在之邻"。这种对存在的响应、契合与应答，是人诗意地居栖，是着眼于存在真理之自行发生的思，它听命于存在之真理的邀请，期待存在的召唤。③ 这一立场是对那种太过主观的人和太过人类中心化的人的拒斥，是对主体性形而上学的

---

① 转引自阿兰·布托《海德格尔》，商务印书馆1996年版，第48页。
② ［德］海德格尔：《哲学的本质》，译文为熊伟先生译，可参见《自由的真谛——熊伟文选》，中央编译出版社1997年版。孙周兴在《说不可说之神秘》一书中引证这首诗来说明海氏前后思想态度转折。我们这里采用了孙周兴的观点。
③ 孙周兴：《说不可说之神秘》，第65页。

克服。

　　因此，海德格尔在三十年代经历的所谓思想道路的转向，是由更源始的人诗意的居栖，"听命于存在的邀请"，思"存在之真理"，进入存在意义的澄明之境。这一转向首先在对"真理"之为"无蔽"（aletheia）的理解方面，肃清了"此在在世"的阐释框架，它带来了在一种非对象性关系中对"真理"之本质的揭示。海德格尔由确立的"存在之真理"的"思""途"，破除了爱智范式的哲学在一种主体形而上学视界上对"物"的对象化的理解。这一突破以"物物化"和"世界世界化"的吁求，使以往哲学孜孜以求的"智慧"变得陈腐不堪。

　　我们看到，在后期海德格尔的一系列演讲中，《真理的本质》（1930年）是其思想转向的起点，其中谈到的"物之真"和"人的让存在"这两个交互关联的方面构成了其后期思想的经纬；《艺术作品的本源》（1935年）以"艺术作品"之为"物"为例深化了"存在的真理"之思，是其思想转向的标志；《物》（1950年）对天、地、神、人四方游戏的诗思触及到其后期思想的核心，由之揭开了一个透视现代技术之本质的视界。我们从这三个文本的解读中看到，后期海德格尔实际上是从"物之纯真"和"人之诗意居栖"两个方面克服爱智范式的哲学形而上学的。

　　1. 真理的本质："欢欣于自由的谢忱中"

　　1930 年海德格尔以《真理的本质》为题所做的演讲，是其思想转向的开端。根据海德格尔多次对"真理"一词的希腊文原义的阐释，"真理"在希腊人那里是由"aletheia"一词表达的。它是希腊人领会"存在"的一个基本词语，海德格尔将它译做"无蔽"。虽然《存在与时间》中也将真理阐释为"无蔽"（disclosedness），但"无蔽"在那里被说成是此在的展开状态（存在、真理皆由此在的生存展开）。这里依然有未被克服的以人为中心的主体性形而上学阴影。在《真理的本质》中，海德格尔将人与"敞开领域"的关系颠倒过来：不是人（操劳、操持）制作了一个"敞开领域"，而是人与物都已经置身在一个"敞开领域"之中了。这一转换从形式上是从"在之中"向"让……在"的转折：即不是此在"存在"，而是"让存在者存在"。从这一角度来看真理，传统形而上学把真理问题定位于认识论，并把符合理解为真理的本质，就是大为可疑的了。真理通常被定义为陈述与事物的符合一致，那么这种符合是如何可能的呢？哲学从未予以深究。海德格尔认为，其可能性条件取决于一种更源始的真理，即存在的真理。因为"符合"是指"陈述者"在陈述这种存在活动中"对接"上了对象，并与对象相互协调地共在；符合的标准是作为对象之可能性前提的"物自身"——物必须作为其自身被敞开出来，它才能在陈述活动中作为对象出现。因此，"真理的本质"就是：在敞开状态中存在者的自行显示，它是物自身的无蔽状态，是一切陈述真理的前提条件。

这里，海德格尔并没有把真理解说为从属于人类的专断和任性，而实际上旨在杜绝人类在真理问题上的专断和任性。因为，当我们把符合理解为真理的本质时，其实是把符合理解为一种现成的状态，它使真理作为真理出现，从而把真理标识出来；然而这堵塞了进一步追问符合的通道，使得我们在真理问题上进入"专断"或任性。海德格尔试图表明，与其说符合是真理的本质，不如说符合是真理的一个基本特征，而使真理能够具有充分符合这种基本特征的，却是一种非现成的敞开活动，这种敞开活动的本质就是自由。

自由就是人向存在者开放，就是"让存在者存在"。这并不是说，人想自由就自由了，也不是人使存在者存在；"自由"本身是由无蔽的真理启开的，"让存在"即是其运作和发生，而人不过是参与到其中罢了。自由（让存在）就像黑暗中射出的一束光，它照亮了一片"林中空地"。存在者就在"空地"中作为自身显现出来，而它的周围是"遮天蔽日的黑森林"。如若没有周遭的森林就没有林中空地，也就没有东西从森林中凸现出来。自由之"光"同样以广大四合的黑暗为前提。"真理的本质揭示自身为自由。自由乃是绽出的解蔽着的让存在者存在。"但是，"解蔽"必然以在者整体的"蔽"为前提。而且，在解蔽存在者时，"让存在自身本也是一种遮蔽"[①]。

真理的本质显现为"自由"，而自由则是浑入存在者整体之无蔽，是任存在者自在；但任存在自在就是对在者开放。熊伟对此阐释道：对存在者开放就是说，自任入敞开者及其敞开境界中，每一在者都进入此敞开境

[①] ［德］海德格尔：《论真理的本质》，见孙周兴选编：《海德格尔文集》，第 226 页。

界中,宛如带着它与生俱来。人不是把自由作为一种属性来拥有,情况刚刚相反:自由拥有人,全靠自由供应全人类将构成一切历史的因素浑成在者整体。①

我们不难看到,海德格尔《论真理的本质》的演讲,对真理的理解由"蔽"—"无蔽"的隐喻性运思突入到了"让存在"的自由澄明之境,这是作为"天地境界"的"真际",它将我们带向更希腊地思"存在之真理"。海德格尔由这一运思转折,让此在的构成性规定性接受了自由的名字,于是"存在的澄明"出离此在个体性、主观性的"洞穴","欢欣于自由的谢忱中"。

如此道说的真理,非人的逻辑概念和命题陈述所能符合,他就隐匿在人诗意安居的本源性澄明之中。海德格尔在此迈出了更为宽阔的一步,他把《存在与时间》中的源始真理"护送"到一种更加源始的"真际",即存在本身的"真"。后期海德格尔的众多演讲都萦回在这一浑然天成、不可言说的"天地境界"。

2. 艺术之思:世界的敞开与大地的归隐

1935—1936 年,海德格尔作了几次关于艺术作品的演讲,传为"轰动一时的哲学事件"。演讲的内容在 1950 年作为《林中路》的第一篇论文(《艺术作品的本源》)公开出版之前,就已经开始有了深刻的影响。这里,海德格尔以"艺术作品"为例,将 1930 年形成的"存在的真理"之思作了具体的运用和发挥。它引起"轰动"的原因在于,海德格尔为他在前期讨论的主要概念"世界"找到了一个配对的新概念:"大地。"他通过大地之隐蔽和世界之敞开的冲撞,来思考艺术之真理。

显然,通过艺术品之为"物"在其"存在者"环节上的敞开,我们看到了:"在艺术品中,存在者之真理已经把自己确立于作品中"。海德格以梵高的画《农鞋》为例对之进行了阐释。这幅画"揭示了器具,一双农鞋真正是什么。这一存在者从它无蔽的存在中凸现出来。"② 从这幅画中我们体察到一个农民的世界:他的劳动、他的忧虑、他的辛劳。

---

① 熊伟:《自由的真谛——熊伟文选》,中央编译出版社 1997 年版,第 149—150 页。
② 海德格尔:《艺术作品的本源》,见《诗·语言·思》,文化艺术出版社 1991 年版,第 37 页。

"从农鞋磨损的内部那黑洞洞的敞口里,劳动者艰辛的步履显现出来……在这双农鞋里,回响着大地无声的召唤,成熟谷物宁静馈赠及其在冬野的休闲荒漠中的无法阐释的冬冥。这器具聚集着对面包稳固性无怨无艾的焦虑,以及那再次战胜了贫困的无言的喜悦,隐含着分娩时沉痛的哆嗦和死亡逼进的颤栗。这器具归属大地,并在农妇的世界得到保存。正是在这种保存的归属关系中,产生了器具自身居于自身中。"①

《农鞋》使器具的器具性得以敞开,在此作品中附着于作品的真理产生了。海德格尔进一步的分析表明这样几点:(1)确立世界和建立大地是作品之为作品的两个本质特征;(2)真理的本质本身即是一种源始的斗争,因为无蔽状态是最隐蔽的东西,没有大地的归隐也就不会有世界的敞开;真理的发生是世界和大地之间的冲突的抗争,它构成艺术现实性的根据;(3)保持作品与认识作品一样,是对出现在作品中的真理的清醒的入神和惊叹;(4)最后,全部艺术,作为存在者之真理的显现,本质上是诗。

海德格尔对艺术作品的本源的思考,揭示了在组成作品自身的存在出场与遮蔽之间的一种张力。正是这一张力的力量决定了艺术作品的形式内涵,并使之生发了优于其他物的灿烂光华。它的真理并非它的意义的简单显现,而是其意义的深不可测的深度。

艺术作品的本质便是世界与大地、无蔽与遮蔽之间的斗争。艺术作品代表了一个防止物的普遍迷失的例子,它是任物自在的一个范例。艺术作品的自在代表了物的自在本性,这在科学看来一无是处的本性,在诗人看来(如里尔克)则是物之"天真无瑕"的保存。顺着这一思路,海德格尔关于存在者(物)之真理的显现本质上是诗的结论必然导向语言之思。加达默尔评论说,"把一切艺术看作诗并揭示出艺术作品是语言,这一思想本身也仍走在通往语言的路上。"②

3. 物之纯真:天、地、神、人四方游戏

海德格尔的论文《物》(1950年)表现了这一思路的必然延伸。物

---

① 海德格尔:《艺术作品的本源》,见《诗·语言·思》,文化艺术出版社1991年版,第35页。

② 加达默尔:《海德格尔后期哲学》,见《加达默尔文集》,第472页。

总在现代技术座架的逼迫中迷失其物之本性,而且人们一直把它看成是被观察被研究的现存在手之物,海德格尔的艺术之思涉及物之诗性本源。"什么是物之物性呢?什么是物自身呢?"海德格尔以"壶"为例展开了对问题的探讨。"壶"作为容器而存在,它不仅仅是陶匠用土塑成的东西,而同时是作为"起容纳作用"的壶之"虚空"而在。它在给人们提供倒水过程中展开了自己的存在。"壶之虚空通过保持它所承受的东西而起容纳作用……但对倾注的承受,与对倾注的保持,是共属一体的。"① 承受与保持的统一是由倾倒来决定的,壶之为壶就取决于这种倾倒。"倾倒"使"容纳"是其所是。② 从壶中倾倒出来,就是馈赠:它给出水,给出酒供我们饮用。海德格尔顺着这一思路逐层展开,他以诗一样的语言说道:

> 在赠品之水中有泉。在泉中有岩石,在岩石中有大地的浑然蛰伏。这大地承受着天空的雨露。在泉水中,天空与大地联姻。在酒中也有这种联姻。酒由葡萄的果实酿成。果实由大地的滋养与天空的阳光所玉成。在水之赠品中,在酒之赠品中,总是栖留着天空与大地。但是,倾注之赠品乃壶之壶性。故在壶之本质中,总栖留着天空与大地。③

此外,倾注之赠品总是有死之人的饮料;但用它祭神,倾注就是奉献给不死诸神的祭酒。因此,"在倾注之赠品中,各各不同地逗留着终有一死的人和诸神。在倾注之赠品中逗留着大地和天空"④。海德格尔说,在倾注的赠品中,同时栖留着天空、大地、诸神和人类,这四者归属为一个整体。壶的本质是这四"大"的聚集,这也是"物"的本质。海德格尔考释说,在古德语中,"物"(thing)就是"聚集"之义。在此聚集中,壶之为物而成其本质。"但是,物如何成其本质呢?物物化(Das Ding dingt)。物化聚集。居有四重整体之际,物化聚集四重整体入于一个当下

---

① 海德格尔:《物》,见《海德格尔选集》下,上海三联书店1996年版,第1172页。
② 同上。
③ 同上书,第1172—1173页。
④ 同上书,第1173页。

第十二章 存在之追思

栖留的东西,即入于此一物彼一物。"① 海德格尔这里讲的"物物化"是指"物"是其所是地存在,因而是"物"之"真"。

面对此"物化"、此"聚集",我们确实不能以一种对象化的方式径直说"物"是"什么"。正如海德格尔在《真理的本质》中所表明的那样,物之"真"指明了"存在之真"。诸科学和现代技术对待物的方式是通过把"物"立为对象,从而"消灭了物"。"科学消灭物",是指科学确立了对待"物"的主宰性、占有性和对象性的思维方式(算计),"物"之"真"被消灭掉了,这实际上是海德格尔关于形而上学遗忘存在的另一种表述。它表明,现代科学或现代技术是形而上学的实现,在此实现中,物之物性被彻底遗忘了。海德格尔对"物物化"的卓越思考,导向他后期思想的两个重要的主题:其一,追问现代技术的本质,即在现代技术的展现中,思考"物的纯真"如何被剥夺;其二,寻求在一种诗意的"言说""诗意地栖居"中,切近并守护"物之纯真"。事实上,这两者都指向对西方主体形而上学的克服。

海德格尔对"物"的分析表明,在现代科学发展成为全面的技术统治的今天,我们确实以最快的速度使物的距离变近,以最强有力的手段使物得到控制,我们的行为也愈来愈以对物的依赖为基础,物在我们生活世界中无处不在;但实际上,我们从根本上愈来愈远离了"物",远离了那种与物的纯一的"切近"。事实上,在科学和技术中,我们从来未曾"切近物"。"切近"是对物之纯真的守护,是"任物自在"的自由敞开之境。"切近在作为物之物化的亲近中运作","物化之际,物居留统一的四方,即大地、天空、诸神与终有一死者,让它们居留于在它们的从自身而来的统一的四重整体的统一性中"②。天、地、神、人归于一体,物通过每次以不同的方式将天、地、人、神引入显现的清晰之中,展开它的存在。这四者的统一即"四重性",构成了世界的源始形状,世界就是这四者的"居有着的映射游戏"。"世界的映射游戏乃是居有之圆舞……它在居有之际照亮四方,并使四方进入它们的纯一性的光芒中。"③

---

① [德]海德格尔:《物》,见《海德格尔选集》下,上海三联书店1996年版,第1174页。
② 同上书,第1178页。
③ 同上书,第1181页。

"物"不能被归结为人的对象化。在"物"中有大地的"承受""滋养""蕴藏"和"庇护",有天空星辰的运行、季节更替、白云飘动、穹苍茫茫,有诸神隐匿的踪迹,有终有一死的人类之现身。当我们说到其中一方的时候,"我们就出于四方之纯一性而一起想到其他三者。"① 海德格尔将"天、地、神、人之纯一性的居有着的映射游戏"称为"世界",其中四方的每一方都以自己的方式映射着其余三方的现身本质,在这种映射中,"世界世界化了"②。海德格尔用"物物化""世界世界化""居有的圆舞"等令人费解的语言,表达了存在本身的运作和展开。这同时也指明了,在对"物之纯真"的守护中,人诗意栖居的实质:天、地、人、神四方居有着的映射游戏,破除了以人为中心建构起来的主体形而上学,同时也表明只有在一种前科学、前逻辑的语言中才能领会此"居有"之真理;西方形而上学和科学的语言是"说"不出此"居有"的,"道说"这样的世界和物要求一种诗意的言说。

在后期海德格尔的诗意运思中,对诗人吟咏的回应,与对技术本质的追问,是阐释"物物化""世界世界化"的两个重要方面。前者是从"语言"的方面克服形而上学的尝试,它从存在自身的运作与展开,要求一种能够领会人契合于存在、邻近存在、回应存在之呼唤的"诗思";后者是从"现实"的方面克服形而上学的尝试,它要求清算形而上学的现实运作(在现代科学技术中的展现)。在这两个方面,海德格尔遵循的途径都是从"存在本身"思"存在的真理"。

事实上,在《真理的本质》(1930年)中,海德格尔思想"转向"在将"存在的真理"表述为"自由"时,就已经揭示了两个方面:一方面,它是敞开状态中存在者的自行显示,是物自身的无蔽状态;另一方面,它又是人向存在者开放,是"让存在者存在",是"任物自在"。后期海德格尔的存在之思,一开始就确立了"物"和"人"两根线索。《艺术作品的起源》和《物》比较典型地从"物的纯真"或"物之物化"来揭示"世界世界化",并由此通向对"物之迷失"的批判(物在现代技术

---

① 海德格尔:《物》,见《海德格尔选集》下,上海三联书店1996年版,第1178—1179页。

② 同上书,第1183页。

座架的逼迫中迷失其物的本性)和"物之纯真"的看护(诗意的言说),进入存在的诗思。这是从"物"的方面思存在的真理,思"物本身的无蔽"和"人对存在者的开放(让存在)",思"存在的真理"的自行发生。海德格尔的分析表明,"物"本身揭示出人在"居有之游戏"中的现身,他作为天、地、神、人四方之一,在相互映射的"居有之圆舞"中"聚集"于物。"物"和"世界",虽然不是以人为中心、不是由"此在在世"而得以敞开,但"唯有作为终有一死的人才栖居着通达作为世界的世界"。① 海德格尔在《筑·居·思》(1951年)中进一步指出:"栖居的基本特征乃是保护。终有一死者把四重整体保护在其本质之中,由此而栖居。"② 终有一死者栖居着,因为他们"拯救大地""接受天空之为天空""期待着作为诸神的诸神""护送终有一死者"。然而,栖居的真正困境在于无家可归的人还没有把栖居的困境当作困境来思考。

海德格尔认为,造成这一困境的原因在于形而上学对诗的排拒。由于西方语言对逻辑化、形式化、概念化的追求,语言往往被当成是思想的工具,人诗意栖居的可能性被哲学爱智完全遮蔽了。西方思想从柏拉图放逐诗人开始,"无家可归的人"就不再把栖居的困境当作困境,这在现代科学时代日益增长起来的人的主体性那里表现更甚。从"物"的聚集和"物之纯真"的保护转到人的栖居,与海德格尔由"人"的方面展开的"诗""语言"和"思"的主题相渗相和,构成了海德格尔后期演讲的一个异常鲜明的"复调"结构。

在《艺术作品的起源》中,海德格尔就表明,"一切艺术本质上都是诗"。紧接着,海德格尔完成了《荷尔德林和诗的本质》(1937年)。荷尔德林是海德格尔最喜爱的诗人。在海德格尔看来,荷尔德林不仅规定了诗人的天职和诗的本质,而且荷尔德林的诗"思"了存在的真理。海德格尔以对荷尔德林的五个中心诗句的运思回应诗人的诗思:诗之本质为纯真的游戏;"唯有语言处"才有世界、历史、人;而诸神之呼唤将我们带向语言;诗人之天职是创建这易逝的存在,保持神圣;"充满劳绩,然而

---

① [德]海德格尔:《物》,见《海德格尔选集》下,上海三联书店1996年版,第1183页。

② [德]海德格尔:《筑·居·思》,见《海德格尔选集》下,上海三联书店1996年版,第1193页。

人诗意地,栖居在大地上"。在对荷尔德林诗句的"回应"中,海德格尔试图表明:人虽劳碌,但人之栖居的本质不在于劳碌,人的栖居由诗的"存在之词语性创建"而获得奠基,所以人的栖居在根基上就是"诗意的";因此,作诗乃是人生存的本真特性,"作诗"让栖居成为栖居。① 在对荷尔德林的诗歌《还乡/致亲人》《如当节日的时候……》《怀念》的回应中,以及在《通向语言的中途》中对诗人特拉克尔和格奥尔格的回应中,海德格尔一再地将人诗意栖居的本质引向语言之维,从而指明"语言是存在的家园"。② 这使得语言之思,尤其是语言之"言说"的思想,成为后期海德格尔寻求克服形而上学的一个非常重要的主题。也是从这里,海德格尔从东方"古之又古"的道家那里发现了一种更本源的"思"与"说"。

四 现代技术之本质的追问

海德格尔在 30 年代完成的思想转向,使他从思想源流上更切近苏格拉底之前古希腊人的"存在"体验,并与古代东方语言和老庄思想遥相契合。这种向古代希腊思想与东方思想的溯源,绝不能仅仅归结为一种"思古之幽情"的抒发。如果我们深入到海氏思想转向后两大主题("物之纯真"和"人之诗意栖居")就会看到,这种向古代希腊语言及思想和东方语言及思想的掘进,其实是一个对西方世界长期以来占据统治地位的"主客对立""人与存在对立"的理性计算思维造成的"智慧"和"真理"的"变质"有着切身感受的思想家思"存在之真理"的"思途"。

> 老之又老者
> 于吾人之运思中追随吾人
> 而得以遭遇吾人。③

---

① 以上概述参见孙周兴《说不可说之神秘》,上海三联书店 1994 年版,第 191—192 页。

② 这一命题最早出现在《关于人道主义的信》中,我国海德格尔哲学的研究者多有论述,限于篇幅此处不赘。

③ [德]海德格尔:《从思的经验而来》,见《海德格尔选集》下卷,上海三联书店 1996 年版,第 1160 页。

第十二章 存在之追思

与"老之又老者"的遭遇,之所以特别拨动哲学家的心弦,是因为那里有未被理性化、技术化、控制论化所玷污的"言说"与"诗思"。海德格尔在阐释阿那克西曼德的残篇时说,人类正在贪婪地征服整个地球及其大气层,以强力方式僭取自然的隐蔽的支配作用,并使历史进程屈服于统治地球的计划和安排,"这样的蠢蠢欲动的人无能于径直去道说:什么是;无能于去道说:这是什么——某物存在"[①]。这就是说,在现代技术"展开为全体存在者之真理的命运"的时代,在事物自身的构造完全是从技术中产生出来的时代,大地不再是大地,动物不再是动物,它们成了可操纵的、无反抗的"资源"。因此,"物之纯真"的丧失和"人之诗意栖居"的贫乏,皆由于"存在着的东西"被现代技术的本质的统治打上了烙印。因此,与"老之又老者"的遭遇,实际上有着对更紧迫、更现实的"危险"的清醒认识,即认识到"技术的现实构造"剥夺了"物之纯真"和"人之诗意栖居"。正是着眼于对现代技术之本质与现代形而上学之本质的同一性的深刻洞察,海德格尔对形而上学的消解、经受和克服才通过对技术本质的追问表现出来。在现代技术中,人的主宰和中心地位、人对事物的统治和支配力量已达到登峰造极的地步,这恰恰是现代形而上学弘扬的主体性和人类中心论的"实现"或"完成"。在现代形而上学和现代技术中,人被主体化、中心化了。然而,把人类设定为主体和中心,必然导致人类在追逐存在者价值的过程中对存在本身价值的遗忘。事实上,在现代技术的展现中,人只关心存在者的真理并将存在者真理当作惟一的真理来追求,这使得人不可能守护存在的真理。这恰恰是造成20世纪人类众多灾难的原因。我们看到,海德格尔以"人并不是存在者的主宰""人只是存在的看护者"的眼光,对技术本质的追问绝不是无关紧要的内容,它构成了后期海德格尔思想的核心。

可以说,后期海德格尔关于"存在的真理"之思最典型地体现在他的技术之思之中。在《作为艺术作品的本源》(1935年)中,海德格尔首次谈到科学和技术把自然对象化导致对大地的严重破坏。此后,他对现代技术的批评就一直成为他的众多演说中或隐或显的"视景"。有学者甚至认为,"海德格尔的全部后期思想分为两极,一极是他对西方现代技术

---

① [德]海德格尔:《林中路》,上海译文出版社1997年版,第383页。

的批评，另一极是他用以'克服'西方现代技术的天书般的艺术、神话和语言诸方面的理论。"①

1. 现代技术与形而上学

按照海德格尔的观点，为存在者提供根据的形而上学，自笛卡尔、莱布尼茨以来总是把人思考为进行表象活动的自我或主体。这样来理解人，既是"根据律"对"人"的更强烈有力的统治，也是人更明确更自觉地对根据律的维护。这样产生了主体与世界之间这样一种关联："它把世界投递（zustell）到恰当的表象联结中，也即投递进判断活动中，从而把世界作为对象来对立（entgegenstellen）。仅当联结主词与谓词的根据能够被投递给进行表象活动的自我，能够被溯回到这个自我，判断和陈述才是真的……只是由于表象联结的根据能够被溯回到自我并且传递给这个自我，被表象的东西才作为对象出现，也即才作为表象主体的客体而被构造（erstellen）出来。"② 海德格尔这里讲的"主体与世界"的这种关联抓住了现代科学和技术活动的根本。在现代科学和技术活动中，人被理解为表象主体，世界被当作可投递的对象世界，而根据律的这一强有力的统治形成了科学赖以进行的基础。正是根据律被公开出来，从而展示出对人的一场前所未有的专横统治，科学和技术才进入一个新的时代。这个时代由于根据律的强力的统治，科学的运动和技术的发展被当作人类共同的伟大事业，科学技术陷入不倦的运动和无限的发展之中。

从根据律作为存在者的原则（而非存在原则）建立起来的强有力的统治中，海德格尔看到了现代技术（科学在现代也愈来愈发展为一种全面的技术统治）与形而上学的同质性。

海德格尔认为，在莱布尼茨明确公开根据律之后，为存在者提供根据的支配欲展开了一种以前未曾料想到的统治，这一统治完完全全铸就了西方历史时代的最内在同时又最隐蔽的特征，根据律越普遍越理所当然、因此越悄无声响地规定人的所有表象活动和行动，它就越有力地统治人类历史。科学永不疲倦的追问，技术的无限发展，只是根据律对人类强有力的统治在现象表层上的体现。

---

① 宋祖良：《拯救地球与人类未来》，中国社会科学出版社 1993 年版，第 48 页。
② 引自黄裕生《时间与永恒——论海德格尔哲学中的时间问题》，第 164 页。

我们不难看到，现时代科技的不倦运动的本质就在于根据律的统治。其背后起作用的就是为存在者找根据的形而上学。这是海德格尔技术之追问的出发点，对技术的追问实际上是对形而上学的现实展现的追问。

2. 现代技术作为世界构造

海德格尔在1949年在不莱梅举行题为"察看存在着的东西"的系列报告，是他的技术之思的一次小高潮。这些报告的名称分别是《物》《座架》《危险》《转向》。其中的第二篇演讲报告后来经过修改，并以《技术的追问》为题收入《林中路》和《演讲与论文集》。在这篇论文中，海德格尔比较集中地谈到了技术问题。由于海德格尔从"根据律"对人类强有力的统治出发追问技术的本质，这就使他消解或摧毁了那种把"技术"当作"目的的手段"的流俗的工具论观点，而从"世界构造"的视域来看待技术。

通常人们总是在手段和工具的意义上理解技术，并致力于使人与技术有恰当的关系，在合适的方式上运用技术手段，掌握技术，控制技术。海德格尔认为，这种工具性的技术规定虽然正确，但并没有达到真正的东西，没有达到技术的本质。海德格尔的分析表明，现代技术不是单纯的手段，而是本身参与到自然、现实和世界的构造中。因为，凡是使用一种新技术的地方，也总是构造出人与世界的新的关系。在现时代以前的历史中，技术参与现实构造是与展现的其他方式（宗教等）相联系的，而在新时代中技术成为普遍的、对人与自然和世界的关系加以规定的力量。冈特·绍伊博尔德在《海德格尔分析新时代的技术》中论述了海德格尔对现代技术的纯构造性的揭示，其中引证了海氏的两段话。

> 直到在现代，技术的本质才开始展现为全体存在者的真理的命运，而在此之前，技术的分散的现象和企图始终还交织在文化和文明的广泛领域中。[①]

> 我们在多种多样的形态中都时时处处地看到那种在今天决定着世界现实的东西。这就是现代技术，它现在已经以同样的形式统治着整

---

① [德]海德格尔：《林中路》。引自冈特·绍伊博尔德：《海德格尔分析新时代的技术》，中国社会科学出版社1993年版，第28页。

个地球,甚至统治着地球以外的太空领域。①

显而易见,在现时代,"技术的本质开始展开为全体存在者的真理的命运",我们对技术的追问如果还仅仅停留在手段与目的的关系层面上,就会遮蔽那对人而言生死攸关的东西。因为,技术的本质完全不是什么技术因素,"因此,只要我们仅仅去表象和追逐技术因素,借此找出或者回避这种技术因素,那么,我们就绝不能经验到我们的与技术之本质的关系。"② 我们通常把"工具"或"手段"理解为技术的技术因素,并由此规定技术之本质。这种观点恰恰是技术的追问要予以破除的。海德格尔提醒我们,在古希腊人那里,"技术"和"知识"都被明确地当作"去蔽"或"解蔽"。"倘我们逐步地追问被看作手段的技术根本上是什么,我们就达到了解蔽那里。一切生产制作过程的可能性都基于解蔽之中。"③ 这样看来,技术就不仅是手段,技术乃是一种解蔽方式。"倘我们注意到这一点,那么就会有一个完全不同的适合于技术之本质的领域向我们开启出来。此乃解蔽之领域,亦即真理之领域。"④

因此,技术的本质立足于它的"解蔽方式"、它的"展现",亦即立足于它的"世界构造"。由此,人才能摆脱单纯工具性的技术观念,转向现代技术的真正决定性的事件,即技术的世界构造。⑤ 这是"面向事情本身"的要求。海德格尔对此说道:"在我们的时代,不仅仅人,而且所有存在者,自然和历史,鉴于它们的存在,都处在某种要求之下。让我们去注意这个要求吧。"⑥

---

① [德]海德格尔:《马丁·海德格尔。他的家乡城市梅斯基尔稀庆贺他80岁生日》,引自冈特·绍伊博尔德:《海德格尔分析新时代的技术》,中国社会科学出版社1993年版,第32页。
② [德]海德格尔:《技术的追问》。引自《海德格尔选集》下卷,上海三联书店1996年版,第924页。
③ 同上书,第930—931页。
④ 同上书,第931页。
⑤ [德]冈特·绍伊博尔德:《海德格尔分析新时代的技术》,中国社会科学出版社1993年版,第34页。
⑥ [德]海德格尔:《同一性与差异》。引自冈特·绍伊博尔德:《海德格尔分析新时代的技术》,中国社会科学出版社1993年版,第34页。

3. 现代技术的本质

海德格尔对技术本质的追问，深入到了"解蔽"的"真理的领域"。根据冈特·绍伊博尔德的研究，海德格尔所说的现代技术的展现是通过"物质化""齐一化""功能化""主客两极化""谋算""贯彻和统治""生产和加工""耗尽和替代"等环节实现出来的。海德格尔在《技术的追问》中说："在现代技术中起支配作用的解蔽乃是一种促逼（Herausfoudern），此种促逼向自然提出蛮横要求，要求自然提供本身能够被开采和贮藏的能量。"① "促逼"一词即强行索取之意，它典型地表达了现代技术对事物存在的严重侵害，迫使事物进入非自然状态。"贯彻并统治着现代技术的解蔽具有促逼意义上的摆置之特征。"② 因此，在促逼中处处可以看到事物"被订造"、被"限定"（Stellen），即人们只从某一技术需要去对待事物，控制和保障甚至成为促逼着的解蔽的主要特征。在技术世界中，遭受促逼的事物呈现出来的面貌，是被限定了的东西，它服从技术的需要，随时供技术生产驱使、支配、利用和消耗。在这种促逼的限定中，大自然成了现代工业生产的各种"储备物"，甚至人也成了"储备物"（人力资源）。正是在"促逼"的"限定"中，现代技术的本质显露出来了，海德格尔称之为"座架"（Ge-stell）。

在《技术的追问》中，海德格尔首次正式引入"座架"这个概念。他说："……现代技术作为订造着的解蔽决不是纯粹的人的行为。因此，我们也必须如其所显示的那样来看待那种促逼，它摆置着人，逼使人把现实当作持存物来订造。那种促逼把人聚集于订造中。此种聚集使人专注于把现实订造为持存物。"③ 就像山脉是群山的聚集、性情是情绪方式的聚集一样，海德格尔说："现在，我们以'座架'（Ge-stell）一词来命名那种促逼着的要求，这种要求把人聚集起来，使之去订造作为持存物的自行解蔽的东西。"④

"座架"一词在习惯上总是使我们想到某种物性的东西。但是，这里

---

① ［德］海德格尔：《技术的追问》。引自《海德格尔选集》下卷，上海三联书店1996年版，第932—933页。
② 同上书，第934页。
③ 同上书，第937页。
④ 同上书，第937页。

海德格尔显然是在一种非习惯意义上引入这一概念的。他称它是一种"解蔽方式"。人通过技术活动参与作为一种解蔽方式（技术）的订造，但人在这种活动中却前所未有地受到了技术座架的促逼。"座架"作为聚集起来的促逼把人汇集到技术的展现中。这就是说，现代技术的促逼和限度不是单纯人的行为，而是先于人并对人和一切存在进行限度和促逼的现实展现。海德格尔引入"座架"一词所要探讨的乃是技术本身的无蔽状态。"座架不是什么技术因素，不是什么机械类的东西。它乃是现实事物作为持存物而自行解蔽的方式。"① 作为现代技术的本质的"座架"强调的是那种独立于人的、自身展现的东西，即它的强制性和事先规范性。这种座架已使得现代技术成为现今统治大地、天空和世界人生的主宰力量，它作为一种去蔽方式，排斥其他一切去蔽方式，并汇集了限度、促逼等去蔽方式。现代技术不只是手段，不只是人的行动，可以由人加以控制，反倒是人陷入了技术的座架，由技术控制了人，人不能自拔，只会在技术时代的要求下千篇一律地从事技术生产。②

在现代技术的座架中，不单存在受到这种汇集起来的促逼与限定，人也受到此种促逼与限定。在限定和促逼的统治下，人们强行向大自然进行索取，人把自己看成主体、中心、主宰，把天地万物看成可利用的对象。这样一来，事物本身的存在遁失了，人也不再遇到自己本身，人变成了存在者的主宰而不再是存在真理的守护者。

海德格尔对技术本质的追问涉及了那被实现出来的形而上学。技术被看作是"完成的形而上学"，因为形而上学就是人类中心论，而在现代技术中人的主宰和中心地位、人对事物的统治和支配已达到登峰造极的地步。所以，现代技术使形而上学得到了完成，这是形而上学的最高阶段。因此，当海德格尔谈到技术的本质居于"座架"中的时候，其实谈到了西方"爱智范式"的哲学形而上学的终结。那些把技术看作手段的人们，只在技术时代中看到光明和进步，而没有思及这光明和进步背后可疑的、成问题的乃至危险的东西。海德格尔的技术之思在技术的本质之为座架的

---

① ［德］海德格尔：《技术的追问》。引自《海德格尔选集》下卷，上海三联书店1996年版，第941页。

② 宋祖良：《拯救地球和人类未来——海德格尔的后期思想》，中国社会科学出版社1993年版，第59—60页。

意义上，前所未有地揭示了现代技术对存在和人的促逼，这正是现时代的贫乏或危险之所在。

4. 危险与拯救

现代技术的座架化本质是一个建立在解蔽基础上的自控、自构和自身复制的系统，它将一切都齐一化、现成化了。因此，座架对人的促逼以及对存在的促逼，使事物的存在遁失了，使人的本质丧失了。海德格尔看到，座架的支配作用构成了西方乃至全人类的历史命运。解蔽本身蕴含着危险，这是解蔽的命运。"但如果命运以座架方式运作，那么命运就是最高的危险了。"① 这最高的危险，在技术时代表现为两个方面：一方面，人被座架所促逼而不自知，反而神气活现地自认为是地球的主人；另一方面，促逼着的座架成为唯一的尺度，它伪装着真理的闪现和运作。所以，在座架占统治地位处，就有最高意义上的危险。在此令人绝望的危险中，海德格尔引用了荷尔德林的诗句：

但哪里有危险，
哪里也有救

显然，技术化的世界的最大危险并非来自技术本身，而是来自技术的座架本质。然而，如果人们看到了技术的危险，那么一种新的转折就是可能的：存在从它的极度的歪曲中转向反映"天、地、神、人"。这即是从存在者的主宰转向存在的守护。所以，技术座架作为危险已经在本身潜伏着拯救者，即在真理中的存在。"无人能够知道，在最极端的危险中间，是否艺术被允诺了其本质的这种最高可能性。但我们却能惊讶。惊讶于何？惊讶于另一种可能性，即：技术之疯狂到处确立自身，直到有一天，通过一切技术因素，技术之本质在真理之居有事物（Ereignis）中现身。"② 海德格尔这里显然主张，克服技术时代的危险，不能靠主体的行为，不能靠对技术的控制，而是靠事物和世界的真理的本源的表现。这需

---

① ［德］海德格尔：《技术的追问》。引自《海德格尔选集》下卷，上海三联书店1996年版，第945页。

② 同上书，第953页。

要唤醒一种沉思的力量。唤醒"思",即是唤醒人之为人的最本质的生存方式。

海德格尔对技术的追问,实际是在与西方整个形而上学传统论战,是从根本上对这个由爱智范式确立起来的哲学传统的颠覆。他把"思"看为技术时代危险的拯救天使,表面上看来似乎不及要害,实际上是从根源处立论。"思"要求人转变那种以"理性算计"的方式看待自然、世界和人,要求破除主体性的梦想,破除人类中心论的僭妄,从人与存在内在相属以及人与物的纯一的亲熟关系出发把人"思"为"存在的守护者"。这样的"思"是对形而上学的克服,同时也是对现代技术的"克服"。

海德格尔对世界未来的担忧以一种卓越的深刻性,揭示了现代技术与现代形而上学的同质性,由此道明了西方爱智范式的哲学和文化步入困境的根由。只有从这里出发,我们才能理解海德格尔"克服形而上学"这一主题的真正内涵。

五　克服形而上学

"存在之思",是海德格尔终其一生致力的"思"途。"澄明存在",思"存在的真理",直接针对以往哲学在存在问题上陷入的"迷途"。因此,海德格尔的"存在之思"的根本意图就是"克服形而上学",而且唯有通过"克服"才能明了我们时代那召唤"思"、期待"思"的危机之所在。

《存在与时间》是通过此在存在论回归形而上学的基础,也就是通过对此在在世的分析"照亮"被传统形而上学遗忘的存在意义。这实际上是通过挖掘传统形而上学的地基(存在存在者的区别的遗忘)而走在克服形而上学的半道上了。所谓"半道",是说它还保留了传统形而上学的语言和框架,还有主体形而上学的印记。30年代后出现的思想转折,则寻求对哲学形而上学的更为根本的克服,试图彻底摆脱主客二分的、人类中心主义的形而上学语言观、真理观和存在观。后期海德格尔对希腊早期思想的探源,对语言、诗、思的阐释,对技术本质的追问,对尼采、荷尔德林、里尔克、特拉克尔、格奥尔格的诗思,其要旨都在消解西方爱智范式的哲学传统。因此,克服形而上学也就是终结哲学。

第十二章 存在之追思

海德格尔对哲学的追问，在判定西方爱智范式的哲学（即形而上学）之终结这一历史处境时，摊开了一个亘古未思的问题境域：终结即是"完成"，"哲学"的终结是指"爱智范式"的西方哲学发展为独立的诸科学，这乃是哲学的合法的完成，哲学的完成也就是哲学之消解于被技术化了的诸科学，那么哲学终结之际为思留下了何种任务？这个问题在哲学（爱智范式）的开端处就被隐匿着了。

"我们忘了，早在希腊哲学时代，哲学的一个决定性特征就已经显露出来了：这就是科学在由哲学开启出来的视界内的发展。科学之发展同时即科学从哲学那里分离出来和科学的独立性的建立。这一进程属于哲学之完成。"①

近代形而上学直接就是自然科学的发源地，哲学在那里转变为人的经验科学，于是整个世界被"控制论化"了。哲学的终结显示为一种科学技术世界的控制装备的胜利，显示为与这个世界相适应的社会秩序的胜利。

海德格尔对哲学的追问，涉及爱智哲学从开端到终结的历史性展现。他面对的问题是：在哲学转入、变化为诸科学，完成自身的同时，难道它的一切可能性都消失殆尽了吗？或者哲学本身还有一种可能性没有展开，而且是一种隐蔽着的，作为哲学基础的最初的可能性？

这正是海德格尔毕生追问的主题。如果我们深入到该问题的核心，就会发现：海德格尔的追问既立足于西方传统同时又超出了这个传统的界限，问之所问将我们带向存在意义的澄明之境，而不再指向那将人与存在分裂开来的"永恒在场者"。这即是说，海德格尔试图回复到古希腊始源意义上"爱智慧"之真义上去，"思"及那未被概念化、逻辑化、形式化的诗意"惊异"，那是人与存在合一的原始惊异，是人与智慧协调一致的存在体验。"思的事情"要穿过哲学史的层层迷障，去关注从来爱智（哲学）未曾思及之物。例如黑格尔的思辨辩证法，是"一种哲学之事情如何从自身而来自为地达乎显现并因此成为现身当前（Gegenwart）的方式。"② 显现必以"光亮"前提，显现者在此光亮中显示自身；光亮又以

---

① ［德］海德格尔：《哲学的终结和思的任务》，见《面向思的事情》，第70页。
② 同上书，第78页。

敞开之境（自由之境）为前提，敞开者使"光亮"启明。敞开之境"为思辨之思通向他所思东西的通道"。这里和其他论述中一样，海德格尔把敞开状态看作"澄明"（德语为"Lichtung"），这个词是对法文 Clariere 的德文直译，其古高地语的本意是"林中空地"。如同使稠密的森林某处没有树木，澄明乃是使某物自由、使某物敞开的自由之境和敞开之境。海德格尔特别强调"澄明"与"光"的区别与联系，他说："光可以涌入澄明之中并且在澄明中让光亮与黑暗游戏运作。但决不是光创造了澄明。光倒是以澄明为前提的……澄明乃一切在场者和不在场者的敞开之境。"①

海德格尔看到，哲学的探讨总是已经参与了澄明的敞开境界，然而"哲学却对澄明一无所知"。海德格尔把这种情况称作形而上学对存在的遗忘。哲学爱智关注到了理性之光，但未能深入到存在之澄明。我们知道，"在场"是希腊人自苏格拉底以来思考"存在者之为存在者"的基本术语，它实际上已经依赖于"澄明"之境。柏拉图由理念来理解存在者，并把最高的理念理解为"终极光源"。

> 但倘没有澄明，就没有光亮。就连黑暗也少不了这种澄明。……然而在哲学中，这种在存在或在场状态中起着支配作用的澄明本身依然是未曾思的，尽管哲学在开端之际也谈论过澄明。②

海德格尔对哲学的追问，由追问"存在"与追问"真理"的双重线索不断地楔入西方爱智范式的哲学形而上学之根基处，从而凸显出传统爱智范式的哲学未思未究的更始源性的"思"之"任务"，即存在的真理。这种追问尽管经历了由前期到后期的重大转折（转向），但其基本方向则总是遵循着一种"回返步伐"：海德格尔的思想通过向后回溯到希腊思想的源头，并推进与古代东方本源性思想的对话，试图作一个决定性的突变；同时，他又向前开辟出一片新的领域，在这一领域中，就像他评论自己时所说的那样：走在思想的林中路上。

在对此在在世进行分析的《存在与时间》中，海德格尔的思想已经

---

① ［德］海德格尔：《哲学的终结和思的任务》，见《面向思的事情》，第79页。
② 同上书，第82页。

接近中国古代道家对人对事的立场了。在后期海德格尔与中国道家思想的相遇，更是一个对西方哲学传统进行全面颠覆的哲学家对一种非西方思想的某种邻近。产生吸引力的因素可能源自一种诠释学经验，但最根本的应当是海德格尔所说的"让光明和黑暗游戏动作"的那种诗意栖居。

海德格尔追问哲学的全部努力都集中在这里：澄明从何而来？"爱智范式"的"哲学之终结"启明的这一问题，直指人生命意义的澄明。不论追问存在，还是追问真理，只有置于这一问题的探寻之中才是可能的。这种哲学探问方式的变化标志着"哲学的新方向"：以海德格尔为典型代表的哲学家，已不满足于柏拉图主义那种追根问底的探究方式，不满足于追求旧形而上学的本体世界，追求抽象的、永恒的本质，而是要回到具体的、变动不居的现实世界；但是，这种哲学并不主张停留于当前在场的存在者那里，也就是说：

> 它也要求超越当前，追问其根源，只不过它不像旧的传统哲学那样主张超越到抽象的永恒的世界之中去，而是从当前在场的东西超越到其背后的未出场的东西，这未出场的东西也和当前在场的东西一样是现实的事物，而不是什么抽象的永恒的本质或概念，所以这种超越也可以说是从在场的现实事物超越到不在场的（或者说未出场的）现实事物。①

这种哲学之思是一种取消"深度"追问的超越之思。自柏拉图以来的欧洲哲学传统中的哲学爱智并不懂得这种类型的"超越"，它所追求的智慧是一种"从现实具体事物深入到抽象永恒本质的"智慧，西方科学思想方法和宗教思想方法都源自这种"深度"追问。海德格尔所说的从显现的东西到隐蔽的东西的追问代表了对这种旧形而上学致思取向的改变。当代西方思想对于印度吠陀哲理宗教、中国道家思想和中国禅宗思想的邻近可以在存在主义、精神分析学派、解释学哲学以及各种后现代主义哲学和文化理论中找到有力的见证；而对于早期希腊思想的探源更是成了当代西方哲学家消解旧形而上学的一个法宝。斯宾格勒在20世纪初出版

---

① 张世英：《进入澄明之境——哲学的新方向》，商务印书馆1999年版，第8页。

的《西方的没落》(1918年)从文化形态学比较中确认了西方的没落,这是对现代文明作出的一种诊断:它的意义是对西欧中心主义的价值观的颠覆。斯宾格勒说:这种爱智型文化"给我们指出的概念和眼界,自以为是普遍有效的,实则其最远的视界也没有越出西方人的智能气氛之外,然则这样的概念和眼界对于我们又有什么意义呢?"①

我们知道,一个生活在20世纪特定历史阶段的现代人不可能真正回到古代的印度、古代的希腊和古代的中国。现代生活和现代梦想总是与无尽的欲望、无穷的占有和征服、永不停止的求知欲、无休止的进步和增长结合在一起的。现代人的全部感受就如同歌德笔下的浮士德。所有的经验都引诱浮士德。他毫不退缩,准备做任何一个人可能经历的事情。他永不知足。在这个有暴风雨性格的人的感召下,大地之神站起来把汹涌起伏、沸腾不止的人生巨釜端到他的面前。然而,正当他准备跳进去把一切都掠为己有时,却面临着两个令人惊愕的认识:他的想象可能给他一个宇宙天地;然而,他的生活永远不能穷尽一切。② 这是一个由意志和欲望驱动而奋斗不息的人,然而在他的人生追求中他又总是渴望和寻找一个"光明的瞬间":在这个瞬间,他可以最终承认得到了满足,哪怕毁灭灵魂落入地狱也在所不惜。浮士德如何才能得救?这是歌德一生思考的难题。《浮士德》的结尾,好像有了一个答案,一个由"光明圣母"指引出路的答案:光明圣母对浮士德说,"来吧!请你向更高的境地奋飞"。对于由欲望和意志构成的晦暗的人生来说,不愿放弃自己的意志,不愿中止他不懈的斗争,就不可能获得人生得救的"光明"。诗人歌德在他的写作中,以一种特有的直觉和灵感看到了以往被当作人生意义之答案的东西现在失去了作用。浮士德式的人是现代资产者类型之人的典型代表,丹尼尔·贝尔说,这是一种象征"追求人的自我扩张"类型的人,"在这个人物身上一整个时代辨认出自己的思想和灵魂,自己不幸的分裂意识(如果不是自己的命运的话)"③。有研究者将歌德的浮士德同黑格尔所谓的那种"自我无限扩张"的"绝对精神"进行对比,"绝对精神"在一系列的自我否定

---

① 斯宾格勒:《西方的没落》,商务印书馆1963年版,第3页。
② 丹尼尔·贝尔:《资本主义文化矛盾》,生活·读书·新知三联书店1989年版,第210页。
③ 同上书,第209页。

和自我复归中使自己变得丰富起来，而浮士德则不断地从感性世界的历练和奋斗中更新自己。浮士德式的人是毫无出路的，斯宾格勒断言，浮士德型的文明是一种步入晚景且可以预见其没落的文明。当我们面对一种"浮士德文明"的时候，当代的哲学家们痛苦地意识到，并没有一个"光明圣母"出现在绝望的、被"魔鬼"俘获了灵魂的现代人面前，传统形而上学丧失了给宇宙人生提供"根据"和"意义"的魔力，它无力解决置身生活洪流中的现实人生的意义和归宿问题。由于它是通过对"永恒在场"之物的深度追问来回答"存在之为存在"的原理问题的，它所设置的"最终"光源也只是一个与"存在本身无关"的存在者（一个超越者），存在意义仍然处于一种晦暗不明的状态。拆除"在场"的思想运作使人们采取了一种拒绝历史（形而上学史）的虚无主义立场。当人同时追求"神一样无所不能而又绝对的知识"和"新奇与享乐的感性生活"的时候，以"光源隐喻"为核心的西方哲学形而上学也就必然走向"终结"的命运。

意识到旧形而上学追求的"光源"及其"普照光"（照亮世界的）只不过是一种"理性主义"的、"本质主义"的或者"基础主义"的"迷幻剂"，意识到以往的哲学思想只是为"空无"涂上"色彩"（加缪语），我们就会突入到一种"存在之问"的爱智困境之中：一方面"我"必须承诺有一个可问的"在"本身，另一方面"我"又必须为我的这个承诺出具足够的理由。仔细分析就会看到，这个问题的困难在于，当"我"将"存在"作为一个追问对象和探究对象的时候，"我"实际上是把"存在"看作是一个与我相对而立的"客体"，而"我"作为探问者则是整个探问活动的"主体"，也就是说，"存在之问"被置于一种永恒呈现的"主客二分的结构"之中。旧形而上学光源式的"深度"追问就是在这种"主客二分法"及其形形色色的"变例"中进行的。以海德格尔为代表的当代哲学家主张由现象学"面向事情本身"进入"存在之思"，其目的就是要破除旧形而上学的"主客二分"构架，使"存在的真理"呈现出来。显然，找到一种未被"主客二分"构架分割掉的"存在"经验是使西方现当代哲学家邻近古之又古的哲学故乡寻找启示的深层根由。与海德格尔同时代而且有一段时间过从甚密的存在哲学家雅斯贝尔斯甚至这样谈到这种对本源性思想的邻近：

我们正置身于一个能够理解"神秘论"的境地。几千年来，中国，印度及西方的哲学家们，都曾宣扬了一种虽然表述方式有所不同但却无论何时何地其本质都是相同的思想，这种思想主张：人能够超越"主—客二分"而达到主客完全合一的状态。在这种状态中，一切对象性（Objectness）都已消失，并且连"我"也销声匿迹。然后，真实的存在向我们展现，就像我们从恍惚中清醒过来一样，给我们留下了一种具有深奥和无尽含义的意识。①

雅斯贝尔斯说，对于那些体验过这种万物一体的存在感的人来说，唯有这种合一才是真正的醒悟。西方哲学史在各个不同时期同样也有这种神秘主义者，如普罗提诺、艾克哈特等。对于坚持于"不可言说之物"唯有保持"沉默"的哲学家来说，一种物我不分、主客不分的境界最有力地将"存在"保留在它完整的、真实的状态中。我们一旦说出，那被说者也就从其栖身处分离出来而不再是其自身了。这就是哲学形而上学"说不可说"的深刻矛盾。

海德格尔对"在场形而上学"的拆解，将西方思想带到这样的一个关节点上：在这里，它必须从根本上审视那种将思的问题导向在场者的光源隐喻；我们在（由形而上学构造的）理性的、上帝的、科学的和技术的"普照光"中无所遁形，存在的意义问题从来没有像现在这样变得对我们来说生死攸关。逃离形而上学的"普照光"，是当代思想的一种自觉决断。这种"逃离"不是让世界完全地遁入"黑暗"，而是从世界的"暗"处敞开"一片光明"。这恰恰是一种非常古代的智慧。这"暗"处是一个异常广大的未出场的世界，我们没有必要害怕这黑暗四合的未现身者，它恰恰是光明的隐秘。它本身就是万物一体、万有相通的"大地"，我们就生活在这大地上。要知道，这"暗"有它本身的"纯洁和清澈"。海德格尔以这种诗一样的语言试图表达对存在真理的一种全新的理解。在古代希腊哲学家的残篇中，印度人的古老典籍中，中国古代哲学家留下的大量哲学著作中，一种不同于西方科学的、概念的、逻辑的"思"的经验显然给予西方思想以一种强烈的震撼。

---

① 参见［德］雅斯贝尔斯《智慧之路——哲学导论》，第21页。

第十三章 主体之悼亡

一 从"上帝之死"到"人之死"

在 19 世纪末,当尼采宣布"上帝之死"时,他只能借助一个大白天打着灯笼寻找上帝的疯子之口将这一骇人的消息传播于世。那个时代的人们还无法听到这一消息,因为"上帝"的世界仍然过于辽阔,人们仍然生活在"超感性世界"的普照光芒下。因此,尼采声称,"我的时代还没有到来,有的人是死后方生的。"他更先知般地说:"我讲的是最近二百年的历史。我描绘的是那正在来临、且不复能避免的事情:虚无主义的到来。"①

20 世纪 20 年代,卡夫卡在《一道圣旨》中,用临死的"皇帝"派出的一个信使无力穿过破残的庞大帝国的寓言,表达了传达"上帝死了"这一消息的困难。"如此重重复复,几千年也走不完(的宫殿)……最后即使走出皇城,面临的首先是帝都,这世界的中心,其中的垃圾已堆积如山。这里不再有人了,即使有,则他所携带的也是一个死人的谕旨。"②

"上帝死了"呼唤哲学家的回应。然而要走出"上帝"那残存的辽阔帝国,必须在清算以往的文化、哲学乃至一切爱智言说中起步。西方 20 世纪哲学由此从各个角度发展出了一种以"弃绝智慧"为基本特征的思想学说。海德格尔是从形而上学的核心出发,由"存在"问题寻求突破,试图走出形而上学那残破的"辽阔国度",他代表了从形而上学世界内部克服形而上学的伟大尝试。

---

① [德] 尼采:《权力意志》,纽约 1963 年版,第 3 页。
② 参见 [德] 卡夫卡《卡夫卡全集》第 1 卷,河北教育出版社 1996 年版,第 186 页。

法国哲学家福柯（Michel Foucault，1926—1984）走的是另外一条道路，他从传统形而上学的历史、语言忽略掉的东西着手，通过知识考古学和权力系谱学将它们唤醒，从而使形而上学残存的爱智梦想完全破灭，因此他代表了从形而上学世界的外围摧毁形而上学的尝试。他不单与海德格尔一样，聆听到了尼采"上帝死了"的声音，而且进一步用"人死了"的判定来回应尼采的话。

福柯以令他的读者惊异莫名的句子谈到"人之死"。他在《词与物》一书的序言中断言："人只不过是新近的一个发明创造，一个还不到两个世纪的形象，是我们的知识中一个新的折皱，一旦这种知识发现一种新的形式，他就又重新消失。"①

福柯的这段话明显针对那种把"人"作为一切之"根据"的人道主义或人类中心主义，特别是针对萨特和梅洛·庞蒂一代存在主义者肯定的人的优先性。福柯运用考古学方法，对"人"的叙事进行了考古，他得出的结论是惊世骇俗的："人"只不过是启蒙现代性的产物，因为在整个古典时期，"人"作为最初的现实，作为独立自主的对象，并没有地位；只是随着古典时期的结束，"人"才出现了，所以"人是一个最近的发明"。

不仅如此，我们孜孜以求的"人"之自主性、创造性、主体性等同样也是一种"神话"。人并不是像人道主义者所说的那样，是能动的主体性的创造者，恰恰相反，人始终是被建构着的一种存在者。福柯试图表明，我们一直习惯了看作是首要性的个人或人类主体只不过是匿名的语言或思想体系的表面结果。② 在谈到自己的思想与战后流行的萨特的存在主义人道主义的区别时，福柯说：萨特的一代，是一个极为鼓舞人心和气魄宏伟的一代，他们热情地投入生活、政治和存在中去；而我们却为自己发现了另一种东西，另一种热情，那种深深浸透我们，那种在我们之前就已经存在，那种把我们在时空中凝成一体的东西，的确就是系统；"我"被消灭掉了，"在某种意义上，我们就这样又重回17世纪的观点，但有一个如下的区别：我们不是用人，而是用无作者思想，无主体知识，无同一

---

① ［法］福柯：《物之序（人文科学考古学）》，1973年英译本，第24页。
② 参见王治河《扑朔迷离的游戏》，社会科学出版社1993年版，第130页。

性理论来代替神"①。

当1966年法国各文艺刊物纷纷以"人之死"这一醒目的标题介绍福柯《词与物》的时候,福柯"上帝之死的时代正在被人之死的时代所代替"的断言标画出一个簇新的时代的到来。福柯意识到整个现代知识型都聚集到大写的"人"那里,这个大写的"人"依然构筑着种种形态各异的主体形而上学。"至少在17世纪之后,所谓人道主义一直依赖从宗教、科学和政治学中借来的人的概念。"② 福柯的人文科学考古学的目的就是肃清"现代知识型"在"人"的叙事(主体、理性、自由、平等、人道等)结构中"人"的"出现"及其"消失"。

事实上,在19世纪西方思想家意识到深刻的文化与社会危机,致力于重建人道主义并筹划人的未来时,人的消失就是不可避免的了。尼采在宣告"上帝死了"时,也宣告了上帝谋杀者的末日。然而,尼采自己非常清醒地意识到,19世纪那些"目光远大"的人道主义者并不能理解这句话的真实意义,将人看作"主体"依然是现代社会不可动摇的立场。

福柯接着尼采的话语说:"在我们今天,尼采一再指出这个由来已久的转折点,断言人的终点比上帝的消失或死亡更为紧迫。"③ 事实上,尼采在"上帝死了"的表述中已经预言了人道主义的消失是比上帝的废除更为激烈、更为深远的转变。福柯的论述表明,现代知识型实质上是一种控制和统治的形式,主体和知识等都是被它构造出来的产物。福柯开辟了一系列为传统哲学所忽略的偏僻论域,从各个方面对这种控制形式进行了分析,如医学、癫狂史、监狱、犯罪学、性等。福柯声称,他的计划是通过质疑和揭示知识、理性、社会制度和主体性的现代形式,透过其"光彩夺目"的表象挖掘其隐蔽的权力—控制结构。

从福柯的立场看,海德格尔对"人"的理解虽然由"逻辑性"进入到了"历史性"维度,但由于他总不能放弃那个"远逝"的地平线(存在的意义),因而仍然未能完全摆脱现代知识型之构造。这使海德格尔不能旗帜鲜明地反对"人道主义"(Humanism)。"人"在海德格尔那里并

---

① 转引自王治河《扑朔迷离的游戏》,社会科学出版社1993年版,第128页。
② [法]福柯:《什么是启蒙》,载《文化与公共性》,生活·读书·新知三联书店1998年版,第435页。
③ [法]福柯:《物之序》,1973年英译本,第385页。

没有完全消失。

　　福柯自觉地承认他和尼采处于同一个断裂层面上，即后现代的层面上。在这一层面上，不仅仅是那个以抽象逻辑思想为核心的"人"死了，而且那个以肩负历史性意义为使命的"人"也死了。如果让福柯面对海德格尔的"此在"Dasein，他不光会说"此"（Da）是有限的、有死的，而且会进一步说"存在"（sein）同样是有限的、有死的。世间并不存在像海德格尔所说的那种"存在的意义"和意义的"存在"。人本来就生活在意义的各个断裂层，各个时代的意义都是要被埋藏起来的，都会被遗忘。我们要用考古学的方法将它们挖掘出来，因此"人"也罢，"意义"也罢，都将是"残断的""非连续性的""不完整的"。①

　　我们看到，当福柯用"人之死"描绘我们这个时代的基本特征时，正表现出了对人的自由、人类的命运、人的权力、人之人性的一种真诚的思考。这是在对爱智范式的形而上学尤其是它的最极端的表现形式（西方现代性）进行的彻底清算。海德格尔在讨论尼采"上帝死了"的宣告时谈到了那个"疯子"，他说："此人何以是疯子？他发疯了。因为他被移离出以往人的层面，在这层面上，那些已经成了非现实的超感性世界的理想被假装为现实的东西，而它们的反面则变成现实的了。"②海德格尔和福柯都试图击碎这个"以往的人"。只不过，海德格尔仍然坚持有一个"澄明之境"，它可为人提供诗意栖居之地。也就是说，他仍然有关于"人"的梦想、诗思，仍然期待有"人"的"家"可"回"。

　　福柯则更彻底地连同这个最后的"梦想"也击碎了，他将"人"带向"考古学"和"系谱学"的视界之中。这是一个让"人"消失在医生、法官、病人、政府官员、物理学家、工人、农民等具体形态中的视界。"人"的消失，其实是指那种抽象的、概念的"人"、那个大写的"人"的消失。考古学和系谱学视域中的"人"不再是那个为现代性的权力监控体系提供话语中心的"完整单元"，"人"实际上处于各种不同层

---

① 这一段概述参见叶秀山《论福柯的知识考古学》，见《叶秀山文集·哲学卷下》，第551—552页。

② ［德］海德格尔：《尼采的话"上帝死了"》，载《海德格尔选集》，孙周兴选编，第818—819页。

次的断裂层中，是残缺的碎片，被分裂为语言、经济、生物的存在，成为科学知识的对象、理性的奴隶和近代文明的异化物。

"人之死"是对西方近代以来（尤其是近200年来）各种主体形而上学或主体性人道主义或占有性人类中心主义观念的颠覆，它实质上是西方"爱智"知识型的"人"的终结。"人之死"将哲学带向自身的边界，甚至是对这一边界的突破。"人之死"与"上帝死了"一样，是"唯一者"的陨落，是"一"的分解。这意味着那构造统治权（专制权）的哲学以及居于统治地位的哲学的终结。

"不再有统治地位的哲学了，确实是这样的，只有许多的哲学活动。一种运动，通过这种运动，经过努力、不确定性、梦想和幻象，我们从以往被认为是真理的东西中分离出去，追寻其他的规则，这就是哲学。把思维的框架移位和变形，改变既定的价值形态，用其他的方式去思维，做别的事情，把自己变成自己不是的那种东西——这也是哲学。"①

这就是说，随着"人之死"，那种以"人"为基础建立起来的"哲学"也不复存在，我们必须重新思考我们和真理的关系。在这一过程中，有人会悲悼目前的"真空"，继续寻找一种理念世界的专制；但是，也有人将在排除了"权力监控话语"的限制之后，"……在他们的生命中发现了一种新的音调，一种新的观看的方式，一种新的行为方式，我相信这些人绝不会哀叹这个世界是一个谬误，不会哀叹历史上充满了无足轻重的人，不会喝令别人住嘴以使自己的责难之声被听见"②。

福柯的探索揭示了人类理性以往不曾涉足的那些领域，诸如癫狂、权力、监狱、性欲等卑微现象。他从这些全新的角度对传统爱智范式的哲学话语进行了解构，从一种真诚的热爱生命的正义良知和现实眼界出发，提出了与当代社会问题息息相关的真知灼见。他的论述作为后现代哲学的一大代表，尽管充满了虚无主义的气息，但也真实地反映了当下西方资本主义社会中人自身的危机。福柯宣布"人之死"和德里达宣判"人之终结"，其矛头直接针对作为现代主体的"人"的观念。

福柯沿着"知识的轴线""权力的轴线"和"伦理的轴线"对"人"

---

① ［法］福柯：《权力的眼睛——福柯访谈录》，上海人民出版社1997年版，第108页。
② 同上。

的主体设计进行了解蔽和颠覆。他的一生就是由"知识考古学"到"权力系谱学"再到"自我技术的伦理学"不断深化"人之死"的论题域的。我们的论述主要限定在知识和权力两个方面。主要是从这两个方面，福柯破除了爱智型思路由"人"的现代性"神话"导致的对人的真实生命的压制、监控和奴役。福柯以这种方式向西方理性与科学之不可一世的统治权挑战，他为从尼采开始的人道主义大厦的倾覆而深深震撼。因此，在这看似危言耸听的"反叛""颠覆""消解"的后面，隐含着哲学追问的视角由"爱智慧"到"弃绝智慧"的重大变化。

二 知识轴线：知识考古学

"考古学"是福柯在1970年之前思考"我们怎样被建构为我们自己的知识主体"这一问题时引入的方法。福柯的三部著作，《疯癫与文明》（1961年）、《词与物》（1966年）和《知识考古学》（1969年），就是从知识的轴线上提出了对知识史根本概念的重构问题：即从考古学的视角质疑并粉碎历史主义的"梦"。

这种历史主义的"梦"，把实际的历史归结为知识、思想、意识、精神的历史，它相信历史在文献中，它以科学的模式看待实际历史，使历史成为思想史。福柯的知识考古学要求恢复历史文献的考古意义，从而开启了一个通向被历史学家忽略掉的历史现象的通道：关注那通常被历史学家删掉的零落时间的印迹，从人类思维长期的连续性中探测那些被中断的偶然性。

如此一来，不仅长期统治西方人爱智心灵的"理性"概念变得可疑了，甚至那一直居于认识论之主宰地位的爱智主体的"人"也将被抹掉了。福柯的知识考古学楔进了西方爱智形而上学的"地质构造层"，在他的层层掘进中，一切虚妄不实的爱智取向都将被穿破、被取消。福柯沿着知识轴线的考古探测，动摇了西方现代性主体形而上学的基础。我们从福柯主要的三部明确标识为"考古学"的著作中可以管窥一斑。

1. 消解理性的独裁：沉默的考古学

《疯癫与文明》的副标题是"理性时代的疯癫史"。福柯明确表示，这不是一部精神病学语言的历史,而是论述那种"沉默的考古学",[①] 即疯癫是如何被历史地构成为理性的对立面,进而被打入冷宫的。福柯称这是"另外一种形式的疯癫的历史":"人们出于这种疯癫,用一种至高无上的理性所支配的行动把自己的邻人禁闭起来,用一种非疯癫的冷酷语言相互交流和相互承认。"[②] 这种疯癫一如古代的、近代的和现代的科学。似乎牛顿物理学和笛卡尔理性主义所需要的正是这种疯癫,即建立理性的独裁。在过去的三百年里,有理性的人处置"精神病"的做法,既不是科学性的增加,也不是更有人性的观念和方法的扩展,而是对理性的不断效忠,对或是人类自身必然的疯癫或是被贴上疯癫标签者的不屑一顾。因此,面对理性在今天建立起来的无处不在的控制,真正需要追问的倒是:理性对非理性(疯癫、犯罪或疾病)的征服有没有胜利可言?理性在这一征服中有没有可能转化为非理性的强暴和专制?亦即转化为"另外一种形式的疯癫"——即"理性自身的疯癫"?因此,把"疯癫史"变成一种考古学,其实就是对理性自身位置的考古层进行揭示,它的真正的主题乃是对西方现代理性予以消解。

这是一条异常独特的解除现代理性神话的道路。我们知道,弗洛伊德的精神分析学从"无意识"深入疯癫的起因。他以一种经验科学的方法,迫使沉默的无意识"说出来",通过解除精神病人的意识的压抑而获得治疗。福柯的问题不是要寻求精神病的治疗,而是要对这种病态的知识进行"考古学"研究,要追问关于疯癫的知识是如何可能的。这就涉及现代理性完全排斥疯癫(非理性)的构成层面。按照福柯的论述,自然状态的"疯癫经验"在被知识捕获之前便早已存在,那时人们并没有将这些疯癫者隔离开来。在1656年以前,西方社会尚能接受疯癫现象。虽然中世纪末到文艺复兴时代,疯癫者取代麻风病人的位置成了被排斥的对象,但他们通常是被驱逐出城或被安置到一个遥远的地方。德国著名讽刺诗人布兰特在1494年创作的寓言《愚人船》是其艺术再现,而伊拉斯谟、莎士比亚和塞万提斯的作品中则保留了疯癫与人性深刻关联的印迹。1656年巴

---

① [德]福柯:《疯癫与文明》,刘北城、杨远婴译,生活·读书·新知三联书店1999年版,前言第3页。

② 同上书,前言第1页。

黎"综合医院"的建立标志着理性时代对疯癫者实施大禁闭的开端。由此，反对和压抑疯癫的话语结构、监控机构和社会制度同时被建立起来。对疯癫的监禁与笛卡尔理性主义获得思想领域的统治权是同步的，它使得疯癫者富有悲剧感的、浩瀚无际的体验销声匿迹了。然后是 18 世纪末兴起的现代实证精神病学以及按照这一理论建立的精神病院的产生。它虽然较人道地对待疯癫者的肉体，但却更残酷地在精神上对他们实施监禁。

事实上，《疯癫与文明》的真正主题并不是疯癫或理性，而是在那些被视为精神错乱者与那些精神健全者之间变化的关系结构。这种关系结构创造了一个"沉默"的历史，一种中世纪末盛行的疯人与健全者之间对话的消失的历史。"在现代安谧的精神病世界中，现代人不再与疯人交流。"① 从 16 世纪末到弗洛伊德的时代之间，理性与疯癫之间无交流的沉默，既不是由于人类有关理性知识的深化，也不是由于人类有关疯癫知识的深化；而是由知识以外的因素决定的，是社会组织、制度的因素决定的。对这些因素的研究乃是要发掘关于疯癫的知识赖以形成的条件，因此是一项考古学的工作。

把"疯癫史"作为"考古学"来看待，就是要抛弃所有现在拥有的关于疯癫的真理的观念，排除一切为人们熟知的东西、一切根据过去的某一观点来对疯癫进行分析、排列和分类的诱惑，包括福柯自己曾经学习过但又摈弃的精神分析语言，径直去挖掘那根知识的轴线：即一种冷静的知识如何将疯癫打入冷宫，从而使疯癫体验进入沉默。福柯的"疯癫史"就是关于这种"沉默"的考古学。

福柯所做的"知识考古"旨在对现代理性文明建立起来的自身边界进行质询。通过质询来消解现代文明未经反省的理性至上的信念。正如他在《疯癫与文明》一书的前言中所说的那样，他所要进入的领域"既不是认识史，又不是历史本身，既不受真理目的论的支配，也不遵循理性的因果逻辑……无疑，在这个领域中受到质疑的是一种文化的界限，而不是文化本质"②。

---

① [法]福柯：《疯癫与文明》，刘北城、杨远婴译，生活·读书·新知三联书店 1999 年版，前言第 2 页。

② 同上书，前言第 3—4 页。

把"疯癫史"作为"沉默的考古学",是福柯极具个性的哲学探寻的开端,这是一个旨在揭示西方文化最深邃地层的尝试。由于疯癫被现代科学和现代理性的尺度划到了文化边界的另一边,由于它缺乏研究而处于真正的历史探讨之外,因此它构成了亘古未变的"独一无二的经验"。然而,凡是在理性出现的地方,都有疯癫隐蔽其中,就如同凡是在有生命的地方都隐伏着死亡一样。当我们的文明把疯癫打入沉默的冷宫的时候,理性自身就会演变为疯癫。福柯由此沿着知识轴线进行的考古发掘,敲碎了那曾经滋润和哺育西方诸科学的"爱智""地基":作为一切知识之基础的形而上学。从而,使我们那沉默的和显然静止的土地恢复它的缝隙、它的变动和它的断裂;而且,正是这同一块土地再次在我们脚下震颤起来。① 于是,理性、主体、真理、正义等等都受到质疑。"考古学"成了福柯破除西方理性主义或整个现代性哲学与文化的一把利斧,是炸毁爱智范式的知识类型的"烈性炸药"。

2. 清除人的形象:人文科学考古学

福柯的"考古学"试图弄清知识的可能性条件,以及使推论性的理性得以形成的决定性规则。因此,它既非建构性的也非治疗性的,而是破坏性的、消解性的,是对西方爱智思路的现代性范式的摧毁。这一点在1966年出版的《词与物》一书中得到了淋漓尽致的体现。

《词与物》的副标题是"人文科学的考古学",它是对现代人文科学产生的历史条件及其特定的话语结构和规则的研究,它旨在测定在西方文化中,人的探索从何时开始,作为知识对象的人何时出现。这部著作对从16世纪初开始的几个世纪的知识形式的精彩描写一页连着一页。福柯在洋洋四百页的书中展示了他令人赞叹的渊博学识。他认为,每个时代都标志着一个确定其文化的潜在外形,一个使每个科学话语、每个陈述产品成为可能的知识框架。福柯称之为"知识型",意即确定和限定一个时代所能想象到(或者不能想象到)的深层基础,一种历史的先验知识,或者说一种知识密码。每种科学都是在知识型的范围获得发展,因而也就与其他同时代的科学发生联系。《词与物》的宗旨不是记录从文艺复兴到19

---

① [法]福柯:《词与物》,法文版第16页。此处转引自阿兰·谢里登著《求真意志》,上海人民出版社1997年版,第253页。

世纪末西方思想史的表层变化，而是力图揭示支配各种话语和各门科学的知识型以及其配置。

　　福柯的观察以 19 世纪为轴心，详细分析了文艺复兴时期、古典时期（17—18 世纪）和现代时期（始自 19 世纪）三种知识型的非连续性转换。福柯关注的重点集中于 17 世纪、18 世纪古典知识型中发展起来的三个知识领域：普遍语法、财产分析和博物史。在 19 世纪，这三个知识领域让位于另外三个知识领域，后者在那时建立起来的新框架中找到了它们的形成地点：语言学，政治经济学和生物学。于是，福柯揭示了作为知识对象的人的形象在这些知识领域制订过程中的存留，说话的人、工作的人、生活的人成为知识的对象。在这种分析中，福柯揭示了"人"作为推理性建构物的诞生过程。"人"作为人文科学（心理学、社会学及文学）的哲学对象，出现于当古典的再现领域的消解的时候，也就是当人类首次变成了不再仅仅是一个冷漠而空洞的再现主体，同时也是现代科学的研究对象，一个有限的、被历史地决定了的、被从它的生命、劳动和语言技能等方面加以研究的存在物的时候。

　　福柯对人们关于语言、劳动和生命的知识所作的考古学探测破译了"人"的知识密码。在他看来，西方文化的每一个时代似乎都被禁锢在一个特定的话语中，而这些话语旋即提供了其通向"现实"的途径并无限敞开可能呈现为真实的视界。对语言的理解在三种知识型中就呈现一种非连续性：16 世纪、17 世纪还受到一种异中求同的"相似性原则"的支配，词同样是世上一件"事"，是其所指物的"相似之物"，它与"事"一样需要解释；17 世纪末、18 世纪初开始，语言被认为只是外物的表象，它失去了作为"事"的独立性，语言成了"透明的、中立的"，它没有自身的历史；18 世纪末、19 世纪初以来，语言又恢复了文艺复兴时期"谜一般的厚实性"，它与现实世界的关系又变得不确定起来，它本身也还需要另一种语言来加以阐释，于是这一时期出现了方法学和文学。同样，福柯对生物学和经济学有作了类似的考察：古典时期的生命只有自身的自然史，只是经由康德到狄尔泰、再到柏格森（从指出知识的限制、到出现了生命哲学），生活体验、生命才有了自己的厚实性，而成为独特的知识对象；经济学也经历了古典时期的财富分析到 19 世纪政治经济学的知识型转换。

第十三章 主体之悼亡

由于从19世纪始,"人"被当作说话者、生活者、劳动者来对待,这样"主体"就被嵌定在一个新的、暂时的、有限的领域当中。"人"不再是"虚"的"镜面",他变得"实"起来了。把人看作说话的人、生活的人、劳动的人,其本意在于以此更好地建立一个以人为中心的知识体系,它隐含着一种人类学的意图;但是,由于它将人的科学分裂成了语言学、哲学、政治经济学,也就威胁到人的中心地位,并将人分裂成了碎片,从而打破了人自身的历史统一性。这样,人类学对于它的基本问题——"人是什么?"——只好保持沉默。

这样一来,人作为知识主宰者的地位被动摇了,他反而成了被知识所分割的"零碎"。现代哲学试图在一系列不稳定的两极对立中构造既是知识对象、又是知识主体的"人"。例如,在我思与非思中,在对根的逃避与回归中,在超验与先验中,现代人道主义者试图恢复思维主体的优先性和自主性,试图重建"人"的形象,恢复其主宰外在于己的一切东西的特权。存在主义哲学、现象学和解释学等,仍然以一种超验的形式试图保留"人类学"的这一梦想。它们以一种不可能实现的企图为前提,即试图调和思维中不可调和的两极,并且构想一个构作性的主体。

福柯在分析了"人"的诞生之后,针对现代性对"人"的这种迷恋,预言了"人之死"。这实际上预告了作为认识论主体的人在新兴的后人道主义、后现代的认知空间中的消失。在《词与物》的结论部分,福柯写道:"在我们这个时代,哲学依然且再一次趋向终结的事实,以及在哲学内外、甚至在反哲学中、在文学形式的反思中提出语言问题的事实,毋庸置疑地证明了人正处于消失的过程中……正如我们思想的考古学不难表明的那样,人只是近期的发明,而且也许是一个接近尾声的发明。倘若这些配置随着它们的出现而即将消失,倘若某一个我们在那时只能觉察到它的可能性的事件将会导致这些配置的土崩瓦解……那么人的形象必将像画在海边沙滩上的图画一样,被完全抹掉。"[①]

在考古学的视野下,不仅"理性"消解了,"历史"抹掉了,"人"消失了,而且知识、真理、智慧等以往在一种爱智范式下由哲学家确立的

[①] [法]福柯:《物之序》,Vintage Book 1973年版,第386—387页。参见阿兰·谢里登著《求真意志》,第113—114页。

理想地平线也全都消失了。"人"被分割成碎片埋在各个时期的地质层中,考古学找不出"人"来,因而它也不祈求塑造建构出一个居于中心地位的"人"的形象。"人之死"标明福柯沿着知识轴线对西方现代性文明的清算在哲学层面上的根本意图:反对以往被人们当作"智慧"予以追求的东西。

3. 反对智慧:知识考古学

福柯最后一部考古学著作《知识考古学》(1969年)可看作是《词与物》的一个扩大了的理论附录。在这部书中,福柯试图对他的目标和方法作元理论的反思。他从知识考古学的概念空间看到,连续性、目的论、始因、总体性和主体这些现代概念不再是自明的,而且是需要加以重建和废弃之物。

从表面上看,福柯提出他的知识考古学的一个重要思想是要改变历史相对于文献的位置:不是历史在文献中,而是文献在历史中。与之相关,就要颠倒考古学与历史学的关系:过去,考古学建立在历史学的基础上,它作为一门探究无声的古迹、无生气的遗迹、无前后关联的物品和过去遗留事物的学科,只有重建某一历史话语才有意义;而如今,必须将关系颠倒过来,不是考古学为历史学服务(提供文献),而应是历史学为考古学服务,即将历史学的文献转化为考古学要去挖掘的对象,将历史文献变成考古学意义上的遗迹或文物。

这一转变的重点,是在知识轴线上深入到了爱智范式建构的历史话语在其"理性计谋"中未露出水面的"冰山底层",旨在破除人类理性对历史的"超历史"架构。在这种超历史的构架中,历史学习惯于把过去的一切东西都看成是古人的思想、精神、意识的体现,因而可以通过文献的意义使之复活。历史学致力于将一切"实物形态"的历史文献还原为"意义形态"的历史话语,因而形成了"总体历史"的三个假设:其一,假定人们可以在全部历史现象间建立某种因果关系网络(历史同质性假设);其二,假定历史性惟一的同一形式(历史的唯一性假设);其三,假定历史本身可以被一些大单位连接起来形成阶段和时期(历史的中心原则假定)。[①] 福柯的考古学认为,这种历史学观念虽然承认人是历史的、

---

① 参见福柯《知识考古学》,生活·读书·新知三联书店1998年版,第11页。

第十三章 主体之悼亡

有限的,但又认为人创造的价值和意义、记载下来的思想则代代相传,具有永久的价值,是无限的、超历史的。这种历史意识其实遵循着爱智范式,它总是从现实生活世界出发走到了一个超越现实生活的彼岸世界。

与这种观点相反,福柯考古学意义下的人,则是实物形态的人,连同其思想产品也是实物的一种。考古学不研究真理、意义、自我完善的历史,不预先为人的历史设定一个完善的、最终的目标。而相反地,在一定考古层面的人所留下的文件,常被后人认为是错误的。[①] 这意味着,福柯知识考古学是对历史学的消解,它使得传统历史学赖以成立的意义系统纷纷解体,它旨在摧毁西方理性主义爱智范式下的历史主义之梦。

福柯强调,由于考古学视角的楔入,非连续性概念在历史学科中占据了显著位置。非连续性不再是历史学家负责从历史中删掉的零落时间的印迹;相反,它应当成为一个积极有效的概念,成为历史分析的基本成分之一。福柯用他的一般历史概念来反对现代的总体历史概念,他将这两种历史概念之间的差异概括为:一种"总体"历史叙事将所有的现象都聚拢到一个单一的中心——一种原则、一种意义、一种精神、一种世界观、一个包容一切的范型;与之相反,一般历史叙事展开的则是一个离散的空间。福柯反对的"总体"类型包括两种:其一,纵向总体,如历史、文明和时代等;其二,横向总体,如社会、时期,以及人类学或人类中心论的主体概念。

福柯认为,黑格尔和马克思等人所讲的人类进步的历史,不具备合法性;因为它是通过构造抽象概念体系而达到其叙事的总体化的。这种抽象概念遮蔽了复杂的相互关系、分散变化的多元性、个别化的话语系列、各种不能被还原为某种单一规律、模式、统一体或纵向体系的事物。福柯的知识考古学就是要打破那些巨大的统一体,然后看看它们是否能够重新得到合法的确认,或者是以别的方式分类组合。

这种非总体化的潜在效果是,将一个完整的领域解放出来了。该领域即是:推论性的结构领域,复杂的分散系统。因此,福柯的考古学是作为一种后现代历史学方法,着力点是要反对那种同一性、体系化、总体性、

---

① 参看叶秀山《论福柯的知识考古学》,载《中国社会科学》1990年第4期。又见《叶秀山文集·哲学卷下》,重庆出版社2000年版,第554页。

中心化的"智慧",它旨在引领历史学家在知识领域内发现话语的多样性。福柯由此表达了他对以往历史智慧的反叛。这种反叛是福柯反主体主义、反人道主义、反形而上学的集中体现。它构成了 1970 年之前福柯考古学著作的基本立场,并进一步贯彻到 1970 年之后以更直接的方式对实践和制度问题的关注中。

福柯的考古学观点曾经遭到哈贝马斯和约翰·格鲁姆雷的误解。他们认为,福柯的考古学赋予话语以凌驾于社会制度和实践之上的"完全自主性"。因而,把福柯的知识考古学不恰当地称作"唯心主义"。事实上,在《疯癫与文明》中福柯就已经非常注意制度对话语的支持作用,而《诊所的诞生》已经关注了警察、监禁和规诫机构。因此,知识轴线与权力轴线不是互不相关的,两者之间有着内在联系与互补关系。

三 权力轴线:权力系谱学

《知识考古学》是最后一本被明确称为考古学的著作,此后福柯不再关注话语的无意识规则及每一话语领域内的历史变迁。1970 年前后,福柯从考古学转向系谱学。

这一转向是从知识轴线转到了权力轴线。转向的标志是对尼采《论道德的系谱》的研究。福柯由此一转向,敞开了这样一个问题域:"我们怎样被建构为操作或服从权力关系的主体?"它标志着福柯从对理论和知识的考古学研究转向对社会制度和话语实践的系谱学研究。这实际上是把话语置于社会制度和实践之中,揭示出其中的权力机制。福柯首先是在《语言的话语》一文中,对话语的构成进行系谱学分析。此后,在《尼采、系谱学、历史》(1971 年)、《规训与惩罚》(1975 年)和《性经验史》(1976 年)三部著作中形成了一道权力系谱学的新的"风景线"。

从知识考古学到权力系谱学的转向,不应看做是福柯著作中出现的一次断裂,而应看作是分析范围的一次拓展。这两种方法,都是从微观角度重新审视社会领域,揭示推论的非连续性和分散性,拆解历史连续的巨大锁链及其目的论的终极归宿,历史地看待那些被认为是永恒的东西。福柯强调话语的多元化,用它来摧毁历史同一性的假定,并通过主体非中心化来涤除历史写作中的人本主义假定。权力系谱学更多地强调话语的物质条件，它把权力的运作当作主要研究课题。因此，权力系谱学是知识考古学中反主体主义、反人道主义、反主体性形而上学立场的进一步展开。

1. 尼采与系谱学方法

福柯对尼采的解读早在《疯癫与文明》一书的写作过程中就有所表露。在1961年第一版序言中，福柯谈到《疯癫与文明》时说，他充分意识到自己的使命，这是在"尼采伟大探讨的阳光下"从事的"漫漫求索"的第一步。福柯提到有可能研究的其他领域，诸如我们自身文化的性禁律同压抑和宽容的全部问题。

福柯对这位疯癫哲学家的偏爱，最终体现在10年后出版的《尼采、系谱学、历史》一文中。这是一篇根据讲课内容整理出来的论文。如果说《疯癫与文明》是在"尼采伟大探讨的阳光下"跨出的第一步，那么《尼采、系谱学、历史》可说是第二步。促成福柯走出这一步的契机是1968年的五月风暴。福柯在五月风暴后出任文森学院哲学系主任时开讲了尼采，后来讲课文章收在他主编的《纪念让·希波利特》文集中。也就是在这篇论文中，福柯放弃了考古学术语，转而采纳了尼采的"系谱学"名称。不难看到，是五月风暴引发了福柯从西方思想史的知识考古转向与社会问题紧密相关的权力问题的探讨，并激发了对尼采进行专门研究的强烈兴趣。

这篇论文表明，那一直隐蔽在福柯写作背后的尼采幽灵，现在公开出场了。有时是福柯借着尼采的声音说话，有时是尼采借着福柯的声音说话，这里谁是尼采与谁是福柯已经难以区分了。这是一种非常奇妙的写作风格。他们说：系谱学处理各种凌乱、残缺、几经转写的古旧文稿，它需要大量的材料和细节知识，它关注细小的、不明显的真理；"反对理想意义和无限目的论的元历史展开，它反对有关'起源'的研究"[①]。这后一句话可能令人惊诧，它涉及"起源"在德文中的两种不同的用法。福柯对"起源"一词的德文词源的考释表明，尼采反对研究"起源"（Ursprung）是因为它总是与充溢着总体性、同一性、开端、发展和终结等概念相对照。人们在"起源"中收集事物的精确本质、最纯粹的可能性、

[①] [法]福柯：《尼采、系谱学、历史》，见《福柯集》，上海远东出版社1998年版，第146页。

被精心置于自身之上的同一性形式,人们认为一切事物在其"开端"时更高贵,这样"起源"被当作真理之所在。像尼采这样的系谱学家反对研究"起源"正是基于根除人类关于不朽性、不变性、同一性和真理的幻觉。系谱研究不是把历史插曲当作不可把握的东西忽略掉,不是径直追寻它们的"起源"。"相反,恰恰是要驻足于细枝末节、驻足于开端的偶然性;要专注于它们微不足道的邪恶;要倾心于观看它们在面具打碎后以另一种的涌现;决不羞于到它们所在之外寻找它们:通过挖掘卑微—基础,使它们有机会从迷宫中走出,那儿并没有什么真理将它们置于卵翼之下。"① 因此,系谱学家"需要历史来祛除起源幻象","只有形而上学家才到遥远的起源的观念性中为自己寻找灵魂"。②

福柯指出,德文中 Entstchung 和 Herkunft 比 Ursprung 更好地突出了系谱学的对象。虽然它们通常被不恰当地译成"起源",但其真正的意思则是从最早的祖先到各代子孙之间的家族系谱,准确的意思应当译作"来源"。系谱学要通过来源分析祛除形而上学的"起源幻象",就必须追寻来源的复杂序列,"揭示在我们所知和我们所是的基底根本就没有真理和存在,有的只是偶然事件的外在性"③。来源分析构成了对传统历史学的挑战,它关注的是断层与裂缝而不是累积与增长,它深入肉体从我们祖先的生理病理学入手揭示"起源幻象"的真实来源。来源分析还要揭示由"事物涌现出来的那一刻"呈现的权力纠结:权力的活动、相互斗争方式、与环境相对抗的搏斗、为避免退化获得新生所作的努力(自我分化)。

从福柯对尼采的《论道德的系谱》一书的解读看,福柯尤其强调一种历史感性的颠覆。"真正的历史感性认识到,我们在无数流逝的事件中生活,并无原初的坐标。"④ 历史系谱学不是寻找我们同一性的根源,不是确定我们源出的唯一策源地,而是致力昭显我们所经历的一切非连续性。历史是"实际的",历史感性实践着"实际的"历史。"实际的"历史要使事件带着它的独特性和剧烈性重现,它们是被攫取的权力,是重新

---

① [法] 福柯:《尼采、系谱学、历史》,见《福柯集》,第 150 页。
② 同上。
③ 同上书,第 151 页。
④ 同上书,第 158 页。

任用的、反对它的使用者的词汇，是戴着面具登台亮相的他者，是权力的纠结、争斗和游戏。实际历史把眼光投向切近之物，而不是遥远的起源。

福柯说他"受惠于尼采的系谱学远远大于所谓的结构主义"。[①] 事实上，福柯在分析人是如何把自己塑造成自己的知识主体、权力主体和道德主体的过程中，或隐或显地发挥了尼采权力理论，而权力系谱学更是直接来源于对尼采《论道德的系谱》一书的解读。福柯对尼采系谱学的解读，使他更加明确地意识到了早期考古学研究所要达到的目标。在1970年出任法兰西学院思想系统史教授的就职演说中，福柯开始用系谱学方法重新思考现代权力的本质。在随后的研究进展中，他仿照尼采的道德系谱学、禁欲主义系谱学、正义系谱学及惩罚系谱学，试图写出那些被主流社会和科学所排斥的边缘话语的历史。他认为，这些边缘话语都有着独立的历史和制度，如疯癫话语、医疗话语、惩罚话语、性话语等，这些通常被视为卑微、细碎、邪恶的话语是无法用宏观的国家和经济制度来解释的，它不可被还原为这些具有"起源"性质的宏大话语。

因此，反对"总体化话语的暴政"、呼唤"受压抑知识的暴动"，是福柯权力系谱学的两个著名口号。这并不是说，福柯单纯将权力理解为"压抑性的"。事实上福柯从尼采那里获益最大的是"权力的生产性"理论。他认为，权力是在事物秩序中起作用的关系网络，它规定了什么是真理和知识；权力的运作会带来压抑，也会激起反抗，这两者的双向循环使得权力不断地繁衍、生产和维护人类的知识和价值，并且把人不断地塑造为知识的主体、权力的主体和自我关切的主体。权力系谱学不是追究权力的"起源"，而是追究权力的"来源"。这标画出福柯对现代性实践和制度的一切"真理""崇高"和"神圣"的"起源幻象"的祛除，其目的是要使权力之眼变得明亮清澈，不为幻象所蒙蔽。

2. 权力的来源：边缘话语

福柯的权力系谱学是对各种现代权力理论、话语理论和知识理论的怀疑和颠覆，其突出代表作是《规训与惩罚》(1975)和《性经验史》（1976年）。这两部著作是福柯系谱学转向的产物，代表了后期福柯的权力观。

---

① ［法］福柯：《历史对话》，见《福柯生活：1966—1984回顾》，纽约1989年版，第31页。

早在1971—1972年，福柯在法兰西学院开设了"惩罚理论与机构"的课程。他把自己的研究意图作了总结，他说："问题不在于确定权力如何征服知识并使它终身侍奉，或是确定权力怎样在知识上打下烙印并把意识形态的内容和限制强加于知识。倘若没有本身就是权力的一种形式，并以它的存在和功能与其他形式的权力相联系的传播、记录、积累和置换的系统，那么知识体系便无法形成。反之，假如没有知识的摘要、占用、分配和保留，那么权力也无法发挥作用。在此层面上，既无知识也无社会，抑或既无科学也无国家，唯有知识/权力的根本形式。"①

这表明，福柯试图在一种非总体化、非再现论和反人道主义的框架中揭示现代权力的系谱学"来源"。他反对那种将权力归属于宏观结构或统治结构并将权力的本质看作是压迫性的现代理论，认为权力是分散的、不确定的、形态多样的、无主体的和生产性的，它构造了个人的躯体和认同。福柯主张一种微观权力论，用以反对两种有代表性的宏观权力的现代性模式：即现代法律权力模式和马克思的经济学模式。与经济学和现代法权的总体化分析法相反，福柯对权力的分析具有明显的后现代的特色：权力被分解为多元的微观力量，它在一个分散的网络中传播，只能被更大的结构所占有；因此，宏观力量（如阶级和国家）只是权力采取的最终形式。

福柯关于"惩罚理论与机构"的研究成果，就是1957年出版的以"监狱的诞生"为副标题的《规训与惩罚》一书。在这部书中，福柯描述了灵魂、肉体和主体在各种规训性权力母体中的历史形成过程，这些规训性权力在监狱、学校、医院、车间等机构中运作。规诫性技术包括：对活动不断加以强制和规范的时刻表；对人们的行为表现进行监控的监督措施；为奖励顺从、惩罚抗逆而设立的各种考核制度；为施加或强化道德价值而推行的"规范判断"等等。学生、犯人和士兵的生活都受到了同样的管制和监控。

福柯的研究表明，正如在19世纪早期产生了医院和临床医学一样，现代则产生了我们理解的监狱和监狱学。创立不是以"惩罚"而是以"规训"为基础的新型监狱学，标志着现代监狱的诞生。它的典型事件是

---

① 转引自［英］阿兰·谢里登《求真意志》，第172页。

在法国大革命之后提出的监狱改革方案中关于"圆形监狱"的设想。本瑟姆设想在这种新型监狱中,"每一个同志都变成了监视者"。[①] 福柯评论说,"这个办法真是妙极了:权力可以如水银般地得到具体而微的实施,而又只需花费最小的代价";因为,"一种监视的目光,每一个人在这种目光的压力之下,都会逐渐自觉地变成自己的监视者,这样就可以实现自我监禁"[②]。这个例子表明,在现代权力技术中,"注视"占有重要的地位。事实上,在现代的新型监狱里结合起来的监督和监视技术来自其他领域,尤其是学校和军队长达三个世纪的实践。新型监狱同当时的其他机构,例如医院、工厂、学校和军营竟有着惊人的相似。归结起来,福柯的观点相当惊人:我们的社会不是由军队、警察和集权化的庞大国家机器所维系,相反它是由这些驯化的、监督的技术和在"监狱"机构里起作用的泛化权力所维系。《规训与惩罚》对体现君主意志的酷刑到改革家的人道模式、再到现代监狱制度的权力分析,揭示了历史上从压抑性权力模式到生产性权力模式的转变。福柯的分析表明,在现代监狱制度中,通过一系列规训技术,人在一种常规或非常规的分化中把他人造就成了权力关系中的主体。主体再度诞生,它与服从是一回事,它要求个人成为资产阶级体系中的驯顺的公民。

在紧接着《规训与惩罚》之后出版的《性经验史》(1976年)中,福柯将这种新的权力模式称作"生命—权力"(bio-power)。这是一种规训力量,它属于一种"多形态的权力技术"。福柯认为,从16世纪末期开始,这种规训的力量在由求知意志所统治的性话语中严格地雕琢着身体。这是一种多样性的规范人的手段,最初在修道院(16世纪末),然后在受瘟疫传染的小镇(17世纪末),最后开始在全社会运作。权力不是通过对性的压抑起作用,而是通过对"社会众生"的监督和规训、通过对性的主体的推论性生产来起作用。例如,政府通过人口、出生率、发病率、受孕、生殖率、健康状况等控制大众,其目的就是"让生命进入历史",把一个生物人整合在知识和权力的结构之中,成为符合各种规范的主体。

---

① 转引自[法]福柯《权力的眼睛》,上海人民出版社1997年版,第155页。
② 福柯:《权力的眼睛》,第158页。

按照福柯的计划,《性经验史》打算分成六卷来完成,但实际上只完成了三卷半。这部书的初衷是探讨各个不同时期的性的观念与实践,试图对权力在性领域的运作进行系谱学分析。但是福柯后来改变了思路,他把性看作是探讨"自我技术"的最方便、最重要的领域。在《性经验史》的第一部分《求知意志》和相关的以"自我技术"为题的演讲中,福柯在性话语领域进入了他的思想的第三次转变:即开始探讨"我们怎样被建构为我们自己行为的道德主体?"由此,福柯进入到自我技术的伦理学。这是福柯晚年全力思考的根本主题。由于该主题已经逾出了我们关注的范围(知识考古学和权力系谱学),所以不再赘述。但是,这并不意味着它不重要,事实是它构成了福柯消解传统主体主义或爱智范式的形而上学的三根轴线之一,是理解福柯由知识主体、权力主体和伦理主体瓦解传统哲学论域并摧毁现代性理论话语的一个重要的方面。

四 一位新型档案员的启示

"城里人称他是一位新型档案员。然而,这种称呼对他是否确切?是否符合他本人的意愿?一些敌视他的人认为他是一种工艺学、一种结构技术至上论的新代表,而另一些把自己的愚蠢当做诙谐风趣的人则认为他是希特勒的走狗,或者至少他亵渎人权(人们不会原谅他曾宣告'人的死亡'),还有人说他是一个模拟器,既不依靠任何经典,也不援引大哲学家们的至理名言。相反,也有一些人说:某种新事物、全新的事物在哲学中产生了,并认为这项事业具有节日清晨般的魅力,尽管这是它所要避免的。"[①]

这是福柯的挚友、法国著名哲学家德勒兹在讨论福柯时写下的文字。文中的"他"是指米歇尔·福柯,"20世纪最后一位大师"。"新型档案员"与"老档案员"相对,两者都是从"档案"着手消解或拒斥传统形而上学。当然这是一种比喻的说法。这个比喻透露了20世纪西方哲学在反叛爱智范式的形而上学传统时表现出来的一些总体特征,不失生动而

[①] [法]德勒兹:《米歇尔·福柯》,见《福柯集》,上海远东出版社1998年版,第544页。

贴切。

福柯的确可以说是一位给哲学带来深深震撼的"新型档案员",他的知识考古学和权力系谱学在销毁哲学爱智的现代性幻象方面虽然不能说是最彻底的,但无疑是最具启发性的。今天从事哲学的消解或重建不能避开福柯提出的问题。福柯在知识轴线上的探测和在权力轴线上的分析揭示了西方爱智知识型文化的现代性建构的虚幻性,涉及20世纪哲学弃绝智慧、终结哲学的三个方面。

1. "话语"分析使"爱智"话语变得可疑,哲学语言只能无言。

福柯的知识考古学与关注连续性、寻求意义、确立主体、追索先源性的主智主义思想史不同,它侧重话语分析,并由此凸现了由语言维度清算"爱智"的"档案"。

一般说来,"档案员"清楚那些古旧的、被尘封的、散乱而错综复杂的历史文献,他对事物的本源有着异于常人的敏感性和鉴别力。20世纪西方哲学在总的方向上是在对传统爱智范式的哲学形而上学的反叛中成长起来的,其中不同学派大都经历了一个可以称作为"语言转向"的变化。

在英美分析哲学阵营,这一转向遵循的基本思路是:"通过语言的逻辑分析清除形而上学"。维也纳学派的领袖石里克说:"我确信我们正处在哲学上彻底的最后转变之中,我们确实有理由把哲学体系间无结果的争论看成结束了。我断言,现代已经掌握了一些方法,使每一个这样的争论在原则上成为不必要的;现在主要的只是坚决地应用这些方法。"[①] 这个方法即语言分析方法,着眼于"命题"和"句子"的意义标准。它通过分析指出形而上学语言中的"命题"或"句子"是"无意义的",从而逻辑地得出"拒斥形而上学"的结论。

欧陆哲学以现象学、解释学、存在哲学为代表的哲学流派则是从形而上学概念化、逻辑化、形式化的语言对历史、时间和存在意义的遮蔽或遗忘消解传统哲学,它要求一种更本源的"思",这也是"走在语言的中途"。

因此,在某种程度上可以说,当代西方哲学家大都面临着如何解读传

[①] [德]石里克:《哲学的转变》,载《逻辑经验主义》上卷,商务印书馆1982年版,第6页。

统哲学的问题。换言之,当人们阅读从柏拉图、亚里士多德到康德、黑格尔的那些内容丰富的文献时,他们是继续增加与之类似的"新文献"呢,还是将这些文献清理掉?20世纪哲学家面对爱智范式的哲学传统时,在一个"档案员"的视野上,必然会碰到这一问题。我国学者张志扬在《渎神的节日》的开头和结尾,说出了他的这种体验:

  六面墙,不管多么坚固、严实,我怎么看着它,老有一种虚幻的感觉……①
  我压根儿都没有住过新房子。古老的墙壁上,像树的年轮,长满了一层一层的糊墙纸。轮到我,是再糊一层,还是撕去所有的?
  至少,我想,还是撕……撕吧。②

  我们看到,以对西方传统形而上学进行消解、拒斥、终结和颠覆为能事的20世纪哲学,碰到的就是这一问题。它基本上是在两个方面从事这一"撕毁"工作的:其一,是在命题、句子的层面上,对哲学"文献"进行清理,肃清那些在现代科学标准看来是"无意义""无效"的"文献档案",这就是"拒斥形而上学"的基本思路;其二,是在陈述、叙事的层面上,剥除陈述和叙事的纯粹"在场性",发现一切"主体的""理性的""逻各斯的""最大多数人的最大幸福"等"话语"所处的历史断代,这一工作必然导致构造"根据"的一切陈述或叙事"不起作用",那么专门"提供""根据"的陈述或叙事(形而上学)就必然要被"档案员"清除掉。
  德勒兹是在后一层意义上把福柯比喻为"新型档案员"的,他说:"这位新档案员宣布他将只注重陈述,而不去理会那些曾以千百种方式吸引老档案员的东西:命题和句子。"③ 事实上,仅仅从命题和句子的层面上,是无法清楚"上帝死了"的意义的。一旦涉及命题的意义根据,就必须进入陈述。因此,在分析哲学完成的语言转向中,它最后摆脱不了

---

① 张志扬:《渎神的节日》,上海三联书店1997年版,第3页。
② 同上书,第262页。
③ [法]德勒兹:《米歇尔·福柯》,见《福柯集》,上海远东出版社1998年版,第544页。

"能指的形而上学"。

福柯作为"新型档案员"注重的是"陈述"或"话语"(discourse)。"话语"在语言学中比"命题"和"句子"的范围要更广,更有独立意义。在福柯看来,话语并不单纯是一种语言现象,它还是一种"推理性实践",可视作是一种包含了非语言因素的"语言事件",它本身有自身的物质性,即有时间、空间来支撑它。推理式实践的话语要通过非推理式的实践活动来实现(例如处方作为话语要由医生来写),它最终形成档案。福柯的知识考古学要求将档案当作历史埋藏物来看,这就从根本上动摇了爱智范式的总体历史观念。这样一来,"天道""大道""逻各斯"以及种种形而上学的普遍性实在都只能是一定历史时代的话语碎片,"主体""人""我思"等也是如此。这开辟了从话语层面消解哲学的道路,长久以来,人们不断重述的"爱智"话语变得可疑了。爱智的哲学言说陷入无言之境。

2. 系谱学使"存在问题"变得无效,"哲学的"本体维度被取消了。

福柯的系谱学对"起源幻象"的祛除,使得亚里士多德以来关于"存在者存在"的最高智慧失去了任何意义。这并不是说"存在问题"被虚化了,而是存在问题以及围绕该问题生长起来的一切理性话语被看作是由一些卑贱的、微不足道的零碎组成的。系谱学反对探本求源,实际上是取消了西方爱智哲学的命脉:本体和本体论。"哲学""本体"维度的取消意味着哲学进入了后哲学或非哲学。这就表明,系谱学实际上已经展开了一个后现代视景。

这里有一个大的背景值得关注。在20世纪60—80年代法国知识界人才辈出的思想家中,例如列维·斯特劳斯、德鲁兹、福柯、德里达、拉康、阿尔都塞、利奥塔尔等,大都可以看成是后现代主义思想家。不管我们称他们为解构主义者,还是新结构主义者或是后结构主义者,他们的一个共同特征是极其明显的:即反主体性人道主义。同样值得注意的是,海德格尔消解"主体形而上学"的论题似乎是孕育这场思想运动的"子宫"。海德格尔确实看到了形而上学的现代形象是让人类主体替代本体论为上帝留下的角色,因此主体形而上学的根本错误是"对存在的遗忘"。法国思想家在某种程度上是以自己的方式重复了海德格尔关于"存在的命题"。简而言之,这种相关性表现为这些法国思想家遵从了一种基本思路：即认为现代主体对自律和纯粹性本身的奢望产生于一种遗忘、一种遮蔽——对结构的遮蔽和遗忘,这些结构迫使主体接受他以为是从他本身自发产生的观念。这种结构大概是无意识结构（拉康）、经济关系的基本结构（阿尔都塞）、"规范的"或对"生物力量"抑制的结构（福柯）。于是便产生了这样的问题：主体是否事实上通过结构而起作用？[①]

这个问题确实构成了福柯考古学和系谱学的根本问题。这表明解释学和结构主义对他的深远影响。但是,福柯从尼采那里找到了超越解释学和结构主义的道路。系谱学对起源幻象的祛除,有一种在理论王国砍下国王头颅的革命性。但福柯的用意不在此,它的意图是由此确立一种分析批判现代工业文明的实践和制度的透视点。福柯的论述最有价值的一面是使热爱智慧的理论家们看到了权力运作的无所不在,并且揭明了理性、知识、主体性以及社会规范的产生等成问题的或可疑的方面。他的分析表明了权力如何渗透进学校、医院、监狱甚至学科体制之中。福柯由此对人道主义、自我认同、主体形而上学提出了质疑。当然,由于本体维度的取消,普遍性标准的确立就变得困难,这必然陷入虚无主义和相对主义。

3. 对主体主义的批判使启蒙进入新一轮启蒙。

福柯的思想对主体命运的三个方面的追问（知识主体、权力主体、伦理主体）,实际上是对构成近代以来西方文化之中心地位的主体概念的构成性前提的进一步探测和分析,是对主体本身的考古学探测、系谱学分析和伦理学关切。这种追问动摇了现代性主体的中心地位。这使启蒙进入对自身蒙蔽的清算,福柯的全部工作在西方文化的立场上具备这样一种积极的意义。

在重新思考两个世纪前康德提出的"何谓启蒙"这一问题的时候,福柯断言"启蒙"构成了一个具有特权的分析领域,它是一组政治的、经济的、体制的和文化的事件,我们迄今仍然在很大程度上依赖于这个事件。这是最近200年来,由"人"的出现,人们将真理的进步和自由的历史相联结的事业。[②] 福柯认为,当今最紧迫的问题,是对18世纪以来

---

① 参见阿莫尼克《道德与后现代——道德哲学专论》,载《哲学译丛》1999年第1期,第72页。

② ［法］福柯：《什么是启蒙》,载《文化与公共性》,生活·读书·新知三联书店1998年版,第434页。

的理智启蒙造成的"蒙蔽"进行揭蔽，亦即对启蒙自身之"蒙"予以"启蒙"。这极其反讽地涉及对启蒙者自身位置的质询。福柯说："我们必须对一定程度上被启蒙历史地决定的我们自己进行分析。"① 这乃是另一种形式的启蒙。这一主题的展开就是福柯所强调的三大问题："我们必须思考如下问题：我们怎样被建构为我们自己的知识的主体？我们怎样被建构为操作或服从权力关系的主体？我们怎样被建构为我们自己的行为的道德主体？"②

这三个问题涉及了福柯毕其一生所进行的历史—批判的主题，它们分别与福柯思想的三个领域相对应：其一，是与真理相关的人类自身的历史本体论，人类借助于它而把自身建构为知识的主体；其二，是与权力相关的人类自身的历史本体论，人类通过它而把自身建构为作用于他人的主体；其三，是与伦理学相关的历史本体论，人类藉助于它而把自身确立为道德主体。③ 这三个领域涉及我们与世界的三种基本关系：对事务的控制关系，对他人的行动关系，以及与自己的关系。这三个领域相互之间并不是孤立的，而是相互作用的：如对事务的控制关系是由与他人的关系来调节的，而与他人的关系反过来又总是包含了与自己的关系，反之亦然。

我们看到，在后现代思想家中，福柯因其揭示了人在现代性知识、权力和道德的挤压、监控、抽离和统治下历经的扭曲、变态、残败和微贱，而成为我们时代最具独创性的伟大哲学家。福柯的视野充分表露了西方后现代哲学弃绝智慧、终结哲学的解构策略或一系列渎神式的思想实验的真实动机：亦即由"反对智慧""终结哲学"的视角对传统爱智哲学和文化的现代性构造进行摧毁和拆解，他是以对人生命的无限深厚的爱喊出"人之死"的。

福柯处处以一种极端的方式标新立异，他对传统的或现代的哲学原则的有意冒犯，给人们带来诸多启示。可以说，福柯的知识考古学与权力系谱学是对愈来愈深地陷入困境的西方现代性社会和文化的一种清醒的反思。福柯主要著作可看作是一种新的历史批判，正如他自己所说的那样，

---

① ［法］福柯：《什么是启蒙》，载《文化与公共性》，生活·读书·新知三联书店1998年版，第434页。

② 同上书，第440页。

③ 参见莫伟民《主体的命运——福柯哲学思想研究》，上海三联书店1996年版，第2页。

"根本就没有彻头彻尾的古玩鉴赏家"。在一个马克思主义者看来，福柯的许多观点是混乱的，有的甚至是完全错误的；但我们必须承认，它对哲学的摧毁激发人们思考这样的问题：在我们的时代，还有没有一种叫做哲学的"哲学理论"还需不需要一种曾经被希腊人视为最高幸福的哲学的生活？在福柯已然置身的那个位置上，一种无拘无束的思想顽强地显示自己的存在。抓住它，我们就能以更为顽强的渴望，追问哲学。

结语　哲学的展望

词，静静地
小心翼翼地
沉淀在空白的纸面上
在那儿，它既无声响
又无对话者
在那儿，它要讲的全部东西
仅仅是它自身
它要做的全部事情，仅仅是
在自己存在的光芒中闪烁不定

（摘自福柯：《词与物》）

一 将爱智慧进行到底：从"爱智慧"到"思"

在上一个世纪初，当一些哲学家开始"重估一切价值""反叛黑格尔"或"拒斥形而上学"时，哲学就是旨在通过对传统哲学范式进行颠覆和消解进入到塑造自身之基本特性的阶段。

我们看到，在一百多年的思想史、观念史的历史嬗变中，这种对传统哲学范式的反叛和消解自始至终构成了当代哲学的主旋律，它在反对传统哲学形而上学的爱智范式的同时，也昭示了将爱智慧进行到底的决心。从海德格尔"形而上学的摧毁"、罗蒂"哲学的终结"、福柯"人之死"、德里达"在场形而上学的解构"到博德里拉和福山"历史的终结"、列维纳斯"超验的毁灭"，等等，整个20世纪哲学对传统哲学范式的排拒和消解在解构思潮"嘲弄哲学""终结哲学"然而却是"真正的哲学"之思或"将爱智慧进行到底"的哲学之思的事业中达到了顶点。

回顾当代哲学的诸多努力，我们不难看到，这种对传统哲学范式的系谱性的解构或多或少"引起思想上的内在放纵"（施太格缪勒语），但透过它不难看到其中隐含着的一个重大主题：面对处于现代性裂变和转型中的人和社会，哲学如何实现自身的范式转换？注重"解构"的20世纪哲学在尝试回答这一问题时是消极的，然而该问题显然以一种持存的尖锐性要求对之作出积极的回应。

当代思想对传统哲学范式的排拒和消解关涉到对哲学之系谱的透视。它深入传统哲学范式毋庸置疑的种种前提并对之进行质疑和批判，进而使哲学系谱中那些隐匿不彰的未思和未究之物显露出来。用法国当代哲学家福柯的话说，系谱透视"反对有关起源的研究"，它决不是把历史插曲当作不可把握的东西忽略掉，决不是径直追问它们的"起源"；相反，它要求关注事物无关紧要的细枝末节、微不足道的邪恶和开端的偶然性，它通过"挖掘卑微基础"走出迷宫"系谱学需要历史来祛除起源幻象"[1]。福柯看到，始于尼采的系谱透视穿破了形而上学"到遥远的起源

---

[1] ［法］福柯：《尼采、系谱学、历史》，引自《福柯集》，上海远东出版社1998年版，第150页。

的观念性中为自己寻找灵魂"的梦想,这意味着自柏拉图以来西方形而上学"爱智慧"的哲学范式之终结。

如果我们意识到,"系谱学家"不仅仅只是福柯戴在尼采一个人头上的"桂冠",相反,当代哲学是通过发掘被传统哲学范式遗忘、忽略、遮蔽和颠倒了的未思和未究的主题而走上对形而上学进行摧毁和否弃的道路;那么就会看到,福柯在尼采那里吸收的"系谱学"概念典型刻画出当代哲学排拒和消解传统哲学范式的基本模式:即通过对哲学的系谱透视达到否弃哲学形而上学的目的。

哲学对传统哲学范式的解构和颠覆,可从三个基本的哲学隐喻模式的系谱透视中管窥一斑。

其一,对光源隐喻的系谱透视。"起源幻象"的核心是由一个照亮一切而自身不被照亮的永恒在场的光源(即本体)构造的,它是理念世界中的"太阳",是基督教的"上帝",是启蒙的"理性"。哲学中的这种"光源式"的终极之问厘定了哲学家爱智慧对世界统一性、意义统一性和价值统一性的思考和追求。现当代哲学家不满足于这种追求理性的、真理的、永恒在场者(光源—本体),而是要回到具体的变动不居的现实世界,回到历史的、时间的"此在"。他们的探究表明,黑暗的、未出场的、不可言说之物恰恰是"澄明"之源,而形而上学的"光源—本体"不过是一种柏拉图主义的"迷幻剂",是为"空无"涂上"色彩"(加缪语)。祛除形而上学的"普照"光源是当代思想的自觉决断,但它不是让世界遁入黑暗,而是强调从世界的"暗处"敞开"一片光明"。

其二,对镜子隐喻的系谱透视。"起源幻象"构造了传统哲学范式两大根本主题:(1)对一种"绝对真"的不倦追求;(2)表象(representation)问题,即人作为知者如何准确再现外间世界的问题。这两大主题使得传统哲学范式隐蔽着另外一个根本性的隐喻:即镜子隐喻。"俘获住传统哲学的图画是作为一面巨镜的心的图画",它的基本范式是确信"心灵是一面伟大的镜子"以及与之相应"知识就是准确再现"。传统哲学范式遵循"镜子隐喻",深陷于一种"基础主义"的"起源幻象"之中。它一再地承诺存在着某种我们在确定理性、知识、真理、实在、善和正义的性质时能够最终诉诸的永恒的、非历史的基础和框架。罗蒂认为,刺破、瓦解"镜子模型"的工作是由维特根斯坦、海德格尔和杜威完成的。

这三个20世纪大哲学家都将"镜子哲学"看作是一种具有自我欺骗的哲学意识，并在他们的后期哲学研究中对前期的思想进行了清算。他们"引入一幅幅新的地域（即人类活动全景）区划图而把我们带到一个'革命的'哲学的时代"。①

其三，对信使神的隐喻的系谱透视。哲学家爱智慧，往往置身于超验的彼岸世界和经验的此岸世界，如同希腊神话中在诸神与人类之间传递消息的信使神"赫尔墨斯"。哲学探究宇宙人生之根本，要洞见唯有"神"才能碰得到的"起源"和"大全"；然而，"爱智慧"又使哲学家的这一梦想一再化为泡影。哲学的语言、概念和逻辑以及哲学的历史始终纠结着这个"赫尔墨斯"情结。20世纪哲学对"赫尔墨斯"隐喻的重审以系谱透视的形式展现了它所遮蔽着的非理性的、本能冲动的、权力的和历史的根源。从分析哲学宣布传统哲学语言的"无意义"到后期维特根斯坦主张恢复语言的日常用法，从尼采指出哲学家高贵身份的背后是"憎恨""残忍"和"颓废"到福柯揭示理性话语背后的权力真相，从加达默尔解释学"原义的不可再现"到后现代哲学对二元对立模式、主体模型、深度意义的消解，20世纪哲学最终使得构造了传统哲学、哲学家和哲学词语之形象的"赫尔墨斯"隐喻失去了其构造"精神诸神"的作用。信使神走进了"虚无"之中。

传统哲学范式中这三类隐喻是相互联系、不可分割的，它们共同蕴含着将"现实的"转化为"思想的"、"时间的"转化为"非时间"，遂使具哲学形而上学性质的"爱智慧"在追寻"永恒""无限"之类的"起源幻象"时遗忘了"时间"和"历史"。海德格尔指证这种"爱智慧"是一种遗忘了"存在"的学问，可谓是一语中的、入木三分，他说："唯有当我们已经体会到，千百年来被人们颂扬的理性乃是思想最顽冥的敌人，这时候，思想才能启程。"② 我们看到，今天的哲学实质上从极为不同的方面、以极为不同的形式对传统哲学范式中的隐喻进行系谱透视，它最终导致"爱智范式"的哲学形而上学的终结。而哲学家们"反对智慧"

---

① 以上引文见［美］罗蒂《哲学与自然之镜》，生活·读书·新知三联书店1987年版，第9页，第6页，第4页。

② ［德］海德格尔：《尼采的话"上帝死了"》，《海德格尔选集》，下卷，第819页。

"终结哲学"的背后则是对"思"的真诚期待,是一种"将爱智慧进行到底"的思想之事业的庄严宣告。

二 哲学的范式:从科学范式到人文学范式

从"爱智慧"到"思",彰显出20世纪哲学解构传统哲学范式的全部秘密。

考诸哲学的系谱,寻绎哲学的方向,我们大致可以看到,当今哲学是以一种独特的话语和思想形式从事由希腊人所定义的"爱智慧"的伟大事业,是"将爱智慧进行到底"的"思"之事业。因此,在期待"思"、召唤"思"的诸种哲学之系谱中,实际上隐隐内蕴着哲学范式转换的基本方向。我们把这一方向,概括成为:从科学范式到人文学范式。

所谓"科学范式"有三个依次深化的内涵:首先,哲学就是科学,二者是不可分的东西,它们都是希腊人智慧的产物;其次,哲学是对一切知识基础的探究,是"科学之科学",这是近代哲学对自身的定位,哲学面对"自然科学的方法典范"以一种"自卫"的方式建构自身;最后,哲学要求成为严格科学的,它是传统哲学范式发展的顶点,预示着"爱智慧"的哲学的终结,以及一种新形态的"将爱智慧进行到底"的新的开始或新的发端。

后现代哲学家让-弗朗索瓦·利奥塔尔从语用学的角度对这种科学范式的哲学进行了揭示,他说:"科学在起源时便与叙事发生冲突。用科学自身标准衡量,大部分叙事其实只是寓言。然而,只要科学不想沦落到仅仅陈述实用规律的地步,只要它还寻求真理,它就必须使自己的游戏规则合法化。于是它制造出关于自身地位的合法化话语,这种话语就被叫做哲学。"[1] 这就是说,科学范式是一种用哲学孕育并滋养科学的哲学范式,哲学也因此置根于使科学具备魔力的那种爱智慧的终极追求之中。

从"科学范式"向"人文学范式"转换,是由"爱智慧"到"思"的哲学转向主导的。之所以如此,首先,是因为现代科学的祛魅宣告了哲

---

[1] [法]让-弗朗索瓦·利奥塔尔:《后现代状态——关于知识的报告》,车槿山译,生活·读书·新知三联书店1997年版,第1页。

学的完成。现代科学从哲学母体中完全独立出来，它不再需要那种滋养自身的"合法化话语"，这意味着使科学具备魔力的那种爱智慧已经丧失意义，这是"科学的祛魅"（马克斯·韦伯），也是"哲学的完成"（海德格尔语）。其次，由于意识到哲学终结于"科学"，新时代的哲学家要求"思想"突破传统的"科学范式"，这意味着必须在一个新的视野中追问"思"的任务。在《哲学的终结与思想的任务》中，海德格尔认为：哲学在展开为诸科学的意义上终结了（它完成了自己的使命）；然而，哲学的隐退恰恰是要将人类精神引向更澄明、更原始的"思"；它表明思想必须告别那种科学范式下的理性算计和筹划，它是一种史思，一种诗思，它的任务应该是"放弃以往关于思的事情的规定的思。"[①] 这就是说，"思"在一种哲学范式的根本转换中进入"人诗意栖居"的"澄明境界"，它"比理性化过程之势不可挡的狂乱和控制论的摄人心魄的魔力要清醒些"，"它比科学技术更清醒些，更清醒些因而也能作清醒的旁观"。[②] 我们看到，由这种思考确立的"面向思的事情"的哲学转向，是对传统哲学范式（由科学和形而上学的二元性构成）的超越，它其实就是向"人文学范式"的转换。

当代哲学重建人文学比较典型的方案，是倡导反本质主义、反心理主义的现代现象学。海德格尔的老师胡塞尔由自然科学不能分割去的"生活世界"出发，开启了哲学由以突入人文学范式的基本思路。[③] 人文学（human sciences）在西方传统哲学范式中一直未能以自身的方式被"主题"化，这一方面是因为基督教长期以来占据了人文学理应占据的位置，把"生活世界"中"活"的问题都交给了"上帝"[④]；另一方面是因为传统哲学使得人文学诸领域为一种"科学范式"所笼罩，活生生的人的世界变成了"理性算计"的对象。当代哲学从科学范式向人文学范式的转

---

① ［德］海德格尔：《哲学的终结和思的任务》，孙周兴译，见《海德格尔选集》下卷，上海三联书店1996年版，第1261页。
② 同上书，第1260页。
③ 顺便指出，这与当时欧洲大陆蔚然成势的生命哲学、解释学、存在主义哲学构成强烈的共鸣。英美分析哲学在晚期的进展也走向了类似的立场，例如维特根斯坦后期开创的日常语言分析学派，就明确指出"日常语言是存在的老家"。
④ 参见叶秀山《现象学与人文科学——"人"在斗争中》，见《中国社会科学院研究生院学报》1992年第2期。

换，实际上是哲学向"生活世界"的回归，这种转换不是"期待发展传统式的新哲学"，而是期待彻底改变两千多年来西方哲学的面貌。

首先，它力图转变传统哲学范式的超越方向。传统哲学是一种"本体超越"的哲学，即一种由现象具体事物超越到抽象永恒本质的哲学。本体论对"是"的思考构成了一种滋养和哺育诸科学的哲学范式，亦即形而上学，我们称之为哲学的科学范式。它借助光源隐喻在追求一个形而上学的终极在场者时走到了世界之外。现代现象学重建人文学的关键是"中止"这种"本体超越"，同时也"中止"一种"本体世界"与"现象世界"的对峙。哲学的方向从"本体论"转向"境界论"。"境界论"是一种由当前在场的东西超越到其背后的未出场的东西，它是从显现的东西到隐蔽的东西的追问，通向物我不分、万物一体的自由、澄明之境。① "境界超越"敞开人的"生活世界"。海德格尔说："澄明之境乃是一切在场者和不在场者的敞开之境。"② 哲学由此进入以人的历史性和诗性存在为根源的人文学范式。

其次，它力图转变传统哲学范式的思维方式。传统哲学是一种"主客关系思维"的哲学，即通过将世界分成两个不同世界并在一种"主次关系"中用一者统一另一者的思维方式。这种思维在近代形成了"与客体相分离的主体模型"，出现了一个被"镜子化"的人心的研究领域，真理被看成是"主客体之间的符合"。主客关系思维在近现代哲学对科学思想方法的反思中构成了科学范式的哲学思维的典型，成了我们今天面临的众多危机的根源。通过转向人文学范式，哲学思维方式从"主客关系思维"转向"主体间关系思维"。一种立足于人文学理解活动的哲学思维，是对以"主客关系思维"为基础的科学方法论的反抗。人文学范式下的主体间关系思维，强调人与人之间的理解、交流和对话，这使得在科学不思想的今天哲学家们由语言、历史和诗等人文学经验面对"思的事情"。哲学通过摧毁关于人的镜式本质的"主体性"抽象，进入人文学面对的

---

① 参见张世英《进入澄明之境——哲学的新方向》，商务印书馆1999年版，第8—9页。张世英在该书中将传统哲学的追问方式概括为"纵向"超越，将以现象学开端的当代哲学的追问方式概括为"横向"超越。我们此处所说的科学范式下的本体超越和人文学范式下的境界超越参考了张世英的这个观点。参阅该书的导言部分。

② [德]海德格尔：《面向思的事情》，商务印书馆1999年版，第78—79页。

由主体间关系构成的生活世界。

最后，它力图转变传统哲学的思想语境。传统哲学范式拟定了一种"终极化"的思想语境和词汇，要求自己达到"真正的世界"。哲学家就如同"神"的"信使"，其使命是崇高的，语言是神圣的。它在追求哲学之科学特性时往往将自己"变成了宗教的代用品"。理查·罗蒂称之为"体系哲学"。体系哲学家与科学家一样"为千秋万代而建造"。然而，"在现代哲学的边缘地带我们发现了一些显著人物，他们没有形成一个'传统'，却不约而同地不信任人的本质是本质的认识者这一概念"[①]。这些哲学家活跃在异常广阔的人文学诸领域，是我们时代的教化哲学家。教化哲学家遵从人文学范式，是对体系哲学那种终极化思想语境的摧毁，它激发哲学为"诗人时常能引起的那种新奇感"保持开放的空间。这种不在建构"体系"而在"纯然教化"的哲学自身定位，标志着哲学思想语境向人文学范式的转向。

三 哲学的主题：人的类生命与类哲学

20世纪哲学对传统哲学范式的排拒和消解，是对各种抽象永恒本质的拒绝，对人的抽象化、片面化理解的否弃，是对各种超时间、超历史的"起源幻象"的揭蔽。它以一种甚至异常极端的形式呼唤人们不要迷恋于自己制造的偶像，不要崇拜各种虚妄的超感性实体。这实际上是将"人"移离出以往的"人"的层面，移离出需要将非现实的超感性的理想假装成现实的东西的层面。"人"在这种"移离"中变得更"清醒"，然而，也更清醒地丧失了自己熟悉的"家园"（形而上学）。

对人和人类真实处境的这种思考使得20世纪西方哲学在总体上是消极的：它没能避开虚无主义、相对主义和怀疑主义的诱惑，且演变成各种后现代主义的"游魂"。然而，如果我们从积极的意义上看，它在宣布"哲学之终结"和"人之死"的时候，已经预示了对"哲学"的"活法"和"人"的"活法"的某种思考。新世纪哲学在回应20世纪哲学的思考中需要发掘其积极的方面而克服其消极的方面，这种回应既与"在思想

---

① [美] 罗蒂：《没有镜子的哲学》，载《哲学译丛》1987年第3期。

中把握时代"并行不悖,也与理解遭受解构之苦的传统哲学范式的历史人学底蕴并行不悖。我们从以下两个方面的分析中看到,一种"类哲学"的视野能使我们更清楚地看到20世纪哲学消解传统哲学范式的真实动机,并由此捕捉到未来哲学的主题:即人的类生命存在。

1. 类哲学与哲学的系谱透视。"类"这个词是古希腊人的创造,德文译作"Gattungs",英文译作"Genus",与"种"(Species)相对。柏拉图后期理念论(关于理念与理念的关系的研究)提出"类"(Genus)论,汉语学术界通常翻译成"通种"(Genus)论。柏拉图的"Genus"指理念世界中"最大的理念"(至善),由之产生了可知世界和可见世界。这样一来,他将本来属于人最本源的存在经验,说成是外在于人、超越于人并反过来同人相分离的永恒在场者。这就导致了哲学在一种"起源幻象"中失落了人。传统哲学范式就是由此构造出来的:它把人的内容非人化为一种终极存在,形成了一种追求初始本原、终极本体的"爱智慧"传统;而"人"由于被剥除了"类性"且他的"类"被转入"云霄"成为"圣物","人"也就因此成为"万物"中之一"物";也就是说,由于"人"被"降格"为"种",人的真实的"类本性"在一种"物种思维"中实际上始终远未被"思"及。

将本来属于人的"类本性"还给人自己,并由此祛除传统哲学范式中遮蔽了人的类生命存在的各种"起源幻象",是类哲学视野对传统哲学范式进行系谱透视的基本思路,这是一种更为积极的、更具建设性的"解构传统哲学范式"的思路:首先,它从恢复人的"类"特性出发,指出"劳动"是人的"类活动",是"人的自由生命的表现"(马克思语);这一方面终结了从一个"永恒在场"的"光源想象"中构造"实在"的传统哲学范式,另一方面又能更具体地阐明人的"类"生活如何从"世界的暗处"敞开"一片光明"的问题;其次,劳动生产活动的类性质,决定从它产生的人也必然是以"类"为本性的存在,因此人不是某种孤离的"镜子式"的本质;人的思维的真理性不是一个"镜子映现"的问题,而是"一个实践问题";最后,人的劳动本性决定了人的本质不是由某个神秘的"实体"决定的,而是由人的创造性实践活动展开的;这就是说"人"是未定的,"人"的意义不需要设计一个"信使神"的"神话"来加以"规定",它存在于人的交往实践活动之中且只能由此被理解。

2. 类哲学与哲学范式的转换。"类"是一种活生生的人性本质，是人"活"的特性，是"活"的人。然而，传统哲学范式由于设计了一个"人不在其中生活"的本体界，而将人的"活"和"人的世界"的"活"，或者"神化"为某个精神"起源"，或者"物化"为某个物质"起源"。这为一种科学范式的爱智慧运作奠定了基础：它实际上是"以科学理智方式建构的"神学或准神学理论。

"类哲学"反对"对人的物种理解"，要求哲学真正回到人的生活世界，它比现象学、解释学等当代西方各派哲学更清醒地完成了由科学范式到人文学范式的哲学转向。首先，"本体超越"使哲学以一种科学理智的方式成为"世界之外的遐想"，"类哲学"的超越则使哲学在人的"生活世界"中不断地升华人的境界。这即是说，类哲学将"哲学"看成是人的自我理解、自我意识的学问，这由人的类生命特性是一个不断向新的可能性开放的"境界超越性"决定的，它本身的视野就是人文学的；其次，传统哲学在一种科学范式下从主客关系思维中理解人，属于一种将"人""神化"或者"物化"的实体论思维或对象性思维；类哲学从人的生活方式的展开中理解人，它是一种实践—生存论思维，它理解的是活生生的人，因此是一种主体间关系思维（交往实践）的哲学；最后，类哲学不属于"传统式的新哲学"，不是一种"体系哲学"，"它实质只是从人的更高意境、人的更本质的关系、人的全面发展历史尤其是他的未来发展前景，去看待人和人的一切存在的一种理解方式"。[①] 类哲学是境界论的、实践论的、生存论的，是一种以"人的方式理解人"的"人文哲学"或"人学"。

从哲学的系谱透视和哲学的范式转换，我们大致可分辨出一种有力地回应20世纪西方哲学的哲学思维：类哲学思维。马克思在19世纪40年代完成的哲学变革，就是发轫于这种思维。在《莱茵报》时期（1842年），马克思确立哲学回到现实生活世界的基本方向。1844年同时完成的《黑格尔法哲学批判导言》和《1844年经济学哲学手稿》是对这一哲学

[①] 见高清海《哲学的奥秘——高清海哲学文存第2卷》，吉林人民出版社1997年版，前言，第6页。

转向的落实。在前一个文本中，马克思明确写道："……真理的彼岸世界消逝以后，历史的任务就是确立此岸世界的真理。人的自我异化的神圣形象被揭穿以后，揭露具有非神圣形象的自我异化，就成了为历史服务的哲学的迫切任务。"① 马克思这里提到的两个方面构成了他的历史现象学的两个维度：其一，揭穿"人的自我异化的神圣形象"；其二，"揭露具有非神圣形象的自我异化"。这两个维度在《1844年经济学哲学手稿》中，是通过人的"类生活"和"类生命存在"的哲学视野得以展开的，它构成了马克思哲学变革的真正秘密。应当看到，20世纪西方哲学在面对传统哲学范式和当代人类危机着力进行的哲学系谱透视和哲学范式转换，仍然是在马克思揭示的这两个基本维度展开的。但由于没能自觉由"人的类生命存在"这一实践论人学主题回返"生活世界"，因而陷入种种困境。另一方面，在传统哲学范式下诠释马克思哲学的思路仍然牢固地盘踞在人们的头脑中，这使马克思哲学解构传统哲学、转换哲学范式、拓展未来哲学主题的基本意图隐蔽不彰。因此，我们必须唤醒并保持清醒的类哲学意识，在哲学形而上学终结于"科学"的今天，倡导一种真正"以人的方式理解人"的实践唯物主义。新世纪哲学的范式，取决于我们以何种方式理解人的类生命存在。

---

① 马克思：《黑格尔法哲学批判导言》，见《马克思恩格斯选集》第1卷，人民出版社1995年版，第2页。

附录　游离的片断

有两样东西，
我们愈经常持久地加以思索，
它们就愈使心灵
充满始终新鲜
不断增长的景仰和敬畏：
在我之上的星空
和居我心中的道德法则。

（摘自康德：《实践理性批判》）

附录一

光源隐喻与哲学的叙事模式

"光源隐喻"出现在哲学家们对"一"的迷恋、对"真正的存在"的追寻中，它是人类精神生活的一个基本叙事模式。这个隐喻实际上深藏着历史上各个时期的哲学或哲学家运思的秘密。柏拉图的"洞穴喻"为西方哲学思想精心设计了一个"光源隐喻"，它标明了西方哲学—形而上学的基本道路。希腊化时期、罗马时代以及延绵一千余年的基督教的中世纪，西方哲学形而上学在终极视域与上帝观念的相遇是通过将基督教上帝"光源"化来完成的，中世纪的上帝观念是一个实体化的"永定之光"的观念。近代精神是用"光源化"的理性观念取代"光源化"的上帝观念。一旦意识到，在启蒙散播的光明中，"一切客人中最可怕的客人"——虚无主义之到来，那么就会明了，现时代哲学的命运取决于我们如何面对那起构造作用的"光源"丧失"隐喻"魔力的处境。

人类源初的存在经验表明，"光"是同"语言"，同"知识"，同人类的"文明"和人的"存在"本身密不可分的。"光"是人热爱智慧、追求智慧的象征。在人类社会各个时期的语言中，以"光"为核心的话语意象随处可见，以至于当代法国哲学家德里达（Jacques Derrida）称整个哲学史无非是"光的形而上学史"。

系统化的哲学理论并不向我们讲述"光"学。它不断地使用一些令人费解的概念或术语，对人存在和他的世界进行一种理性化的思考和反省。然而，哲学的这种策略，并没有使它摆脱"光源隐喻"的纠缠。哲学思考无法摆脱这个隐喻，那么我们唯有正视并揭示哲学思考中的"光源隐喻"，才有助于敞开哲学最本己的意图及其历史演变。

一

哲学开始于"是什么"的问题，该问题即是以"光"的存在为前提的。设想一下，我们张开眼睛，只有先有"光"存在，才有物对我们"显现"，然后，我们才问它"是什么"。这是一个最简单的事实：我们"看"，在一个无"光"的永恒黑暗中，我们将"看"不到任何可见之物，因此也不会有"是什么"的问题。从一种隐喻的层面，光的照明与"存在"的观念之密切关联，就出现在这个最简单的事实中。哲学，在这里进入到一个我们大家再熟悉不过的事实领域，这就是："有物存在"，或者，"我们置身在世界之中"。哲学从这里撞击我们，使我们在熟识的生活和事实中开启悠长的"惊异"，问向宇宙人生、广漠世界，问向人之命运、物之成毁，问向有情众生之大同大异、大喜大悲，等等。

这个哲学上最困难的观念，在表述上恰恰又是最简单的。哲学一开始就面临的最普通不过的问题：世界是什么？它为什么既是"多"又是"一"？人类思想的突破，总已经在对"一"的追寻中，将人类的"视力"导向"真正的存在"。这个"真正的存在"就像一轮普照万物的"太阳"一样，它是"照亮"一切而自身不被照亮者，是"实在""意义""价值"的本原。哲学中的这个最奇怪的"多"中之"一"的观念，或者说关于"真正存在"的观念，在其文本背后遵循了"光源隐喻"。不论我们如何设想或者思考"真正的存在"，我们都已经在使用"光源隐喻"。

"光"使万物"开显"，无"光"则一切趋于"归闭"。"光"意味着"明"，意味着"照亮"。"光明"与"黑暗"相对立。当然，我们也可以说，是"暗"孕育了"光"，"暗"先于"光"。但是，两者实际上是不可分的。关于"光明"和"黑暗"斗争的传说，在世界上许多古老民族那里流传。中国儒家重视"光明"（尚明），道家重视"幽玄"（浑沌），儒家尚"有"，道家贵"无"，虽然取向不同，但从根上讲都遵循着古老的"光源隐喻"。古印度哲学家所说的"梵"实际上是"生命气息"、是"宇宙之光"，佛陀要求我们去掉"无明"，也是一种引导世人走向"大光明"、走向"大自在"的智慧。这些人类最初的本源性的存在运思都涵蕴着某种形式的"光源隐喻"。

另一方面,"黑暗"的世界是一个不宜于人生活的世界。它是寂静的、无声的、沉默的、无言的,这样的世界是可怖的,尽管它是"永恒"的。帕斯卡尔说,"这些无限空间的永恒沉默使我恐惧。"[①] 人类要反抗这种恐惧,他的全部的抗争就是要挣出这无边的"寂静",他的"斗争"也是要走出"黑暗"寻找"光明"。哲学产生于此种抗争。哲学的演变反映了此种抗争。哲学家们以各种方式改写了"光的故事"。他们讲述的,不是《圣经》中的创世故事(希伯来人),不是《奥义书》中"大梵光明"的故事(印度人),不是普罗米修斯盗火的故事(希腊人),不是"羲和"日神的故事(中国人)。哲学家突破了这些神话想象的世界,他要问及那经得起人类理智辩驳的"真"理、正义和美德的世界,要问及世界的真正存在。哲学家创造了自己的"神话",以另一种形式讲述"光的故事"。哲学话语中隐蔽着的"光源隐喻"深深地缠绕在人的爱智心灵中,以至"光源隐喻"成了人类精神生活的一个基本叙事模式。

人在时"光"中,从宇宙生命绵延的意义上,只是"一瞬间"。当我们使用"光阴"这个词来指称"时间"的时候,我们多少感受到一种只属于人之有限性的"绽现"。一种"斗争",一种从"黑暗"中奋争出来如同"日"出一样喷薄的"斗争"。"火"是光之源。"炉火""烛火""燃烧的太阳"等都属于光源。从"火"的燃烧和光芒中,我们看到了人世的"斗争"。"光源隐喻"出现在哲学家们对"一"的迷恋、对"真正的存在"的思考中。哲学家把"真正的存在"设想成一个与"我"相对的"光源",它是始基、本原、本体、实体;由于它的"到场",包括"我"在内的"万物"才得以显现出来。哲学形而上学就是要追求这个"照亮"一切的"永恒的存在者"。这造成了在"光"和"被照亮之物"之间的二分,此岸世界和彼岸世界的两分,"上帝之城"与"世俗之城"的两分,思想的"我"作为"主体"与被思想的在者作为"客体"的两分。以此,哲学家完全可以在面对"光源"时成为世界的见证人。[②] "光

[①] [法]帕斯卡尔:《思想录——论宗教和其他主题的思想》,何兆武译,商务印书馆1985年版,101页。

[②] 参见[法]巴什拉《烛之火》,见《火的精神分析》,杜小真译,生活·读书·新知三联书店1992年版,第160页。

源隐喻"实际上深埋着历史上各个时期的哲学或者哲学家运思的秘密。我们从这里进入哲学的历史,进入哲学家的"炼狱"。

二

让我们从柏拉图所说的那个著名的关于光源的寓言开始。这个寓言通常被称做"洞穴喻"。这个哲学寓言在西方哲学两千多年的思想嬗变中,实际标明了西方哲学形而上学的基本道路。柏拉图通过对洞穴中的囚徒处境的描绘深刻地表达了那种关于一般人类处境中的人的局限性的认识。这是一种总是为事物的假象(影像)所蒙蔽而看不到事物真相的人类知识处境。人只有从这种处境中挣脱出来,才能获得真正的知识。柏拉图问道,设想有人将洞中囚徒解放一人,那将会发生怎样的情景呢?首先,他将会看到火光和那些事物;其次,他发现了太阳和太阳下的事物。每一次新的发现总是伴随着认识的改变。

洞穴喻最形象地表达了柏拉图的哲学理想。在这一比喻中,至善理念被看作是照亮一切而自身不被照亮者,而要达到关于这一理念的知识,心灵必须经过一系列的转向,从影子到物,到火光,再到洞穴外的物,最后转向太阳。灵魂的转向与个人从意见、现象之中获得解放的道路是同一条道路。这个隐喻形成了柏拉图哲学中最根本的理性主义原则:世界的终极存在被看做是照亮万有的终极之善。光源的意象在这里成了我们领会柏拉图哲学实质的关键:没有光一切皆不可见,而没有"善的理念"的世界也就是一个没有光的世界。柏拉图把世界分成现象世界和理念世界,称前者为"可见世界",后者为"可知世界"。可见世界的"光"和可知世界的"太阳"是理解他的哲学思想的至关重要的喻象。前者喻指习惯或经验或传统习尚中的善,而后者是指构成整个宇宙基本秩序和价值体系的至善。哲学首要的任务是要指明灵魂如何才能从可见世界转向可知世界。"灵魂转向的技巧"要求激情和欲望听从理性指挥的技巧,这种"技巧"的最高形式是苏格拉底所示范的辩证法。在柏拉图看来,只有具备辩证法智慧的人才能完成整体的灵魂的转向,从而灵魂转向它本真的状态,这就是灵魂的回忆。

柏拉图为西方哲学思想精心设计了一个"光源隐喻"。在这个隐喻中，灵魂、人和城邦都遵循一个共同的原则：即让欲望和激情听从理性指挥的原则。理性是灵魂中的视力，由理性主宰灵魂才能实现"灵魂转向"。同样，哲学家是城邦中最有智慧的人，由哲学家统治的城邦才是一个正义的城邦。这个思想根本上就是将理性看作通向永恒光源的必由之路。"灵魂转向"的想法是以某个最终光源的本体论预设为前提的，唯有如此西方逻各斯传统才得以奠基。柏拉图对话录中的苏格拉底总是在一种辩证对话中对各种事物及其关系本身进行界定。这是一种理性概念思维的典范，它把理性看成是使人走出"洞穴"世界（现象世界）进入"光明"世界（光明世界）的决定性的力量。这就是说，理性把我们带向理念世界（可知世界），而感性欲望则将我们束缚在现象世界（可见世界）。

柏拉图的"洞穴喻"是对光明的一种理解，是理性自主独立的凯歌，其核心是对"永恒在者"的"光源化"，也就是说，它确定的终极视域是以"永恒在场者"为照亮一切世界和人类的最终光源。哲学由此推崇以理性思维来把握"在场者"的本质（即出场的东西的"本身"），而隐而"不在者"则被忽略掉了。怀特海说，"两千五百年的西方哲学不过是对柏拉图的一系列脚注。"[①]虽然柏拉图的学生亚里士多德侧重经验的理论思维冲淡了"洞穴隐喻"的超验想象，但是他对终极因的探究则继续了柏拉图的"灵魂转向"。亚里士多德说，获得宇宙"为什么以这种方式而不是以另一种方式存在"的终极原因的知识，并不是凡人所能达到的智慧，而是神的智慧，人只有在思辨的生活中才能进入类似"神"的智慧德性。如果说哲学的最高使命是通向终极视域的"思"，那么我们在柏拉图和亚里士多德遵循的"光源隐喻"中可见证到纯粹理论理性的极境必然向"上帝观念"敞开。

三

西方关于"上帝的观念"通常认为有两个历史性的根源，这就是《圣经》和希腊哲学。两者的相遇和融合是在希腊化时期和罗马时期完成的。西方世界上帝观念因此始终存在着两种彼此对立的精神资源：一种源

[①] [美]威廉·巴雷特：《非理性的人》，杨照明等译，商务印书馆1995年版，第79页。

自《圣经》的上帝观念。这是一种超哲学形而上学的上帝观念。这种观念的智慧核心是："［它］是呈现其自身的智慧，它从存在的创造者那里倾泻而下……它所宣示的真正秘密就是：有人干渴，即给他以水饮。"① 耶利米的呼号，约伯和以赛亚的痛苦，见证这种智慧。构造西方人上帝观念的另一个源头则是源自希腊哲学—形而上学的上帝观念。苏格拉底、柏拉图和亚里士多德早已认识到：奥林匹斯山上众神仅是习俗所传，本质上只有一个不可见的"神"，它被设想成宇宙理性、命运或者天道，或者造物主。这是一种源自思想的神，不是耶利米的那个活的神。这两者的汇融是一种智慧的冲突，没有这种冲突就不会有西方人上帝观念的诞生。西方的哲学和神学曾经从这两个源头，以形形色色的论点说明神在，并反省神是什么。希腊化时期、罗马时代以及延绵一千余年的基督教的中世纪，西方哲学形而上学在终极视域与上帝观念的相遇是通过将基督教上帝"光源"化来完成的，它最终使得那个"或隐蔽或显现"反复无常的上帝（旧约圣经中的上帝）成为光源化了的永恒在场者的上帝（经院哲学的上帝）。

　　新柏拉图主义者普罗提诺将柏拉图的光源隐喻进一步加以发挥，提出了"神流溢一切"的观点，为这两种终极智慧的过渡提供"桥梁"。他把"神"说成是"太一"，也就是"至善"，是绝对完满的"一"，这种绝对完满性的流溢是必然的，就像太阳放射光芒一样。因此，它是流溢的源泉，发光的"太阳"。英国学者富勒说："谁若想写一本书论述比喻的哲学意义和作用，那他肯定首先要考虑普罗提诺的这个比喻，因为它既恰当又在思想中占主导地位并起控制作用。"② 普罗提诺的这个精炼化了的哲学隐喻直接影响了当时主要的教父哲学家。查斯丁认为，上帝是"一"，是永恒，他在创世之前就有了一种理性的权能，就像黑暗中发出的光，"光"就是"逻各斯"。受这种观念的影响，希腊哲学中那个作为"光明"神话的"逻各斯"进入到了基督教的上帝观念之中：圣父产生圣子，犹如太阳产生光明。奥古斯丁循着柏拉图和新柏拉图主义的光源隐喻，把

---

① 引自［法］雅克·马利坦《科学与智慧》，尹今黎等译，上海社会科学院出版社1995年版，第19页。

② 引自［美］艾布拉姆斯《镜与灯》，北京大学出版社1989年版，第84页。

上帝比作"至善"之光,人的灵魂比作眼睛,理性比作视觉。人生的终极追求就是转向上帝。如此,柏拉图理念论的理性主义二元论被改造成为一种基督教哲学以"上帝之城"和"世俗之城"的两分为基础的二元论,这实际上构成了后来中世纪经院哲学家融合基督教神学和希腊哲学的经典模式,它形成了一条奥古斯丁—柏拉图主义的路线。直到 12—13 世纪,这条路线才被改变。

牛津大学首任校长格罗斯泰斯特(R. Grosseteste,约 1168—1253)在《论光》一书中接受当时由阿拉伯世界传入的亚里士多德思想的影响是一个标志。他提出独特的"形而上学光学",认为"神圣之光"并不直接照射人的理智,而是通过被造的心灵之光照射的。这在中世纪哲学中开始改变柏拉图—奥古斯丁路线只谈超验信仰之光的传统,涉及了超自然的信仰之光和自然理性之光的关系问题。托马斯·阿奎那(Thomas Aquinas,1224/25—1274)确立了遵循亚里士多德主义传统来论证和诠释基督教信仰的路线。托马斯将人看成是一个在自然秩序和神圣秩序之间被分割的存在物:在自然秩序方面,人的中心是理性,他遵循着"理性之光";在神学秩序方面,人的中心是信仰,他遵循的是上帝的"智慧之光"。理性并不是"灵魂"借以看见上帝"光照"的"视力",理性在实质上也同样是一种"光照"。上帝的光照构成了基督教神学之源,自然理性的光照构成了哲学之源。"哲学的真理不能与信仰的真理相对立,它们确实有缺陷,但也能与信仰的真理相类比,而且有些还能预示信仰真理,因为自然是恩典的先导。"[①] 这种双重真理论在中世纪后期颇为流行。为了解决二者的一致问题,托马斯指出,上帝是自然界和超自然界的共同根源,他自己不会反对自己,自然理性与超自然的信仰并不矛盾,"神恩并不危及自然,它只是成全自然"[②]。现代新托马斯主义哲学家马利坦指出,托马斯表达了中世纪基督教一体化世界的理想,即"各种等级的智慧的和谐":基督教世界中理性的活动,希腊和阿拉伯的科学传统,经院哲学的训导,以及倾向于同被造自然握手言欢的基督教精神的深刻的实在论,所有这一

---

① T. Gilby 编:《圣托马斯·阿奎那哲学文集》,牛津,1960 年,第 30 页。
② 托马斯·阿奎那:《神学大全》,1 集 1 题 8 条,见上书,第 320 页。

切最终聚和为一种强大的"科学冲动"。①

中世纪的上帝观念是一个实体化的"永定之光"的观念,一个被"光源化"了的永恒在场者。这是一个基于光源喻对信仰的理解,即设想一个作为无限的"太阳"的上帝已经照射透了的宇宙,人们到处都可找到与信仰的教义相似的东西。如果不能证明三位一体之类的教义,至少在自然界和人类身上处处展示着此种光照之象征。历史学家常常把中世纪描绘成"黑暗时代",但中世纪的基督教徒的存在体验则远不是历史学家所说的那种"黑暗"感,他们相信:"光自上而下","道"已成为"肉身",圣灵随此运动而降临在世间,宇宙成为光耀明亮的等级秩序。它启开了光明宇宙(思想中的)从一个层面(例如理性)流向另一个层面(信仰)的潮流。光明宇宙(思想中的)获得智慧的等级并且在一瞬间洞见到不同智慧的平静的结合与和谐。中世纪哲学祈望用理性论证来加强基督教教义,这在托马斯·阿奎那的伟大综合体系中达到了极限。有的思想家(如怀特海)从托马斯身上看到,整个中世纪哲学同现代思想比,是一种"无边无际的理性主义"。② 在托马斯·阿奎那哲学中朝"第一因"(上帝)敞开的自然世界是人类理性所能理解的,他将人类理性"当作一种酸性溶剂"无限地运用于人间天上的所有事物,③ 而后来的康德哲学则明确要求划定人类理性的界限。我们看到,上帝"光源化"和"永恒在场化",是使中世纪正统的经院哲学将各种神秘主义学说视为"异端"的关键因素,也是构造中世纪"无边无际的理性主义"的终极基础。

上帝观念的核心是一"超越的神秘性",中世纪哲学要求理性冒险进入此神秘并由理性确证上帝存在,这隐喻地表达了我们的在世感对存在固有的神秘性的意识。上帝"从无中"创造了世界,那么这世界原本就是"无"。如果我们由此面对莱布尼茨的追问:为什么"存在"(有)存在,而"无"倒不存在?我们将发现,"存在"(有)的被照亮形成了"上帝之光"的神学—形而上学设计的基本构架,当理性的因素从神学中逐渐

---

① [法]雅克·马利坦:《科学与智慧》,上海社会科学院出版社1995年版,第27页。
② 参见[美]威廉·巴雷特《非理性的人》,商务印书馆1995年版,第26页。
③ 同上。

被剥离出来并最终与神学分立的时候,在中世纪哲学中被"上帝之光"照亮的"存在"重又隐入黑暗之中。在中世纪向近代世界转换的过程中,作为永恒呈现的"光"的上帝观念让位于作为隐蔽或隐秘的上帝观念。文艺复兴、宗教改革和启蒙运动则沿着这一方向将上帝观念分解为两种:一种是上帝的人类精神化,这已经不再是神学的上帝,而是形而上学的"终极原理";另一种则是上帝的隐秘化,从宗教改革运动中出现的新教代表了这一趋势。

四

近代精神的一个重大标志是"光源化"的上帝观念被"光源化"的理性观念所取代。科学对宗教的胜利使得哲学对宗教的批判成为时代精神的主流。上帝观念被看作是"人的自我异化的神圣形象"。在启蒙哲学那里,由于对上帝观念的解蔽仍建立在哲学的光源隐喻基础上,它又造成了对人的"非神圣形象的自我异化"。

"启蒙"(enlightenment)一词的本意是,把光明(light)散播到人类心智的黑暗角落。近代启蒙主要是通过破除上帝观念的蒙蔽来完成这一使命的。但是,启蒙对神学的批判只不过是用永恒在场的理性之光置换永恒在场的上帝之光,启蒙信念的背后是用理性的在场者代替神学的在场者,它总是要树立一个"在场"之物作为一种神圣的、崇高的、可普遍化的终极光源。

康德在1784年写的《回答这个问题:什么叫启蒙?》一文中开篇给"启蒙"下了一个定义:"启蒙运动就是人类脱离自己所加之于自己的不成熟状态。不成熟状态就是不经别人的引导,就对运用自己的理智无能为力。当其原因不在于缺乏理智,而在于不经别人的引导就缺乏勇气与决心去加以运用时,那么这种不成熟状态就是自己加之于自己的了。Sapereaude![1] 要有勇气运用你自己的理智! 这就是启蒙运动的口号。"[2] 康德的定义指出"启蒙"在两个方面面临艰巨任务:就启蒙之人对自己而言,

---

[1] 罗马诗人贺拉斯语,意思是"要敢于认识"。
[2] [德]康德:《历史理性批判文集》,何兆武译,商务印书馆1990年版,第22页。

意味着如何摆脱智力上的依赖、懒惰和胆怯的状况①；就启蒙之人对他人而言，意味着如何摆脱人身的受监护、不成熟和不自由的状况。这就是说，启蒙需要的是自由，唯有在一切事物中公开运用个人理性，而且唯有当理性的公开运用永远是自由时，才能实现人的启蒙。康德作为历史上处于承上启下位置上的伟大思想家，对"何谓启蒙"的思考是建立在批判哲学冷静而深刻的观照之下的。这种思考既是对以往近三个世纪理性从信仰的束缚或压制下获得自由和独立的哲学精神的概括总结，同时又隐含着对理性的无条件运用可能导致的后果的某种警示。

"启蒙"提供了一种新型的知识典范（西方近代数学自然科学），它先是构造了自然界的形象，然后造就了工业事实，这是西方科学的威力的直接表露。哲学最初对它的反思形成了大陆理性主义（侧重其先天原理方面）和英国经验主义（侧重于经验方面），两种相互对峙的观点和学说在启蒙思想家那里被一种新的宗教热情所利用，这种宗教热情就是对理性和科学的尊崇。科学被启蒙学者制定成真理的新的基础，牛顿学说为追求秩序、安定、和谐、自由、公正的启蒙方案提供了知识理念的原型，卢梭的思想则为此类感受性创造了一种情感福音。立宪、共和、民主的政体借科学之名在启蒙学者的著作中呼之欲出；科学的发源，理性的独立，资产者商业上的扩张，普遍的理智启蒙，以及资产阶级革命，构成了启蒙时代相辅相成的巨幅画卷；最终，"科学""理性""民主""自由"被戴上了绝对正确的光环。

刊载康德《什么是启蒙》一文的《柏林月刊》已是两个多世纪之前的文物。然而，康德对启蒙意义的思考在今天仍然具有不断诠释的巨大魅力。毫无疑问，我们今天比以往任何时候都更清楚地看到，西方启蒙现代性造成了一种新的"蒙蔽"，因此"启蒙"还必须不断地进行下去。近代启蒙没有避开西方形而上学造成的观念蒙蔽。基督教的上帝观念被无神论、泛神论、怀疑论、实证主义等思想破除了，但形而上学的上帝观念仍然以一种"理性""人"和"主体性"的"光源化"身份存在。福柯说："设想《柏林月刊》仍然存在并正在问它的读者这个问题：什么是现代哲

---

① 例如学者的书代替我有智力，牧师的布道代替我有良心，医生的防治代替我取舍食物等等。

学？或许我们可以带着回声地答道：现代哲学就是这样一种哲学：它正在试图回答这个两世纪前如此鲁莽地提出的问题：什么是启蒙？"[1] 这个问题指向了由启蒙运动开创的西方现代性传统，它遵循的启蒙策略乃是"用本体启蒙本体"，而一切传统本体论的本体承诺作为一种终极视域中照亮一切的"光源"，实际上乃是一大蒙蔽。因此，"启蒙"触及到了统治西方思想两千多年的哲学形而上学观念的边界。追问"什么是启蒙"，实质上是对全部西方哲学形而上学遵循的"光源隐喻"的合法性根据的追问。有人依据对西方形而上学两大阶段（本体论和主体论）的划分，相应区分了西方启蒙思想的两大阶段：（1）"启神性之蒙"达到人的理性；（2）"启理性之蒙"达到个人的存在。不论这种区分是否准确，我认为它至少表明："启蒙"作为西方形而上学光源隐喻的集中"表征"，必然构成了今天西方思想在反省传统时要对它进行不断解蔽的对象。

19 世纪末，尼采笔下的"疯子"对启蒙无神论者说的一番话，直接敞开了对启蒙现代性的"解蔽"，它从根本上将统治西方两千多年形而上学思想的"光源隐喻"击得粉碎："'上帝到哪里去了？'他大声喊叫，'我要对你们说出真相！我们把它杀死了——你们和我！我们都是凶手！'紧接着，这个疯子一口气问出了一连串的问题："我们是怎样杀死上帝的呢？我们又如何将海水吸光？是谁给我们海绵去把整个地平线拭掉？当我们把地球移离太阳照耀的距离之外时又该做些什么？它现在移往何方？要远离整个太阳系吗？"[2]

这即是说，自柏拉图以来那个受光源隐喻定向的西方哲学终结了，超感性世界（那个形而上学的本体界）没有任何生命力了。"如果作为超感性的根据和一切现实的目标的上帝死了，如果超感性的观念世界丧失了它的约束力，特别是它的激发力和建构力，那么，就不再有什么东西是人能够遵循和可以当作指南的了。"[3] 散播光明的启蒙走进了"虚无"之中。"当我们通过无际的虚无时不会迷失吗？"这种疑问乃是现代人追求光明必然遭遇的根本之问。"虚无"意味着一个超感性的、约束性的世界的不

---

[1] 福柯：《什么是启蒙》，汪晖译，引文见汪晖等主编《文化与公共性》，生活·读书·新知三联书店 1998 年版，第 423 页。
[2] 引自海德格尔《尼采的话"上帝死了"》，见《海德格尔选集》，第 769 页。
[3] 同上书，第 771 页。

在场，亦即那个永恒在场的"光源"被证明是不在场，于是我们面临极度的黑暗。这是今天西方社会诸多危机的总根源。尼采借疯子之口对自信的、乐观的启蒙学者指出：在启蒙散播的光明中，"一切客人中最可怕的客人"——虚无主义就要到来了。西方思想从柏拉图将人作为囚徒锁入他的洞穴开始，就遭受到了一场隐蔽的然而旷日持久的形而上学的"危机"。尼采第一次将西方形而上学遭遇的"危机"宣告出来并凝缩在"上帝死了"这句口号中，这开启了一个清算或反叛旧形而上学的时代。现时代哲学的命运，取决于我们如何面对那起构造作用的"光源"丧失隐喻魔力的处境——即"上帝死了"的事实。

（本文首刊于《人文杂志》2002年第3期）

附录二

镜子隐喻与哲学转向三题

从镜子隐喻透视哲学转向，可拈出三题：近代笛卡尔、培根开始铸造认识论哲学转向的基本形态，它遵循"镜子隐喻"；20世纪维特根斯坦哲学通过用语言问题取代心灵镜喻凸出了哲学的语言转向，而对语言表象论的镜子模型的摧毁则是一种走出西方知识论传统的运思之路；由"言"与"知"的视角，联系中国古代庄子学说，从一种比较分析中可以看到中西哲学之分殊及其会通的可能。

当代美国新实用主义哲学的代表理查·罗蒂在《哲学与自然之镜》中揭示了西方传统哲学隐蔽的镜子形象。他指出，"俘获住传统哲学的图画是作为一面巨镜的心的图画"。我们看到，镜子隐喻对"心灵"和"语言"之本质的预制，决定了西方哲学的主题转向。这突出地表现在近代哲学经历的认识论转向和现当代哲学经历的语言转向。从镜子隐喻及其被"废除"的命运（例如在后期维特根斯坦那里）对西方近现代哲学转向的深远影响，尤其是从"镜子模型"的解体对西方知识论传统造成的颠覆，我们可以形成一种重新理解庄子知识论的一个比较哲学的视界。本文由镜子隐喻透视哲学转向，拈出三题：一、近代哲学在笛卡尔和培根那里确立以"认识者"为核心的知识型哲学，铸造了近代认识论哲学转向的基本形态，它遵循一种"镜子隐喻"；二、20世纪经验主义者维特根斯坦通过"以语言为中心的镜子模型"转换近代哲学"以心灵为中心的镜子模型"完成了现代哲学的语言转向，后期维特根斯坦对于前期思想中仍然残存的镜子模型的彻底破除，是对于语言表象论的摧毁，这是一种走出西方知识论传统的运思之路；三、从西方哲学与庄子语言哲学的比较分析中可以看到中西哲学之分殊及其会通的可能。

一 镜子隐喻与近代哲学的认识论转向

西方近代哲学在笛卡尔和培根那里已经开始确立一种以"认识者"为核心的知识型哲学，即通过追寻一切知识的基础来推进、反思和回应新科学的发展。笛卡尔开创了唯理论传统，注重的是以数学—逻辑为典范的知识基础；培根开创了经验论传统，关注的是以观察和实验为典范的知识基础。这两个传统的相互论战，铸造了近代认识论哲学转向的基本形态。它的总体结构是一种"镜子模型"。

欧洲近代理性主义哲学的鼻祖笛卡尔，从一种建立在理性原则基础上的普遍怀疑的方法进入"人心"的研究领域。他指出，当我们在怀疑时，唯独"我在怀疑"这一事实是确凿无疑的；因此，"我思故我在"，这就是"心灵"的自明原理，它表明"心灵"是一面"明镜"。从这个自明的"镜子一样"的"心灵"出发就可以证明"上帝的存在"和"物质的存在"。在这个论证中，最核心的观念是对"心"的镜喻理解。笛卡尔的普遍怀疑针对的是我们内部的认知表象是否精确的问题，这个问题如果没有一个理想的"如明镜一般"的"心灵"的预设就不可能得到解答。笛卡尔形而上学对于心灵、上帝和物质三个实体的论证是以一种对"人心"的"自明性镜式本质的思考为近代认识论奠基的"。"表象存在于心中，有一双内在的眼睛监视这些表象（反省），以求证明其忠实性。"[①] 强调"我思心灵"的自明性，是对理性意义上的"心"的强调，并将它作为标准和权威，这是一种高扬主体性的"心的观念"。然而，笛卡尔虽然证明了思维是比存在更为清晰的东西，关于心的科学因而比关于物的科学更具有奠基性，但他没有办法避免二元论。他解决不了这样的诘难：我们如何才能知道，凡是心的东西都再现着任何不是心的东西？

英国近代经验主义哲学之父培根在《新工具》第一条格言中表达了从一种经验论立场对"人心"的镜式本质的理解："人作为自然的臣相和解释者，他所能做、所能懂的只是如他在事实中或思想中对自然进程所已

[①] 参见［美］罗蒂：《哲学与自然之镜》，第38页。

观察到的那样多,也仅仅那样多:在此之外,他是既无知识,亦不能有所作为。"① 也就是说,人只不过是一面观察、再现自然的镜子。哲学要复兴,就必须打扫"头脑",破除那些围困人们心灵的假象。培根的"四假象说",是对蒙蔽"人心"的各种因素的揭示,"人心"要成为"自然的解释",就应在"无障碍"时真实地、自然地活动。我们必须破除心中的四种假象:由人性而来的假象;由天性、教育、个人的性格等各种因素形成的假象;由语言文字的运用产生的假象;由公认的哲学权威形成的假象。破除人心中的假象是一项"智力澄清"的工作。人心像一面镜子,它的功能是"映现"自然。但由于人类的心灵里面充满了各种各样的假象,因此首要的任务是打扫心灵之镜使之能够真正地映现自然。这是一项改造"人心"的艰巨任务。而人心本来是平整明净的"镜子",它之所以产生凹凸面是因为假象造成的。因此,破除假象意味着使心灵还原到它作为"自然之镜"的本然状态。人们在观察、在实验中要求一种不为假象蒙蔽的"明镜一样的心灵",这是获得"经验"的前提,也是知识的源头。

由笛卡尔和培根发端的近代哲学显然是在一种"镜子隐喻"下奠定认识论哲学转向之基础的。概括起来看,有几个方面的特征:(1)将真理问题理解为某种知识主张,认识论成了哲学的主题。(2)真理通常被理解为认识者和认识对象的一致、符合和同一。(3)主客二分框架成为知识论的理论思维前提,它形成了一种"与客体相分离的主体模型",这成为探究一切知识之基础的近代哲学的主导原则。笛卡尔将一切归结为自主"我思"的逻辑推衍物,并在心物二元论框架中建立了"主体模型",知识的源头活水被说成是人心中的天赋观念。这个"主客二分模型"以"两重经验论"(洛克)等形式出现在经验主义哲学中,康德将它设想成"具有一整套先验能力"的"摆脱了不成熟状态"的"文明人",最后黑格尔将它表述为"实体即主体"的"绝对"。(4)最后,出现了一个被"镜子化"了的"人心"的研究领域。关于人心的"镜子模型"的最有代表性的例子是洛克的"白板喻"和莱布尼茨的"大理石喻"。前者强调"人心"无任何先天观念,是一块"白板",知识是心灵"白板"映现

---

① [英]培根:《新工具》,商务印书馆1984年版,第6页。

"实在"的结果；后者强调"人心"中有天赋观念，像"大理石"的"花纹"，在映现对象时自身变得清晰起来。

必须强调，近代哲学的镜子模型是对现实的、社会的人的抽象理解，人被理解为一种理想的主体模型。哲学家要求追求真理的"人心"穿过层层迷障，成为面向普遍事物或者面向特殊事物的"认识主体"。实际上，近代哲学家在自然科学知识真理的范例下，不单是将人心看作某种"映现"对象的"镜子"，人本身也被看作"镜子"。主体化的人其实就是镜子化的人。客观地说，像哲学家们所说的那种能够"明镜"一样感受、知觉对象或者"明镜"一样表现实在的人并不是现实的人，而是哲学家设想的一个理想模型。主体模型的建立，主客二分框架产生的真理追求（与对象符合的），以及将认识者植入镜子模型的思想策略，抽离了人的历史、文化、社会和心理等因素，这其实是从人的总体特性中切取一个片断进行夸大的结果。镜子式的人和镜子式的人心因此是一种游离于时间之外、历史文化之外的孤离的人或人心。把真理看成是心灵对实在的镜映的观点，是西方近代哲学采取的一个共同的基础隐喻。然而，心与物、主体与客体的二分又总是使得哲学家担心"人心"可能永远不知道物自身究竟是什么。反省人心的认识能力，检讨人类知识的界限和范围，正是出于这种"担心"。从要求人心成为"镜子"到要求人类的语言成为"镜子"源自这种检讨。19世纪中叶以来的现代西方哲学正是在近代哲学"认识论转向"的基础上实现"语言转向"的。

二　语言转向与维特根斯坦：揭破传统哲学中的镜子隐喻

大卫·休谟的彻底怀疑论和不可知论对近代知识论中"心的镜子模型"是最有力的穿透。他认为真正的知识由两类陈述来表达，一类是逻辑—数学陈述，另一类是以感觉印象为基础的陈述。逻辑—数学的表述只有在正确说明观念、符号、概念间的正确关系时才有意义。一旦涉及外部世界，涉及对象和实在，表述便最终与被人们理解为知觉和观察的经验有关。除此之外，其他所谓知识都是不确实的。休谟宣称，人们常常争论的那些概念和观念毫无意义。因此，为了知识及其进一步的积累，一切关于上帝、灵魂、心灵、自由、实体的思辨都应摒弃。这种激进的怀疑主义主张，对心灵自我主体的信念构成了重大挑战。休谟对形而上学的批判在 20 世纪实证主义和经验主义领域中产生了广泛而强有力的影响。20 世纪经验主义完成的语言转向以及通过"以语言为中心的镜子模型"转换近代哲学"以心灵为中心的镜子模型"，不过是将休谟的基本见解重新加以解释，把 18 世纪的心理学和认识论语言翻译成现代逻辑的语言。这是镜子模型由"心"向"语言"的转变。

维特根斯坦指出，哲学关心的不是科学意义上的真理，哲学不是揭示新的事实，它的主要工作是"澄清"，即澄清为自然科学所揭示的命题、观念和概念。在这么做的时候，哲学的目的是借消除我们理智上的不安而成为治疗性的。维特根斯坦的这一观点典型地代表了现代分析哲学中的语言转向：即从认识论转向语言论。《逻辑哲学论》要达到的目的之一是要找到一种能确切反映世界情况的完美语言。语言是实在的图像，一个逻辑命题就是一个"图像"，图像与实在之间、命题与事实之间存在着一种对应关系，二者之间有一种共同的结构。由此，"语言、命题是图像"，"图像是实在的模型"，"图像与实在符合或不符合；这就是正确与错误，真或假"。根据这样的一系列的推论，维特根斯坦实际上建立了一种"语言的镜子模型"之构造原则。设想一种"图像"式的语言，在认识论上显然是要试图摆脱"心"的基设，也就是要摆脱一种与客体分离又能映现客体的"主体模型"。正是在这个意义上，维特根斯坦说："我的语言的界限意味着我的世界的界限。"因此并不需要一个"人心"的研究领域，命题分析如果进行得很透彻，最后必然会得出命题各项的终极联系，即"原子命题"，这就是维特根斯坦所强调的"真值函项论"。由之可构造一个人工化的、理想化的逻辑语言，避免日常语言和形而上学语言的混乱。"语言图像论"是前期维特根斯坦建立"语言的镜子模型"的出发地，它涉及的是语言和实在的镜映关系（即图像）；而"真值函项论"则是"语言的镜子模型"的构造原理，它涉及的是命题与命题之间的关系。这样一来，维特根斯坦前期语言哲学实际上仍然坚持了一种"镜子模型"，只不过将传统心灵主义和主体模型的镜子隐喻改造成了一种语言逻辑分析的镜子模型。

写完《逻辑哲学论》的维特根斯坦似乎达到了他所追求的"哲学的安宁"。他离开了大城市的喧嚣，来到南奥地利的山村做起了乡村教师。表面上看，这个在《逻辑哲学论》中取消了一切哲学问题的哲学家，这个主张"对不可说的东西保持沉默"的爱智者，划定了哲学的一个终极语境。然而，如果考虑到《逻辑哲学论》中建立的"语言的镜子模型"中尖锐的内在矛盾，维特根斯坦的退隐就不能被看成是一种思想上的"功成身退"。在写作《逻辑哲学论》的过程中，维特根斯坦一方面对日常语言的含混不清感到不满意，要求寻求一种科学语言的精确性；另一方面又意识到科学语言对于表述不可说的东西的局限，它只能被限制在可说的世界里。这是一种极其矛盾的心态，前者是一种科学主义的态度，后者则触摸到了一种诗意思想的边界。在科学思想中我们只能说可以说的东西，但是在诗思中我们却可以说不可说的东西。对"明镜"（图像）般的语言的要求，以及将哲学定位在"澄清"语言的混乱、治疗语言的疾病上，实际上是把诗思逐出了哲学的领地，就像柏拉图将诗人逐出"理想国"一样。前期维特根斯坦创造了一个"语言的理想国"，他的思想冲突和内心生活的历练都源自这种"镜子模型"的理想与现实生活的尖锐冲突。一旦哲学家从这个"理想"模型中走出来，回到现实生活的大地，他就会对语言和思想的本质重新思考。

应当说，是一种理论的内在困境驱使维特根斯坦来到宁静的山村。与学童们的嬉戏，山村教学对日常语言的需要，为孩子们掌握他们的语言进行的词典编撰，使维特根斯坦对语言本质的看法发生了根本性的变化。维特根斯坦写道："说在语言中我们考察一种与日常语言相反的理想语言，这一说法是错误的。因为这使得看起来好像我们认为我们可以对日常语言加以改进。然而日常语言是完全正确的。"[①] 基于这种认识，1929 年之后的维特根斯坦提出了语言游戏说，对前期的语言图像说及其全部学说进行了总体性的清算。对语言图像论的批判实际上是对"语言镜子模型"的揭破。图像把我们禁锢起来，对于这些禁锢我们的语言图像必须加以摧毁。这意味着，前期《逻辑哲学论》变成了后期《哲学研究》批判的靶子。"当哲学家使用字词——'知识''存有''客体''我''命题''名称'——并且想抓住本质时，我们必须时时这样问自己：这些词在一

[①] 参见 Wittegenstein, The Blue and Brown Book. Blackwell, 1969. p. 28。

种语言中，在它们自己的老家中是否真的这样使用？"① 这是一种针对一切"镜子模型"的哲学抽象所进行的追问，不但要破除笛卡尔、培根以来关于心灵的镜子模型，而且要破除维特根斯坦自己在前期确立的理想语言的镜子模型。"我们所做的是把字词从形而上学的用法带到日常用法。"②

不可否认，《逻辑哲学论》主要是针对笛卡尔以来的二元论哲学范式及其"心的镜子隐喻"，通过语言转向产生了两个影响深远的结果：第一，将主客二分的认识论模型转化为语言关系（命题图像与实在的关系）；第二，使思维与存在处于同一逻辑空间，消除了二元论的理论依据——身体（物）占有空间，心灵不占有空间。从这两点来说，由语言批判"拒斥形而上学"对于近代知识论哲学乃至整个西方传统形而上学无疑具有很大的冲击力和破坏力。但是，《逻辑哲学论》只是用一种（语言的）镜子模型取代了另一种（心的）镜子模型，它在解决语义问题时还得与指称对象发生关系，仍然采取实在论的立场和视觉隐喻，因此它实质上仍然坚持一种传统主张。语言图像说是一种语言表象论，它并没有完全超越主客二分的传统镜子模型和视觉隐喻。

后期《哲学研究》清算了《逻辑哲学论》中的基础隐喻和镜子模型，哲学的任务不再是提供一套终极话语和一套表象理论（无论是"心"还是"语言"），而是使语言回归人、回归生活，也就是回归语言的生活形式。后期维特根斯坦的核心思想是语言游戏说和生活形式理论。维特根斯坦"语言游戏"的概念是观看一场足球比赛获得灵感而创造的。在《哲学研究》中，维特根斯坦谈到了大量的游戏活动，如下棋、玩牌、球赛等。语言游戏与这些游戏具有相似性。维特根斯坦的语言游戏说强调语言的活动性，它是一种社会活动，一种生活形式，是人类活动的本原。语言没有共同的本质，语言游戏的特点是"家族相似"。而日常语言、原始语言是语言的"老家"，语言的回家就是回到生活形式，"想象一种语言就是想象一种生活形式。"以生活形式为"家"的后期维特根斯坦哲学，一方面将前期设定的"可说与不可说"的界线消解掉了，另一方面走出了

---

① ［奥］维特根斯坦：《哲学研究》，第116页。
② 牟宗三：《中西哲学之会通十四讲》，上海古籍出版社1997年版，第64页。

表象论的语言迷宫。这些思想构成了对传统本质主义和实体主义的根本性的倾覆，标志着维特根斯坦对于前期思想中仍然残存的镜子模型的彻底破除，也就是对语言表象论的摧毁。这是一种走出西方知识论传统的运思之路。

三 知识与语言：庄子的困惑

当代西方思想对传统哲学中镜子隐喻的祛除，使得关于"人心""语言"和"知识"等哲学问题的思想语境发生了根本性的改变。我们从后期维特根斯坦的语言哲学与庄子语言哲学的比较分析中可以粗略看到中西哲学之分殊及其会通的可能。

《庄子》中记载一则"知北游"寓言。这个寓言对"知"本身进行了质疑，庄子没有像柏拉图、笛卡尔和前期维特根斯坦那样，设计一面"映现"实在的"镜子"来回答"什么是知识"的追问；但是，这个问题却以一种奇特的、富于智慧和诗意的形式得到了响应。"知"北游遇到了"无为谓"，并问他说："何思何虑则知道？何处何服则安道？何从何道则得道？"问三次，无为谓都不答，不是不答，不知答也。"知"于是返回到白水之南见到狂屈。"知"以同样的话问狂屈，狂屈说："唉，我是知道的，正要跟你说却忘所欲言。""知"得不到答案，返回帝宫，见到黄帝，便以同样的话问他。黄帝说："无思无虑始知道，无处无服始安道，无从无道始得道。""知"听到后说："我和你知道，他们不知道，那个对呢？"黄帝说："彼无为谓真是也，狂屈似之，我和汝终不近也，夫知者不言、言者不知，故圣人行不言之教。"[①]

在这则寓言中，只要我们怀着求知的渴望、解释的狂傲，就永远不能引发面向"知之奥秘"的真"思"。这一点，维特根斯坦在面对"不可说"的东西的时候可能与庄子遥相神契。他说："哲学不可能说出任何正确的东西。每一种哲学主张在语法上都是糟糕的，我们从哲讨论中能够指望的最佳成就，是引导人们明白哲学讨论是一种错误。"维特根斯坦和庄子面对的是同样一个不可避免的反讽模式：尽管有对语言和文字的不信

---

① 牟宗三：《中西哲学之会通十四讲》，上海古籍出版社1997年版，第64页。

任，他们还是不得不对他们认为不可说的东西说了许多。维特根斯坦承认，他写下的那些警句和格言最终毫无意义，他敦促读者一旦懂得它们就将它们彻底抛开。庄子在很多地方运用了隐喻、寓言和意象，来展示那不可说的东西，同样是在期待有人能一旦获得其意义，就忘掉他所使用的言词。

"知"和"言"构成了一个矛盾统一体。显然，处于人类思维的前科学和前逻辑时期的庄子，并没有碰到笛卡尔、洛克、休谟和维特根斯坦面对一套科学的命题系统和观念系统而对"心"和"语言"采取某种"镜像化"的定位，他面对的"知"不是科学和逻辑意义上建立在主客二分基础上（心物二元论）的对象化的知，而是唯有进入到万物一体、万有相通的境界才能获得的那种"知"。在通常的"有分别"境界的对象性求知中，我们往往迷失的就是这种"无思无虑""无处无服""无从无道"之"无分别"境界的"知"。"天地有大美而不言，四时有明法而不议，万物有成理而不说。圣人者，原天地之美，而达万物之理。是故至人无为，大圣不作，观于天地之谓也。"这是一个相当深刻的矛盾，真正的知是不可说、不可求的，但是不求知如何能知？不言说如何"显现"知？

经常与庄子辩论的惠施向庄子挑战说：尽管他声称语言无用，他毕竟还是使用了很多语言。庄子说："知无用而始可与言用矣。"语言就像捕鱼用的"筌"、捕兔用的"蹄"，语言之用要像"得鱼忘筌""得兔忘蹄"一样。庄子告诫人们不要执着于语言、词和逻辑，而遗忘了语言背后的"意""随"和"不可言传者"。在庄子的论述中，"言""道"和"知"处于一种悖立的处境中。"言无言，终生言，未尝言；终生不言，未尝不言。""至人""真人"和"神人"所体悟的是那个混沌恢宏的"天道"，这是一个"天地与我并生而万物与我齐一"的不可言说的本然世界。从这个世界中进入"人言"，就制造了说者与被说之物的差别，于是就出现了"二"，出现了"事事物物"的界限。从庄子的这个见解出发，消解主客二分、破除主体模型和各种类型的镜子隐喻，是回归自然之道的关键。这恰恰是庄子思想在今天这个科学知识获得统治权的时代不断地被人们解读的原因。

"知"的失落不仅在"言说"的遮蔽中（轮扁的对话），还在"有我"的意欲中（鱼与我）。这种语言与实在的二分、心与物的二分恰恰最为庄子所反对。这一点中国古代思想家中不独道家注意到了,儒家和后来的佛家其实都注意到了。牟宗三曾经说:"中国人喜欢一元论,其实这不是情绪的喜欢或偏爱的问题,而是有其实践上的必然性。在实践的境界上,达到物我双忘,主客并遣,在此无所谓主观客观,主观消失了,客观也消失了,中国儒释道三家对此均有体会。"牟宗三先生认为,中国传统思想达到物我双忘、主客并遣,是经过实践达到"圣境"。这就是说,对于中国哲学家来说,"构境"与"成识"是并行发生的,所谓"境不离识""识不离境"。按照牟宗三先生提示出来的这个思路,我们认为:西方哲学传统是一种"实体性超越"的哲学传统,它以关涉事物之超验本质的方式追求智慧和真理,因此它在中世纪进入宗教领域,在近代自然科学知识典范作用下进入知识论反思;中国哲学传统则是一种"境域性超越"的哲学传统,它以关涉人生经验的方式追求智慧和真理,它的基本运思维度是伦理的和美学的。

从西方传统看,人是理性的动物,他有求知本性且通过逻各斯(言说、表达)表现出来。哲学(爱智慧)作为一种理论生活的最高形态,在柏拉图、亚里士多德那里就已经开始与个人的情感、冲动以及神话的、宗教的和诗创作的冲动相分离。在这个传统中,语言(逻各斯)和"心"是映现实在的"镜子",知识和真理问题被归结为准确再现的问题。这一点甚至影响了西方近代以来的叙事模式和审美理念(镜子模型)。这样一来,"人心"的复杂性被化约为单一的认识机能,而语言的表象论又始终摆脱不了语言唯我论的困境。所以在它建构的各种"镜子模型"中,"人心"和"语言"都被抽象化了、被工具化了,它们被从活生生的存在"老家"中分离出来,实际上是无家可归了。

从中国传统看,"人心"和"语言"一直是哲学关注的问题领域。中国哲学家所说的"知"不是针对"自然"中的事事物物,而是针对"生命"中的事事物物。西方哲学和科学可以对自然中的事事物物予以本质地揭示,但中国哲学对生命中的事事物物则只能通过体悟才能获得通透的理解。道家讲"知"(如庄子)不是"言"知,而是要有一颗"体知"的"心"。道家所谓的"真知",是个体生命在"微妙玄通"的体验中对"天人合和"境界的"体知"。道家反对"见闻之知",也反对"识知",因为这些知识不是由"道心"而来而是由"成心"(习惯)而来的。道家主张超脱"成心"而进入"道心",道心就是玄览、观照、坐忘、朝彻,也就是一种悟道、体道、与道冥合的精神境界,这恰恰是不可言说的。儒家亚圣孟子强调尽心知性而知天,宋明时期的陆象山、王阳明将儒家这种发明本心的致知之学作了深刻的发挥,形成了著名的"心学"流派。陆象山说:"心之体甚大,若能尽我之心,便与天同。为学只是理会此。"即是说我心即是宇宙全体,宇宙全体就是我心,两者本来合一,无有隔阂。人心,道心,显然不是西方近代哲学意义上的那种作为"自然之镜"的认识心,它的根本是"道德原则"。王阳明说得好:"夫人者天地之心,天地万物本吾一体者也。"

可以说,中国传统哲学所说的"心""语言""知"都源自人生体验。它与在一种主客二分模型下出现的认识论视域中的人心根本不同。这是一种有灵性的、会痛的人心,而不是纯粹的"自然之镜"。中国哲学既没有将人心设想成一种抽象的镜子模型,也没有将语言设想成一种镜子模型。中国哲学一般注重人生、注重修养,注重实践心而非认知心。大致上,我们看到,西方知识之问是要越过生灭变化的现象问出那不变的本质。它的典范形式是近代出现的系统的自然科学。西方哲学在追问"什么是知识"的时候是通过反思科学来完成的。中国的知识之问是要超越通常意义上的知识而进入一种人生大智慧的彻悟。牟宗三说:"在知识方面,中国哲学传统虽言闻见之知,但究竟没有开出科学,也没有正式的知识论,故中国对此方面是消极的。消极的就要看西方能给我们多少贡献,使我们在这方面更充实,而积极地开出科学知识与对这方面的发展。"[①]中西两种知性系统和两种不同爱智取向的互补应当是人类文化融合和交流的大势所趋。

(本文首刊于《学术研究》2002年第1期)

[①] 牟宗三:《中西哲学之会通十四讲》,上海古籍出版社1997年版,第64页。

附录三

哲学为何在古希腊诞生
——从阿那克西曼德之箴言看哲学的希腊缘起

阿那克西曼德之箴言是西方思想最为古老的箴言。此箴言的三个思想向度使我们追问哲学的希腊缘起成为可能：箴言对个别物之命运的关注，是早期城邦生活或希腊人存在经验的表征，此乃"哲学"诞生之契机；箴言标举的本原正义的观念，是理性思维之始源性的观念，它标志着"哲学思维方式"在希腊的诞生；箴言在个别物与本原物之间建立起关联，揭示出"存在者存在"之论题域，此乃哲学之始源性的论题域。

追溯起来看，"哲学"当然属于古代希腊人的伟大创造之一。从希腊人最早为"哲学"命名这一事实看，"西方哲学"的"希腊缘起"无疑隐含着"哲学"一词最本源的消息。追问"哲学"为何在古希腊诞生，对于当代汉语语境中的哲学意识而言具有一种系谱学上的比照互镜之意义。本文以阿那克西曼德之箴言的诠释和分析为切入点，尝试触及"哲学"的希腊缘起。我们问：（一）阿那克西曼德之箴言向我们道说了什么？（二）循此箴言之道说，我们如何切近哲学之希腊缘起？

一

阿那克西曼德之箴言是西方思想的最为古老的箴言。阿那克西曼德作为古希腊哲学之父泰勒斯的学生，他留存给后世的这个箴言是希腊世界对于后来被命名为"哲学"的东西有所言说的最早的一个箴言。透过这个箴言向我们道说出来的东西，我们追问"哲学"之始源性的本质。

让我们先来聆听海德格尔在1946年以此箴言为题所作的陈述："……只要我们仅以历史学的和语文学的方式来翻译此箴言，则此箴言就决不会有所反响。异乎寻常地，只有当我们通过思考当前的世界命运的纷乱状况的原因而抛弃了我们自己对惯常之表象的要求，这时，此箴言才能有所反响。"① 诚然，生活在公元前7世纪末到6世纪中叶的萨摩斯岛上的阿那克西曼德离我们的时代已有两千五百余年的年代学和历史学的距离，我们对此箴言的关注其要旨不是要在历史学和语文学上澄清此箴言之本义，而是在"哲学"之开端处透过哲学最早之道说，回应"当前的世界命运"。此箴言如此言说：

万物由它产生，也必复归于它，都是按照必然性；因为按照时间的程序，它们必受到惩罚并且为其而受审判。②

在当代汉语语境中，如果我们撇开语文学的或者历史学的考虑不论，只是单纯地问"什么东西在这个箴言中得到表达"，或许我们能够找到一条通达与此箴言对话的契机。

按照通常的解释，这个箴言说的是万物的产生和消失。人们习惯上把它说成是一个自然哲学的命题，即万有或者一切存在者产生出来又返归于它的地方。宇宙万物方生方死、生生灭灭之际，那在万物动变的多样性背后起着主宰或支配作用的是第一性原则（或者称之为宇宙正义）。然而，奇怪的是，阿那克西曼德的箴言不是以一种纯粹的自然理论的方式出现的，它谈到万物中的正义和不正义、惩罚和补偿。这样，它把道德的和法律的概念揉进宇宙万物的运行法则之中。那些假定这个箴言只是谈论狭义的自然物的人（如亚里士多德）可能会指责阿那克西曼德在遣词用语上不够严谨，而那些认为上述假定完全没有根据的人（如海德格尔）则注意到"万物"作为"个别物"的特性，且领会到这句话讨论的是"有限定"之"个别物"与"无限定"之"本原物"的关系问题。

---

① 海德格尔：《阿那克西曼德之箴言》，孙周兴选编：《海德格尔选集》上卷，上海三联书店1996年版，第586页。
② 尼采译文，引自海德格尔《阿那克西曼德之箴言》，《海德格尔选集》上卷，上海三联书店1996年版；参见北京大学哲学系编《古希腊罗马哲学》，商务印书馆1982年版，第531页。

显然这个箴言具有明显的伦理学色彩，但它又是在谈论整个宇宙的内在尺度和法则。后来的很多诠释和争议都集中在这两个方面。我们看到，虽然存在着很多不同的解读方式，并且各种不同的理解还在增加。但下述各点是没有疑义的：

（一）对早期哲学家来说，这里主要是在谈论本质和个别物的关系问题，万物作为个别物，其产生和消灭受共同的本原制约。这里所说的"万物"作为"个别物"，不只是自然物，而是一切存在者："自然物"；"人、人所制造的物、受人的所作所为影响而致的状态和事态"；"魔鬼和神性的物"①。

（二）个别物表现出被认为是不正义（有的译做罪孽）的属性。

（三）由于这些属性，个别物受到惩罚，这种惩罚的程度在规定的时间里因其不正义的程度而定，这就是它受到的报复；而且最终这些个别物必不可免地复归到它们产生的地方去。

阿那克西曼德这段话的思想核心是：个别物的存在是不正义的，所以它必须为自己的不正义赎罪，它没有别的办法，只能用自己的衰亡来赎罪。我们只要从这一思想核心来看阿那克西曼德的残篇，就不难理解这段话的真正意图。这就是说：凡是已经生成的，必定重归于消失，无论人的生命、水，还是热、力，均是如此；因此，凡是具备确定属性的可以被感知的物，都因其个别物的不正义性而遭受惩罚，走向衰亡；这样，具备确定属性并由这些属性组成的存在物，绝对不可能是事物的根源或原始原则；进而，真正的存在本原是"无限定"。

这里，阿那克西曼德在两点上超过了泰勒斯。首先，他在探寻：如果确实存在着一种永恒的"一"，那么"多"是如何可能的；其次，他从"多"的充满矛盾的、自我消耗和自我否定的性质中寻找答案。显然，此箴言谈论的同样是泰勒斯关注的问题，即"多"中之"一"。但是，"个别物"与"本原物"的关联被赋予了"道德意义"，且这一关联作为"存在者（个别物）存在（本原物）"的最早形式，指向一个终极的宇宙正义尺度。在其抽象形态上，"个别物—本原物"的关联实际

---

① 海德格尔：《阿那克西曼德之箴言》，孙周兴选编：《海德格尔选集》上卷，上海三联书店 1996 年版，第 541 页。

上就是"存在者—存在"的关联,"哲学"的希腊缘起正是在于此一关联域中。

应该看到,对于阿那克西曼德的这种思考来说,最难以回答的问题是:个别物为其受到惩罚遭到报复的不正义究竟是什么?据苏联学者古谢伊诺夫等的查考,哲学史上对这个问题的回答可以归结如下:

(一)个别物的不正义就在于它们是个体存在这个事实,就在于它们脱离了始基本身(涅斯托尔、尼采、特鲁别茨科伊等人);

(二)个别物为存在的愉快受到惩罚(施莱伊马赫);

(三)在个别物产生时不正义就已经出现并在其存在过程中加以深化(迪特里希);

(四)个别物的不正义在于既摆脱无限,又摆脱其他物的个别脱离(马科韦利斯基);

(五)个别物受到惩罚的原因在于人类的不正义(齐格勒);

(六)个别物发生冲突尔后毁灭(遭受惩罚),是因为它们没有在自身体现出普通的东西(洛谢夫);

(七)个别物受到惩罚不单是因为它们是个体存在,而且还因为它们没有限制在给它们划定的范围内,它们破坏了自身的限度(科斯福特、罗彦)。

古谢伊诺夫和伊尔特利茨在列举这些不同的看法后指出,造成这些不同论断的根由是源于箴言的不同版本的两种观点的变异所致。第一种版本有"互相"一词,第二种版本没有。据第二种版本,个别物不是由于相互受到惩罚,而是由于始基或本原受到惩罚。根据这种论述,这就很容易得出个别物的不正义是因为脱离了存在本原而游离成为单个存在物所致。但是这种解释是不可信的,因为它存在一个难以自圆其说的矛盾:如果个别物的存在个体本身就是不正义,那么产生这些个别物的始基便是不正义的根源了;又,如果不正义是脱离了始基,那么为什么返回始基又是惩罚呢?古谢伊诺夫和伊尔特利茨写道:"我们认为,对箴言的另一种解释更接近真理,按照这种理解,公正同无限定这个物质性的、起源性的世界始基相符合。这样,个别物的'不正义'(罪孽)就不在于它们脱离了始基,而在于在这个脱离过程中它们从原始的公正倒退了。个别物在自己身上不充分地、部分地体现出共同的本质。它们超出了为它们规定的限度,超出了为它们规定的存在范围。"①

我认为,正义(dike)在这里具有一种本原性的力量,对它的理解提供了我们邻近哲学之始源性本质的通道。正义这种力量不是个别物对个别物的暴力,而是一种维持整体的平衡与和谐的力量。个别物之所以不正义,是因为它们相互之间在脱离了本原后处于相互对立和相互冲突之中,每一个都试图战胜另一个。如果没有本原的正义,这种冲突就将毁灭世界。所以,"无限定"就是公正,它作为本原(也就是作为一种特殊的优先性)保证了一种持久的平等秩序,这种秩序建立在个别物的关系的相互性上,它高于所有个别物,迫使它们遵循共同的法则。

基于这种分析,我认为阿那克西曼德在这个箴言中主要是要表达一个关于"存在者存在"的观点,他把正义看作是组成一个统一的和谐的宇宙秩序的基础。作为"无限定"的本原最能表现正义,因此是正义的体现,因为它高于一切个别物,并能最有效地调和各个别物的冲突。"无限定"没有始基,也就是说在正义之外没有制约正义的力量。正义是为其自身而成为正义的。在这样一个宇宙中,拒绝给予那种统辖正义的君主以任何地位,他作为个别物是不正义的。世界由一些相互对立、不断冲突的个别物构成,它们的共同本原是唯一能够代表正义的"无限定",一切个别物被迫服从这种正义的补偿原则和报复原则,服从于一种使它们保持完全平等的秩序。在一视同仁的正义的制约下,各种个别物的力量尽管具有多元性和多样性,却能在规律的均衡运动中联合并协调起来,组成统一的宇宙。

不难看到,阿那克西曼德宇宙秩序的构思并不是出于纯粹的自然科学的动机,它更多的是要为城邦的伦理秩序建立一种宇宙论诠释的基本框架,甚至可以说是阿那克西曼德对世界新形象作出的阐释。我们可以看出这种论证的基本思路:

(一)它从三个方面张开了思想论证的空间:其一,是物理层面——万物生成变化的基本原理;其二,是哲学层面——"一"与"多"的关系问题;其三,是伦理层面——"不正义"与"正义"的关系问题。前两个层面的论证应当看作为最后的伦理层面的论证服务的,因为在阿那克

---

① [俄] 古谢伊诺夫等:《西方伦理学简史》,中国人民大学出版社1992年版,第29页。

西曼德的那个具有歧义性的箴言中,各种蕴意都是指向那个伦理核心的。

(二)在个别物和本原物的关系问题上,通过正义问题的宇宙学思考,他完成了哲学思维中的三个大的跳跃:其一,跳出了神话思维的宇宙学模式——这是泰勒斯开启的方向,阿那克西曼德是最早领会泰勒斯真正意图的人,他意识到泰勒斯所用的"本原"一词更多地带有社会伦理的意蕴;其二,跳出了古老的"王权"的氏族伦理的范围——他终结了让个人(个别物)执掌正义的伦理传统,他要解决的问题是要在平等的个人之间建立一个和谐的正义秩序;其三,跳出了直接道德劝谕和道德训诫的传统——与赫希阿德(劝谕)和七贤(训诫)确立的传统不同,阿那克西曼德将伦理思考和一种新的宇宙论融为一体,这使得城邦的道德要求不再通过零碎的格言或劝谕的形式出现,而是通过严谨的哲学思考指向城邦的公民。

(三)通过宇宙学原则对个人(个别物)和城邦秩序的关系进行了论证:其一,指明了个别(个人)在自己的存在中愈是充分地实现普遍的必然性,愈是准确地恪守总体为其规定的存在范围,就愈会由此改变个别物的命运;其二,在关于世界的必然性(正义法则)和个人存在的论述中,隐含着对正在形成的城邦新秩序来说至关重大的问题:现实的个人如何对待具有普遍效力的城邦的规范、法律和传统法则。

二

阿那克西曼德之箴言究竟向我们表达了什么?是什么东西跨越两千五百多年的年代学和历史学的距离在此箴言中向我们呈现?这些问题,或许不可能有一个众所公认的答案。但是,我们的分析至少揭示出此箴言的三个思想向度:

第一,希腊思想在此箴言中展现为"个别物—本原物"的关联域,此关联域的形式即是"存在者—存在"这一早期希腊哲学之始源性的论题;

第二,宇宙正义或者本原性的公正尺度是阿那克西曼德指证的穿越"个别物—本原物"或者"存在者—存在"之关联的广阔领域的基本线索,由此敞开本原正义尺度这一早期希腊哲学之始源性的观念;

第三，以此种方式，阿那克西曼德之箴言思及个别物之命运：普泛而言，思及存在之命运；特殊而言，涉及希腊人之命运。

诚如海德格尔所言："在此箴言中得到思考的'必然性'，乃是对希腊人在命运的名义下经验为份额之发送的那个首要的和最高的运思解释。"① 这个"必然性"隐匿着那由希腊人原始的存在经验所诠释的"生活世界"，此乃早期希腊哲学之本源。

以上对阿那克西曼德之箴言的分析提供了一个透视哲学的希腊缘起的"地平线"。

那么，循此箴言之道说，我们如何切近"哲学"之希腊缘起呢？进一步，我们问："哲学"为什么出现在古代希腊？为什么出现在离希腊本土非常遥远的伊奥尼亚地区？最初的希腊哲学为什么是以自然哲学开始的，而不是像中国思想所表明的那样以社会伦理政治的思考开始？希腊自然哲学对于希腊城邦来说，究竟有什么意义？阿那克西曼德之箴言所展示的希腊思想的知识考古层面使我们响应此追问成为可能。

（一）箴言对个别物之命运的关注，是早期城邦生活或希腊人存在经验的表征，此乃"哲学"诞生之契机。

如果我们设想一下这个时期希腊社会生活的基本状况和希腊人作为个别物或有限物在城邦生活中的遭遇，我们就会看到，这些最早时期的哲学家必定和更早一些的希腊七贤（甚至和赫希阿德）一样，忧虑严峻的社会问题：城邦道德状况的混乱和城邦秩序的危机。七贤的格言作为一种政治实践智慧的结晶绝不是"空穴来风"，而是对城邦"疾患"的诊治。

同样，最早的自然哲学家的哲学思考，也不能主要地看作是一种文化融合的产物。从这一点来看，我认为哲学诞生的缘起主要来自城邦内部的实际冲突：当希腊本土的阿提卡（雅典）通过梭伦立法建立起一种新的城邦秩序的时候，遥远的米利都城则通过重新思考宇宙的秩序来为城邦制度或城邦的道德秩序论证。梭伦以实际立法活动，为城邦寻找出路，泰勒斯则以一种新的宇宙论思想为城邦确立精神支柱。阿那克西曼德对个别物

---

① ［德］海德格尔：《阿那克西曼德之箴言》，孙周兴选编：《海德格尔选集》上卷，上海三联书店1996年版，第385页。

之命运的关注无疑透露了希腊哲学的生活世界之"根"。这是两种相互依赖、互为股肱的智力运动。

明乎此,我大致可作如下论断:

1. 希腊人是从城邦生活的视野来思考宇宙秩序的,他们发明了"本原"(或"始基")这个重要的术语,但我们似不应将它理解成一个纯粹的自然的概念,它更多地具有社会伦理的意蕴和特质。

2. 远古希腊社会流传下来的神话思维的宇宙论诠释模式(包括荷马史诗中奥林匹斯神界和赫希阿德的神谱以及各种宇宙谱)是与王权统治相适应的。当王权时代结束,城邦制度兴起,人们发现古老的代代相传的宇宙起源诗或神话并不适应变化了的城邦新秩序,尤其是在城邦内部的力量冲突中,当这些神话思维的宇宙论诠释模式代表了已经没落或行将消失的权力结构时,一种新的宇宙学思维便应运而生。

3. 米利都人有幸完成了这一思想革命。

这是由于米利都作为希腊新兴的殖民城邦,它遭受到的迈锡尼王权政制的残遗影响不大,所以对于实际变革的需要没有阿提卡强烈;但是,这一地区各种神谱和宇宙起源诗(巴比伦的、埃及的、荷马的、赫希阿德的)又相当活跃,它造成的思想混乱和城邦道德状况的混乱也愈来愈大,因此,对宇宙的起源和城邦的秩序作出理性的而不是神话的解释的要求也就特别强烈。

可以想见到,哲学在米利都的产生是多种机缘造成的。

无论哪一种单独的因素都不可能导致这一希腊奇迹的诞生,但最重要的是城邦内部希腊人所经历的社会伦理秩序的新变化对新的宇宙诠释模式的需要以及希腊人对个人命运和城邦命运的忧虑所激起的智性运思。阿那克西曼德之箴言对个别物之命运的关注即是明证。

(二)箴言标举的本原正义的观念,是理性思维之始源性的观念,它标志着"哲学思维方式"在希腊的诞生。

当人们说"哲学"是某种最初决定了希腊人的生存的东西的时候,是指理性在希腊城邦中的诞生,建立在理性基础上的思维方式形成了哲学的开端。

思想史上一个基本的观点是:在城邦时代的希腊思想中发生了一场重

大的变革；由于这场变革，理性从神话的束缚中独立出来，从诗的、本能的、神话想象的本源中脱身而出，试图对一切理性的问题予以理性地回答，这样人们不再依赖神话而是依赖理性。因此，哲学起源于希腊人思想中历经的一次重大断裂。这首先是指一种"本原正义"观念的出现。

当阿那克西曼德之前的泰勒斯说"水是万物的本原和始基"的时候，他已经说出了一个了不起的智慧：

首先，它表达了对事物"本原"的某种看法，这种看法并不寻找一种神话的解释，而是寻求一种物质性的解释；

其次，它的这种表达并非比喻或寓言，而是建立在对世界（自然界和人类社会）的理性观察（不是神秘的猜测）基础上的；

最后，这个命题包含了一种"一切是一"的思想。阿那克西曼德之箴言既是这一思路的继续，同时又是对其隐蔽原则的展开。

从希腊词"本原"（arche）的含义看，它似乎应是一居于首要地位的人类行为规划（起点、开头、首要部分、缘由、为首），但同时它又是万物存在的"基本原理"（"万物所从出而又复归于它的元素、形式和目的"）。然而，在阿那克西曼德之箴言中，本原物（无限定）代表了宇宙正义原则。这种本原正义的观念表明了一种不同于神话思维的哲学思维的出现。神话思维赖以立足的基础，是在世界的时间性的起源和权力结构的主宰、在时间的第一性和权力的第一性之间建立一种区别，拉开一段距离：神话就是在这段距离中构成的，它甚至把这段距离作为叙述的对象，通过世代神祇的接续，重现王权的更迭，直到一种最高统治最终结束王权的戏剧性建设为止。而"本原"这个词的运用突破古老的神话思维模式，尤其是在"本原—正义"的关联中，世界的秩序不可能是在某个特定的时刻通过某个特定的原动者的作用而建立的，因为时间的第一性与权力的第一性的分离已经不存在，支配世界的伟大法则是内在于自然的，它应该以某种方式内在于一个最初的元素中。

阿那克西曼德将"本原正义"说成是"无限定"的一个重要原因，是由于"无限定"能统治一切，"无限定"排除了某个个别物篡夺"统治权"而成为"本原"的可能性。

"无限定"规范着一种新秩序，某个个别物要强行"无限定"之功能，则意味着毁坏一切个别物的界限。因为个别物是在相互对立中确定的，它们必须永远处在相互平等的关系中。

因此，"无限定"就是一种本原性的正义。

阿那克西曼德的这一思考意味着权力和秩序的关系的根本变化：在神话思维中，王权和个人统治建立并维护秩序，但在阿那克西曼德的新视野中，它却成了秩序的破坏者；秩序不再是等级，而是各种从此相互平等的力量之间的平衡，任何一种力量都不应对其他力量实行最终的统治，否则就会毁灭宇宙。

这就是阿那克西曼德选择"无限定"做本原的真正意图。

从这里，我们可以看到，自然哲学从其诞生之日起就力图为城邦新秩序提供一种新的宇宙学论证。泰勒斯谈"本原"、谈"水"实际上就是力图突破神话世界观或神话思维模式的限制，他的最终意图与阿那克西曼德是一致的。阿那克西曼德的"本原"概念、"无限定"概念更主要的是体现一种社会存在的原则，他力图为城邦生活提供一种宇宙学论证的框架，也唯有从这一角度才能理解他遗存下来的那段箴言。

（三）箴言在个别物与本原物之间建起关联，揭示出"存在者存在"之论题域，此乃哲学之始源性的论题域。

我们看到，包括柏拉图、亚里士多德在内的希腊哲学家，在谈到哲学的希腊缘起的时候，都曾经指出："哲学"源自"惊异"。希腊人惊异于这样一件看起来再平凡不过的事情："一切存在者存在"或者"一切是一"。

在哲学的开端处，此一"惊异"最明显不过地表现在阿那克西曼德之箴言中。我们指证，在箴言中，阿那克西曼德试图建立的个别物—本原物的关联域，在其形式方面即是"存在者—存在"之关联。

"存在者存在"，说的是"一切存在者"（个别物）归属于"存在"（本原物）。表面上看，这是一个同语反复的套话，在一般人看来实在是没有什么好大惊小怪的。然而，希腊思想偏要惊异于这样一个毋庸置疑的套话。它要如此追问：山存在，水存在，你存在，我存在，这是为什么？为什么一切存在者存在？如此，它揭示出在"个别物—本原物"之关联中的存在之深度。值得注意的是，哲学在其希腊开端处的这种异乎寻常的运思，为自己获得了"命名"。

据传说，可能是与阿那克西曼德同时代但稍后的赫拉克利特创造了希腊语"哲学"一词，他称之为"爱智慧的"（philosophos）。一个"爱智慧的"的人，首先意味着"热爱"，意味着：以逻各斯的方式去说话，即响应于逻各斯。这种"响应"就是与"智慧"相协调。协调是指一物与另一物因其相互依赖而原始地相互结合起来。这种协调就是赫拉克利特所说的"热爱"的特征。据赫拉克利特的解释，"智慧"的意思说的是"一切是一"；"一切"在这里意味着整体，即存在者的全体；"一"意味"唯一、统一一切者"。这样的解释表明，所谓"爱智慧"之"爱"乃是"与智慧协调一致"，也可以说，就是与集聚存在者的存在合一；所谓"爱智慧"之"智慧"乃是"一切存在者在存在中"。

苏格拉底之前的早期希腊哲学仍然属于"诞生中"的哲学，此时哲学家对"一切存在者归属存在"的惊异，是从"人与智慧和谐一致"的意义上"爱智慧"。阿那克西曼德是如此，赫拉克利特也是如此。这一时期，尽管神话的结构已经不复存在，但神话中那种将人诗意地归属于"根源"的思想仍然得到了保留。

尼采在《希腊悲剧时代的哲学》中对此写道：早期希腊人真正懂得必须怎样开始从事哲学。"也就是说，不是等到悲苦之时，像某些从郁闷心境中推演哲学的人所臆断的那样，而是在幸福之时，在成熟的成年期，从勇敢常胜的男子气概的兴高采烈中迸发出来。希腊人在这样的时期从事哲学，这一点恰好启发我们理解哲学是什么，哲学应该是什么，更启发我们理解希腊人本身。"[①] 当时的希腊人，敢于将自己的生命投入浩大的宇宙生命洪流中，他们的"爱智慧"是一条"翻腾着骄傲的浪花的波澜壮阔的江河"，这是一种从生命的豪迈和肯定中迸发出来的"爱智慧"。早期希腊的哲学家们就是以如此一种诗人的率真，投身于世界之游戏和宇宙之循环的。

哲学在其希腊开端处呈现出来的许多原始意蕴，在苏格拉底之后的"爱智范式"中出现了爱智之古义的中断，例如柏拉图通过写作苏格拉底对话录实际地将希腊思想引向哲学—形而上学之维，而亚里士多德将"爱智慧"发展成为第一学术。但是，那隐蔽在阿那克西曼德之箴言中的

---

① 尼采：《希腊悲剧时代的哲学》，商务印书馆1994年版，第5—6页。

哲学开始之际的本源性运思却总是一再地激发人们去思想，它沉静地召唤我们通过关注现时代存在之命运而重新开始"哲学"，不论"哲学"是如何历史地诞生于西方。

唯有如此，我们才能真实地切近哲学的希腊源起。

（本文首刊于《江苏行政学院学报》2001年第1期）

附录四

澄明的阶梯：从真"人"到真"物"
——论海德格尔"克服形而上学"的基本思路

在《存在与时间》中，海德格尔试图通过思考"此在"如何使"在""明"起来，来思考那被传统形而上学遗忘了的"存在意义"，其重要的内容是对此在"历史性""有限性"的分析，消解传统形而上学。这是前期海德格尔试图克服形而上学的基本思路，他仍然还有建立一种基础存在论的梦想。后期海德格尔改变了运思的思路。他由"物的纯真"和"人的诗意栖居"两个方面"思""存在的真理"，要求人们"听命于存在的邀请""居于存在的近邻"。海德格尔思路的转变凸显了他在两级阶梯（"人—物"）上颠覆西方形而上学的奥秘，是对形而上学的历史传统和现实运作进行清算的伟大尝试。

一

存在问题，是自柏拉图、亚里士多德以来西方形而上学的中心问题。海德格尔对问题方式的分析表明，"存在作为问之所问要求一种本己的展示方式"。[①] 这种展示方式应是"非对象的"。他指证，由胡塞尔开创的现象学提供了这样一种展现方式。海德格尔将现象学理解为"存在"的"显示学"，亦即它按"事情本身"的"显"来展示"事情本身"。[②] 如果

[①] [德]海德格尔：《存在与时间》，陈嘉映、王节庆译，生活·读书·新知三联书店1987年版，第9页。

[②] 参见孙周兴《说不可说之神秘》，第12页。

把存在理解为"事情本身",那么现象学就是存在论。海德格尔创造性地运用胡塞尔的现象学,把现象学解释成"存在"的"显示学",把"人"写成"此在",基本的思路是顺着此在追问存在。一旦我们忽略掉了人的此在,就会堵塞通往"存在意义"的道路。"人"而为"此在",是一种奇诡的说法,它区别于以往对人的诸种定义,更不同于将人预设为主体的各种知识论主张。从消解传统哲学形而上学而致力于从此在展现存在意义的努力看,把人作为此在来理解,就是把人看作是先于逻辑、科学、理性的一种本源性的"这一个"来理解。"此在"接上了早已被亚里士多德瞥见但又让之滑走了的"这一个"("第一义的本体")。早在科学、宗教、形而上学出来认识人之前,人就有了一种"这一个"(此)的意识,就先行领会到自身的在。人本身就是"此"与"在"的和谐一致的结合体,"此"不是一个抽象的思维主体,"在"也不是一个对象化了的"客体"。"此"是与万物的"在"相通的,有"此在"才有万物的"在此"。

此在是一道通向万物一体、万有相通之境界的"门",忽略了它就必然错失进入此自由澄明境界的时机。大千世界,一切存在者存在,这本是古希腊人惊异莫名的事情本身。然而,对这万物一体的宇宙如果作抽象的把握,就会把"万物"归结为现象,把"一"归结为本体,这种理解并不能找到进入万物一体境界的时机,因为它始终是在外面分析"万物"如何是"一体",深入不到"存在者存在"的"存在本身"。而一向被忽略的此在的"此",可以结合进万物而使其"在""明"起来。这里并无物我对待、主客区分,有的是与"天地精神相往来"的"机缘":此一"瞬",此一"在",物在,我在,"在"出一个世界。于是万物的界限消融了。"此"为我之此,此为万物之此,"天地一指也,万物一马也"(庄子语)。此在"此"出的时机,将人带向人生在世的"醒觉",带向人本己本真的存在,带向人之"真"或真之"人"。

海德格尔对此在的分析表明,此在从来就不是一个独立的主体,而一直是在世。为了突出"在世"现象未为主客二分所肢解的整一性,海德格尔尤其偏爱用一种看似别扭的表述:此在"总已经""在—世界—中—存在"了。《存在与时间》的阐述结构就是从此在和它的"在—世界—中"开始,通过"操心"而达到存在的意义——时间性——的揭示;然后再反过头来解释此在的各种生存形态的时机化方式。

海德格尔把"在—世界—中—存在"（In-der-Welt-Sein）确立为此在的基本结构（我们简译为"在世"）。海德格尔借助克尔凯郭尔的"生存（Existenz）"概念来解释他的"此在"，既强调了此在享有存在论上的优先地位，它从"万物"中"脱颖而出"（ex-sistence），又强调了此在的存在作为"在—世界—中—存在"是"有"一个世界"在"。由于只有此在才能领悟自身的"在"，所以只有此在才是"去存在"（Zu-sein），即以超出它当下所是的"在"而"在"（即能在），且总是必须担当自己的"存在"，所以只有此在的存在才是"生存"。

此在的生存结构指向"去存在"的存在方式。即是说，此在的"在—世界—中—存在"是一种纯构成性的在世，而非现成的"主体"或"客体"。"在之中"是此在在世的"存在机制"，它表明了此在与世界的源始一体性，是此在"依寓于""世"，是人存在与他的世界融为一体。"'依寓于'这一生存论环节决非意指摆在那里的物现成共处之类的事情。绝没有一个叫做'此在'的存在者同另一个叫做'世界'的存在者'比肩并列'那样一回事。"① 此在在世（"在—世界—中—存在"），是世界的敞开。世界永远是与人生此在相互构成的世间境域。这典型地体现了现象学的境域型思维对主客对立的爱智型思维的化解：从来就没有一个无世界的此在；也从来也没有一个无此在的世界。

海德格尔对此在的基本结构（"在—世界—中—存在"）的分析，包括对"在之中"这一生存论环节的详细说明。在这种分析中，我们看到，传统形而上学建立在"人与存在对立"基础上的智慧之爱变得无效了。这里要特别指出的是，"在之中"的分析是进入"'此在'如何'有'一个世界'在'"这一艰深问题的通道。"在之中"不单揭示了此在与世界的源始一体性，因而从根基上抽空了爱智范式的形而上学基础；此外它还揭示出此在在世的源始方式，即此在总是"依寓……存在"。海德格尔把这种关系用"操劳"来表示②。此在总是依寓世内存在者而在，并非人的认识使此在与世界的亲熟关系成为可能，相反认识只能以这种更源始的亲熟关系为前提，它自身就是这种亲熟关系的一个变种。海德格尔在谈到世

---

① 海德格尔：《存在与时间》，陈嘉映、王太庆译本，第68页。
② 操劳（Besorgen），亦译为"照料""牵念""烦忙"。

界之为世界的时候对周围世界（以工具的上手性为例）的分析，揭示了此在与存在者这种源始的亲熟关系。

海氏的分析对于浸泡在爱智之知识论哲学语境中的西方人来说，可说是一个令人目瞪口呆或欢欣鼓舞的"思想方式的变革"。我将这一变革概括"境域型思路"对"爱智型思路"的革命。人与存在者的关系首先应当是"人依寓于世内存在者"的"存在关系"，而不是首先为一种人对存在者的"知识关系"；"存在关系"是可能境域的构成关系，是人生此在之"构境"（在世）的源始性关系，"成识"（知识关系）源于"构境"。传统爱智型哲学总是要从现成存在者那里发现世界，从一种非源始的知识关系去"认识"世界，从人或自然去解释世界，结果忽略了那源始的此在的"在之中"。

海德格尔从现象学境域型思维克服了主客二分陷入的困境：即主体如何能够从它的"内在"领域走出来，进入"外面"的客体？传统知识论哲学把人理解为主体或认识者必然陷入这一困境。但从此在"在世"来看这个传统认识论面临的困境，就进到一个更源始的"在之中"的层次，在此层次上"认识"被看成是此在依寓于世内存在者的一种"存在关系"，那么"内"与"外"的界线不复存在。由此在总已经同世内存在者处于纯一的亲熟关系出发，日常此在不仅"操劳照料"世内存在者而构成周围世界，而且也总是"操持照顾"着他人，与他人共在而构成共同世界。前者是要表明，没有无世界的孤立主体；后者是说，无他人的孤离的自我也不首先存在。海德格尔借此挑明：此在之在世，作为操劳与操持，是此在筹划世界的生存活动，此在的生存论意义由此被揭示为"操心"。

海德格尔的"在世"分析是《存在与时间》中最具思想穿透力的部分。在这种分析中，思想的新境界被不断地因势利导地启开出来。[①] 此在的在世本身是存在意义的源始境域，然而爱智范式的哲学形而上学对永恒在场之物的不倦探寻、对人的主体模型的预设，都没有进入此一境域。这就遗忘了那至关重要的东西：人之本真本己的展现。海德格尔从人的源始

---

① 见张祥龙《海德格尔思想与中国天道》，生活·读书·新知三联书店1996年版，第95—96页。

境域（此在的"在世界之中存在"）澄明存在意义的全部努力，处处显露出逼向传统形而上学的批判锋芒。事实上，此在之为"在世"之在并非总是"本真本己"地居于源始境域；海德格尔意识到旧形而上学与日常此在非本真的"在世"处于同一个层次，因此揭露、批判旧形而上学的"忘在"与剖析日常此在"非本真"地"沉沦"在世，是一体两面的工作。我们总是在有分别、有对待、有主客、有内外的理性算计中，忘记了我们的在世之无分别、无对待、无主客、无内外的源始性。海德格尔对人生在世的分析，回荡着他对世俗文化世界的抗议，对现代工业和技术社会在一种控制论化的展现中对生活的一切独特形式的齐平、规整、均一（包括交际和公共交往的技术）的抗议。他把此在的本真本己的状态与常人、闲聊、好奇等此在的非本真状态作了对比。存在问题的严峻性最终促使他把死亡这个千古之谜当作哲学思考的核心问题，去质问此在在世的真正的"选择"。这是对爱智范式的西方思路所做的卓越的清理，它粉碎了西方爱智型思维的那种"错觉"式的究极追问，直指教育和文化的幻想世界，这扰乱了学院里秩序良好的宁静。① 然而，它并非出自学院外尼采式的或者克尔凯郭尔式的孤独而大胆的思想家，而是来自德国大学最负盛名的哲学家胡塞尔的弟子之口，这尤其令人深思。这可看作是一个时代之到来的征兆：在这个时代，形而上学作为存在的一种可能的到时方式（在此到时方式中存在被当作存在者来领会），其无根性将真相大白于天下。

二

我们从《存在与时间》对此在"在世"的展开方式的分析中，可以看到海德格尔对形而上学传统的消解实际上是以对此在之"在"的领悟的方式进行的。如果说"在世"就是人的存在，那么对"在世"的展开状态的现象学描述也就是对人的存在的展示，更准确地说，是让人的存在来展现自身。② 海德格尔对其展开方式的分析，是纯描述地揭示此在之自

---

① 参见［德］加达默尔《加达默尔集》，上海远东出版社1997年版，第460页。
② 此在有三种展开其"在世"的方式：现身（Sichbefinden）、领会（Verfallen）和沉沦（Verfallen）。海德格尔由这三种展现方式的分析描述了"此在"的生存论意义。

身展开,"它先于一切预言和世界观的颁布","它也不是智慧",它只是分析。海德格尔1928年在"逻辑的形而上学的初始基础"的课上,不避简化之嫌,把其基本思想归纳为简短的指导思想:人生此在总是散落飘零在它的世界之中(躯体、自然、社会、文化);从这种散落中收拢需要有一种自明性的冲击,即一种真正的感受性的瞬间,这就是"畏"——它将此在带向良心的呼声,即此在对自己的呼唤;此在总是在这伟大的瞬间和日常操心之间来回摆动,它构成了此在的整体。①

《存在与时间》先行设定的目标是"追问"存在的意义。这个目标在海德格尔试图由"此在"的通道让"存在"澄明起来的运思中,先行筹划了一种"普遍性"的期待:期待有一个"一般存在意义"的答案。然而,揭示此在的"存在"为时间性的"到时",并没有回答一般存在的意义问题,它只是展开了一条通向一般存在意义的道路。回答"存在意义问题"还需要第二个通道:即从此在的存在意义"跳到"一般的存在意义的通道。按照海德格尔的计划,这是第三篇"时间与存在"要完成的一跃,然而这一计划永久地付诸阙如。有研究者把这一残缺看作是《存在与时间》走入了一条死胡同,即海德格尔由此在存在论基础上建立一般存在论的尝试遭到失败。海德格尔在匆匆收场的《存在与时间》的结尾也确实流露了某种困惑:"如何对时间性的这一到时样式加以阐释?从源始时间到存在的意义有路可循吗?时间本身是否公开自己即为存在的视野?"② 在后来写的《论人道主义的书信》中,海德格尔对此答复说:"当《存在与时间》问世时,第一部分的第三篇《时间与存在》没有发表,是因为其中的思想还没有能够用满意的方式表达这种转折,在形而上学的语言帮助下未能做到这一点。"③ 这表明,《存在与时间》试图俘获"一般存在意义"的"追问"仍然是在形而上学本质框架下进行的;然而,由之启明的存在的澄明则给予思想探险者以彻底清除形而上学的力量与信心。我们看到,虽然后期海德格尔不常使用《存在与时间》中的关键词"此在",但此在所包蕴的"存在维度"则在一种非形而上学的言语

---

① 参见[德]吕迪格尔·萨弗兰斯基《海德格尔传》,商务印书馆1999年版,第241—242页。
② [德]海德格尔:《存在与时间》修订本,商务印书馆2000年版,第494页。
③ 转引自[法]阿兰·布托《海德格尔》,商务印书馆1996年版,第42页。

中得到更好的揭示。我赞同这样一个看法："从《存在与时间》起，一直到了海德格尔晚年，其思考的重点仍然是这个核心问题，即'Dasein'的出现为什么使'sein'的问题就'显现'出来。"①

不容否认，三十年代海德格尔思想确实经历了一次转折。海德格尔自己也说："转折并不是对《存在与时间》里的观点的修正，而仅仅试图达到某个领域，并从这一领域出发对《存在与时间》进行检验。"② 那么这里所说的"某个领域"指的是什么呢？我们看到，海德格尔后期的存在之思确实进入到了一个崭新的言说之域：在此言说中，人的本真居所得到了揭示——人是存在的看护者，语言是存在的家园，不是人说而是语言说，人是"天""地""神""人"四方游戏中的一方等等。因此，"此在"这一表述形式依然保留的形而上学印记（亦即对一个超越的"一般的存在意义"的期待）被克服了。如果我们注意到"回到形而上学基础"必然衍生"克服形而上学"这一论题，那么就不难看到，《存在与时间》实际上处于这一"克服"或"消解"形而上学的"中途"了。后期海德格尔的一系列演讲，可以说是在《存在与时间》确立的衍生性论题下敞开了"克服形而上学"的视野。《真理的本质》（1930年）是转折的起点，其中谈到的"物之真"和"人的让存在"这两个交互关联的方面构成了其后期思想的经纬；《艺术作品的本源》（1935年）以"艺术作品"之为"物"为例深化了"存在的真理"之思，是"转折"的标志；《物》（1950年）对天、地、神、人四方游戏的诗思触及了其后期思想的核心，由之揭开了一个透视现代技术之本质的视界。我们从这三个文本的解读中看到，后期海德格尔克服形而上学的视野，实际上是从"物之纯真"和"人之诗意居栖"两个方面敞开的。

三

1930年海德格尔以《真理的本质》为题所做的演讲，是"转折"的开端。根据海德格尔多次对"真理"一词的希腊文原义的阐释，"真理"在希

---

① 见叶秀山《叶秀山文集·哲学卷》下，重庆出版社2000年版，第707页。
② 转引自［法］阿兰·布托《海德格尔》，商务印书馆1996年版，第48页。

腊人那里是由"aletheia"一词表达的。它是希腊人领会"存在"的一个基本词语,海德格尔将它译做"无蔽"。虽然《存在与时间》中也将真理阐释为"无蔽"(disclosedness),但"无蔽"在那里被说成是此在的展开状态(存在、真理皆由此在的生存展开)。这里依然有未被克服的以人为中心的主体性形而上学阴影。在《真理的本质》中,海德格尔将人与"敞开领域"的关系颠倒过来:不是人(操劳、操持)制作了一个"敞开领域",而是人与物都已经置身在一个"敞开领域"之中了。这一转换从形式上是从"在之中"向"让……在"的转折:即不是此在"存在",而是"让存在者存在"。从这一角度来看真理,传统形而上学把真理问题定位于认识论,并把"符合"理解为真理的本质,就是大为可疑的了。真理通常被定义为陈述与事物的符合一致,那么这种符合是如何可能的呢?哲学从未予以深究。海德格尔认为,其可能性条件取决于一种更源始的真理,即存在的真理。因为"符合"是指"陈述者"在陈述这种存在活动中"对接"上了对象,并与对象相互协调地共在;符合的标准是作为对象之可能性前提的"物自身"——物必须作为其自身被敞开出来,它才能在陈述活动中作为对象出现。因此,"真理的本质"就是:在敞开状态中存在者的自行显示,它是物自身的无蔽状态,是一切陈述真理的前提条件。

这里,海德格尔并没有把真理解说为从属于人类的专断和任性,而实际上旨在杜绝人类在真理问题上的专断和任性。因为,当我们把符合理解为真理的本质时,其实是把符合理解为一种现成的状态,它使真理作为真理出现,从而把真理标识出来;然而这堵塞了进一步追问符合的通道,使得我们在真理问题上进入"专断"或任性。海德格尔试图表明,与其说符合是真理的本质,不如说符合是真理的一个基本特征,而使真理能够具有充分符合这种基本特征的,却是一种非现成的敞开活动,这种敞开活动的本质就是自由。

自由就是人向存在者开放,就是"让存在者存在"。这并不是说,人想自由就自由了,也不是人使存在者存在;"自由"本身是由无蔽的真理启开的,"让存在"即是其运作和发生,而人不过是参与到其中罢了。自由(让存在)就像黑暗中射出的一束光,它照亮了一片"林中空地"。存在者就在"空地"中作为自身显现出来,而它的周围是"遮天蔽日的黑森林"。如若没有周遭的森林就没有林中空地,也就没有东西从森林中凸现出来。自由之"光"同样以广大四合的黑暗为前提。"真理的本质揭示自身为自由。自由乃是绽出的解蔽着的让存在者存在。"但是,"解蔽"必然以在者整体的"蔽"为前提。而且,在解蔽存在者时,"让存在自身本也是一种遮蔽"①。

我们不难看到,海德格尔《论真理的本质》的演讲,对真理的理解由"蔽"—"无蔽"的隐喻性运思突入到了"让存在"的自由澄明之境,这是作为"天地境界"的"真际",它将我们带向更希腊地思"存在之真理"。海德格尔由这一运思转折,让此在的构成性规定性接受了自由的名字,于是"存在的澄明"出离此在个体性、主观性的"洞穴","欢欣于自由的谢忱中"。如此道说的真理,非人的逻辑概念和命题陈述所能符合,他就隐匿在人诗意安居的本源性澄明之中。海德格尔在此迈出了更为宽阔的一步,他把《存在与时间》中的源始真理"护送"到一种更加源始的"真际",即存在本身的"真"。后期海德格尔的众多演讲都萦回在这一浑然天成、不可言说的"天地境界"。

四

1935—1936 年,海德格尔作了几次关于艺术作品的演讲,传为"轰动一时的哲学事件"。演讲的内容是以"艺术作品"为例,将 1930 年形成的"存在的真理"之思作了具体的运用和发挥。它引起"轰动"的原因在于,海德格尔为他前期讨论的主要概念"世界"找到了一个配对的新概念:"大地"。他通过大地之隐蔽和世界之敞开的冲撞,来思考艺术之真理。通过艺术品之为"物"在其"存在者"环节上的敞开,我们看到了:"在艺术品中,存在者之真理已经把自己确立于作品中。"海德格尔以梵高的画《农鞋》为例对之进行了阐释。这幅画"揭示了器具,一双农鞋真正是什么。这一存在者从它无蔽的存在中凸现出来。"② 从这幅画中我们体察到一个农民的世界:他的劳动、他的忧虑、他的辛劳。"从

---

① [德] 海德格尔:《论真理的本质》,见孙周兴选编:《海德格尔选集》,第 226 页。
② [德] 海德格尔:《艺术作品的本源》,见《诗·语言·思》,文化艺术出版社 1991 年版,第 37 页。

农鞋磨损的内部那黑洞洞的敞口里,劳动者艰辛的步履显现出来……在这双农鞋里,回响着大地无声的召唤,成熟谷物宁静馈赠及其在冬野的休闲荒漠中的无法阐释的冬冥。这器具聚集着对面包稳固性无怨无艾的焦虑,以及那再次战胜了贫困的无言的喜悦,隐含着分娩时沉痛的哆嗦和死亡逼进的颤栗。这器具归属大地,并在农妇的世界得到保存。正是在这种保存的归属关系中,产生了器具自身居于自身中。"[①]

《农鞋》使器具的器具性得以敞开,在此作品中附着于作品的真理产生了。海德格尔进一步的分析表明这样几点:(1)确立世界和建立大地是作品之为作品的两个本质特征;(2)真理的本质本身即是一种源始的斗争,因为无蔽状态是最隐蔽的东西,没有大地的归隐也就不会有世界的敞开;真理的发生是世界和大地之间的冲突的抗争,它构成艺术现实性的根据;(3)保持作品与认识作品一样,是对出现在作品中的真理的清醒的入神和惊叹;(4)最后,全部艺术,作为存在者之真理的显现,本质上是诗。

海德格尔对艺术作品的本源的思考,揭示了在组成作品自身的存在出场与遮蔽之间的一种张力。正是这一张力的力量决定了艺术作品的形式内涵,并使之生发了优于其他物的灿烂光华。它的真理并非它的意义的简单显现,而是其意义的深不可测的深度。艺术作品的本质便是世界与大地、无蔽与遮蔽之间的斗争。艺术作品代表了一个防止物的普遍迷失的例子,它是任物自在的一个范例。艺术作品的自在代表了物的自在本性,这在科学看来一无是处的本性,在诗人看来(如里尔克)则是物之"天真无瑕"的保存。顺着这一思路,海德格尔关于存在者(物)之真理的显现本质上是诗的结论必然导向语言之思。加达默尔评论说,"把一切艺术看作诗并揭示出艺术作品是语言,这一思想本身也仍走在通往语言的路上。"[②]

五

海德格尔的论文《物》(1950年)表现了这一思路的必然延伸。物

[①] [德]海德格尔:《艺术作品的本源》,见《诗·语言·思》,文化艺术出版社1991年版,第35页。

[②] [德]加达默尔:《海德格尔后期哲学》,见《加达默尔文集》,第472页。

总在现代技术座架的逼迫中迷失其物之本性，而且人们一直把它看成是被观察被研究的现存在手之物，海德格尔的艺术之思涉及物之诗性本源。"什么是物之物性呢？什么是物自身呢？"海德格尔以"壶"为例展开了对问题的探讨。"壶"作为容器而存在，它不仅仅是陶匠用土塑成的东西，而是作为"起容纳作用"的壶之"虚空"而在。它在给人们提供倒水过程中展开了自己的存在。"壶之虚空通过保持它所承受的东西而起容纳作用……但对倾注的承受，与对倾注的保持，是共属一体的。"① 承受与保持的统一是由倾倒来决定的，壶之为壶就取决于这种倾倒。"倾倒"使"容纳"是其所是。② 从壶中倾倒出来，就是馈赠：它给出水，给出酒供我们饮用。海德格尔顺着这一思路逐层展开，他以诗一样的语言说道："在赠品之水中有泉。在泉中有岩石，在岩石中有大地的浑然蛰伏。这大地承受着天空的雨露。在泉水中，天空与大地联姻。在酒中也有这种联姻。酒由葡萄的果实酿成。果实由大地的滋养与天空的阳光所玉成。在水之赠品中，在酒之赠品中，总是栖留着天空与大地。但是，倾注之赠品乃壶之壶性。故在壶之本质中，总栖留着天空与大地。"③ 此外，倾注之赠品总是有死之人的饮料；但用它祭神，倾注就是奉献给不死诸神的祭酒。因此，"在倾注之赠品中，各各不同地逗留着终有一死的人和诸神。在倾注之赠品中逗留着大地和天空"④。海德格尔说，在倾注的赠品中，同时栖留着天空、大地、诸神和人类，这四者归属为一个整体。壶的本质是这四"大"的聚集，这也是"物"的本质。海德格尔考释说，在古德语中，"物"（thing）就是"聚集"之义。在此聚集中，壶之为物而成其本质。"但是，物如何成其本质呢？物物化（Das Ding dingt）。物化聚集。居有四重整体之际，物化聚集四重整体入于一个当下栖留的东西，即入于此一物彼一物。"⑤ 海德格尔这里讲的"物物化"是指"物"是其所是地存在，因而是"物"之"真"。

---

① ［德］海德格尔：《物》，见《海德格尔选集》下，上海三联书店1996年版，第1172页。
② 同上。
③ 同上书，第1172—1173页。
④ 同上书，第1173页。
⑤ 同上书，第1174页。

面对此"物化"、此"聚集",我们确实不能以一种对象化的方式径直说"物"是"什么"。正如海德格尔在《真理的本质》中所表明的那样,物之"真"指明了"存在之真"。诸科学和现代技术对待物的方式是通过把"物"立为对象,从而"消灭了物"。"科学消灭物",是指科学确立了对待"物"的主宰性、占有性和对象性的思维方式(算计),"物"之"真"被消灭掉了,这实际上是海德格尔关于形而上学遗忘存在的另一种表述。它表明,现代科学或现代技术是形而上学的实现,在此实现中,物之物性被彻底遗忘了。海德格尔对"物物化"的卓越思考,导向他后期思想的两个重要的主题:其一,追问现代技术的本质,即在现代技术的展现中,思考"物的纯真"如何被剥夺;其二,寻求在一种诗意的"言说""诗意地栖居"中,切近并守护"物之纯真"。事实上,这两者都指向对西方主体形而上学的克服。

海德格尔对"物"的分析表明,在现代科学发展成为全面的技术统治的今天,我们确实以最快的速度使物的距离变近,以最强有力的手段使物得到控制,我们的行为也愈来愈以对物的依赖为基础,物在我们生活世界中无处不在;但实际上,我们从根本上愈来愈远离了"物",远离了那种与物的纯一的"切近"。事实上,在科学和技术中,我们从来未曾"切近物"。"切近"是对物之纯真的守护,是"任物自在"的自由敞开之境。"切近在作为物之物化的亲近中运作","物化之际,物居留统一的四方,即大地、天空、诸神与终有一死者,让它们居留于在它们的从自身而来的统一的四重整体的统一性中。"① 天、地、神、人归于一体,物通过每次以不同的方式将天、地、人、神引入显现的清晰之中,展开它的存在。这四者的统一即"四重性",构成了世界的源始形状,世界就是这四者的"居有着的映射游戏"。"世界的映射游戏乃是居有之圆舞……它在居有之际照亮四方,并使四方进入它们的纯一性的光芒中。"②

"物"不能被归结为人的对象化。在"物"中有大地的"承受""滋养""蕴藏"和"庇护",有天空星辰的运行、季节更替、白云飘动、穹

---

① [德]海德格尔:《物》,见《海德格尔选集》下,上海三联书店1996年版,第1178页。

② 同上书,第1181页。

苍茫茫,有诸神隐匿的踪迹,有终有一死的人类之现身。当我们说到其中一方的时候,"我们就出于四方之纯一性而一起想到其他三者"①。海德格尔将"天、地、神、人之纯一性的居有着的映射游戏"称为"世界",其中四方的每一方都以自己的方式映射着其余三方的现身本质,在这种映射中,"世界世界化了"②。海德格尔用"物物化""世界世界化""居有的圆舞"等令人费解的语言,表达了存在本身的运作和展开。这同时也指明了,在对"物之纯真"的守护中,人诗意栖居的实质:天、地、人、神四方居有着的映射游戏,破除了以人为中心建构起来的主体形而上学,同时也表明只有在一种前科学、前逻辑的语言中才能领会此"居有"之真理;西方形而上学和科学的语言是"说"不出此"居有"的,"道说"这样的世界和物要求一种诗意的言说。

六

在后期海德格尔的诗意运思中,对诗人吟咏的回应,与对技术本质的追问,是阐释"物物化""世界世界化"的两个重要方面。前者是从"语言"的方面克服形而上学的尝试,它从存在自身的运作与展开,要求一种能够领会人契合于存在、邻近存在、回应存在之呼唤的"诗思";后者是从"现实"的方面克服形而上学的尝试,它要求清算形而上学的现实运作(在现代科学技术中的展现)。在这两个方面,海德格尔遵循的途径都是从"存在本身"思"存在的真理"。《艺术作品的起源》和《物》比较典型地从"物的纯真"或"物之物化"来揭示"世界世界化",并由此通向对"物之迷失"的批判(物在现代技术座架的逼迫中迷失其物的本性)和"物之纯真"的看护(诗意的言说),进入存在的诗思。这是从"物"的方面思存在的真理,思"物本身的无蔽"和"人对存在者的开放(让存在)",思"存在的真理"的自行发生。海德格尔的分析表明,"物"本身揭示出人在"居有之游戏"中的现身,他作为天、地、神、人

---

① [德]海德格尔:《物》,见《海德格尔选集》下,上海三联书店1996年版,第1178—1179页。

② 同上书,第1183页。

四方之一，在相互映射的"居有之圆舞"中"聚集"于物。"物"和"世界"，虽然不是以人为中心、不是由"此在在世"而得以敞开，但"唯有作为终有一死的人才栖居着通达作为世界的世界"。① 海德格尔在《筑·居·思》（1951年）中进一步指出："栖居的基本特征乃是保护。终有一死者把四重整体保护在其本质之中，由此而栖居。"② 终有一死者栖居着，因为他们"拯救大地""接受天空之为天空""期待着作为诸神的诸神""护送终有一死者"。

"澄明"与"光"的两种关联，显示出"澄明"的两个阶梯：其一，光带来了澄明。形而上学追求的"光源"（可称之为照亮世界的"普照光"）即是如此。海德格尔前期仍然还保持着这种"澄明"的梦想（即对一个"一般的存在意义"的光源化的设想）。我们姑且称之为"澄明的第一阶梯"。此一阶梯的"澄明"终究只是为"空无"涂上"色彩"（加缪语），一旦我们意识到这一点，就会看到，种种"理性主义"的、"本质主义"的、"基础主义"的哲学构造实际上只不过是一种"加深睡眠"的"迷幻剂"。其二，澄明乃一切在场者和不在场者的敞开之境，光必须以澄明为前提。"澄明"这个词是对法文 Clariere 的德文直译，按照海德格尔的解释，其古高地语的本意是"林中空地"。海德格尔后期把敞开状态看作"澄明"（德语为"Lichtung"），可以看作是进入"澄明的第二阶梯"的标志。在此阶梯上，海德格尔指出，如同使稠密的森林某处没有树木，澄明乃是使某物自由、使某物敞开的自由之境和敞开之境。因此，后期海德格尔特别强调"澄明"与"光"的区别与联系，他说："光可以涌入澄明之中并且在澄明中让光亮与黑暗游戏运作。但决不是光创造了澄明。光倒是以澄明为前提的……澄明乃一切在场者和不在场者的敞开之境。"③ 海德格尔看到，哲学的探讨总是已经参与了澄明的敞开境界，然而"哲学却对澄明一无所知"。海德格尔把这种情况称作形而上学对存在的遗忘。哲学关注到了理性之光，但未能深入到存在之澄明。我们知道，

---

① ［德］海德格尔：《物》，见《海德格尔选集》下，上海三联书店1996年版，第1183页。

② ［德］海德格尔：《筑·居·思》，见《海德格尔选集》下，上海三联书店1996年版，第1193页。

③ ［德］海德格尔：《哲学的终结和思的任务》，见《面向思的事情》，第79页。

"在场"是希腊人自苏格拉底以来思考"存在者之为存在者"的基本术语，它实际上已经依赖于"澄明"之境。柏拉图由理念来理解存在者，并把最高的理念理解为"终极光源"。"但倘没有澄明，就没有光亮。就连黑暗也少不了这种澄明……然而在哲学中，这种在存在或在场状态中起着支配作用的澄明本身依然是未曾思的，尽管哲学在开端之际也谈论过澄明。"[①]海德格尔由追问人之真而突入存在意义，到追问物之真而进入敞开之境，不断地楔入西方哲学形而上学之根基处，从而凸显出形而上学未思未究的更始源性的"思"之"任务"，即存在的真理。海德格尔前后期思想的变化揭示了澄明的两级阶梯。这种追问尽管经历了由前期到后期的重大转折（转向），但其基本方向则总是遵循着一种"回返步伐"：海德格尔的思想通过向后回溯到希腊思想的源头，并推进与古代东方本源性思想的对话，试图作一个决定性的突变；同时，他又向前开辟出一片新的领域，在这一领域中，就像他评论自己时所说的那样：走在思想的林中路上。

海德格尔对"在场形而上学"的拆解，将西方思想带到这样的一个关节点上：在这里，它必须从根子上审视那种将思的问题导向在场者的光源隐喻；我们在（由形而上学构造的）理性的、上帝的、科学的和技术的"普照光"中无所遁形，存在的意义问题从来没有像现在这样变得对我们来说生死攸关。逃离形而上学的"普照光"，是当代思想的一种自觉决断。这种"逃离"不是让世界完全地遁入"黑暗"，而是从世界的"暗"处敞开"一片光明"。这恰恰是一种非常古老的智慧。这"暗"处是一个异常广大的未出场的世界，我们没有必要害怕这黑暗四合的未现身者，它恰恰是光明的隐秘。它本身就是万物一体、万有相通的"大地"，我们就生活在这大地上。要知道，这"暗"有它本身的"纯洁和清澈"。海德格尔以这种诗一样的语言试图表达对存在真理的一种全新的理解。在古代希腊哲学家的残篇中，印度人的古老典籍中，中国古代哲学家留下的大量哲学著作中，一种不同于西方科学的、概念的、逻辑的"思"的经验显然给予西方思想以一种强烈的震撼。

［本文首刊于《东南大学学报》（哲学社会科学版）2002年第5期］

---

① ［德］海德格尔：《哲学的终结和思的任务》，见《面向思的事情》，第82页。

参考文献

著作类

1. ［法］阿尔贝·加缪：《西西弗的神话》，杜小真译，生活·读书·新知三联书店1987年版。
2. ［法］阿兰·布托：《海德格尔》，吕一民译，商务印书馆1996年版。
3. ［英］阿兰·谢里登：《求真意志——米歇尔·福柯的心路历程》，尚志英、许林译，上海人民出版社1997年版。
4. ［美］艾布拉姆斯：《镜与灯：浪漫主义文论及批评传统》，郦稚牛等译，北京大学出版社1989年版。
5. ［古希腊］埃斯库罗斯：《古希腊悲剧经典》，罗念生译，作家出版社1998年版。
6. ［古罗马］奥古斯丁：《忏悔录》，周士良译，商务印书馆1963年版。
7. ［古罗马］奥古斯丁：《独语录》，官成泯译，上海社会科学院出版社1997年版。
8. ［澳］巴沙姆主编：《印度文化史》，闵光沛、陶笑虹等译，商务印书馆1997年版。
9. ［法］巴什拉：《火的精神分析》，杜小真译，生活·读书·新知三联书店1992年版。
10. 包利民：《生命与逻各斯——希腊伦理思想史论》，东方出版社1996年版。
11. ［古希腊］柏拉图：《理想国》，郭斌和、张竹明译，商务印书馆1995年版。

12. ［德］比梅尔：《海德格尔》，刘鑫等译，商务印书馆1996年版。

13. ［德］策勒尔：《古希腊哲学史纲》，翁绍军译，山东人民出版社1992年版。

14. ［意］但丁：《神曲·炼狱篇》，朱维基译，上海译文出版社1984年版。

15. ［意］但丁：《神曲·天堂篇》，朱维基译，上海译文出版社1984年版。

16. ［美］丹尼尔·贝尔：《资本主义文化矛盾》，赵一凡、蒲隆等译，生活·读书·新知三联书店1989年版。

17. ［法］丹尼尔·哈列维：《尼采传》，谈蓓芳译，百花文艺出版社1996年版。

18. ［意］德拉-沃尔佩：《卢梭和马克思》，赵培杰译，重庆出版社1993年版。

19. ［法］笛卡尔：《第一哲学沉思集》，庞景仁译，商务印书馆1986年版。

20. ［法］笛卡尔：《哲学原理》，关文运译，商务印书馆1958年版。

21. ［法］福柯：《疯癫与文明》，刘北城、杨远婴译，生活·读书·新知三联书店1999年版。

22. ［法］福柯：《福柯集》，林贤治主编，上海远东出版社1998年版。

23. ［法］福柯：《权利的眼睛——福柯访谈录》，严锋译，上海人民出版社1997年版。

24. ［法］福柯：《知识考古学》，谢强、马月译，生活·读书·新知三联书店1998年版。

25. ［奥］弗兰茨·卡夫卡：《卡夫卡全集》（第一卷），叶廷芳主编，河北教育出版社1996年版。

26. ［德］冈特·绍伊博尔德：《海德格尔分析新时代的技术》，宋祖良译，中国社会科学出版社1993年版。

27. 高清海：《传统哲学到现代哲学——高清海哲学文存》（第二卷），吉林人民出版社1997年版。

28. 高清海：《传统哲学到现代哲学——高清海哲学文存》（第四

卷），吉林人民出版社 1997 年版。

29. 高清海：《哲学的憧憬——〈形而上学〉的沉思》．吉林大学出版社 1993 年版。

30. ［德］古茨塔夫·勒内·豪克：《绝望与信心——论 20 世纪末的文学和艺术》，李永平译，中国社会科学出版社 1992 年版。

31. 《古希腊罗马哲学》，北京大学哲学系编，商务印书馆 1982 年版。

32. ［苏］古谢伊诺夫：《西方伦理学简史》，刘献洲等译，中国人民大学出版社 1992 年版。

33. ［德］海德格尔：《存在与时间》，陈嘉映、王节庆译，生活·读书·新知三联书店 1987 年版。

34. ［德］海德格尔：《海德格尔选集》（上卷），孙周兴选编，生活·读书·新知三联书店 1996 年版。

35. ［德］海德格尔：《海德格尔选集》（下卷），孙周兴选编，生活·读书·新知三联书店 1996 年版。

36. ［德］海德格尔：《林中路》，孙周兴译，上海译文出版社 1997 年版。

37. ［德］海德格尔：《面向思的事情》，陈小文、孙周兴译，商务印书馆 1999 年版。

38. ［德］海德格尔：《诗·语言·思》，彭富春译，文化艺术出版社 1991 年版。

39. ［德］海德格尔：《形而上学导论》，熊伟、王庆节译，商务印书馆 1996 年版。

40. ［德］黑格尔：《哲学史讲演录》（第一卷），贺麟等译，商务印书馆 1983 年版。

41. ［德］黑格尔：《哲学史讲演录》（第二卷），贺麟等译，商务印书馆 1960 年版。

42. 洪谦主编：《逻辑经验主义》，商务印书馆 1982 年版。

43. ［英］怀特海：《科学与近代世界》，何钦译，商务印书馆 1959 年版。

44. 黄裕生：《时间与永恒——论海德格尔哲学中的时间问题》，社会科学文献出版社 1997 年版。

45. ［德］伽达默尔：《伽达默尔论柏拉图》，余纪元译，光明日报出版社 1992 年版。

46. ［德］伽达默尔：《伽达默尔集》，严平编选，上海远东出版社 1997 年版。

47. 金克木：《比较文化论集》，生活·读书·新知三联书店 1984 年版。

48. ［英］卡尔·波普尔：《开放社会及其敌人》，陆衡等译，中国社会科学出版社 1999 年版。

49. ［德］卡尔·雅斯贝尔斯：《哲学导论》，柯锦华、范进译，中国国际广播出版社 1988 年版。

50. ［德］卡西尔：《人论》，甘阳译，上海译文出版社 1985 年版。

51. ［德］卡西勒：《启蒙哲学》，顾伟铭等译，山东人民出版社 1988 年版。

52. ［德］康德：《历史理性批判文集》，何兆武译，商务印书馆 1990 年版。

53. ［德］康德：《逻辑学讲义》，许景行译，商务印书馆 1991 年版。

54. ［德］康德：《任何一种能够作为科学出现的未来形而上学导论》，庞景仁译，商务印书馆 1978 年版。

55. ［德］康德：《实践理性批判》，韩水法译，商务印书馆 1999 年版。

56. ［丹麦］克尔凯郭尔：《克尔凯郭尔日记选》，宴可佳、姚蓓琴译，上海社会科学院出版社 1995 年版。

57. ［英］柯拉柯夫斯基：《形而上学的恐怖》，唐少杰译，生活·读书·新知三联书店 1999 年版。

58. 赖永海：《佛学与儒学》，浙江人民出版社 1992 年版。

59. ［美］理查德丁·伯恩斯坦：《超越客观主义与相对主义》，郭小平、康兴平等译，光明日报出版社 1992 年版。

60. ［美］理查·罗蒂：《哲学与自然之镜》，李幼蒸译，生活·读书·新知三联书店 1987 年版。

61. ［德］里尔克等：《〈杜伊诺哀歌〉与当代基督教思想》，林克译，生活·读书·新知三联书店 1997 年版。

62. 李泽厚：《批判哲学的批判——康德述评》，人民出版社 1979 年版。

63. 刘小枫主编：《20 世纪西方宗教哲学文选》（上卷），杨德友、董友等译，生活·读书·新知三联书店 1991 年版。

64. ［法］卢梭：《爱弥儿》，李平沤译，商务印书馆 1996 年版。

65. 罗嘉昌、郑家栋主编：《场与有——中外哲学的比较与融通》（第二辑），中国社会科学出版社 1995 年版。

66. ［英］罗斯：《亚里士多德》，王路译，商务印书馆 1997 年版。

67. ［英］罗素：《西方哲学史》（上卷），何兆武等译，商务印书馆 1980 年版。

68. ［德］吕迪格尔·萨弗兰斯基：《海德格尔传》，靳希平译，商务印书馆 1999 年版。

69. ［美］马尔库塞：《爱欲与文明》，黄勇、薛民译，上海译文出版社 1987 年版。

70. 马克思恩格斯选集（第一卷），人民出版社 1995 年版。

71. ［美］麦金太尔：《德性之后》，龚群、戴扬毅等译，中国社会科学出版社 1995 年版。

72. ［美］麦金太尔：《三种对立的道德探究观》，万俊人、唐文明等译，中国社会科学出版社 1999 年版。

73. ［法］米歇尔·塞尔：《万物本源》，蒲北溟译，生活·读书·新知三联书店 1996 年版。

74. 莫伟民：《主体的命运——福柯哲学思想研究》，生活·读书·新知三联书店 1996 年版。

75. 牟宗三：《中国哲学之会通十四讲》，上海古籍出版社 1997 年版。

76. ［德］尼采：《悲剧的诞生》，刘崎译，作家出版社 1986 年版。

77. ［德］尼采：《查拉斯图拉如是说》，尹溟译，文化艺术出版社 1987 年版。

78. ［德］尼采：《论道德的谱系》，周红译，生活·读书·新知三联书店 1992 年版。

79. ［德］尼采：《尼采诗选》，钱春绮译，漓江出版社 1986 年版。

80. [德] 尼采：《偶像的黄昏》，周国平译，湖南人民出版社 1987 年版。

81. [德] 尼采：《瞧！这个人》，刘崎译，中国和平出版社 1986 年版。

82. [德] 尼采：《权力意志》，张念东、凌素心译，商务印书馆 1991 年版。

83. [德] 尼采：《希腊悲剧时代的哲学》，周国平译，商务印书馆 1994 年版。

84. [德] 尼采：《哲学与真理（尼采 1872—1876 年笔记）》，田立年译，上海社会科学出版社 1993 年版。

85. [美] 诺尔曼·马尔康姆：《回忆维特根斯坦》，李步楼、贺绍甲译，商务印书馆 1984 年版。

86. [法] 帕斯卡尔：《思想录——论宗教和其他主题的思想》，何兆武译，商务印书馆 1985 年版。

87. [英] 培根：《新工具》，许宝骙译，商务印书馆 1984 年版。

88. 钱钟书：《管锥编》（第一册），中华书局 1979 年版。

89. [美] 乔伊斯·阿普尔比等：《历史的真相》，刘北成、薛绚译，中央编译出版社 1999 年版。

90. [法] 让-弗朗索瓦·利奥塔尔：《后现代状态——关于知识的报告》，车槿山译，生活·读书·新知三联书店 1997 年版。

91. [法] 让-弗朗索瓦·利奥塔尔：《后现代状况——关于知识的报告》，岛子译，湖南美术出版社 1997 年版。

92. [古希腊] 色诺芬：《回忆苏格拉底》，吴永泉译，商务印书馆 1984 年版。

93. 尚志英：《寻找家园——多维视野中的维特根斯坦语言哲学》，人民出版社 1992 年版。

94. [美] 史蒂芬·罗：《再看西方》，林泽铨、刘景联译，上海译文出版社 1998 年版。

95. [德] 叔本华：《作为意志和表象的世界》，石冲白译，商务印书馆 1982 年版。

96. [德] 斯宾格勒：《西方的没落》，齐世荣、田农等译，商务印书馆 1963 年版。

97. ［美］斯东：《苏格拉底的审判》，董乐山译，生活·读书·新知三联书店 1998 年版。

98. 宋祖良：《拯救地球和人类未来——海德格尔的后期思想》，中国社会科学出版社 1993 年版。

99. 《苏格拉底最后的日子》，余灵灵、罗灵平译，生活·读书·新知三联书店 1997 年版。

100. 孙正聿：《崇高的位置——世纪之交的哲学理性》，吉林人民出版社 1997 年版。

101. 孙正聿：《哲学通论》，辽宁人民出版社 1998 年版。

102. 孙周兴：《说不可说之神秘》，生活·读书·新知三联书店 1994 年版。

103. ［印］泰戈尔：《人生的亲证》，宫静译，商务印书馆 1996 年版。

104. ［美］特伦斯·欧文：《古典思想》，覃方明译，辽宁教育出版社 1998 年版。

105. 王治河：《扑朔迷离的游戏——后现代哲学思潮研究》，社会科学文献出版社 1993 年版。

106. 汪晖等：《文化与公共性》，生活·读书·新知三联书店 1998 年版。

107. 汪子嵩、王太庆：《陈康：论希腊哲学》，商务印书馆 1990 年版。

108. ［美］威尔·杜兰特：《探索的思想》（上），朱安、武国强等译，文化艺术出版社 1991 年版。

109. ［美］威尔·杜兰特：《探索的思想》（下），朱安、武国强等译，文化艺术出版社 1991 年版。

110. ［美］威廉·巴雷特：《非理性的人——存在主义哲学研究》，杨照明等译，商务印书馆 1995 年版。

111. ［奥］维特根斯坦：《逻辑哲学论》，郭英译，商务印书馆 1962 年版。

112. ［奥］维特根斯坦：《文化与价值》，黄正东、唐少杰译，清华大学出版社 1987 年版。

113. 〔奥〕维特根斯坦：《哲学研究》，汤潮、范光棣译，生活·读书·新知三联书店 1992 年版。

114. 〔德〕文德尔班：《哲学史教程》（上卷），罗达仁译，商务印书馆 1987 年版。

115. 《五十奥义书》，徐澄梵译，商务印书馆 1995 年版。

116. 熊伟：《自由的真谛——熊伟文选》，中央编译出版社 1997 年版。

117. 〔英〕休谟：《人性论》，关文运译，商务印书馆 1980 年版。

118. 〔法〕雅克·马利坦：《科学与智慧》，尹今黎等译，上海社会科学院出版社 1995 年版。

119. 〔法〕雅克·施兰格：《哲学家和他的假面具》，徐友渔编选，社会科学文献出版社 1999 年版。

120. 〔古希腊〕亚里士多德：《形而上学》，吴寿彭译，商务印书馆 1981 年版。

121. 〔古希腊〕亚里士多德：《政治学》，颜一、秦典华译，中国人民大学出版社 2003 年版。

122. 颜一：《流变、理念与实体——希腊本体论的三个方向》，中国人民大学出版社 1997 年版。

123. 杨适：《哲学的童年》，中国社会科学出版社 1987 年版。

124. 叶维廉：《中国诗学》，生活·读书·新知三联书店 1992 年版。

125. 叶秀山：《无边的学与思》，云南大学出版社 1995 年版。

126. 叶秀山：《叶秀山文集·哲学卷》（下），重庆出版社 2000 年版。

127. 俞宣孟：《本体论研究》，上海人民出版社 1999 年版。

128. 张世英：《进入澄明之境——哲学的新方向》，商务印书馆 1999 年版。

129. 张世英：《天人之际——中国哲学的困惑与选择》，人民出版社 1995 年版。

130. 张隆溪：《道与逻格斯》，四川人民出版社 1998 年版。

131. 张祥龙：《海德格尔思想与中国天道——终极视域的开启与交融》，生活·读书·新知三联书店 1996 年版。

132. 张志扬：《渎神的节日》，生活·读书·新知三联书店 1976 年版。

133. 赵敦华：《基督教哲学 1500 年》，人民出版社 1994 年版。

134. 赵汀阳：《一个或所有问题》，江西教育出版社 1989 年版。

135. 周辅成主编：《西方伦理学名著选辑》（上卷），商务印书馆 1987 年版。

136. 周国平：《尼采——在世纪的转折点上》，上海人民出版社 1986 年版。

论文类

1. 阿莫尼克：《道德与后现代性——道德哲学专论》，雨林译，载《哲学译丛》1999 年第 1 期。

2. 艾丽西亚·朱阿蕾罗：《从现代之根到后现代之茎》，肖俊明译，载《第欧根尼》1995 年第 1 期。

3. 李存山：《儒学创新与马克思主义创新——和杜维明先生对话》，载《哲学动态》1999 年第 4 期。

4. 罗蒂：《没有镜子的哲学》，吕祥译，载《哲学译丛》1987 年第 3 期。

5. 马天俊：《重思尼采：反叛与回归——兼谈形而上学的本性》，载《社会科学战线》2000 年第 2 期。

6. 苗力田：《亚里士多德〈形而上学〉笺注》，载《哲学研究》1999 年第 7 期。

7. 倪梁康：《前笛卡尔的"自识"概念——"主体"自识问题在古希腊、罗马和中世纪的起源与发展》，载《南京大学学报（哲学·人文科学·社会科学版）》1999 年第 2 期。

8. 邓晓芒：《"爱智慧"辨义——〈西方形而上学史〉导言》，载《湖北大学学报（哲学社会科学版）》1999 年第 6 期。

9. 叶秀山：《论福柯的"知识考古学"》，载《中国社会科学》1990 年第 4 期。

10. 叶秀山：《"现象学"和"人文科学"——"人"在斗争中》，载《中国社会科学院研究生院学报》1992 年第 2 期。

第一版后记

书写到这里算是画上了最后一个句号，但我对哲学的追问则刚刚起步。

我深知，哲学的追问，是生命自身的追问，是要用全部的生命融入其中的追问。然而，问本身并不能把我们带向真的自由澄明之境，我们需要在问中应答酬和。但愿以我之愚，也能感受、感叹、感动于先哲时贤们不凡的追问与卓绝的应答。但愿以我之迷钝，也能引发读者的回响，替我指点迷津。

感谢江苏人民出版社的周文彬先生，没有他的策划、敦促、宽容，就不会有这本书。在一次又一次敲打思想门扉的问道求学的对话中，在对文稿加工、内容修订极需智慧但又极烦琐的编辑工作中，我从周文彬先生那里受益良多，不可尽述。

感谢江苏人民出版社的诸位领导，他们以对学术的热忱、尊重和胆识，玉成了本书的出版；又以高效率、高水平的编辑风格使之尽早地面世。

本书的写作已历两年，二易其稿。但是，仍然有很多想法未能贯彻进去，一定还有不当和错误之处，欢迎批评、指正。

田海平
2000 年 7 月 24 日于南京

第二版后记

2000年10月，本书第一版《哲学的追问：从"爱智慧"到"弃绝智慧"》由江苏人民出版社出版。那一年，我刚开始担任国内一所大学（东南大学）的哲学专业的教授之教职。当年，在该书的后记（见第一版后记）中，我"言简意赅"却又"懵懂无知"地写下了"……我对哲学的追问则刚刚开始"。今天重读20年前写下的这些"年少不识愁滋味"的句子，再一次深深地反问我自己：我对哲学的追问，真有开始么？还是，对我而言，从来就不曾有过所谓哲学之"开始"？朝着这一层意思去"思"，或者，以这样的"透彻之反省"来面对今日之"我"，除了令我颤栗且产生深深的"汗颜"外，我更自觉到当年的"年轻气盛""无知无畏"而感到"不可思议"。

近20年来，我几乎每年都给文科（包括哲学专业）大学一年级的同学开设《哲学入门》课程。五年前该课程一直是在"哲理"（它属于东南大学"六理一体"创新课程中的一门）名下进行的，而近五年在北京师范大学哲学通识课教学中，它被安排在"哲学入门"课程名下。我所经历或从事的这些课堂实验，特别是在课堂上与青年学生的互动对话，一再地强化了我潜意识深处某种"重新开始哲学"的冲动。尽管我知道，这是一个"明知其不可而为之"的选项。但是，一种"不可能的可能性"似乎正是现今这个时代所稀缺的东西。它甚至不可思议地令人产生了一种与日俱增的"懵懂之感"乃至"无知之叹"：是否有可能，在"以己之昏昏"的话语世界的裂缝间，亦能透出"启人之昭昭"的光亮来？或许，我们可以做如此之期待？照这一层意思去"思"，我亦时时为自己所罹患某种"哲学病"而感到"不可思议"。

言归正传，我借这次修订再版之机会，重点是要向有关方面的朋友和一些特殊的机缘，表达我的感谢之情。

感谢我的"哲理"课堂上的东南大学学生和"哲学入门"课堂上的北京师范大学学生。事实上，推动我下决心将20年前完成的这部不成熟之作修订再版的机缘，主要来自每年开设的"哲学入门"或"哲理"通识课。由于课程面向大学一年级本科生，它需要我用尽可能通俗易懂的语言以及相应的课堂组织形式，向青年朋友们介绍"哲学是什么"，并尽最大的努力阐明我自己对哲学的理解。课程并没有指定教学参考书，而我的讲授又属于"天马行空""信马由缰"的"胡说"，这愈发增大了课程的困难。但是，出人意料的是，这种学习方式似乎并没有一分一毫地减损哲学课堂的吸引力，反而使之平添了一层别有趣味的魅力。尤其是最近两三年，"哲学入门"课堂的研讨（基于《哲学的追问》）所产生的效应，越来越加强了我想要修订再版该书的动机和动力。——哲学或哲学的写作是极少数可能在一种超越性追问中让我们本真地贴近社会世界和存在诸领域的独特方式，它是一种让人们深入其存在生命的深处，去理解、去分享、去体验的现实运动。特别说来，对我而言，哲学课堂上的每一次对话和交流，总是以其独特性，唤起我对20年前写作经验（即写作《哲学的追问》一书）的回望，从而一再提醒我为课堂去做更多的努力。这是我修订再版此书的第一个缘起。

实际上，此书一开始就有一个试图基于哲学"三源"（古代中国、古希腊和古印度）和"二喻"（"光源隐喻"和"镜子隐喻"）的框架，把哲学（爱智）之本源关切的关键片断加以收集，并将它们粘合成一个相对完整的形象。在这一过程中，我努力想让哲学性质的言说保持在一种朴素性和开放性之中。不过，很遗憾，这个意图在原版（《哲学的追问》）框架下由于受到篇幅的限制，不能得到贯彻。一方面为了更紧凑和精炼地论述，另一方面为了更适合读者阅读，原版只能将已经成文的《上篇》"拿掉"。于是，我总是想着、期待着有一个比较合适的契机，能够将这些"拿下来"的文字重新放进去，以便将最初的写作意图和运思轨迹得以体现。正是这个念头，为这本书的再版修订留下了又一个缘起。

说到这里，我借这次再版的机会，要向20多年的老朋友、著名的编辑家周文彬先生，表达诚挚的敬意和感谢。周文彬先生是这本书第一版的责任编辑。我在第一版后记中曾经提到，这本书的"由来"，主要得益于周文彬先生的"策划""敦促"和"敲打"。拙作出版后,周文彬先生一如既往地关注我的研究进展,对我的工作多有鼓励和建议,令我感受到友情的温暖。中国社会科学出版社的冯春凤女士,对本书的修订再版付出了智慧和辛劳,她以及她所带领的团队在出版、编辑过程中表现出的专业素养、敬业精神、高效的工作作风、及时的沟通和理解,令我印象深刻,也令我感铭于心。在此,我由衷地感谢两个版本(第一版和第二版)的编校团队所做出的辛勤劳动和智慧付出。

我的导师、已故著名哲学家高清海先生,于20年前在本书第一版面世时,曾为本书写下了《在历史中理解人、理解哲学》的序。在这次修订再版之际,我重新翻检了2000年高先生发来的原稿。找到了序的另一个版本,标题是《"哲学"在历史中,"人"在历史中》。两个版本思路一致,虽然个别地方的表述略有差异,但可以互看,且后一个版本更为"源始"。现谨将后一版本的序,置于本书书首,略示变化,以缅怀先生的在天之灵,以铭记先生的谆谆教诲。

借这次再版修订,我将发表在国内期刊杂志上的一些相关度比较高的论文集成附录,置于《游离的片断》之附录名下。这些论文共有四篇,分别是《光源隐喻与哲学的叙事模式》(《人文杂志》2002年第3期)、《镜子隐喻与哲学转向三题》(《学术研究》2002年第1期)、《哲学为何在古希腊诞生》(《江苏行政学院学报》2001年第1期)和《澄明的阶梯:从真"人"到真"物"》(《东南大学学报》哲学社会科学版,2002年第5期)。感谢上述这些杂志社以及杂志社的友人们的厚爱和支持。

我的学生郭友兵、李飞翔、郑春林做了大量琐碎的校对和事务性工作。郭友兵除了校对外,还帮助我整理核校了本书的参考文献,亦发现了本书存在的一些重复之处。没有他们的帮助,我的工作进展不会这么顺利。借此,向他们表示诚挚的感谢。

写下以上文字的第二天早上,我透过寓所窗外雾霾中的晨光,读到了朋友圈中转发的谢林在1841年所作的柏林演讲,题目是《无人可以对哲学无动于衷》。感谢伟大的时代,感谢万能的朋友圈,它使我们如此紧密相互关联且如此便捷地分享人类精神的杰作。谢林的话是对的,的确如此,"无人可以对哲学无动于衷",而谢林的夫子自道尤其令人感动。他在演说中讲道:

我是一个已为哲学尽了自己本分的人，恰如其分地来看，现在也该为其他人提供自由，让他们试着为哲学尽自己的本分了，我曾经退居幕后，沉默地忍受着一切评价，不为因沉默而产生的对我的滥用所动，也不为由现代哲学的历史进程所导致的曲解本身所动，不为它们去打破沉默；现在这一沉默已经完全结束，那个为此而沉默的人，在被赋予讲授这种哲学这一无可置疑的使命之前，在已经完全没有任何矛盾地弄清一切之前，绝不会打破这一沉默，现在是时候说出决定性话语了：先生们，我大抵已经表明了，我是一个有自我否定能力的人，我并没有耽于草率想象的激情，对我来说，比起仓促间就可以轻易获得的宁静，转瞬即逝的看法更加重要。

　　我愿冒累赘之嫌将谢林的这一段讲词抄录在这里，是因为他的这些话恰能很好地表达我在面对20年前书稿时的"所思"——尽管我们写下的文字以及由这些文字所构成的世界，可能是"转瞬即逝的看法"，但它比起由沉默获得的宁静来，实际上更加重要。这是我们不能对哲学无动于衷的缘由。

　　本书的修订再版，得到了北京师范大学哲学学院的大力支持。在此，我对各方面给予的支持和厚爱，表示衷心的感谢！

田海平
于南京翠屏山下
2019 年 12 月 16 日